D1640515

Das neue Krankenversicherungsrecht

ALFRED MAURER

Das Recht in Theorie und Praxis

Dr. iur. Dr. h.c. Alfred Maurer
em. Professor der Universität Bern

Das neue Krankenversicherungsrecht

Verlag Helbing & Lichtenhahn
Basel und Frankfurt am Main 1996

Die Deutsche Bibliothek – CIP-Einheitsaufnahme

Maurer, Alfred:
Das neue Krankenversicherungsrecht / Alfred Maurer. –
Basel ; Frankfurt am Main :
Helbing und Lichtenhahn, 1996
   (Das Recht in Theorie und Praxis)
   ISBN 3-7190-1470-3

Stand der Gesetzgebung, Rechtsprechung und Literatur: Mitte März 1996.

Alle Rechte vorbehalten. Das Werk und seine Teile sind urheberrechtlich geschützt. Jede Verwertung in anderen als den gesetzlich zugelassenen Fällen bedarf deshalb der vorherigen schriftlichen Einwilligung des Verlages.

ISBN 3-7190-1470-3
Bestellnummer 21 01470
© 1996 by Helbing & Lichtenhahn Verlag AG, Basel

Meiner lieben Frau

Vorwort

Das Krankenversicherungsgesetz (KVG) vom 18. März 1994 brachte, verglichen mit dem alten Recht, einen Wechsel des Systems: Die bisher freiwillige Krankenpflegeversicherung wurde für die ganze Bevölkerung obligatorisch. Sie soll eine gute medizinische Grundversorgung für alle Versicherten zu erträglichen Prämien sicherstellen. Die mit dem Systemwechsel verbundenen wichtigeren Neuerungen findet der Leser in der Übersicht auf S. 2.

Das KUVG, das die Krankenversicherung erstmals regelte, wurde vor dem Ersten Weltkrieg, am 13. Juni 1911, erlassen. Es erfuhr eine einzige, wenn auch tiefgreifende Revision, nämlich durch ein Bundesgesetz vom 13. März 1964. Die zahlreichen anderen Revisionsversuche sind gescheitert. Die Expertenkommission für das KVG, die von Ständerat Dr. iur. Otto Schoch präsidiert wurde, der Bundesrat und die Bundesversammlung widerstanden klugerweise der Versuchung, die neue Vorlage zu überladen. Deshalb verzichteten sie z.B. auf die Postulate, die Taggeldversicherung einem Bundesobligatorium zu unterstellen, die bisherige Kopfprämie durch lohnbezogene Prämien zu ersetzen und für die Arbeitgeber die Beitragspflicht vorzuschreiben. Der Souverän honorierte diese politische Zurückhaltung, indem er dem KVG in der Volksabstimmung vom 4. Dezember 1994, wenn auch knapp, mit 51.8% Ja zustimmte.

Wie in zahlreichen anderen Industriestaaten sind in den letzten Jahren die Kosten des Gesundheitswesens in alarmierender Weise angestiegen. Im KVG wurden deshalb verschiedene Instrumente verankert, die es ermöglichen sollen, die Kosten für die Krankenversicherung mittelfristig so zu dämpfen, dass sie nicht wesentlich stärker als die Löhne und Preise anwachsen (hinten S. 93). Dies wird nur gelingen, wenn die Behörden die politische Energie aufbringen und auch die Krankenversicherer ihre Möglichkeiten ausschöpfen, die vorgesehenen Instrumente notfalls auch gegen den Widerstand der betroffenen Kreise einzusetzen.

Die neue Gesetzgebung weist eine hohe Regelungsdichte auf. Das KVG und die verschiedenen Verordnungen umfassen zusammen mehr als 300 Artikel.

Der Stoff wird, wie schon in meinem Buch «Bundessozialversicherungsrecht» (BSVR), in folgende Abschnitte gegliedert:

A Vorbemerkungen
B Organisation
C Versicherte Risiken und versicherte Personen – Dauer der Versicherung
D Versicherungsleistungen
E Finanzierung
F Verschiedenes
G Verfahren und Rechtspflege

Innerhalb dieser Abschnitte folgt die Darstellung weitgehend dem Aufbau des KVG. Damit der Leser das neue mit dem alten Recht vergleichen kann, verweise ich in den Fussnoten laufend auf das BSVR. Die Verordnungen sind in der Darstellung verarbeitet. Die Krankenpflege-Leistungsverordnung (KLV) erläutere ich, angesichts ihrer Bedeutung für die tägliche Praxis, zudem gesondert in einem Abschnitt (S. 57). Urteile des Eidg. Versicherungsgerichts zum bisherigen Recht zitiere ich, soweit sie für das KVG verwertbar erscheinen. Auch den Entwurf zu einem Allgemeinen Teil des Sozialversicherungsrechts (ATSG) erwähne ich in den Fussnoten am gegebenen Ort.

Das Buch ist so geschrieben, dass es nicht nur für Juristen sondern für alle Personen lesbar sein dürfte, die es als Einführung in das KVG oder als Nachschlagewerk verwenden.

Herr Fürsprecher Ralf Kocher vom Bundesamt für Sozialversicherung hat das Manuskript kritisch durchgesehen. Für seine wertvolle Mitarbeit danke ich ihm bestens.

Frau Marianne Mayer und Frau Susanne Wollenmann haben mein stenographisches Manuskript mit grosser Sorgfalt verarbeitet und die Disketten für den Druck erstellt. Für ihre Hilfe möchte ich ihnen herzlich danken.

Zürich, Mitte März 1996   Alfred Maurer

Inhaltsübersicht

- A. Vorbemerkungen 1
  - I. Zur Geschichte der KV 1
  - II. Übersicht über die KV nach KVG 2
  - III. Zweck und Rechtsnatur des KVG 3
  - IV. Kompetenzen des Bundes und der Kantone 4
- B. Organisation 6
  - I. Versicherer 6
  - II. Gemeinsame Einrichtung 19
  - III. Förderung der Gesundheit 20
  - IV. Aufsicht und Statistik 21
  - V. Fachkommissionen und Verbände 25
  - VI. Schweigepflicht 26
- C. Versicherte Risiken und versicherte Personen – Dauer der Versicherung 28
  - I. Versicherte Risiken 28
  - II. Versicherte und nichtversicherte Personen 34
  - III. Beginn und Ende der Versicherung 40
- D. Versicherungsleistungen 44
  - I. Obligatorische Krankenpflegeversicherung 44
  - II. Freiwillige Taggeldversicherung 107
  - III. Anmeldung des Versicherungsfalles und Verzicht auf Leistungen 116
  - IV. Koordinationsrecht 118
  - V. Zusatzversicherungen 131
- E. Finanzierung 139
  - I. Allgemeines 139
  - II. Finanzierungsverfahren und Rechnungslegung 139
  - III. Prämienordnung 143
  - IV. Kostenbeteiligung 147
  - V. Prämienverbilligung durch Beiträge der öffentlichen Hand .. 150
  - VI. Risikoausgleich 153
- F. Verschiedenes 155
  - Strafbestimmungen 155
- G. Verfahren und Rechtspflege 157
  - I. Vorbemerkungen 157
  - II. Verfahren 158
  - III. Rechtspflege: Verschiedenes 163
  - IV. Rechtspflege: Beschwerdeinstanzen 167

Sachregister 181
Gesetzesregister 197

Inhaltsverzeichnis

Vorwort VII
Inhaltsübersicht IX
Abkürzungen und Zitierweise XVII
Wichtigere Rechtsquellen XXI
Literatur XXIII

A. Vorbemerkungen 1
    I. Zur Geschichte der KV 1
    II. Übersicht über die KV nach KVG 2
    III. Zweck und Rechtsnatur des KVG 3
    IV. Kompetenzen des Bundes und der Kantone 4

B. Organisation 6
    I. Versicherer 6
        1. Zugelassene Versicherer 6
        2. Anerkannte Krankenkassen 7
        3. Private Versicherungseinrichtungen 12
        4. Bewilligung oder Durchführungsbewilligung 13
    II. Gemeinsame Einrichtung 19
        1. Zweck und Aufgaben 19
        2. Organisation und Finanzierung 20
    III. Förderung der Gesundheit 20
        1. Aufgaben und Organisation der Institution 20
        2. Finanzierung 21
    IV. Aufsicht und Statistik 21
        1. Aufsichtsinstanzen 21
        2. Aufgaben und Kompetenzen des BSV 21
        3. Kartellkommission und Preisüberwacher 23
        4. Statistik und Aufsichtsdaten 24
    V. Fachkommissionen und Verbände 25
        1. Fachkommissionen 25
        2. Verbände 25
    VI. Schweigepflicht 26
        1. Zweck 26
        2. Grundsatz 26
        3. Ausnahmen 27

C. Versicherte Risiken und versicherte Personen – Dauer der Versicherung 28
    I. Versicherte Risiken 28
        1. Begriff 28
        2. Krankheit 28
        3. Unfall 31
        4. Mutterschaft 34
    II. Versicherte und nichtversicherte Personen 34
        1. Versicherungspflichtige Personen 34
        2. Ausnahmen von der Versicherungspflicht 36
        3. Wahl und Wechsel des Versicherers 37
        4. Durchsetzung des Obligatoriums 38
        5. Ruhen der Unfalldeckung 39
    III. Beginn und Ende der Versicherung 40

D. Versicherungsleistungen 44
    I. Obligatorische Krankenpflegeversicherung 44
        1. Allgemeines 44
        2. Der Leistungskatalog gemäss KVG 25 II 44
        3. Besondere Sachverhalte des Leistungskataloges 47
            a) Medizinische Prävention 47
            b) Geburtsgebrechen 48
            c) Unfälle 48
            d) Mutterschaft 48
            e) Strafloser Abbruch der Schwangerschaft 49
            f) Zahnärztliche Behandlungen 49
            g) Auslegungsfragen 50
        4. Wichtige Voraussetzung der Kostenübernahme: Gebot der Effizienz ... 51
        5. Bezeichnung der Leistungen 53
        6. Umfang der Leistungen 55
            a) Ausschluss von statutarischen und freiwilligen Leistungen in der obligatorischen KV 55
            b) Krankenpflegeleistungen im Ausland 55
        7. Die Krankenpflege-Leistungsverordnung des EDI (KLV) ... 57
            a) Rechtsgrundlagen und Zweck der KLV 57
            b) Anhang 1 der KLV zur Vergütungspflicht der KV für bestimmte ärztliche Leistungen 57
            c) Ärztliche Psychotherapie 59
            d) Physio- und Ergotherapie; Logopädie 60
            e) Krankenpflege zu Hause, ambulant oder im Pflegeheim 60
            f) Massnahmen der Prävention 61
            g) Besondere Leistungen bei Mutterschaft 61
            h) Zahnärztliche Behandlungen 61
            i) Liste der Mittel und Gegenstände; Anhang 2 zur KLV 62
            k) Analysen und Arzneimittel 62
        8. Leistungserbringer 63
            a) Allgemeines 63

b) Zulassung der Leistungserbringer 64
    aa) Ärzte und Zahnärzte 64
    bb) Apotheker 64
    cc) Chiropraktoren 65
    dd) Hebammen 65
    ee) Weitere zugelassene Personen und Organisationen 65
    ff) Laboratorien 67
    gg) Abgabestellen für Mittel und Gegenstände 68
    hh) Spitäler, Einrichtungen der teilstationären Krankenpflege und Pflegeheime 68
    ii) Transport- und Rettungsunternehmen 71
    kk) Heilbäder 71
9. Wahl des Leistungserbringers und Kostenübernahme 72
    a) Grundsatz 72
    b) Ambulante Behandlung 73
    c) Stationäre und teilstationäre Behandlung 73
    d) Besonderheiten aus medizinischen Gründen 73
    e) Beschränkung der Wahlfreiheit 75
10. Honorarschuldner 76
    a) Vielfältige Rechtsverhältnisse 76
    b) Wer ist Honorarschuldner? 77
    c) Rechnungsstellung 77
    d) Mitteilung der Diagnose 77
11. Tarife und Preise 78
    a) Grundsätzliches 78
    b) Tarifschutz - Ausstand eines Leistungserbringers 81
    c) Tarifvertrag 82
    d) Fehlen eines Tarifvertrages oder der vertragslose Zustand 85
    e) Besonderheiten bei Tarifverträgen mit Aerzteverbänden 87
    f) Besonderheiten bei Spitaltarifverträgen 87
    g) Besonderheiten bei Tarifverträgen mit Pflegeheimen 90
    h) Analysen und Arzneimittel, Mittel und Gegenstände 90
    i) Beschwerde an den Bundesrat 92
12. Ausserordentliche Massnahmen zur Eindämmung der Kostenentwicklung 93
    a) Alarmierende Steigerung der Kosten im Gesundheits- und Krankenversicherungswesen 93
    b) Globalbudget 93
    c) «Einfrieren» der Tarife 95
13. Kontrolle der Wirtschaftlichkeit und der Qualität der Leistungen 96
    a) Allgemeines 96
    b) Wirtschaftlichkeit der Leistungen 96
    c) Vertrauensärzte der Versicherer 100
    d) Qualitätssicherung 103
    e) Ausschluss von Leistungserbringern 105
14. Absichtliche oder grobfahrlässige Herbeiführung oder Verschlimmerung des Versicherungsfalles 106

II. Freiwillige Taggeldversicherung 107
  1. Allgemeines 107

		2.	Beitritt, Austritt und Ausschluss	108
		3.	Versicherer	110
		4.	Versicherungsvorbehalte	111
		5.	Beschränkte Freizügigkeit	111
		6.	Ausscheiden aus einer Kollektivversicherung	112
		7.	Leistungen	113
		8.	Koordination mit der Arbeitslosenversicherung	115
		9.	Taggeld bei Mutterschaft	115
	III.	Anmeldung des Versicherungsfalles und Verzicht auf Leistungen		116
		1.	Anmeldung des Versicherungsfalles und Folgen bei Versäumnis	116
		2.	Verzicht auf Versicherungsleistungen	117
	IV.	Koordinationsrecht		118
		1.	Die Art. 78 und 79 KVG als Delegationsnormen	118
		2.	Vorleistungspflicht	118
		3.	Rückvergütung von Leistungen anderer Sozialversicherer	120
		4.	Gegenseitige Meldepflicht und Rechtsmittel der Versicherer	121
		5.	Verpönte Überentschädigung	122
		6.	Der Rückgriff und seine Beschränkungen	125
	V.	Zusatzversicherungen		131
		1.	Zweck und gesetzliche Regelung	131
		2.	Inhalte der Zusatzversicherungen	133
		3.	Heikle Risikoselektion	134
		4.	Verfahrensrecht	135
		5.	Die bedeutsame Übergangsbestimmung in KVG 102 II	137
		6.	Die Anwendung von allgemeinen Rechtsgrundsätzen bei Zusatzversicherungen	138
E.	Finanzierung			139
	I.	Allgemeines		139
	II.	Finanzierungsverfahren und Rechnungslegung		139
		1.	Finanzierungsverfahren, Reserven und Kapitalanlagen	139
			a) Finanzierungsverfahren	139
			b) Reserven	140
			c) Kapitalanlagen	140
		2.	Rechnungslegung	141
		3.	Revision	142
		4.	Freiwillige Taggeldversicherung	142
	III.	Prämienordnung		143
		1.	Grundsatz der Einheitsprämie des einzelnen Versicherers	143
		2.	Zulässige Prämienabstufungen	143
		3.	Weitere Einzelheiten zu den Prämien	144
		4.	Prämien der Taggeldversicherung	145
		5.	Nachzahlung und Rückforderung von Prämien	145
		6.	Entschädigungen an Dritte	146
		7.	Besondere Versicherungsformen	146

IV. Kostenbeteiligung 147
    1. Zwecke 147
    2. Franchise 148
    3. Selbstbehalt 149
    4. Verschiedene Bestimmungen über Selbstbehalt und Franchise 149
    5. Beitrag an die Kosten des Spitalaufenthaltes 150

V. Prämienverbilligung durch Beiträge der öffentlichen Hand 150

VI. Risikoausgleich 153

F. Verschiedenes 155

    Strafbestimmungen 155

G. Verfahren und Rechtspflege 157

    I. Vorbemerkungen 157

    II. Verfahren 158
        1. Verfügung 158
        2. Akteneinsicht 160
        3. Amts- und Verwaltungshilfe 161
        4. Schweigepflicht 162
        5. Fristen 162

    III. Rechtspflege: Verschiedenes 163
        1. Einsprache 163
        2. Untersuchungsgrundsatz und Beweisrecht 164
        3. Vergleich 165
        4. Vollstreckung, Revision und Wiedererwägung 166

    IV. Rechtspflege: Beschwerdeinstanzen 167
        1. Kantonales Versicherungsgericht 167
            a) Allgemeines 167
            b) Verfahrensvorschriften für die Kantone 167
            c) Zuständigkeit 170
        2. Kantonales Schiedsgericht 171
            a) Zuständigkeit 171
            b) Zusammensetzung des Schiedsgerichts 173
            c) Verfahrensvorschriften 174
        3. Eidg. Rekurskommission für die Spezialitätenliste 175
        4. Eidg. Versicherungsgericht (EVG) 176
            a) Gesetzliche Grundlagen und Organisation 176
            b) Zuständigkeit 176
            c) Verfahrensvorschriften 178
            d) Kognitionsbefugnis 178
        5. Bundesrat 178

Sachregister 181
Gesetzesregister 197

Abkürzungen und Zitierweise

a.	alt
A.	Auflage
a.A.	anderer Ansicht
Abs.	Absatz
a.E.	am Ende
AHV	Alters- und Hinterlassenenversicherung
AHVG	BG über die AHV vom 20.12.1946 (SR 831.10)
aKVG	bisheriges KVG (= 1. Titel des KUVG)
Amtl. Bull.	(NR/StR) Amtliches Bulletin der Bundesversammlung (Nationalrat/Ständerat); bis 1966 Sten. Bull.
Art.	Artikel
AS	Sammlung der eidg. Gesetze; ab 1988 Amtliche Sammlung des Bundesrechts
ATSG	Entwurf zu einem BG über den Allgemeinen Teil des Sozialversicherungsrechts. BBl 1991 II 185 und 910; zitiert wird in der Regel der Bericht der Kommission des Ständerates vom 27.9.1990 (Separatausgabe, Nr. 85. 227).
BB	Bundesbeschluss
BBl	Bundesblatt
BG	Bundesgesetz
BGE	Entscheidungen des Schweizerischen Bundesgerichts. Amtliche Sammlung. Der V. Teil enthält die Urteile des EVG zum Sozialversicherungsrecht.
BGer	Bundesgericht
Botschaft zum KVG	Botschaft und Entwurf des Bundesrates über die Revision der Krankenversicherung vom 6.11.1991, BBl 1992 I S. 93 und 257 (zitiert wird die Separatausgabe mit eigener Paginierung).
BPV	Bundesamt für Privatversicherungswesen
BR	Bundesrat
BSV	Bundesamt für Sozialversicherung
BSVR	MAURER, Bundessozialversicherungsrecht
Bundesrechtspflegegesetz	s. OG
BV	Bundesverfassung vom 29.5.1874 (SR 101)
CHSS	Soziale Sicherheit, Zeitschrift, herausgegeben vom BSV, seit 1993, ersetzt die bisherige ZAK
Diss.	Dissertation
DSG	BG über den Datenschutz vom 19.6.1992 (SR 235.10, AS 1993 S. 1945)
E.	Erwägung
EDI	Eidg. Departement des Innern
eidg.	eidgenössisch
EJPD	Eidg. Justiz- und Polizeidepartement

ELG	BG über die Ergänzungsleistungen zur AVH/IV vom 19.3.1965 (SR 831.30)
EMRK	Europäische Menschenrechtskonvention vom 4.11.1950 (AS 1974 S. 2151)
EVD	Eidg. Volkswirtschaftsdepartement
EVG	Eidg. Versicherungsgericht, Luzern
EVGE	Entscheidungen des EVG. Amtliche Sammlung. Seit 1970 als Teil V der BGE fortgeführt.
EVG-U	Urteile des EVG
f. (ff.)	folgende Seite(n)
FN oder N	Fussnote
Fr.	Franken
Hauptverordnung	VO über die Krankenversicherung vom 27.6.1995; KVV (SR 832.102 AS 1995 S. 3867); in Kraft ab 1.1.1996
Inkraftsetzungs-verodnung	VO über die Inkraftsetzung und Einführung des BG vom 18.3.1994 über die KV vom 12.4.1995 (SR 832.101, AS 1995 S. 1367).
i.S.	im Sinne
IV	Eidg. Invalidenversicherung
IVG	BG über die IV vom 19.6.1959 (SR 831.20)
i.V.m.	in Verbindung mit
Kartellgesetz	BG über Kartelle und ähnliche Organisationen vom 20.12.1985 (SR 251, AS 1986 S. 874)
KG	Kartellgesetz s.d.
KK	Krankenkasse
KLV	VO (des EDI) über Leistungen in der obligatorischen Krankenpflegeversicherung (Krankenpflege-Leistungsverordnung) vom 29.9.1995, in Kraft ab 1.1.1996 (SR 832.102, AS 1995 S. 4964)
KUVG	BG über die Kranken- und Unfallversicherung vom 13.6.1911 (SR 832.10), aufgehoben durch das KVG und das UVG
KV	Krankenversicherung
KVG	BG über die Krankenversicherung vom 18.3.1994, in Kraft ab 1.1.1996, ersetzt das bisherige KUVG betreffend die KV (= aKVG) (SR 832.10, AS 1995 S. 1328)
KVV	VO über die KV vom 27.6.1995, in Kraft ab 1.1.1996, (SR 832.102, AS 1995 S. 3867)
lit.	litera, Buchstabe
m.a.W.	mit anderen Worten
m.E.	meines Erachtens
Mia.	Milliarden
Mio.	Millionen
MiGel	Liste der Mittel und Gegenstände im Anhang zur KLV
N od. FN	Note oder Fussnote
No. od. Nr.	Nummer
n. pbl.	nicht publiziert
NR	Nationalrat
NZZ	Neue Zürcher Zeitung

OG	BG über die Organisation der Bundesrechtspflege (Bundesrechtspflegegesetz) vom 16.12.1943, in der Fassung vom 4.10.1991 (SR 173.10, AS 1992 S. 288 ff.)
OR	BG über das Obligationenrecht vom 30.3.1911 (SR 220)
Prämienverbilligungsverordnung	VO über die Beiträge des Bundes zur Prämienverbilligung in der Krankenversicherung vom 12.4.1995 (SR 832.112.4, AS 1995 S. 1377)
Risikoausgleichsverordnung	VO über den Risikoausgleich in der Krankenversicherung vom 12.4.1995 (SR 832.112.1, AS 1995 S. 1371)
PüG	Preisüberwachungsgesetz vom 20.12.1985 (SR 942.20, AS 1986 S. 895)
RKUV	Kranken- und Unfallversicherung: Rechtsprechung und Verwaltungspraxis, Herausgabe vom BSV (seit 1984). Die Zitate beziehen sich auf EVG-Urteile, sofern nichts anderes vermerkt ist.
RSKV	Krankenversicherung: Rechtsprechung und Verwaltungspraxis, herausgegeben vom BSV (ab 1984 fortgeführt als RKUV)
RZ	Randziffer
s.	siehe
SchKG	BG über Schuldbetreibung und Konkurs (SR 281.1)
schweiz.	schweizerisch
s.d.	siehe daselbst
SGB	deutsches Sozialgesetzbuch
SJZ	Schweizerische Juristen-Zeitung
sog.	sogenannt
SR	Systematische Sammlung des Bundesrechts
Sten.Bull.	(NR, StR) Amtliches stenographisches Bulletin der Bundesversammlung (Nationalrat, Ständerat), seit 1966 Amtl.Sten.Bull. (NR, StR)
StGB	Schweiz. Strafgesetzbuch vom 21.12.1937 (SR 311.0)
StR	Ständerat
SUVA	Schweiz. Unfallversicherungsanstalt, Luzern
SVR	Sozialversicherungsrecht, Rechtsprechung, seit 1994, Helbing und Lichtenhahn, Basel
SZS	Schweiz. Zeitschrift für Sozialversicherung und berufliche Vorsorge, Bern
SVZ	Schweiz. Versicherungs-Zeitschrift, Bern
U	Urteil
u.a.	unter anderem; und andere(s)
u.a.m.	und andere(s) mehr
u.U.	unter Umständen
UVG	BG über die Unfallversicherung vom 20.3.1981 (SR 832.20)
UVV	VO über die Unfallversicherung vom 20.12.1982 (SR 832.202)
v.a.	vor allem
VAG	BG betreffend die Aufsicht über die privaten Versicherungseinrichtungen (Versicherungsaufsichtsgesetz) vom 23.6.1978 (SR 961.01)
Versicherungsaufsichtsgesetz	s. VAG

Versicherungsver-tragsgesetz	s. VVG
VGB	Verwaltungsgerichtsbeschwerde
vgl.	vergleiche
VO	Verordnung
VVG	BG über den Versicherungsvertrag vom 2.4.1908 (SR 221.229.1)
VwVG	BG über das Verwaltungsverfahren vom 20.12.1968 (SR 172.021)
Z. oder Ziff.	Ziffer
ZAK	s. CHSS
ZGB	Schweiz. Zivilgesetzbuch vom 10.12.1907 (SR 210)
ZSR	Zeitschrift für schweizerisches Recht
z.Zt.	zur Zeit
Zitierweise:	In der Regel werden gesetzliche Erlasse in folgender Reihenfolge zitiert: Erlass, Artikel (arabische Zahlen), Absatz (römische Zahlen) lit.; z.B. KVG 1 II lit. a. Ab und zu wird wie folgt zitiert: Abs. 2 von Art. 1 KVG.

Wichtigere Rechtsquellen
(BV, BG, VO usw.)

Bundesverfassung (BV) vom 29.5.1874	SR 101
Art. 34bis vom 26.10.1890 betreffend die Kranken- und Unfallversicherung	
BG über die Kranken- und Unfallversicherung (KUVG) vom 13.6.1911, aufgehoben durch das KVG und das UVG.	SR 832.10
BG über die Unfallversicherung (UVG) vom 20.3.1981	SR 832.20
BG über die Krankenversicherung (KVG) vom 18.3.1994	SR 832.10 AS 1995 S. 1328
BG über den Datenschutz (DSG) vom 19.6.1992	SR 235.10 AS 1993 S. 1945
BG über Kartelle und ähnliche Organisationen (Kartellgesetz, KG) vom 20.12.1985	SR 251 AS 1986 S. 874
Preisüberwachungsgesetz (PüG) vom 20.12.1985	SR 942.20 AS 1986 S. 895
BG über das Verwaltungsverfahren (VwVG) vom 20.12.1968	SR 172.021
BG über die Organisation der Bundesrechtspflege (Bundesrechtspflegegesetz, OG) vom 16.12.1943, in der Fassung vom 4.10.1991	SR 173.10 AS 1992 S. 288
BG betreffend die Aufsicht über die privaten Versicherungseinrichtungen (Versicherungsaufsichtsgesetz, VAG) vom 23.6.1978	SR 961.01
BG über den Versicherungsvertrag (Versicherungsvertragsgesetz, VVG) vom 2.4.1908	SR 221.229.1
VO über die Inkraftsetzung und Einführung des BG vom 18.3.1994 über die Krankenversicherung (Inkraftsetzungsverordnung) vom 12.4.1995	SR 832.101 AS 1995 S. 1367
VO über den Risikoausgleich in der Krankenversicherung (Risikoausgleichsverordnung) vom 12.4.1995	SR 832.112.1, AS 1995 S. 1371
VO über die Beiträge des Bundes zur Prämienverbilligung in der Krankenversicherung (Prämienverbilligungsverordnung) vom 12.4.1995	SR 832.112.4 AS 1995 S. 1377
VO über die Erhöhung der Einkommensgrenzen (des ELG) infolge Einführung der Prämienverbilligung im KVG vom 13.9.1995	SR 831.309
VO über die Krankenversicherung (Hauptverordnung, KVV) vom 27.6.1995	SR 832.102 AS 1995 S. 3867
VO des EDI über Leistungen in der obligatorischen Krankenpflegeversicherung (Krankenpflege-Leistungsverordnung, KLV) vom 29.9.1995	SR 832.112.31 AS 1995 S. 4964
Europäische Menschenrechtskonvention (EMRK) vom 4.11.1950	SR 0.101 AS 1974 S. 2151

Materialien

Botschaft und Entwurf des Bundesrates über die Revision der Krankenversicherung vom 6.11.1991, BBl 1992 I S. 93, 257 (zitiert Botschaft zum KVG)

Amtliches Bull. (StR) Nr. 91.071; *1992* S. 1271 mit dem Bericht der Kommission, 1299, 1327. *1993* S. 1047, 1072. *1994* S. 89, 308, 374 (Schlussabstimmung)

Amtliches Bull. (NR) Nr. 91.071; *1993* S. 1725 mit dem Bericht der Kommission, 1820, 1852, 1897. *1994* S. 13, 34, 357, 493, 664 (Schlussabstimmung)

Literatur
(in Auswahl)

Weitere Hinweise zur Literatur findet der Leser u.a. bei DUC JEAN-LOUIS, Les assurances sociales en Suisse, 1995, S. 921 ff., MAURER, BSVR S. XLI ff. und 249 sowie in den FN dieses Buches.
In den FN werden meistens die Namen des Autors und die hier kursiv gedruckten Stichworte zitiert.

BOLLIER GERTRUD, Leitfaden schweizerische Sozialversicherung, 3. A., 1995 Wädenswil.

BORELLA ALDO, L'affiliation à l'assurance-maladie sociale suisse, avec des éléments de droit européen, Diss. Lausanne 1993.

Botschaft über die Revision der Krankenversicherung vom 6.11.1991 *(Botschaft zum KVG)*.

BÜHLMANN THOMAS, Die rechtliche Stellung der Medizinalpersonen im UVG, Berner Diss. 1985.

DUC JEAN-LOUIS, *Commentaire* de la Constitution fédérale de la Confédération suisse, zu Art. 34bis, Separatausgabe Basel, Zürich und Bern 1993.
– Les assurances sociales en Suisse *(Ass. soc.)*, mit einem Verzeichnis seiner Publikationen auf S. 932 ff., Lausanne 1995.
– Le droit médical de la LAMA, SZS 1992 S. 129 ff.

DUC/GREBER, La portée de l'art 4 de la Constitution fédérale en droit de la sécurité sociale, ZSR 1992 II S. 473 ff.

Festschrift 75 Jahre *EVG*, Bern 1992.

FRÉSARD-FELLAY GHISLAINE, Les tribunaux arbitraux institués par l'article 57 LAA, SZS 1989 S. 295.

GHÉLEW, RAMELET et RITTER, Commentaire de la loi sur l'assurance-accidents, Lausanne 1992.

GREBER PIERRE-YVES, Droit suisse de la sécurité sociale, Lausanne 1982; Verzeichnis seiner Publikationen bei DUC, Ass. soc. S. 943 ff.

GYGI FRITZ, *Bundesverwaltungsrechtspflege*, 2. A., Bern 1983.

HUBER JÖRG, *Krankenversicherung* immer unterwegs, CHSS 1993 S. 15.

KELLER ALFRED, *Haftpflicht* im Privatrecht, Band I 5. A. 1993, Band II 1987, Bern.

KIESER UELI/RIEMER-KAFKA GABRIELA, *Tafeln* zum schweizerischen Sozialversicherungsrecht, Zürich 1994.

KIESER UELI, Das einfache und rasche Verfahren, insbesondere im Sozialversicherungsrecht, SZS 1992 S. 268 ff.

KUHN MORITZ, Grundzüge des schweizerischen Privatversicherungsrechts, Zürich 1989.

LEUZINGER SUSANNE, Bundesrechtliche Verfahrensanforderungen betreffend Verfahrenskosten, Parteientschädigung und unentgeltlichen Rechtsbeistand im Sozialversicherungsrecht, SZS 1991 S. 113 ff. und 176 ff.

LOCHER THOMAS, *Grundriss* des Sozialversicherungsrechts, Bern 1994.

MAURER ALFRED, Bundessozialversicherungsrech*t (BSVR)*, 2. unveränderte A., Basel 1994;
- Die soziale Krankenversicherung als helvetische Crux, Festschrift für Prof. Dr. Dr. h.c. Wolfgang Gitter, Wiesbaden, 1995 S. 557 ff.
- *Kumulation und Subrogation* in der Sozial- und Privatversicherung, Bern 1975.
- Privatrechtssubjekte als Sozialversicherungsträger nach schweizerischem Recht, Festschrift für Georg Wannagat, Köln, 1981 S. 257 ff.
- Schweizerisches Privatversicherungsrecht *(PVR)*, 3. völlig neubearbeitete A., Bern 1995.
- Schweizerisches Sozialversicherungsrecht, Band I 2. A. 1983, Band II 2. A. 1981 *(SVR I und II)*, Bern.
- Schweizerisches Unfallversicherungsrecht *(UVR)*, 2. A., Bern 1989.
- Ergänzungsband zum UVR, Bern 1989.
- Soziale Sicherung bei Pflegebedürftigkeit, SZS 1988 S. 1 ff.

MEYER-BLASER ULRICH, Die Bedeutung von Art. 4 BV für das Sozialversicherungsrecht, ZSR 1992 II S. 299 ff.
- Die *Rechtspflege* in der Sozialversicherung, Basler Juristische Mitteilungen 1989 S. 1 ff.

MORGER WILLI, Das Einspracheverfahren im Leistungsrecht des UVG, SZS 1985 S. 240 f.
- Die Mehrfachträgerschaft in der obligatorischen Unfallversicherung, Festschrift EVG S. 549 ff.

MOSER MARKUS, Die *Reform der Krankenversicherung* – eine unendliche Geschichte? CHSS 1993 S. 4.

MURER ERWIN, Vom Schutz des Starken im Schwachen oder das Bild des Schwachen im Sozialversicherungsrecht, Festgabe zur Hundertjahrfeier der Universität Freiburg, 1990 S. 360 ff.
- Zur Koordination der Sozialversicherungsleistungen mit der eigenen Leistungsfähigkeit des Versicherten, Festschrift EVG S. 283 ff.
- MURER/STAUFFER/RUMO s. unter RUMO-JUNGO ALEXANDRA

NEF URS CH., Das Wagnis in der sozialen Unfallversicherung, SZS 1985 S. 103 ff.
- Gewinn- und Überversicherungsverbot in der Krankengeldversicherung, SZS 1980 S. 262 ff.
- Zum Verhältnis von Privatrecht und öffentlichem Recht in der Sozialversicherung, Festschrift EVG S. 133 ff.

OFTINGER/STARK, Schweizerisches *Haftpflichtrecht*, Band I 5. A., Zürich 1995.

OMLIN PETER, Die *Invalidität* in der obligatorischen Unfallversicherung, Mit besonderer Berücksichtigung der älteren Arbeitnehmerinnen und Arbeitnehmer, Freiburger Diss., 1995.

PSCHYREMBEL, Klinisches Wörterbuch, Berlin und New York, 256. A., 1990.

RIEMER HANS-MICHAEL, Berührungspunkte zwischen Sozialversicherungs- und Privatrecht, insbesondere die Bedeutung des Privatrechts bei der Auslegung des Sozialversicherungsrechts durch das EVG, Festschrift EVG S. 147 ff.

RIEMER-KAFKA GABRIELA, Die Gleichstellung von Mann und Frau in der schweizerischen Sozialversicherung, SZS 1991 S. 225 und 291 ff.

RUMO-JUNGO ALEXANDRA, Bundesgesetz über die *Unfallversicherung*, 2. A., Zürich 1995, herausgegeben von ERWIN MURER und HANS-ULRICH STAUFFER, Reihe Rechtsprechung des Bundesgerichts zum Sozialversicherungsrecht. In diesem Buch werden zahlreiche Fragen behandelt, die auch das KVG betreffen.

SCARTAZZINI GUSTAVO, Les rapports de causalité dans le droit suisse de la sécurité sociale, Genfer Diss. 1991.
- Zum Institut der aufschiebenden Wirkung der Beschwerde in der Sozialversicherungsrechtspflege, SZS 1993 S. 313 ff.

SCHAER ROLAND, Grundzüge des Zusammenwirkens von Schadenausgleichsystemen *(Ausgleichsysteme)*, Basel 1984.

SCHLAURI FRANZ, Beiträge zum *Koordinationsrecht* der Sozialversicherungen, St. Gallen 1995.

SPIRA RAYMOND, Die Rechtspflege in der neuen Krankenversicherung, CHSS, Nr. 5/1995
- Le contentieux de la sécurité sociale, Cahiers genevois de sécurité sociale, Genf 1990 S. 127.
- Le nouveau régime de *l'assurance-maladie complémentaire*, SVZ 1995 S. 192 ff.

TSCHUDI HANS PETER, Der lange Weg zur Mutterschaftsversicherung (eine Zwischenbilanz) SZS 1989 S. 1 ff.
- Die Stellung der Kantone im Sozialversicherungsrecht, SZS 1994 S. 161 ff.
- Die Sozialverfassung der Schweiz (der Sozialstaat), Bern 1986
- Die Sozialversicherungen am Ende des 20. Jahrhunderts, Festschrift EVG S. 81 ff.
- Entstehung und Entwicklung der schweizerischen Sozialversicherungen, Basel 1989.
- Im Dienste des Sozialstaates, Politische Erinnerungen, Basel 1993.
- Soziale Sicherheit – Bekämpfung der Armut, SZS 1990 S. 1 ff.
- Vereinheitlichung des Sozialversicherungsrechts, SZS 1985 S. 1 ff.
- Vier Herausforderungen an unser Sozialversicherungsrecht, SZS 1993 S. 4 ff.
- Wie soll die Krankenversicherung revidiert werden? SZS 1975 S. 89 ff.

VIRET BERNARD, Le principe de la mutualité dans l'assurance-maladie sociale, Mélanges André Grisel, S. 605 ff., Neuchâtel 1983.
- Privatversicherungsrecht, 3. A., Zürich 1991.

A. Vorbemerkungen

I. Zur Geschichte der KV[1]

1. Ihre verfassungsrechtliche Grundlage erhielt die KV mit Art. 34bis BV, welcher in der Volksabstimmung vom 26.10.1890 angenommen wurde. Der Bund bekam die Kompetenz und zugleich den Auftrag, die Kranken- und Unfallversicherung einzurichten. Das Volk verwarf ein erstes Gesetz, die «Lex Forrer», am 20.5.1900. In der Referendumsabstimmung vom 4.2.1912 nahm es dann aber – mit knapper Mehrheit – das Bundesgesetz über die Kranken- und Unfallversicherung vom 13.6.1911 (KUVG) an, das hinsichtlich der KV ein Subventionsgesetz war und kein Bundesobligatorium vorsah: KK konnten Subventionen des Bundes beanspruchen, wenn sie sich den vorgeschriebenen Mindestanforderungen unterwarfen und vom Bund anerkennen liessen.

2. Das KUVG erfuhr nur eine einzige, jedoch tiefgreifende Revision, nämlich durch die Novelle vom 13.3.1964. Wichtige Neuerungen waren z.B. das stark umstrittene Arztrecht, das Tarifwesen und die Rechtspflege (die kantonalen Versicherungsgerichte und das EVG wurden als zuständig erklärt). Die zahlreichen anderen Revisionsversuche scheiterten. Gleichwohl erlaubte das KUVG praktisch der ganzen Bevölkerung den Zugang zu einer qualitativ recht hochstehenden medizinischen Versorgung.

3. In jüngster Zeit errichteten verschiedene Kreise sog. *«Billigkassen»*. Diese boten vor allem jungen Personen die Versicherung zu tiefen Prämien an, da sie erfahrungsgemäss weniger häufig erkranken und daher geringere Kosten als ältere Personen verursachen. Letzteren wurde der Beitritt durch hohe Prämien faktisch verbaut. Durch diese rigorose *Risikoselektion* erfuhr die KV eine weitgehende Entsolidarisierung: Die jungen Versicherten kamen nicht mehr für einen Teil der hohen Kosten der älteren Versicherten auf. Durch den dringlichen, befristeten Bundesbeschluss vom 13.12.1991 wurden daher solche «Billigkassen» verpflichtet, Abgaben für Kassen mit ungünstiger Risikostruktur zu entrichten *(Risikoausgleich)*.

4. Einen Wendepunkt brachte die Abstimmung vom 4.12.1994: Das Volk nahm ein neues Krankenversicherungsgesetz, nämlich das BG über die Krankenversicherung vom 18.3.1994 (KVG), an, und verwarf gleichzeitig die überladene Volksinitiative der Sozialdemokratischen Partei «Für eine gesunde Krankenversicherung»[2].

---

[1] Vgl. DUC, Commentaire zu BV 34bis, S. 1 ff.; ferner MAURER, BSVR S. 3 (Literaturhinweise) und S. 6 sowie derselbe, Die soziale Krankenversicherung als helvetische Crux der Sozialversicherungen, S. 560 ff.; MARKUS MOSER, Reform der Krankenversicherung S. 4; Botschaft zum KVG Z. 12; Farbige Schilderung der Entstehung des KVG bei HUBER H. J. (StR), Krankenversicherung, CHSS 1993 S. 15.

[2] Das Volk stimmte dem KVG mit 1,02 Mio. Ja (51,8 %) gegen 950'164 Nein (48,2 %) knapp zu. Die Volksinitiative verwarf es mit 1,5 Mio. Nein (76,5 %) gegen 460'834 Ja (23,5 %) wuchtig.

5. Das bisherige KUVG war bereits durch das BG über die Unfallversicherung vom 20.3.1981 bezüglich der Unfallversicherung aufgehoben worden, sodass es nur noch für die KV galt. Man bezeichnete es deshalb fortan als Krankenversicherungsgesetz (KVG). Da auch dieser Teil des KUVG durch das neue KVG vom 18.3.1994 aufgehoben wird, spricht man nunmehr vom aKVG, d.h. vom bisherigen KUVG, soweit es die KV regelte, und vom KVG, also dem neuen Krankenversicherungsgesetz. Dieses gilt ab 1.1.1996. Mit ihm traten gleichzeitig mehrere Verordnungen zur KV in Kraft.

II. Übersicht[3] über die KV nach KVG

1. Für die *Krankenpflegeversicherung* schreibt das KVG – im Gegensatz zum aKVG – ein Bundesobligatorium vor, und zwar – mit geringfügigen Ausnahmen – für die ganze Wohnbevölkerung. Der erwähnten *Entsolidarisierung*, also der Risikoselektion, wirken verschiedene Bestimmungen entgegen. So müssen die Kassen für jeden Kanton eine Einheitsprämie festsetzen, die nur wenige Abweichungen zulässt. Jeder Versicherte, somit auch Kranke, können beliebig den Versicherer wechseln, ohne Nachteile zu erleiden (volle, im Gegensatz zum bisherigen Recht stark beschränkte, Freizügigkeit). Die bereits durch den dringlichen Bundesbeschluss vom 13.12.1991 eingeführten Abgaben, die einen tiefgreifenden Risikoausgleich unter den Versicherern bewirken, führt das KVG in seinen Übergangsbestimmungen weiter: Versicherer mit weniger älteren Personen und Frauen müssen Abgaben zugunsten von Versicherern entrichten, welche überdurchschnittlich viele ältere Personen und Frauen versichern und deshalb eine ungünstige Risikostruktur mit hohen Prämien aufweisen. Die *Taggeldversicherung* bleibt weiterhin freiwillig. Sie dient vorwiegend dazu, dass der Arbeitgeber die Lohnfortzahlung im Krankheitsfall von Mitarbeitern durch Kollektivtaggeldversicherung erweitert und sicherstellt.

2. Das KVG lässt KK und – neu – private Versicherungseinrichtungen (Versicherungsgesellschaften), welche die Bewilligung des EDI besitzen, zum Betrieb der KV zu. *Zusatzversicherungen*, die die Versicherer anbieten, unterliegen nicht dem KVG, sondern – neu – dem Versicherungsvertragsgesetz (VVG). Für sie gilt zur Beurteilung von Streitigkeiten ein besonderes Verfahrensrecht. Zuständig sind die Zivilgerichte.

3. Verglichen mit dem aKVG erweitert das KVG die Pflichtleistungen der Krankenpflegeversicherung, die in der Praxis auch als *Grundversicherung* bezeichnet wird. Es sieht z.B. Pflegemassnahmen vor, die bei Hausbesuchen (spitalexterne Krankenpflege) oder in Pflegeheimen durchgeführt werden, und ferner Vorsorgeuntersu-

---

3 Vgl. die Übersicht über die bisherige KV gemäss KUVG bei MAURER, BSVR S. 249 sowie Botschaft zum KVG Z. 112.

chungen (medizinische Prävention). Bei Aufenthalt in einem Spital sind die Krankenpflegeleistungen fortan ohne zeitliche Beschränkung zu erbringen. Zudem schafft das KVG die Vorbehalte ab, die bisher für bestehende Krankheiten bei Neueintritten in eine Kasse oder bei Übertritten in eine andere Kasse zulässig waren; in der Taggeldversicherung sind sie aber weiterhin erlaubt. Die freie Wahl des Leistungserbringers (Arzt usw.) gilt im gesetzlichen Rahmen weiterhin. Auf sie kann aber der Versicherte unter bestimmten Voraussetzungen verzichten.

4. Verschiedene Bestimmungen werden – so hofft man – die *Kostenexplosion* im Gesundheitswesen dämpfen. Sie erweitern z.b. die Kostenbeteiligung der Versicherten, indem sich letztere nicht nur bei ambulanter Behandlung sondern auch bei Hospitalisierung an den Kosten beteiligen müssen. Dadurch soll die Selbstverantwortung der Versicherten gestärkt werden. Die Vertrauensärzte der Versicherer erhalten gewisse Befugnisse, um die Behandlung durch Ärzte und andere Leistungserbringer auf die Wirtschaftlichkeit und Zweckmässigkeit hin zu überprüfen. Überdies können die Versicherer künftig nicht nur mit Verbänden von Leistungserbringern (Ärzte usw.) sondern auch mit Einzelpersonen und kleinen Gruppen, z.B. mit HMO-Praxen, Tarifverträge abschliessen. Dadurch können der Wettbewerb verbessert und die Kosten gesenkt werden.

5. Die Kosten der Grundversicherung werden weiterhin durch *Kopfprämien* der Versicherten finanziert, obwohl sie sich vor allem bei grösseren Familien unsozial auswirken. Lohnbezogene Prämien, wie z.b. in der AHV/IV, und eine Beitragspflicht der Arbeitgeber wurden aus referendumspolitischen Gründen nicht eingeführt. Die Prämien können von Versicherern nur in engen Grenzen abgestuft werden, so um regionalen oder kantonalen Kostenunterschieden Rechnung zu tragen.

6. Der Bund gewährt weiterhin *Zuschüsse* an die KV. Auch die Kantone müssen Zuschüsse entrichten, die gesamthaft die Hälfte des Bundesbeitrages ausmachen. Die Beiträge der öffentlichen Hand von Bund und Kanton werden ausschliesslich zur Verbilligung der Prämien verwendet, welche Versicherte in bescheidenen wirtschaftlichen Verhältnissen zu bezahlen haben. Die Kantone setzen die Prämienverbilligungen fest. Somit wird das bisherige Giesskannenprinzip, wonach die Zuschüsse des Bundes der allgemeinen Prämienverbilligung dienten, beseitigt. Rund ein Drittel der Versicherten sollte in den Genuss der Prämienverbilligung kommen.

III. Zweck und Rechtsnatur des KVG

1. Das KVG soll der Bevölkerung durch entsprechende Ausgestaltung der obligatorischen Krankenpflegeversicherung eine ausreichende medizinische Versorgung zu erträglichen Kosten gewährleisten. Es betont durch verschiedene Bestimmungen den Gedanken der Solidarität zwischen Gesunden und Kranken, zwischen Alten und Jungen, zwischen Männern und Frauen, sowie zwischen «Reichen» und «Armen»,

indem es letzteren durch Beiträge der öffentlichen Hand Prämienerleichterungen verschafft. Im Gegensatz zur Betriebsunfallversicherung gemäss UVG lässt das KVG das Prinzip der risikogerechten Prämie nur in engsten Grenzen zu. Es betont dagegen das Prinzip der Einheitsprämie: Personen, die erfahrungsgemäss weniger oft erkranken, z.B. Junge und Männer, und deshalb als «gute Risiken» gelten, bezahlen die gleiche Prämie wie ältere Personen und Frauen, die somit «schlechte Risiken» darstellen; nach dem Prinzip der risikogerechten Prämie müsste diese letztere Gruppe extrem hohe Prämien entrichten, was dem Gesetzgeber als sozialpolitisch unerwünscht erschien.

2. Das aKVG gewährte KK, die seine Mindestanforderungen in der damals *freiwilligen* Krankenpflegeversicherung erfüllten, Subventionen (Zuschüsse) des Bundes, sodass es ein Subventions- oder Förderungsgesetz war. Diesen Charakter verliert das KVG, da es die *obligatorische* Krankenpflegeversicherung vorschreibt. Die Zuschüsse der öffentlichen Hand sind, vergleichbar der AHV/IV, lediglich ein Element, das der Finanzierung der Versicherung dient, obschon sie nur einer bestimmten Personengruppe (den Minderbemittelten) zugute kommen.

3. Das Versicherungsverhältnis und das Prämienverhältnis des KVG sind Rechtsverhältnisse, die dem öffentlichen Recht unterstehen. Da sie das Kerngebiet der KV darstellen, gehört die KV zum öffentlichen Recht und ist ein Teil des Verwaltungsrechts. Daneben bestehen in der KV zahlreiche andere Rechtsverhältnisse, so jene zwischen den Versicherern unter sich; zwischen den Versicherern und den Leistungserbringern (Ärzte usw.); zwischen den Leistungserbringern unter sich; zwischen den Leistungserbringern und den Versicherten. Für jedes einzelne dieser Rechtsverhältnisse muss separat geprüft werden, ob es öffentlichrechtlicher oder privatrechtlicher Natur ist.

IV. Kompetenzen des Bundes und der Kantone[4]

1. Die KV fällt gemäss BV 34bis in die Kompetenz des Bundes. Das KVG überträgt jedoch zahlreiche Aufgaben und Kompetenzen den Kantonen. So haben die Kantone z.B.: die Einhaltung der Versicherungspflicht zu überwachen; zusammen mit den Versicherern eine Institution zu betreiben, welche sich mit Massnahmen zur Förderung der Gesundheit und zur Verhütung von Krankheiten befasst; die bedarfsgerechte Spitalversorgung zu planen; Tarife festzusetzen, wenn zwischen Leistungserbringern und Versicherer kein Tarifvertrag besteht; Betriebsvergleiche zwischen den Spitälern anzuordnen; den Versicherten in bescheidenen wirtschaftlichen Verhältnissen Prämienverbilligungen zu gewähren, wobei die Kantone und der Bund Zuschüsse entrichten; Versicherungs- und Schiedsgerichte zu unterhalten und im

---

[4] Duc, Commentaire zu BV 34bis, S. 26 und 40.

Rahmen der bundesrechtlichen Vorschriften das Verfahren vor ihnen zu regeln; Ausführungsbestimmungen zum KVG verschiedenster Art zu erlassen.

2. Es stellt sich die Frage, ob die Kantone auf dem Gebiete der KV Regelungskompetenzen besitzen, die im KVG und in den VO zur KV nicht ausdrücklich vorgesehen sind. Sie kann nicht generell, in absoluter Weise verneint werden sondern muss für jeden Sachverhalt durch Auslegung der Gesetzgebung über die KV beurteilt werden. Es dürfte z.B. zulässig sein, dass ein Kanton die nach KVG 67 ff. freiwillige Taggeldversicherung für seine Beamten obligatorisch erklärt. Auch könnte ein Kanton – oder eine Gemeinde – für die Prämienverbilligung von Versicherten in bescheidenen wirtschaftlichen Verhältnissen mehr Mittel zur Verfügung stellen, als dies durch KVG 65 ff. vorgeschrieben ist. Die im KVG und in den VO umschriebenen Kompetenzen der Kantone sind m.a.W. nicht abschliessend aufgezählt sondern der Ergänzung fähig.

B. Organisation[5]

I. Versicherer

1. Zugelassene Versicherer

a) Die obligatorische Krankenpflegeversicherung gemäss KVG kann sowohl durch anerkannte KK als auch durch private Versicherungseinrichtungen (Versicherungsgesellschaften) betrieben werden, die dem Versicherungsaufsichtsgesetz (VAG) unterstehen und die Bewilligung für die Durchführung der *privaten* KV gemäss VAG eingeholt haben; KVG 11, KVV 15 lit. b[6]. Der Gesetzgeber hat damit die Entwicklung fortgesetzt, die er im UVG durch die Zulassung von privaten Versicherungsgesellschaften zur Durchführung der Unfallversicherung eingeleitet hat[7]. Mit der Zulassung erhalten auch die privaten Versicherungsgesellschaften, ähnlich der öffentlichen Verwaltung, die Pflicht und die Befugnis, Verfügungen zu erlassen, die rechtskräftig werden und wie ein gerichtliches Urteil vollstreckt werden können; KVG 80, 88. Sie besitzen sog. hoheitliche Gewalt oder Amtsgewalt.

b) Die Zulassung setzt also voraus, dass die KK anerkannt sind (vgl. hinten Z. 2) und dass die privaten Versicherungseinrichtungen die Bewilligung gemäss Versicherungsaufsichtsgesetz besitzen. Somit dürfen nichtanerkannte KK, die nur noch vereinzelt vorkommen, die KV nach KVG nicht betreiben, ebensowenig private Versicherungseinrichtungen, die dem VAG nicht oder noch nicht unterstellt sind.[8]

c) Zugelassen für die Durchführung der KV nach KVG sind die anerkannten KK und die privaten Versicherungseinrichtungen erst, wenn sie die *Durchführungsbewilligung*[9] des EDI eingeholt haben (hinten S. 13); KVG 13, KVV 15. Das EDI spricht die Anerkennung der KK gleichzeitig mit der Erteilung der Durchführungsbewilligung[10] aus; KVV 12 II. Die privaten Versicherungseinrichtungen müssen die Bewil-

---

5 Zum bisherigen Recht vgl. MAURER, BSVR S. 253 ff. mit Literaturhinweisen.
6 Botschaft zum KVG Z. 3 bei Art. 8.
7 Vgl. MAURER, Privatrechtssubjekte als Sozialversicherungsträger nach schweizerischem Recht, Festschrift für Georg Wannagat, Köln 1981 S. 265.
8 Art. 4 VAG umschreibt sie als Ausnahmen von der Aufsichtspflicht in einem Katalog; vgl. weiteres bei MAURER, PVR, S. 102 und 108. Zuständig für die Anerkennung der KK ist das EDI, für die Bewilligung gemäss Versicherungsaufsichtsgesetz das EJPD; KVG 12 I und VAG 7. Die Anerkennung ist ebenfalls als Bewilligung im Sinne des Verwaltungsrechts zu verstehen: Bestimmte Tätigkeiten – hier die Durchführung der KV – dürfen nur ausgeübt werden, wenn die zuständige Behörde eine Bewilligung erteilt hat. Sie muss zuvor prüfen, ob der Bewerber die gesetzlichen Voraussetzungen erfüllt.
9 Der Ausdruck *Durchführungsbewilligung* für den Betrieb der KV gemäss KVG wird in KVV 12 und in Art. 10 des bundesrätlichen Entwurfes verwendet. KVG 13 meidet ihn und spricht nur noch von Bewilligung. Da er die Unterscheidung der verschiedenen Arten von Bewilligungen etwas erleichtert, wird er in diesem Buch beibehalten.
10 Hinsichtlich der Zulassung zum Betrieb der sozialen KV nach KVG werden, zusammengefasst, somit folgende Ausdrücke gebraucht:
Anerkennung bedeutet, dass eine KK ihrem Gesuch die in KVV 12 erwähnten Dokumente wie Statuten, Prämientarif usw. beilegen und weitere Voraussetzungen erfüllen muss, worauf das EDI

ligung des EJPD gemäss VAG 7 bereits besitzen, wenn sie das Gesuch um Erteilung der Durchführungsbewilligung beim EDI einreichen.

2. Anerkannte KK

a) Sie werden in Art. 12 KVG und in Art. 12 KVV näher geregelt. Weitere Bestimmungen finden sich in Art. 13 KVG im Zusammenhang mit der Durchführungsbewilligung, in verschiedenen anderen Bestimmungen des KVG und der KVV sowie in weiteren Verordnungen.

b) Als KK können nur juristische Personen des privaten oder öffentlichenRechts anerkannt werden; KVG 12 I.

aa) KK müssen nach KVV 12 I lit. a in einer der folgenden *Rechtsformen* organisiert sein: Vereine (ZGB 60); Stiftung (ZGB 80); Genossenschaften (OR 828); Aktiengesellschaften mit anderen als wirtschaftlichen Zwecken (OR 620 III). Diese letztere Rechtsform wurde im bisherigen Recht, in Art. 1 VO V über die KV, nicht zugelassen. Es lässt sich kaum voraussehen, ob sie eine grössere praktische Bedeutung erlangen wird.

bb) Weiter können KK nach KVV 12 I lit. b anerkannt werden, wenn sie eine juristische Person des kantonalen öffentlichen Rechts sind. Die Voraussetzung, dass solche Kassen das Recht der Persönlichkeit besitzen müssen, ist neu. Art. 2 aKVG und Art. 1 VO V über die KV ermöglichten auch einer öffentlichen Kasse die Anerkennung, wenn sie keine juristische Person war, z.B. die Krankenkasse, die als eine Abteilung einer städtischen Verwaltung errichtet worden ist. Nach aKVG 29 besassen die anerkannten KK jedoch von bundeswegen das Recht der Persönlichkeit. Art. 3 IV der Inkraftsetzungsverordnung bestimmt deshalb allgemein, dass «Kassen, die am 1.1.1996 (= Inkraftsetzung des KVG) keine juristischen Personen des privaten oder öffentlichen Rechts sind», ihre Organisation bis zum 1.1.1998 an das Gesetz anzupassen haben.

c) KK dürfen keinen *Erwerbszweck* verfolgen; KVG 12 I. Sie dürfen deshalb keinen Gewinn z.B. an die Mitglieder des Vereins, an die Genossenschafter oder an die Aktionäre ausschütten (vgl. auch hinten S. 16). Überdies müssen sie «hauptsächlich die soziale Krankenversicherung betreiben», d.h. die soziale KV muss ihre Hauptta-

---

die Geeignetheit der Kasse als Versicherer in der KV feststellt. In einem weiteren Gesuch verlangt die anerkannte KK die Bewilligung zum Betrieb der sozialen KV. Das EDI erteilt diese *Durchführungsbewilligung*, wenn es festgestellt hat, dass die Kasse die in KVG 13 i. V. m. KVV 12 II genannten Voraussetzungen erfüllt. Die *Bewilligung* nach VAG 7 heisst anderseits, dass eine private Versicherungseinrichtung (Versicherungsgesellschaft) vom EJPD die Erlaubnis erhalten hat, bestimmte Versicherungszweige, so auch die *private* KV, zu betreiben, also Versicherungsverträge gemäss Versicherungsvertragsgesetz (VVG) abzuschliessen. Diese Bewilligung ist die Voraussetzung dafür, dass die private Versicherungseinrichtung die Durchführungsbewilligung des EDI hinsichtlich der sozialen KV nach KVG bekommen kann. Bei den KK sind jedoch die Anerkennung und die Durchführungsbewilligung praktisch deckungsgleich, identisch. Verkürzt kann man daher sagen, anerkannt seien jene KK, welche die Durchführungsbewilligung besitzen.

tigkeit sein[11]. Die anderen Versicherungsarten und die Zusatzversicherung, von denen gleich die Rede sein wird, sollen also nur als Nebenzweige durchgeführt werden und nicht das Schwergewicht der KK bilden.

d) Den KK ist es nach KVG 12 IV erlaubt, sich als *Rückversicherer* zu betätigen, sofern sie die in KVV 16 festgelegten Voraussetzungen erfüllen, z.B. wenn sie mindestens 50'000 Versicherte aufweisen. Sie benötigen eine besondere Durchführungsbewilligung des EDI (vgl. hinten S. 13) und unterstehen auch für Rückversicherungsverträge hinsichtlich der obligatorischen Krankenpflegeversicherung dem KVG.

e) Den KK steht es nach KVG 12 II frei, neben der sozialen KV das Geschäft der *Zusatzversicherungen* (vgl. hinten S. 131) zu betreiben[12], z.B. jenen Versicherten zusätzliche Leistungen zu gewähren, die sich in der Privatabteilung eines Spitals, als Privatpatienten, pflegen lassen wollen. Für diese Versicherungsarten benötigen sie eine Bewilligung des EJPD und nicht des EDI[13]. Die Zusatzversicherungen fallen nämlich unter das Versicherungsaufsichtsgesetz und unter das Versicherungsvertragsgesetz, somit nicht unter das KVG. Dies ist eine grundsätzliche Änderung gegenüber dem bisherigen Recht.

Die gleiche Regelung gilt nach KVG 12 II auch für die weiteren Versicherungsarten, welche die KK tätigen dürfen. Sie werden in KVV 14 näher umschrieben. Es handelt sich um ein Sterbegeld bei Krankheit oder Unfall von höchstens je Fr. 6'000.–, um Invaliditätsentschädigungen bei Krankheit oder Unfall von höchstens je Fr. 6'000.– und – bei Lähmungen – von höchstens Fr. 70'000.– (sog. Lähmungsversicherung).

Die KK sind auch als Versicherer in der *Unfallversicherung nach UVG* zugelassen, sofern sie die Bewilligung des BSV eingeholt haben. Es ist ihnen aber nicht erlaubt, Rentenleistungen zu entrichten; für diese müssen sie mit einem anderen

---

11 Botschaft zum KVG bei Art. 9.
12 Die KK dürfen also, wie schon bisher, Zusatzversicherungen anbieten, während die SUVA diese Befugnis nach UVG nicht besitzt. Kritisch zu dieser Regelung der Berichterstatter Huber, Amtl. Bull. (StR) 1992 S. 1287 und MAURER, BSVR S. 360. Wenn KK das Zusatzgeschäft unter dem neuen Recht fortführen wollen, müssen sie sich vor Ende 1996 an das neue Recht anpassen und die Bewilligung des EJPD einholen; KVG 102 II. Ihre neuen Verträge sollen mindestens den bisherigen Umfang des Versicherungsschutzes gewähren.
13 Der Bundesrat schlug in seiner Botschaft zu Art. 16 KVG vor, die KK auch hinsichtlich der Zusatzversicherungen der Aufsicht des BSV und nicht jener des Bundesamtes für Privatversicherungswesen (BPV) zu unterstellen. In den parlamentarischen Beratungen wurde die heutige Regelung beschlossen: Die KK werden für die Zusatzversicherungen den privaten Versicherungseinrichtungen gleichgestellt, sodass sie dem Versicherungsaufsichtsgesetz (VAG) und dem VVG unterliegen und die Bewilligung des EJPD einholen müssen. Das VAG wurde durch den Anhang zum KVG entsprechend geändert. Gemäss Art. 4 lit. f und g VAG sind die KK nur hinsichtlich der (sozialen) KV gemäss KVG von der Aufsicht nach VAG ausgenommen. Gemäss Art. 21 III KVG werden sie für die Zusatzversicherungen usw., die KVG 12 II nennt, vom BPV beaufsichtigt. Der bisherige, ziemlich komplizierte Art. 5 VAG betreffend die KK wird durch den Anhang zum KVG aufgehoben. Die Regelung, die das KVG zum Aufsichtsrecht gebracht hat, ist wesentlich einfacher als die bisherige Regelung.

Versicherer, z.B. mit einer Versicherungsgesellschaft, eine entsprechende Vereinbarung abschliessen[14].

f) KVV 12 II regelt das *Anerkennungsverfahren*. Die KK müssen das Gesuch[15] beim BSV einreichen. Sie haben dem Gesuch verschiedene Dokumente beizulegen: Z.B. die Statuten, bei Stiftungen die Gründungsurkunde; die Bestimmungen (Reglemente) über die freiwillige Taggeldversicherung; allfällige allgemeine Bestimmungen über die Rechte und Pflichten der Versicherten; die Prämientarife; eine Übersicht über die Reserven und Rückstellungen, getrennt für die obligatorische Krankenpflegeversicherung und die freiwillige Taggeldversicherung; allenfalls für die Zusatzversicherungen und weiteren Versicherungsarten die Mitteilung, dass sie beim Bundesamt für Privatversicherungswesen (BPV) ein entsprechendes Gesuch gestellt haben.

Die KK muss, wenn sie das Gesuch einreicht, sich bereits über eine minimale Reserve ausweisen. Diese wird in KVV 12 III näher umschrieben.

Das EDI spricht die Anerkennung aus, wenn die gesetzlichen Voraussetzungen erfüllt sind. Das BSV muss jedoch zuvor die Prämientarife genehmigt haben.

g) Das EDI *entzieht* nach KVV 12 V einer KK die *Anerkennung*, wenn sie darum ersucht – weil sie die KV nach KVG nicht mehr betreiben will – und ferner wenn sie die gesetzlichen Voraussetzungen nicht mehr erfüllt, so wegen schlechter Geschäftsführung. Der Entzug der Anerkennung ist jedoch erst wirksam, wenn alle Versicherten von anderen Versicherern übernommen worden sind. Dies ist besonders bedeutsam bei Versicherten, deren Versicherungsfall noch nicht abgeschlossen ist. Der Entzug der Anerkennung darf für die Versicherten keine Versicherungslücke schaffen.

h) Art. 1 aKVG enthielt den Satz: «Soweit das Gesetz keine entgegenstehenden Vorschriften enthält, richten sich die KK nach ihrem Gutfinden ein». Damit wurde den KK ein grosser Spielraum eingeräumt, durch *kasseninterne Bestimmungen*, durch Reglemente usw. verschiedenste Sachverhalte zu regeln. Dies ist die *Autonomie* der Kassen. Im KVG fehlt der erwähnte Satz. Trotz der grösseren Regelungsdichte des KVG muss er auch nach neuem Recht gelten, wie sich dies aus seinem Sinne und z.B. aus KVV 12 II lit. b ergibt. Die Aufsichtsbehörde, d.h. das BSV, wird also weiterhin kasseninterne Bestimmungen und ihre Änderungen auf die Gesetzmässigkeit hin überprüfen können. Dies ist die *abstrakte Normenkontrolle*. Die Gerichte sind jedoch nicht an das Ergebnis dieser Überprüfung gebunden. Sie können im konkreten Fall die Gesetzmässigkeit der kasseninternen Bestimmungen frei

---

14 Der Entwurf des BR erwähnte in Art. 9 ausdrücklich, dass die KK auch die Unfallversicherung nach UVG betreiben dürfen; bei den parlamentarischen Beratungen wurde dieser Satz als selbstverständlich und deshalb überflüssig im neuen Art. 12 KVG weggelassen.

15 Wenn die unter dem bisherigen Recht anerkannten KK die KV nach KVG fortführen wollten, mussten sie dies dem BSV bis zum 31.7.1995 mitteilen und bis zum 30.9.1995 verschiedene Unterlagen, z.B. die Prämientarife für das KVG, einreichen; Art. 3 der Inkraftsetzungsverordnung.

beurteilen. Dies ist die *konkrete Normenkontrolle* oder – synonym – das akzessorische richterliche Prüfungsrecht[16].

Kasseninterne Bestimmungen sind ähnlich wie Versicherungsbedingungen privater Versicherungseinrichtungen auszulegen, nämlich nach dem Grundsatz von Treu und Glauben (Vertrauensprinzip). Sie sind «so auszulegen, wie sie der Versicherte bei pflichtgemässer Aufmerksamkeit verstehen durfte und musste. Die mangelnde Klarheit einer Kassenbestimmung darf sich nicht zum Nachteil des Versicherten auswirken»[17].

Wohl unterliegen die in KVG 12 II aufgezählten Versicherungsarten – Zusatzversicherungen usw. – dem Versicherungsvertragsgesetz (VVG) und fallen daher oberstinstanzlich in die Kompetenz des Bundesgerichtes; trotzdem sollten die sie betreffenden kasseninternen Bestimmungen vom Bundesgericht und jene hinsichtlich der sozialen KV nach KVG vom EVG möglichst nach gleichen Kriterien, einheitlich, ausgelegt werden. Diskrepanzen in der Auslegung können sich in der Praxis stossend auswirken, zumal Zusatzleistungen ähnlich den Leistungen nach KVG sozialen Zwecken dienen (vgl. auch hinten S. 136 lit. c).

i) Das KVG nennt in Art. 12 II die Zusatzversicherungen und weitere Versicherungen *Versicherungsarten* und unterstellt sie dem Versicherungsvertragsgesetz (VVG). In Art. 62 regelt es «besondere Versicherungs*formen*», die unter das KVG und nicht unter das VVG fallen. Die Art. 93 bis 101 KVV ordnen zahlreiche Einzelheiten. Dazu folgendes:

aa) Gemäss KVG 41 IV können die Versicherten ihr Wahlrecht im Einvernehmen mit dem Versicherer auf Leistungserbringer beschränken, z.B. auf die Freiheit der Arztwahl wenigstens teilweise verzichten, wenn davon eine kostengünstigere Versorgung zu erwarten ist. Dies trifft etwa bei dem sog. *HMO-Gesundheitsplan*[18] (Health Maintenance Organisation bzw. Gesundheits-Erhaltungsorganisation) zu: Der Versicherer unterhält eine eigene Gruppenpraxis, der verschiedene Ärzte und andere Medizinalpersonen angehören. Die Versicherten sollen sich grundsätzlich nur in dieser Praxis behandeln lassen und somit ihren Arzt nicht frei wählen. Die Versicherer gewähren ihnen dafür in engen Grenzen, die in KVV 101 gezogen werden, Prämienermässigungen (hinten S. 146).

bb) Die Versicherer können nach KVG 62 II lit. a i.V.m. KVV 93 ff. den Versicherten die Möglichkeit geben, sich stärker an den Kosten[19] zu beteiligen als dies in KVG 64 vorgeschrieben ist. Es dürfen dann gegen eine Verbilligung der Prämie höhere *Franchisen* gewählt werden, z.B. statt Fr. 150.– je Kalenderjahr für Erwachsene bestimmte Beträge zwischen Fr. 300.– und Fr. 1'500.–.

cc) Schliesslich wird in KVG 62 II lit. b i.V.m. KVV 96 ff. eine *Bonus-Versicherung* zugelassen, die ähnlich den Bonus/Malussystemen ausgestaltet wird, welche in der

---

16 MAURER, BSVR S. 242 und 260; hinten S. 177.
17 BGE 118 V 52 mit Zitaten; weiteres bei MAURER, BSVR S. 260 und PVR S. 160 f.
18 Näheres bei MAURER, BSVR S. 259 und Botschaft zum KVG zu den Art. 35 a.E. und 54.
19 Vgl. zur Kostenbeteiligung hinten S. 147.

obligatorischen Motorfahrzeugversicherung gebräulich sind; wenn der Versicherte während eines Kalenderjahres keine Leistungen des Versicherers in Anspruch genommen hat, reduziert sich die Prämie, bezogen auf die Ausgangsprämie, nach einem Prämienstufensystem bis höchstens 45 %. Die «Gesunden» werden dadurch prämienmässig entlastet und die «Kranken» belastet. Es handelt sich um eine Art von Risikoselektion, die dem Grundgedanken der neuen obligatorischen Krankenpflegeversicherung, nämlich dem Gedanken der Solidarität, widerspricht (vgl. bereits vorne S. 2).

k) KK werden vor allem nach folgenden Kriterien unterschieden:

aa) *Anerkannte* und *nichtanerkannte* KK. Letztere sind eher selten und werden vielleicht bald ganz verschwinden. So betreiben einzelne Unternehmen für ihr Personal eigene KK, ohne sie anerkennen zu lassen. Sie wollen in der Gestaltung der Kassen frei sein. Nicht selten beschränken sie sich auf die Krankentaggeldversicherung, um die Lohnfortzahlung für das Personal zu regeln.

bb) *Private Kassen* sind jene, die in privatrechtlicher Form, z.B. als Vereine, errichtet sind (vgl. vorne S. 7). *Öffentliche* KK werden durch die öffentliche Hand – Bund, Kantone, Gemeinden usw. – betrieben, sei es als Teil einer Verwaltung, sei es als öffentlich-rechtliche Anstalt oder Körperschaft. Die öffentliche Hand kann jedoch KK auch in privatrechtlichen Formen, als Verein oder Stiftung usw., errichten.

cc) Um eine *offene* KK handelt es sich, wenn sich jedermann bei ihr versichern kann, der in ihrem Tätigkeitsgebiet wohnt. *Geschlossene* Kassen stehen nur einem bestimmten Personenkreis offen, z.B. den Angehörigen eines Betriebes oder eines Berufsverbandes. Man unterscheidet daher die Betriebs- und die Berufsverbandskassen. Die geschlossenen KK sind jedoch nur soweit zulässig als sie die freiwillige Taggeldversicherung[20] betreiben. Hinsichtlich der Krankenpflegeversicherung müssen sie auf Antrag hin sämtliche versicherungspflichtigen Personen aufnehmen, die in ihrem Tätigkeitsgebiet wohnen.

dd) *Zentralisierte* KK sind in der ganzen Schweiz tätig (z.B. Helvetia, Visana). Ihre Agenturen oder Sektionen unterstehen einer Zentralverwaltung. *Regionale* oder *örtliche* KK beschränken demgegenüber ihre Tätigkeit gebietsmässig, z.B. auf einen Kanton oder eine Gemeinde. Man nennt sie deshalb auch *Gebiets-KK*.

ee) KK können die KV selbst betreiben oder auch als *Rückversicherer* anderer KVG-Versicherer tätig sein (vgl. vorne lit. d). Zu erwähnen ist ferner die «gemeinsame Einrichtung», eine von den Versicherern gegründeten Stiftung (KVG 18 und hinten S. 19). Sie entrichtet die gesetzlichen Leistungen, wenn ein Versicherer zahlungsunfähig geworden ist und hat noch weitere Aufgaben. Die sog. HMO-Einrichtungen (vgl. vorne lit. i) sind keine selbständigen KK sondern nur eine Versicherungsform des zur KV zugelassenen Versicherers.

---

20 Vgl. hinten Z. 4, b.

l) Das Krankenkassenwesen befindet sich in einem raschen und starken Wandel[21]. In jüngster Zeit schlossen sich auch grosse Kassen zusammen. Andere Kassen beschreiten einen neuen Weg: Sie gründen eine Organisation, ohne dass sie selbst ihre bisherige Stellung als anerkannt KK aufgeben. Dazu ein Beispiel: Die Helvetia – sie weist den zweitgrössten Bestand an Versicherten aller KK aus – gründete unlängst zusammen mit der Krankenfürsorge Winterthur (KFW) und der Konkordia die Swisscare, nämlich einen Verein, der als Dachverband dient. Er ist keine anerkannte KK und besitzt deshalb auch nicht die Durchführungsbewilligung gemäss KVG. Hingegen betreut er für die drei Gründerkassen gemeinsame Aufgaben: Betrieb der HMO-Organisation (vgl. vorne S. 10); Entwicklung alternativer Modelle; Abschluss von Tarifverträgen mit den Leistungserbringern, eine besonders wichtige Kompetenz; Herausgabe der Zeitschriften usw.

3. Private Versicherungseinrichtungen[22]

a) Private Versicherungseinrichtungen – sie werden auch Privatversicherer genannt –, die im Versicherungsgeschäft tätig sind, unterstehen der Aufsicht gemäss Versicherungsaufsichtsgesetz (VAG), soweit dieses keine Ausnahme vorsieht. Sie bedürfen einer Bewilligung des EJPD. Die Aufsicht wird durch das Bundesamt für Privatversicherungswesen (BPV) ausgeübt. Wenn private Versicherungseinrichtungen, die unter die Aufsicht fallen, Versicherungsverträge abschliessen, ohne die Bewilligung zu besitzen, machen sich die Täter nach VAG 50 strafbar. Sie können mit Gefängnis bis zu 6 Monaten oder mit Busse bestraft werden.

Die Versicherungsverträge von privaten Versicherungseinrichtungen, die eine Bewilligung eingeholt haben, beurteilen sich nach dem Versicherungsvertragsgesetz (VVG), andernfalls, wenn keine Bewilligung erforderlich ist, nach OR; VVG 101.

b) Die Bewilligung muss für jeden einzelnen Versicherungszweig eingeholt werden; VAG 7. Private Versicherungseinrichtungen können die Durchführungsbewilligung für die KV nach KVG nur erlangen, wenn sie bereits die Bewilligung nach VAG zum Betrieb der *privaten* KV haben und diesen Zweig auch betreiben[23]; KVG 11 lit. b. Sie verfügen dann – das nimmt der Gesetzgeber wohl an – über mehr oder weniger grosse Erfahrungen auf diesem Gebiet, die sie bei der Durchführung der KV nach KVG nutzbar machen können. Es steht ihnen frei, neben der privaten Krankenversicherung auch weitere Versicherungszweige nach VAG 7 zu betreiben, z.B. die Haftpflicht- und die Unfallversicherung. Die anerkannten KK dürfen demgegenüber

---

21 Der Konzentrationsprozess beschleunigt sich. Um 1960 gab es mehr als 1000 KK, Ende 1992 229 und Anfang 1995 nur noch 166. Am 1.1.1996, bei Inkrafttreten des KVG, besassen lediglich 159 KK die Durchführungsbewilligung nach KVG 13. – Die grossen KK Grütli, KKB (Bern) und Evidenzia haben sich per 1.1.1996 durch Fusion zur Visana-Versicherung zusammengeschlossen.
22 Vgl. bereits vorne S. 6 und hinten S. 131.
23 Die Botschaft zum KVG in Z. 3 zu Art. 8 begründet dieses Erfordernis nicht, sondern erwähnt es mehr beiläufig. – Näheres zur privaten KV bei MAURER, PVR S. 495 ff.

als private Versicherungseinrichtungen nur gerade Zusatzversicherungen anbieten, nicht aber in weiteren Versicherungszweigen Geschäfte tätigen. KVG 12 II zählt nämlich die Versicherungsarten abschliessend auf, die ihnen als private Versicherungseinrichtung offen stehen.

Es herrschen mehrfache Konkurrenzverhältnisse. Die KK stehen hinsichtlich der sozialen KV nach KVG und der Zusatzversicherung nach VAG unter sich und ebenfalls mit den privaten Versicherungseinrichtungen im Wettbewerb. Diese befinden sich jedoch, was die private KV betrifft, nur unter sich in einem Konkurrenzkampf, nicht dagegen mit den anerkannten KK, da es letzteren nicht erlaubt ist, den Versicherungszweig der privaten KV zu tätigen. Diese Inkongruenz ist sachlich kaum zu begründen.

c) Die Bewilligung für den Versicherungszweig der Zusatzversicherungen kann erlöschen: einmal wenn die private Versicherungseinrichtung – die anerkannt KK ist auf diesem Gebiet ebenfalls eine solche – den Geschäftsbetrieb beendet; sodann wenn ihr vom EJPD die Bewilligung entzogen wird, weil sie die gesetzlichen Voraussetzungen nicht mehr erfüllt, d.h. aus aufsichtsrechtlichen Gründen. Die Art. 39 ff VAG regeln die Einzelheiten[24].

d) Es kann vorkommen, dass die Versicherungseinrichtung ohne Bewilligung, also verbotenerweise, Versicherungsverträge abschliesst. Diese sind in der Regel nach OR und nicht gemäss VVG zu beurteilen; VVG 101 II. Sie sind keineswegs nichtig, wenn sie von einer Versicherungseinrichtung abgeschlossen werden, welche die entsprechende Bewilligung nicht mehr oder noch nicht besitzt, da andernfalls die Versicherten, besonders nach Eintritt eines Versicherungsfalles, ohne Versicherungsschutz wären[25]. Die Versicherungseinrichtung wird jedoch nach VAG 50 bestraft. Die Aufsichtsbehörde wird sie in einem solchen Fall veranlassen, die Verträge unter Einhaltung der gesetzlichen und vertraglichen Kündigungsfristen aufzuheben. Die Versicherungseinrichtung hat für die bereits eingetretenen Versicherungsfälle gemäss dem abgeschlossenen Vertrag zu leisten[26].

4. Bewilligung oder Durchführungsbewilligung[27]

a) Anerkannte KK und private Versicherungseinrichtungen benötigen die Bewilligung, wenn sie die soziale KV betreiben wollen; KVG 13. Sie müssen ihr Gesuch beim BSV einreichen. KVV 15 bestimmt, welche Unterlagen sie beizulegen haben, indem auf KVV 12 verwiesen wird (vgl. vorne Z. 2 lit f). Für das Verfahren ist das Bundesgesetz über das Verwaltungsverfahren vom 20.12.1968 (VwVG) anwendbar. Die Verfügung des EDI, mit welcher die Bewilligung ausgesprochen oder verweigert

---

24 Näheres bei MAURER, PVR S. 120 ff.
25 Näheres bei MAURER, PVR S. 130 ff. und BGE 111 II 52 ff.
26 Vgl. zum gleichen Problem hinsichtlich der Versicherungen, die ein zur Durchführung der KV nicht zugelassener Versicherer abschliesst, hinten S. 18 lit. l.
27 Vgl. zur Terminologie vorne N 10.

wird, kann gemäss Art. 128 des Bundesgesetzes über die Organisation der Bundesrechtspflege vom 16.12.1943 (OG) durch Verwaltungsgerichtsbeschwerde beim EVG in Luzern angefochten werden. Das EDI *muss* die Bewilligung erteilen, wenn der Versicherer die Anforderungen des KVG erfüllt. Das BSV veröffentlicht die Liste der Versicherer.

b) Die Versicherer sind verpflichtet, neben der obligatorischen Krankenpflegeversicherung auch die freiwillige *Einzeltaggeldversicherung* durchzuführen; KVG 13 II lit. d. Das EDI kann nach KVG 68 II i.V.m. 98 II auch KK anerkennen und ihnen die Durchführungsbewilligung erteilen, welche ihre Tätigkeit auf die Taggeldversicherung für Angehörige eines Betriebes oder Berufsverbandes beschränken, also die Krankenpflegeversicherung nicht betreiben wollen[28]. Diese Befugnis wird nur den KK, nicht aber den privaten Versicherungseinrichtungen eingeräumt. Letztere können jedoch die Taggeldversicherung wie bisher aufgrund des Versicherungsvertragsgesetzes anbieten.

c) Die zugelassenen privaten Versicherungseinrichtungen sind nach KVG den anerkannten KK – mit wenigen Ausnahmen – rechtlich gleichgestellt: Sie haben die gleichen Befugnisse und Pflichten. Deshalb dürfen sie auch die in KVG 12 II aufgezählten *Versicherungsarten* (Zusatzversicherungen usw.[29]) und ebenso die besonderen *Versicherungsformen* nach KVG 62 i.V.m. KVV 93 ff. (z.B. die Bonusversicherung) betreiben. Diese Möglichkeiten hätten sie, jedenfalls betreffend die Zusatzversicherung, bereits gemäss Versicherungsaufsichtsgesetz und Versicherungsvertragsgesetz, auch wenn KVG und KVV sie nicht vorsehen würden.

d) Die zur KV zugelassenen Versicherer müssen «über eine *Organisation* und eine *Geschäftsführung* verfügen, welche die Einhaltung der gesetzlichen Vorschriften gewährleisten»; auch haben sie die KV so zu führen, dass sie jederzeit in der Lage sind, «ihren finanziellen Verpflichtungen nachzukommen»; KVG 13 II lit. b und c. Es ist Ihnen somit nicht erlaubt, Mitglieder zu werben, indem sie die Versicherung zu Prämien anbieten, die zur Deckung der Versicherungskosten nicht ausreichen.

---

28 Damit nimmt der Gesetzgeber Rücksicht auf bereits bestehende Kassen dieser Art; vgl. Botschaft zum KVG bei Art. 60.
29 Durch den Anhang zum KVG wurden dem Art. 47 des Aufsichtsgesetzes die neuen Abs. 2 und 3 beigefügt. Abs. 2 schreibt den Kantonen für Streitigkeiten aus Zusatzversicherungen ein «einfaches und rasches Verfahren vor, in dem der Richter den Sachverhalt von Amtes wegen feststellt und die Beweise nach freiem Ermessen würdigt». Nach Abs. 3 «dürfen den Parteien keine Verfahrenskosten auferlegt werden; jedoch kann bei mutwilliger Prozessführung der Richter der fehlbaren Partei solche Kosten ganz oder teilweise auferlegen». Das Verfahren ist teilweise jenem nachgebildet, das KVG 87 für die kantonalen Versicherungsgerichte festlegt. Mit dieser Regelung bringt der Gesetzgeber zum Ausdruck, dass die Zusatzversicherungen in engem Zusammenhang mit der sozialen KV stehen. Erstaunlicherweise erwähnt Abs. 2 nur die Zusatzversicherungen, nicht aber die anderen in KVG 12 II genannten Versicherungsarten, obwohl auch sie dem VVG unterstellt sind. Es dürfte sich um ein redaktionelles Versehen handeln. Da Zusatzversicherungen dem Versicherungsvertragsgesetz unterstehen (KVG 12 III), sind sie privatrechtliche Streitigkeiten; für ihre Beurteilung ist der Zivilrichter zuständig; MAURER, PVR S. 133. Daran ändern die erwähnten neuen Verfahrensvorschriften nichts.

Die Aufsichtsbehörde hat darüber zu wachen, dass die Versicherer diesen für eine gesunde KV unabdingbaren Pflichten nachkommen. Die Versicherer müssen einen Sitz in der Schweiz haben; KVG 13 II lit. e. Wenn sie diese Voraussetzung erfüllen, können auch Versicherer, welche ihren *Hauptsitz im Ausland* haben, die Durchführungsbewilligung erhalten. Es dürfte genügen, wenn sie in der Schweiz eine Filiale betreiben[30].

e) Die Versicherer müssen mehrere, in KVG 13 II lit. a erwähnte Grundsätze beachten, solange sie die Durchführungsbewilligung besitzen und die KV betreiben:
aa) Die Versicherer haben die soziale KV nach dem *Grundsatz der Gegenseitigkeit* durchzuführen. Das EVG hat diesen Grundsatz schon unter dem bisherigen Recht zu einem fundamentalen Rechtsgrundsatz des KV-Rechts entwickelt und aus ihm mehrere Teilgehalte oder weitere Rechtsgrundsätze abgeleitet. So soll zwischen Beiträgen einerseits und den Versicherungsleistungen anderseits gesamthaft ein gewisses Gleichgewicht bestehen[31]. Dies ist der Äquivalenzgrundsatz. Er tritt nach neuem Recht stark in den Hintergrund, denn KVG 61 f. und KVV 89 ff. stellen eine recht einlässliche Prämienordnung auf, die diesem Grundsatz vorgehen. Deshalb wird ihm nur subsidäre Bedeutung zukommen. Der Grundsatz verlangt sodann, dass den Versicherten unter den gleichen Voraussetzungen die gleichen Vorteile zu gewähren sind[32]. Er verbietet ferner, dass der Versicherer einem Versicherten einen Vorteil zukommen lässt, den er nicht auch den anderen Versicherten gewährt, die sich in vergleichbarer Lage befinden. Auch dieser Grundsatz verliert stark an Bedeutung, da das KVG Leistungen und Prämie eingehender als das aKVG regelt. Er ist übrigens bereits im Grundsatz der Rechtsgleichheit enthalten (vgl. unter lit. bb). Schliesslich bedeutet der Grundsatz der Gegenseitigkeit nach der EVG-Praxis, dass der Versicherer keinen Gewinn an die Mitglieder des Vereins oder die Genossenschafter usw. ausschütten darf[33]. Dieser Rechtsgedanke ergibt sich jedoch bereits aus KVG 13 II lit. a selbst (vgl. hinten lit. f). Zusammenfassend lässt sich somit sagen, dass der Grundsatz der Gegenseitigkeit nach neuem Recht fast bedeutungslos wird, sofern er nicht über die bisherige EVG-Praxis hinaus weiterentwickelt und durch zusätzliche Teilgehalte ergänzt wird.
bb) Die Versicherer haben nach KVG 13 II lit. a auch die Gleichbehandlung der Versicherten zu gewährleisten. Dies ist eine Variante des *Grundsatzes der Rechts-*

---

30   Die Botschaft zum KVG weist in Z. 3 bei Art.10 darauf hin, dass ein Sitz des Versicherers in der Schweiz erforderlich sei, weil der Versicherer «öffentliche Gewalt» (hoheitliche Gewalt) besitze und Organ der schweizerischen Sozialversicherung sei. Ebenso wichtig ist, dass die Aufsicht beeinträchtigt wäre, wenn der ausländische Versicherer in der Schweiz keinen Sitz hätte, da unsere Behörden im Ausland keine Amtshandlungen vornehmen dürfen. – BGE 105 V 297: «Sitz in der Schweiz» liegt nicht vor, wenn die KK ihren Sitz im Fürstentum Liechtenstein hat. Dieses nach aKVG gefällte Urteil dürfte auch nach KVG massgebend sein. Durch Staatsvertrag können Lösungen vereinbart werden, die von KVG 13 II lit. e abweichen.
31   BGE 113 V 210 und 298.
32   BGE 113 V 210 und 298.
33   EVGE 1967 S. 11. Die Botschaft zum KVG Z. 3 bei Art. 10 erwähnt nur diesen Gesichtspunkt ausdrücklich.

gleichheit, der im Sozialversicherungsrecht ohnehin gilt, da er sich aus BV 4 I ableiten lässt[34]. Das Gesetz erwähnt das Gleichbehandlungsgebot wohl nur, um Unsicherheiten über seine Anwendbarkeit auszuschliessen, also zu seiner eigenen Verdeutlichung.

cc) Im Bereiche der sozialen KV gelten auch die übrigen allgemeinen Rechtsgrundsätze, soweit sie für das Sozialversicherungsrecht massgebend sind, jedenfalls wenn Rechtsverhältnisse des öffentlichen Rechts in Frage stehen. Es handelt sich vor allem um die Grundsätze der Gesetzmässigkeit (*Legalitätsprinzip*), von Treu und Glauben sowie der Verhältnismässigkeit. Für ihre Inhalte soll hier lediglich auf die Literatur verwiesen werden[35].

f) Die Versicherer dürfen nach KVG 13 II lit. a «die Mittel der sozialen KV nur zu deren Zwecken verwenden». Sie dürfen z.b. den Konten der Sozialversicherung keine Mittel entnehmen, um mit ihnen ein Defizit der Zusatzversicherung auszugleichen oder um Gewinne an die Mitglieder des Vereins, an die Genossenschafter oder Aktionäre auszuschütten (Gewinnausschüttungsverbot). Die Mittel sind m.a.W. *zweckgebunden*. Dabei ist unter sozialer KV gemäss KVG 1 die obligatorische Krankenpflegeversicherung und die freiwillige Taggeldversicherung zu verstehen, nicht aber die Versicherungen nach KVG 12 II – Zusatzversicherungen usw. –, die dem Versicherungsvertragsgesetz unterstehen. Für sie gilt somit das Gewinnausschüttungsverbot nicht, sofern sie von privaten Versicherungseinrichtungen geführt werden. Für die KK gilt es jedoch auch hinsichtlich dieser Versicherungen; nach Art. 12 I dürfen nämlich die anerkannten KK keinen Erwerbszweck verfolgen, was auch das Gewinnausschüttungsverbot einschliesst[36].

g) Die Versicherten haften gemäss KVG 15 (wie schon nach aKVG 29 III) nicht für die Verpflichtungen der Versicherer. Es ist also z.B. den KK, die als Genossenschaften errichtet sind, verboten, statutarisch nach OR 869 f. zu bestimmen, dass die Genossenschafter gegenüber Dritten für die Schulden der Genossenschaft persönlich unbeschränkt oder beschränkt haften. Eine solche *Haftung* wäre mit dem Charakter der sozialen KV unvereinbar. Aus dem gleichen Grunde ist auch die statutarische Nachschusspflicht nach OR 871 unzulässig, obwohl KVG 15 sie nicht ausdrücklich erwähnt. Sie würde die Genossenschafter verpflichten, durch besondere Zahlungen Bilanzverluste der Genossenschaft zu decken.

h) Die Versicherer sind nach KVG 16 verpflichtet, «die interessierten Personen über ihre Rechte und Pflichten *aufzuklären* und sie zu *beraten*». Diese neue Bestimmung stützt sich auf Art. 35 des ständerätlichen Entwurfes zum ATSG. Die Pflicht wird

---

34 MAURER, BSVR S. 26 ff.
35 MEYER-BLASER, Die Bedeutung von Art. 4 BV für das Sozialversicherungsrecht, ZSR 1992 II S. 299 ff. und MAURER, BSVR S. 25 mit Hinweisen auf weitere Literatur und Judikatur. – Vgl. auch hinten S. 138 zur Frage, ob die zugelassenen Versicherer die allgemeinen Rechtsgrundsätze ebenfalls zu beachten haben, wenn sie Versicherungsarten nach KVG 12 II betreiben, die unter das Versicherungsvertragsgesetz fallen und somit Teil des Privatrechts sind.
36 Dieses ergab sich schon aus aKVG 28.

schon aus dem Grundsatz von Treu und Glauben abgeleitet. Sie reicht von der allgemeinen Information z.B. über Änderungen der Statuten durch interne Publikationsorgane und Merkblätter bis zur persönlichen Beratung z.B. über die Versicherungspflicht und über Ansprüche im Versicherungsfall. Sie ist nur im Rahmen der Zumutbarkeit, also beschränkt, gegeben. Der Versicherer hat die Interessierten nur über Sachverhalte aufzuklären und zu beraten, für welche er selbst zuständig ist und die auch ihn betreffen. Deshalb muss er keine Nachforschungen anstellen, wenn ein Versicherter zu wissen wünscht, welcher andere Versicherer günstigere Prämien anbietet, sodass sich ein Wechsel des Versicherers lohnen würde. Hingegen gehören zu den interessierten Personen neben den Versicherten und Prämienzahlern auch Leistungserbringer, die für den Versicherer tätig sind, z.B. das Medizinalpersonal wie Arzt und Physiotherapeuten. Eine Person kann nur eine Beratung beanspruchen, wenn sie selbst oder ihre Familienangehörigen oder ihr Personal daran interessiert sind. Ihr Interesse muss konkret sein, z.B. die Frage betreffen, ob sie auf einer Reise, die sie in ein anderes Land plant, versichert sei oder nicht[37]. Die Versicherer sind nicht verpflichtet, Gutachten zu erstellen oder durch Dritte erstellen zu lassen, z.B. wenn sie Auskunft über eine umstrittene Rechtsfrage oder Heilmethode geben sollten. Der Versicherte hat m.E. keinen klagbaren Anspruch auf Aufklärung und Beratung. Er kann deshalb auch keine Verfügung verlangen[38]. Wird ihm die Auskunft verweigert, hat er die Möglichkeit, sich an das BSV als Aufsichtsbehörde zu wenden.

i) Den Versicherern wird in KVG 17 für die Durchführung der sozialen KV *Steuerfreiheit* gewährt. Sie erstreckt sich auf die *direkten* Steuern des Bundes, der Kantone und der Gemeinden und ferner auf die Erbschafts- und Schenkungssteuer der Kantone und Gemeinden. Die Versicherer sind von diesen Steuern nur befreit, «soweit ihre Einkünfte und Vermögenswerte ausschliesslich der Durchführung der sozialen Krankenversicherung und der Erbringung oder der Sicherstellung ihrer Leistungen dienen». Die Steuerbefreiung gilt für die soziale KV, d.h. für die obligatorische Krankenpflegeversicherung und die freiwillige Taggeldversicherung, nicht aber für die weiteren Versicherungsarten, die KVG 12 II aufzählt, vor allem nicht für die Zusatzversicherungen; diese gehören zum Bereich der Privatversicherung gemäss Versicherungsaufsichtsgesetz.

Ferner sind Urkunden, die bei der Durchführung der sozialen KV im Verkehr mit den Versicherten oder mit Drittpersonen und anderen Organisationen verwendet werden, von den öffentlichen Abgaben und Gebühren befreit. Schliesslich unterliegt

---

37 KVG 16 geht auf die §§ 13 und 14 des deutschen Sozialgesetzbuches I zurück, welche die Aufklärung und die Beratungspflicht weit fassen; vgl. BURDENSKI/VON MAYDELL/SCHELLHORN, Gemeinschaftskommentar zum SGB I, 2. A. 1981 zu den erwähnten §§. Vgl. zur Informationspflicht nach UVV 72 BGE 121 V 28.

38 Wollte man einen klagbaren Anspruch bejahen, so käme der Natur der Sache nach am ehesten eine Feststellungsbeschwerde in Frage.

der Bezug der Prämien nicht der eidgenössischen Stempelabgabe auf Prämienquittungen[39].

Streitigkeiten über die Anwendung von KVG 17 beurteilt als einzige Instanz das Bundesgericht in Lausanne.

Wenn diese Steuerfreiheit nicht bestünde, würden die Versicherer ihre Steuerlast über die Prämien auf die Prämienzahler, d.h. zur Hauptsache auf die Versicherten, überwälzen. Dies würde dem sozialen Charakter der Versicherung nicht gerecht.

k) Das EDI *entzieht* einem Versicherer gemäss KVG 13 III die *Durchführungsbewilligung*, wenn er darum ersucht, z.B. weil er den Versicherungsbetrieb aufgibt, und ferner, wenn er die gesetzlichen Voraussetzungen nicht mehr erfüllt, so etwa, wenn er wegen schlechter Geschäftsführung seinen finanziellen Verpflichtungen nicht mehr nachkommen kann. Der Entzug soll aber erst dann wirksam werden, wenn alle Versicherten von anderen Versicherern übernommen worden sind. Dieses letztere Erfordernis lässt sich unschwer verwirklichen, da KVG 7 den Wechsel des Versicherers stark erleichtert[40]. Die Regelung bezweckt, den Versicherten vor Schaden zu bewahren, wenn die Durchführungsbewilligung entzogen wird.

l) Es kann vorkommen, dass ein Versicherer «Versicherungen nach KVG» anbietet und tätigt, obwohl er keine Durchführungsbewilligung besitzt. Das KVG beantwortet die Frage nicht, wie solche Versicherungen zu beurteilen sind[41]. Es liegt eine Gesetzeslücke[42] vor. Wenn sie durch Aufstellung von Regeln gefüllt wird, muss dem Schutzgedanken des KVG Rechnung getragen werden: Dieses will der Bevölkerung bei Krankheit und Unfall Versicherungsschutz geben; deshalb ist bei der Abwägung in erster Linie das Interesse des Versicherten und erst sekundär jenes des Versicherers zu berücksichtigen. Für die zwei in der Praxis wohl wichtigsten Tatbestände könnte somit wie folgt überlegt werden:

aa) Der Versicherer hat das Gesuch um Erteilung der Durchführungsbewilligung bereits gestellt oder will dies demnächst tun, weshalb er verbotenerweise auch schon Versicherungen nach KVG anbietet und tätigt. Damit die meistens ahnungslosen Versicherten nicht zu Schaden kommen, sollte das EDI die Durchführungsbewilligung rückwirkend gewähren; somit würde der Mangel nachträglich geheilt.

bb) Der Versicherer ist ohne Durchführungsbewilligung, da sie ihm vom EDI gemäss KVG 13 III entzogen wurde. Er tätigt weiterhin «Versicherungen nach KVG». Das BSV sollte die «Versicherten» veranlassen, sich rasch bei einem zugelassenen Versicherer zu versichern; KVG 3 I i.V.m. 6. Der fehlbare Versicherer ist analog ZGB 55 und OR 55 verpflichtet, dem «Versicherten» in Versicherungsfällen, die

---

39 Eine ähnliche Steuerfreiheit wird in UVG 68 und 71 den Unfallversicherern mit abweichenden Formulierungen eingeräumt. Sie findet sich auch in Art. 88 des Entwurfes zum ATSG.
40 Vgl. hinten S. 37. Für die anderen Versicherungsarten nach KVG 12 II (Zusatzversicherungen usw.) gelten die Vorschriften des VAG 39 ff. über die Beendigung des Geschäftsbetriebes; vgl. vorne S. 13 lit. c.
41 Im Gegensatz zu VAG 50 stellt KVG 92 f. diesen Tatbestand eigenartigerweise auch nicht unter Strafe.
42 Dazu MAURER, BSVR S. 46.

bereits eingetreten sind, jene Leistungen zu gewähren, die er nach KVG beanspruchen könnte, wenn er bei einem zugelassenen Versicherer versichert gewesen wäre[43].

m) Sobald die *Durchführungsbewilligung wirksam* wird, unterliegt der Versicherer automatisch der Gesetzgebung über die KV. Einige *Rechtsfolgen* sollen hier erwähnt werden:

aa) Der Versicherer ist der Aufsicht des Bundes unterstellt, die zur Hauptsache vom BSV ausgeübt wird.

bb) Er besitzt nunmehr im gesetzlichen Rahmen hoheitliche Gewalt, die besonders dadurch zum Ausdruck kommt, dass er fortan die Befugnis und die Pflicht hat, gewisse Entscheide in Verfügungen zu kleiden, die rechtskräftig und vollstreckbar werden können; KVG 80 ff.

cc) Der Versicherer hat die allgemeinen Rechtsgrundsätze, z.B. die Grundsätze der Gleichbehandlung, der Verhältnismässigkeit und insbesondere das Verbot willkürlichen Verhaltens zu beachten (vgl. bereits vorne S. 15 lit. e).

dd) Er unterliegt weitgehend der Sozialversicherungsgerichtbarkeit, d.h. einer besonderen Art von Verwaltungsgerichtsbarkeit.

II. Gemeinsame Einrichtung

1. Zweck und Aufgaben

Wenn ein Versicherer, der die Durchführungsbewilligung besitzt, zahlungsunfähig wird, würden seine Versicherten im Versicherungsfall möglicherweise die Leistungen nicht bekommen, die ihnen nach KVG zustehen. Um diese unerwünschte Folge auszuschalten, schreibt KVG 18 vor, dass die Versicherer eine gemeinsame Einrichtung in Form einer Stiftung zu errichten haben[44]. Sie übernimmt die Kosten für die gesetzlichen Leistungen anstelle des zahlungsunfähigen Versicherers. Überdies ist sie gemäss KVV 19 «für die Durchführung der Leistungsaushilfe in der KV nach internationalen Verpflichtungen der Schweiz zuständig». Ferner können ihr die Versicherer «im gegenseitigen Einvernehmen bestimmte Aufgaben von gemeinsamem Interesse anvertrauen, namentlich im administrativen und technischen Bereich». Schliesslich hat die Stiftung nach KVG 105 (Übergangsbestimmungen) während der ersten zehn Jahre ab Inkrafttreten des KVG den Risikoausgleich durchzuführen (vgl. hinten S. 153).

---

43 Vgl. zum gleichen Problem nach VAG vorne S. 13 lit. c und d. – Der Versicherte kann die Prämie, die er gutgläubig bezahlt hat, nach OR 62 ff. wegen ungerechtfertigter Bereicherung vom Versicherer zurückfordern.

44 Ähnliche Einrichtungen bestehen nach BVG 56 f. (Sicherheitsfonds) und UVG 72 f. (Ersatzkasse) für die berufliche Vorsorge und die Unfallversicherung. Vgl. MAURER, BSVR S. 195 und 332.

2. Organisation und Finanzierung

a) Die Versicherer haben die Stiftungsurkunde und die Reglemente dem EDI zur Genehmigung vorzulegen. Wenn die Gründung nicht zustande kommt, errichtet der Bundesrat die Stiftung. Er erlässt auch die nötigen Vorschriften, falls sich die Versicherer über den Betrieb der Einrichtung nicht einigen.

b) Zur Finanzierung müssen die Versicherer zu Lasten der sozialen KV Beiträge an die gemeinsame Einrichtung entrichten. KVV 19 ff. regeln weitere Einzelheiten. Die gemeinsame Einrichtung geniesst die gleiche Steuerfreiheit wie die Versicherer (vgl. vorne S. 17 lit. i).

III. Förderung der Gesundheit

1. Aufgaben und Organisation der Institution

Eine bemerkenswerte Neuerung bringt KVG 19: Die Versicherer haben die Verhütung von Krankheiten zu fördern. Zu diesem Zwecke müssen sie gemeinsam mit den Kantonen eine *Institution*[45] betreiben, «welche Massnahmen zur Förderung der Gesundheit und zur Verhütung von Krankheiten anregt, koordiniert und evaluiert». Wenn die Gründung der Institution nicht zustande kommt, so nimmt der Bund sie vor. «Das leitende Organ der Institution besteht aus Vertretern der Versicherer, der Kantone, der SUVA, des Bundes, der Ärzteschaft, der Wissenschaft sowie der auf dem Gebiet der Krankheitsverhütung tätigen Fachverbände»; KVG 19 III. Das BSV übt die Aufsicht über die Institution aus; KVG 20 III[46].

Die Aktionen der Institution zur Förderung der Gesundheit sollen die ganze Bevölkerung einschliessen. So können sie z.B. bewusst machen, dass falsche Ernährung, Überernährung, Bewegungsmangel, Suchtmittelkonsum[47] usw. Krankheiten verschiedenster Art verursachen. Wenn solche Aktionen gut geplant und durchgeführt werden, sind sie geeignet, Krankheiten und dadurch Krankheitskosten zu vermeiden oder doch das entsprechende Risiko zu verringern, sodass auch die Versicherer und die Prämienzahler entlastet werden. Art.19 KVG will die Gesundheitsförderung als nationale Aufgabe verstehen. Er ist von KVG 26 zu unterscheiden,

---

45 Sie bildet das Gegenstück zur Beratungsstelle für Unfallverhütung, die UVG 88 für die Verhütung von Nichtberufsunfällen vorschreibt. Für die Verhütung von Berufsunfällen und Berufskrankheiten sieht das UVG keine besondere Institution vor. Vielmehr übertragen die Art.85 ff. UVG den Vollzug der zahlreichen Vorschriften auf diesem Gebiet (UVG 81 ff. und die VO über die Verhütung von Unfällen und Berufskrankheiten vom 19.12.1983 u.a.m.) den Durchführungsorganen des Arbeitsgesetzes und der SUVA. Vgl. MAURER, BSVR S. 406 ff.

46 Der kleine Abschnitt «Förderung der Gesundheit» wurde nicht vom Bundesrat in seinem Entwurf zum KVG vorgeschlagen, sondern erst durch das Parlament ins Gesetz eingefügt. Der NR beschloss ihn, gestützt auf Antrag seiner Kommission; der StR lehnte ihn ab und stimmte ihm – in der heutigen Fassung – erst bei der Differenzbereinigung zu; Amtl. Bull. des NR 1993 S. 1835 ff. und 1994 S. 14 sowie des StR 1993 S. 1053 und 1994 S. 99.

47 Votum von NR Frau GONSETH, Amtl. Bull. (NR) 1993 S. 1836.

welcher Leistungen der Versicherer für die medizinische Prävention im konkreten Einzelfall durch ärztliches Handeln, z.B. durch Vorsorgeuntersuchungen und Impfungen, vorschreibt (vgl. hinten S. 47).

Es bestehen zahlreiche Organisationen, die sich mit der Förderung der Gesundheit befassen, so die 1989 gegründete Stiftung für Gesundheitsförderung, Krebs-, Rheuma- und Gesundheitsligen u.a.m. Die neue Institution soll versuchen, die verschiedenen Bestrebungen zu koordinieren, um dadurch die Effizienz zu steigern[48].

2. Finanzierung

Jeder Versicherte muss gemäss KVG 20 jährlich einen Beitrag entrichten. Die Institution stellt dem BSV Antrag betreffend die Höhe des Beitrages, der jeweils im folgenden Jahr erhoben werden soll; KVV 23 II. Das BSV setzt ihn fest.

IV. *Aufsicht und Statistik*

KVG 21 bis 23 und KVV 24 bis 32 regeln die Aufsicht über die Versicherer und die gemeinsame Einrichtung (vgl. vorne Z. II) sowie die Krankenkassenstatistik. Zu beachten sind überdies das Kartellgesetz und das Preisüberwachungsgesetz.

1. Aufsichtsinstanzen

An sich ist nach KVG 21 I der Bundesrat für die Aufsicht zuständig. Er delegiert diese Befugnis für die Durchführung der sozialen KV an das BSV; KVV 24 und 25. Das BPV beaufsichtigt die Versicherer für die in KVG 12 II genannten Versicherungsarten (Zusatzversicherungen usw; vgl. vorne S. 8 und hinten S. 131), da diese unter das Versicherungsaufsichtsgesetz und das VVG fallen. Als weitere Aufsichtsinstanzen sind die Kartellkommission und der Preisüberwacher zu nennen.

2. Aufgaben und Kompetenzen des BSV

a) Das BSV sorgt für die *einheitliche Anwendung des Gesetzes;* KVG 21 II. Es kann den Versicherern Weisungen erteilen, «von ihnen alle erforderlichen Auskünfte und Belege verlangen sowie Inspektionen durchführen. Die Versicherer müssen dem Bundesamt ihre Jahresberichte und Jahresrechnungen einreichen»; Abs. 3.

b) Die kantonalen *Versicherungsgerichte* und *Schiedsgerichte* (KVG 86 bis 89; vgl. hinten S. 167 und 171) müssen dem BSV sämtliche Entscheide zustellen. Es kann gegen diese Entscheide beim EVG Verwaltungsgerichtsbeschwerde erheben;

---

48 Nach Art 7 II der Inkraftsetzungsverordnung muss die neue Institution ihre Tätigkeit spätestens am 1.1.1998 aufnehmen.

KVV 27. Dadurch bekommt es die Möglichkeit, die einheitliche Anwendung des KVG im Bereiche der Rechtsprechung zu fördern.

Die Versicherer haben dem BSV die Prämientarife sowie deren Änderungen zur Genehmigung einzureichen. Diese Tarife dürfen erst angewendet werden, wenn sie genehmigt sind; KVG 61 IV, KVV 92 I. Die Genehmigung hat rechtsbegründende (konstitutive) Wirkung[49].

c) aa) Die *Verwaltungskosten* haben im Versicherungsgeschäft grosse Bedeutung. Sie setzen sich aus den Personalkosten, den Kosten für Miete, Datenverarbeitungsmaschinen usw. zusammen. Da sie über die Prämien auf die Versicherten überwälzt werden und nach KVG 66 II auch die Höhe der Bundes- und Kantonsbeiträge (Subventionen) beeinflussen, müssen sie einer strengen Kontrolle durch die Versicherer selbst und ebenfalls durch die Aufsichtsbehörden unterworfen sein. KVG 22 I bestimmt daher, dass die Versicherer die Verwaltungskosten für die soziale KV «auf das für eine wirtschaftliche Geschäftsführung erforderliche Mass zu beschränken» haben. Damit wird eine rationelle und effiziente Verwaltung vorgeschrieben.

bb) KVG 22 II ermächtigt den Bundesrat, Bestimmungen über eine Begrenzung der Verwaltungskosten zu erlassen. «Er berücksichtigt dabei die allgemeine Lohn- und Preisentwicklung». So kann er z.B. vorschreiben, dass die Verwaltungskosten nicht rascher als die Löhne ansteigen, da die Personalkosten am meisten ins Gewicht fallen[50]. Es dürfte freilich schwierig sein, die richtigen Rezepte für die Erreichung dieses Zieles zu entwickeln und in Verordnungen zu umschreiben. Die Höhe der Verwaltungskosten hängt nämlich von den verschiedensten Faktoren ab, nicht zuletzt von den Fähigkeiten der leitenden Personen. Zuständig für die Kontrolle der Verwaltungskosten ist das BSV, was sich aus KVV 25 schliessen lässt. Es hat einstweilen noch keine Weisungen zur Dämpfung der Verwaltungskosten erlassen.

d) Wenn ein Versicherer die gesetzlichen Vorschriften missachtet, so kann das BSV gemäss KVG 21 V Massnahmen ergreifen, damit der gesetzmässige Zustand wieder hergestellt wird. Es muss dabei das Bundesgesetz über das Verwaltungsverfahren anwenden und deshalb seine Massnahmen in eine Verfügung kleiden. Diese kann durch Verwaltungsbeschwerde beim EDI und dessen Entscheid durch Verwaltungsgerichtsbeschwerde beim EVG angefochten werden[51](OG 128 f.; hinten S. 176). Wenn das BSV Massnahmen ergreift, muss es insbesondere den Grundsatz der Verhältnismässigkeit beachten, der in VwVG 42 noch ausdrücklich umschrieben wird: «Die Behörde darf sich keines schärferen Zwangsmittels bedienen, als es die Verhältnisse erfordern». So soll das BSV dem EDI nur dann beantragen, dem

---

49 Botschaft zum KVG Z. 3 zu Art. 16.
50 Die Botschaft zum KVG weist in Z. 3 bei Art. 17 darauf hin, dass der Anteil der Verwaltungskosten der KK an den Versicherungskosten insgesamt» derzeit mehrere Jahre» stabil geblieben seien (rund 7%, ein ziemlich tiefer Verwaltungskostensatz). Diese Zahl gibt nicht an, wie hoch die Kosten für die Pflichtleistungen in der Krankenpflege allein waren, weshalb ein Vergleich mit den künftigen Verwaltungskosten in der obligatorischen Krankenpflegeversicherung kaum möglich sein wird.
51 Vgl. zum Instanzenzug, wenn das BPV gegenüber einer privaten Versicherungseinrichtung, welche das Zusatzgeschäft betreibt, Massnahmen trifft, MAURER, PVR S. 134 f.

fehlbaren Versicherer die Durchführungsbewilligung zu entziehen, wenn andere Massnahmen zur Wiederherstellung des gesetzmässigen Zustandes bei einem Versicherer praktisch aussichtslos sind.

3. Kartellkommission und Preisüberwacher[52]

a) Das *Kartellgesetz* vom 20.12.1985 (KG, SR 251) ist auf Kartelle und ähnliche Organisationen anwendbar. «Es erfasst sowohl Unternehmen des privaten wie des öffentlichen Rechts»; KG 1 I. Somit gilt es auch für private Versicherungseinrichtungen und KK aller Art. Im Vordergrund stehen Beschlüsse über Preise und Geschäftsbedingungen, also z.B. auch über Prämien der Versicherer. Die Kartellkommission prüft, ob solche *Beschlüsse* «volkswirtschaftlich oder sozial schädliche Auswirkungen zeigen»; Art. 29 bestimmt, was darunter zu verstehen ist. Die Kartellkommission kann z.B. untersuchen, ob diese Voraussetzungen zutreffen, wenn sich mehrere KK durch Fusion oder auf andere Weise zusammenschliessen, ebenso wenn sie gemeinsam eine Organisation gründen, z.B. einen Verein, die Tarifverträge mit Leistungserbringern abschliesst. Um Beschlüsse der erwähnten Art könnte es sich auch handeln, wenn mehrere Versicherer der sozialen KV für einen bestimmten Kanton gemeinsam eine Einheitsprämie festsetzen würden. Falls die betroffenen Versicherer ihrer Empfehlung nicht nachkommen, stellt die Kartellkommission den Antrag, das Eidg. Volkswirtschaftsdepartement (EVD) möge mit einer Verfügung die erforderlichen Massnahmen anordnen. Diese Verfügung kann mit Beschwerde bei der Rekurskommission EVD und deren Entscheid mit Verwaltungsgerichtsbeschwerde beim Bundesgericht in Lausanne angefochten werden[53].

b) Auch der *Preisüberwacher* erfüllt Aufgaben, die dem Aufsichtsrecht zugeordnet werden können. Das Preisüberwachungsgesetz (PüG) vom 20.12.1985 (SR 942.20, AS 1986 S. 895) regelt Einzelheiten. Dazu einige Angaben:

aa) Der Preisüberwacher arbeitet eng mit der Kartellkommission zusammen; Art.5. Das PüG gilt für die gleichen Organisationen wie das Kartellgesetz; es erfasst somit auch solche des öffentlichen Rechts. Deshalb ist es auf private und öffentliche Versicherer des KVG anzuwenden.

bb) Der Preisüberwacher prüft, ob die Erhöhung oder die Beibehaltung von Preisen missbräuchlich ist. Unter den Preisen sind auch die Prämien der Versicherer und Tarifverträge zu verstehen, welche die Versicherer mit Leistungserbringern gemäss KVG abschliessen (hinten S. 78 f.); Art. 6 f. Soweit die «Exekutive des Bundes, eines Kantons oder einer Gemeinde» für die Festsetzung oder Genehmigung einer Preiserhöhung zuständig ist, hört sie den Preisüberwacher zuvor an. Die Prämientarife gemäss KVG 61 und KVV 92 I werden vom BSV geprüft und genehmigt. Dieses muss also zuvor den Preisüberwacher anhören. Tarife und Preise werden durch

---

52 Vgl. weiteres bei MAURER, PVR S. 86 f. mit Literaturhinweis.
53 Eine erhöhte Bedeutung dürfte der Kartellkommission bei den Zusatzversicherungen zukommen, die nicht unter das KVG sondern unter das Versicherungsaufsichtsgesetz fallen.

Tarifverträge zwischen Versicherern und Leistungserbringern vereinbart, worauf eine behördliche Genehmigung erforderlich ist. Die Behörde hat vor ihrem Entscheid den Preisüberwacher anzuhören. Nur wenn kein Tarifvertrag zustande kommt, wird er von der Kantonsregierung festgesetzt; KVG 43 und 47. Die Kantonsregierung muss zuvor den Preisüberwacher ebenfalls anhören.

cc) Wenn Preise erhöht werden, die keiner behördlichen Genehmigung bedürfen, strebt der Preisüberwacher mit den Betroffenen – z.B. mit den Versicherern und Leistungserbringern nach KVG – eine einvernehmliche Regelung an, um eine missbräuchliche Preiserhöhung zu beseitigen. Kommt keine Regelung zustande, so verfügt er eine Preissenkung; Art. 9 f. Seine Verfügung kann mit Beschwerde bei der Rekurskommission EVD und deren Entscheid durch VGB beim Bundesgericht angefochten werden; Art. 20.

Wenn anderseits eine Behörde die Preiserhöhung festzusetzen oder zu genehmigen hat, besitzt der Preisüberwacher nur ein Antragsrecht. Er kann z.B. beantragen, es sei auf die Preiserhöhung zu verzichten oder ein Preis sei wegen Missbräuchlichkeit zu senken. Die Behörde muss seine Stellungnahme im Entscheid anführen. M.E. steht ihm das Recht zu, den Entscheid mit Beschwerde anzufechten.

4. Statistik und Aufsichtsdaten

a) Die Aufsicht kann nur wirksam sein, wenn das BSV von den Versicherern geeignete und vor allem zuverlässige statistische Daten, sog. Aufsichtsdaten, erhält. Wichtig sind z.B. die Angaben über die Zahlungen an die einzelnen Leistungserbringer (Ärzte, Spitäler usw.), da sie die Veränderungen, besonders die Zunahme, der Versicherungsleistungen von Jahr zu Jahr erkennen lassen, sodass allenfalls gezielte Massnahmen zur Kostendämpfung ergriffen werden können.

b) Der Bundesrat erlässt deshalb gemäss KVG 23 I «Bestimmungen über die Erstellung, die Auswertung und die Veröffentlichung der zur Durchführung dieses Gesetzes benötigten Statistiken sowie über den Zugang zu den gesammelten Daten. Er sorgt dafür, dass der Persönlichkeitsschutz gewährleistet ist» (Datenschutz). Nach Abs. 2 werden die Versicherer sowie die Behörden des Bundes und der Kantone verpflichtet, bei der Erstellung der Statistiken mitzuwirken. Der Bundesrat kann die Pflicht zur Mitwirkung auf andere Personen und Organisationen ausdehnen; zuvor muss er sie anhören.

c) Der Bundesrat hat in KVV 28 bis 32 die Einzelheiten zu den Aufsichtsdaten einlässlich geregelt. Zuständig ist das BSV. Die Versicherer werden verpflichtet, ihm die vorgeschriebenen Daten auf elektronischen Datenträgern zur Verfügung zu stellen. Dadurch lässt sich die Krankenkassenstatistik auf rationelle Weise aufbauen.

d) Das BSV muss die Ergebnisse der Erhebungen veröffentlichen, damit die KV für die Öffentlichkeit transparent und auch der Kritik zugänglich gemacht wird. Es kann mehrere Kennzahlen auch für die einzelnen Versicherer publizieren. Zu ihnen gehören nicht nur die Krankenpflegekosten sondern z.B. auch die Verwaltungskosten, die meistens auf ein erhöhtes Interesse stossen.

e) KVV 32 schreibt eine Wirkungsanalyse vor. Das BSV muss wissenschaftliche Untersuchungen über die Durchführung und die Wirkung des KVG organisieren. Insbesondere ist dabei zu prüfen, «ob die Qualität und Wirtschaftlichkeit der Grundversorgung gewährleistet ist und die sozial- und wettbewerbspolitischen Zielsetzungen des Gesetzes erreicht werden». Das BSV darf zu diesem Zwecke wissenschaftliche Institute und Experten beiziehen.

Untersuchungen der erwähnten Art sind vornehmlich wegen des Obligatoriums der Versicherung wünschbar. Sie können es z.b. an den Tag bringen, wenn sich im Verlaufe der Zeit schädliche Entwicklungen einstellen würden, z.b. Missbräuche bei den Leistungserbringern, Versicherten oder Versicherern, kurzum wenn die Versicherung im einen oder anderen Punkt entarten sollte.

V. Fachkommissionen und Verbände

1. Fachkommissionen

a) Der Bundesrat setzt gemäss KVG 33 IV Kommissionen ein, «die ihn bei der Bezeichnung der Leistungen beraten. Er sorgt für die Koordination der Arbeit der genannten Kommissionen». Diese Kommissionen sind somit beratende Gremien und haben keine Befugnis zu Entscheidungen.

b) Schon nach bisherigem Recht bestanden die Eidg. Fachkommission für allgemeine Leistungen der KV (Leistungskommission) und die Eidg. Arzneimittelkommission (Arzneimittelkommission). KVV 133 enthält Übergangsbestimmungen, die bis zur Einsetzung der neuen Kommissionen gelten. Die erwähnten Kommissionen bleiben einstweilen bestehen. Zur Vorbereitung von Fragen der Leistungspflicht bei Arzneimitteln der Komplementärmedizin wird in der Arzneimittelkommission ein Ausschuss gebildet, der vom Bundesrat ernannt wird.

2. Verbände

a) Die KK besitzen eine Dachorganisation, nämlich das Konkordat der Schweiz. KK mit Sitz in Solothurn (KSK). Mitglieder sind die einzelnen KK und ihre kantonalen und anderen Verbände. Das KSK vertritt gemeinsame Interessen der KK bei Ämtern, Behörden und in der Öffentlichkeit. Es wirkt auch im Vernehmlassungsverfahren mit, wenn neue Bundesgesetze und Verordnungen ausgearbeitet werden, soweit sie für die KK bedeutsam sind.

b) In jedem Kanton und Halbkanton besteht ein kantonaler KK-Verband, dem die im betreffenden Gebiet tätigen KK angehören. Er schliesst mit Spitälern, Ärzten und anderen Leistungserbringern Tarife ab und vertritt die Interessen der KK bei Behörden und in der Öffentlichkeit. Sodann bestehen kleinere und grössere Rückversicherungsverbände, welche den einzelnen KK Rückversicherungen anbieten. Bedeutsam ist auch der Schweiz. Verband für Gemeinschaftsaufgaben der KK (SVK), dem fast alle KK angeschlossen sind. Er war jedenfalls bisher eine anerkannte KK und gewährt vor allem Rückversicherung für Spezialrisiken, wie etwa für Dialysen oder Transplantationen. Sodann gibt es Spezialverbände für bestimmte Arten von KK, so den Schweiz. Verband öffentlicher KK und den Schweiz. Betriebs-KK-Verband. Es ist zu erwarten, dass die erwähnten Organisationen auch unter dem KVG weiterbestehen werden, wobei sie die erforderlichen Anpassungen vornehmen müssen. Neue Verbände dürften gegründet werden und das Verbandswesen erweitern.

c) Verbände können unter das BG über Kartelle und ähnliche Organisationen (Kartellgesetz, KG) vom 20.12.1985 fallen (SR 251; AS 1986 S. 874). Die Kartellkommission prüft u.a., ob ein Kartell «volkswirtschaftlich und sozial schädliche Auswirkungen zeigt». Es kann sich um die Regelung von Preisen und Geschäftsbedingungen handeln. Das KG wird besonders dann zu beachten sein, wenn Verbände Beschlüsse über Zusatzversicherungen fassen, da sie sich nach dem Versicherungsaufsichtsgesetz und VVG beurteilen[54].

VI. Schweigepflicht

1. Zweck

Zahlreiche Personen, die bei der Durchführung der KV mitwirken, erlangen Kenntnis von Informationen, welche die Persönlichkeitssphäre der Versicherten und Prämienzahler betreffen, z.B. Angaben über Krankheiten, familiäre und finanzielle Verhältnisse des Betroffenen. Auch solche Angaben werden oft benötigt, da die KV andernfalls nicht zweckmässig durchgeführt werden könnte. Der Gesetzgeber musste daher abwägen, wie weit die Persönlichkeitssphäre des einzelnen geschützt und wo in sie eingegriffen werden kann. Er statuierte deshalb in KVG 83 einerseits als Regel eine Schweigepflicht und anderseits für bestimmt Sachverhalte deren Aufhebung, also Ausnahmen, die in KVV 130 näher umschrieben werden. Die Schweigepflicht knüpft an die in KVG 82 geregelte Auskunftspflicht von Amtsstellen und privaten Personen an, die später dargelegt wird (vgl. hinten S. 161).

2. Grundsatz

a) KVG 83[55] bestimmt in Satz 1 folgendes: «Personen, die an der Durchführung, der Kontrolle oder der Beaufsichtigung der sozialen Krankenversicherung beteiligt sind, haben über ihre Wahrnehmungen gegenüber Dritten Schweigen zu bewahren». Es handelt sich um das Personal der Versicherer, also auch der zur KV zugelassenen privaten Versicherungseinrichtungen (Versicherungsgesellschaften), ferner um die Leistungserbringer (Ärzte, Spitäler usw.) und schliesslich um die Beamten des Bundes und der Kantone, die sich mit der KV befassen (Aufsicht gemäss KVG 21 ff.;

---

54 Weiteres bei MAURER, PVR S. 86 mit Literaturhinweisen und bereits vorne S. 8 lit. e.
55 KVG 83 übernimmt mit geringfügigen redaktionellen Abweichungen die Regelung von UVG 102 Satz 1; vgl. dazu MAURER, BSVR S. 336 und für die bisherige KV S. 264.

Kontrolle des Beitritts zur KV nach KVG 6) u.a.m. Für verschiedene dieser Personen gilt bereits das Berufsgeheimnis, das StGB 321 festlegt und deren Verletzung unter Strafe stellt, z.B. für Ärzte. KVG 83 erweitert jedoch den Kreis der Personen, die der Schweigepflicht unterliegen, beträchtlich. Diese Personen haben über ihre Wahrnehmung, die sie über einzelne Personen im Zusammenhang mit der KV machen, Schweigen zu bewahren. Gleichgültig ist, ob sie die Informationen schriftlich oder mündlich erhalten haben. Hingegen fallen jene Fakten nicht unter die Schweigepflicht, die unter Einschluss des Namens der Öffentlichkeit zugänglich sind, z.b. in den Medien gemeldet wurden (Ausbruch von Epidemien und Unglücksfälle usw.).

3. Ausnahmen

a) Die Schweigepflicht entfällt im Einzelfall, wenn die in KVV 130 I lit. a) bis e) genannten Sachverhalte vorliegen. Erforderlich ist ein schriftliches und begründetes Gesuch. Die Ausnahmen gelten jedoch dann nicht, wenn der Betroffene wesentliche private Interessen an der Schweigepflicht hat. Dies kann z.B. zutreffen, wenn es um Krankheiten geht, die nach gesellschaftlichen Vorstellungen besonders belastend sind, wie z.b. Geschlechtskrankheiten, Neurosen und Psychosen. Wenn aber der Betroffene oder ihr gesetzlicher Vertreter schriftlich einwilligt, entfällt die Schweigepflicht auch bei Vorliegen von wesentlichen privaten Interessen an ihr; KVV 130 II.

b) Die Schweigepflicht ist z.B. aufgehoben, sofern Personen oder Institutionen nach KVV 127 Einsicht in die Akten nehmen dürfen, so die versicherten Personen selbst oder Sozialversicherungsgerichte oder beteiligte Sozialversicherungen; ebenso wenn Strafgerichte und Untersuchungsbehörden, ferner wenn Steuerbehörden des Bundes und der Kantone Auskünfte benötigen, diese jedoch nur für Auskünfte nach Art. 88 des BG über die direkte Bundessteuer vom 14.12.1990, nicht aber für kantonale und kommunale Steuergesetze.

c) Wenn Durchführungsorgane des KVG die Schweigepflicht verletzen, können sie nach KVG 92 mit Gefängnis bis zu sechs Monaten oder mit Busse bestraft werden. Sofern das Strafgesetzbuch höhere Strafen vorsieht, gelten seine Bestimmungen. Dies trifft z.B. bei der Verletzung des Berufsgeheimnisses (durch Ärzte usw.) nach StGB 321 zu.

C. Versicherte Risiken und versicherte Personen – Dauer der Versicherung

I. Versicherte Risiken

1. Begriff

a) Das KVG umschreibt oder erwähnt den Tatbestand, der dem Grundsatz nach die Leistungspflicht des Versicherers entstehen lässt, wenn er sich beim Versicherten verwirklicht[56]. Einen solchen Tatbestand nennt man das versicherte Risiko oder auch den versicherten Tatbestand.

b) KVG 1 II nennt die Risiken, bei deren Vorliegen Leistungen gewährt werden: Krankheit; Unfall, soweit dafür keine Unfallversicherung aufkommt; Mutterschaft. Der Krankheit gleichgestellt werden Geburtsgebrechen; KVG 27.

2. Krankheit[57]

a) Angesichts der Vielfalt möglicher Symptome ist es schwierig, die Krankheit befriedigend zu definieren und sie von der Gesundheit abzugrenzen[58]. In der Regel handelt es sich jedoch um gesundheitliche Störungen, die das körperliche oder seelische Wohlbefinden ernsthaft beeinträchtigen oder in absehbarer Zukunft zu beeinträchtigen drohen[59]. Die Beeinträchtigung muss eine gewisse Schwere aufweisen; sie erfordert Beschwerden mit «Krankheitswert»[60]. Das EVG prüfte jedoch vorwiegend pragmatisch, ob es sich sachlich rechtfertigen lasse, dem Versicherten bei einer fraglichen Erkrankung einen Anspruch auf Leistungen zu gewähren[61].

b) Diese Linie führt Art. 2 I KVG fort: «Krankheit ist jede Beeinträchtigung der körperlichen oder geistigen Gesundheit, die nicht Folge eines Unfalles ist und die eine medizinische Untersuchung oder Behandlung erfordert oder eine Arbeitsunfähigkeit zur Folge hat»[62]. Dazu einige Bemerkungen:

aa) Die Beeinträchtigung der Gesundheit gilt nur dann als Krankheit im Sinne des KVG, wenn sie nicht die Folge eines Unfalles ist. Damit soll die Grenze zwischen

---

56 Wenn er sich dann tatsächlich verwirklicht, liegt ein *Versicherungsfall* vor.
57 *Literatur*: Duc, Ass. soc. Z. 52 ff.; Greber, Droit suisse S. 382 ff.; Keller Max, Rechtliche Bedeutung des Status «HIV-positiv», Basel 1993, und Besprechung dieser Publikation von Maurer, Neue Zürcher Zeitung Nr. 141 vom 20.6.1994 S. 15; Kieser/Riemer, Tafel 13; Leuzinger-Naef Susanne, «HIV-positiv-Infektionen und Folgen» sind vorbehaltsfähige Krankheiten, SZS 1992 S. 65 ff.; Locher Grundriss S. 98; Maurer, BSVR S. 279; Omlin Peter, Invalidität S. 45 ff.
58 BGE 114 V 163.
59 RKUV 1991 S. 67.
60 RKUV 1986 S. 226 E. 1.
61 BGE 114 V 163, RKUV 1990 S. 322.
62 Diese Definition ist wörtlich dem Art. 3 des Entwurfes zum ATSG entnommen; Botschaft zum KVG Z. 3 bei Art. 2.

der KV und der Unfallversicherung gezogen werden. Die Gesundheitsschädigung[63] (oder gleichbedeutend der Gesundheitsschaden) wird als Oberbegriff verwendet, der alle gesundheitlichen Störungen umfasst, unabhängig davon, ob sie durch Unfall oder ohne Unfall entstanden sind. Die Frage, ob die Gesundheitsschädigung sozialversicherungsrechtlich noch einem Unfall zuzurechnen sei, beurteilt sich nach den für das UVG entwickelten Regeln über die adäquate Kausalität[64]. Eine Gesundheitsschädigung ist nicht nur dann der Unfallversicherung zuzurechnen, wenn sie eine direkte Folge eines Unfalles ist, sondern es kann sich auch um eine indirekte Folge handeln, sofern diese noch als adäquat kausal, als angemessen, gelten kann[65]. Eine solche indirekte Folge nennt UVG 6 III ausdrücklich: Die Unfallversicherung erbringt ihre Leistungen ebenfalls, wenn die Gesundheitsschädigung dem Verunfallten bei der Heilbehandlung zugefügt wird und somit nur die indirekte Folge des Unfalles ist.

bb) Eine Krankheit setzt nach KVG 2 I voraus, dass die körperliche oder geistige Gesundheit beinträchtigt ist. Die geistige (intellektuelle) Gesundheit schliesst auch die psychische Gesundheit ein, weshalb KVG 2 I sie nicht ausdrücklich erwähnt[66]. Gemeint ist die physische und intellektuell-psychische Einheit des Menschen. Im Vordergrund stehen gesundheitliche Defizite, die den Körper, z.B. infolge von Infektionen, oder die Psyche betreffen, etwa Psychosen (Geisteskrankheiten wie Schizophrenie, die aber auch körperlich begründbar ist durch Hirntumore usw.), und die nichtpsychotischen Störungen, die man unter dem Sammelbegriff der Neurosen zusammenfasst. Sodann kommen gesundheitliche Defizite vor, wenn psychische Einflüsse körperliche Symptome verursachen oder verstärken, z.B. Magengeschwüre entstehen lassen. Man nennt dies die Psychosomatik. Der Krankheitsbegriff in KVG 2 I ist also weit gefasst.

Geburtsgebrechen werden den Krankheiten grundsätzlich gleichgestellt. KVG 27 beschränkt jedoch die Leistungspflicht der Versicherer, um die KV mit der IV zu koordinieren (vgl. hinten S. 48 und 91 lit. cc).

cc) Als Krankheit galt schon nach bisherigem Recht sowohl die bereits vorhandene Störung der Gesundheit als auch ein Zustand, der den Eintritt eines drohenden Gesundheitsschadens mit Wahrscheinlichkeit voraussehen lässt[67]. Die Abwendung eines drohenden Gesundheitsschadens gehört zur medizinischen Prävention. Diese wird in KVG 26 in besonderer Weise geregelt und jedenfalls gegenüber dem bisherigen Recht verstärkt. Schon deshalb ist es angezeigt, die bisherige Praxis, die den drohenden Gesundheitsschaden als Krankheit anerkannte, weiterzuführen.

---

63 BGE 103 V 179 E. 2; MAURER SVR I 278
64 MAURER, BSVR S. 60 ff. mit Literaturhinweisen; LOCHER, Grundriss S. 308; OMLIN, Invalidität S. 105.
65 BGE 118 V 109 E.1 a und 102 V 133 wollten nur die direkten Folgen dem Unfall zurechnen. Auch indirekte Folgen können adäquat kausal sein.
66 Votum NR Frau SEGMÜLLER, Amtl. Bull. (NR) 1993 S. 1832. Diese Auffassung war schon im bisherigen Recht kaum bestritten: MAURER, SVR I S. 282 und OMLIN, Invalidität S. 48.
67 RKUV 1986 S. 238; BGE 116 V 117 E.2 a und 112 V 304.

dd) Die gesundheitliche Störung muss eine gewisse Schwere aufweisen, um als Krankheit zu gelten; diese Schwere wurde vom EVG als *Krankheitswert* bezeichnet[68]. KVG 2 I konkretisiert nun den gleichen Gedanken: Die Beeinträchtigung der Gesundheit ist (nur dann) eine Krankheit, wenn sie «eine medizinische Untersuchung oder Behandlung erfordert oder eine Arbeitsunfähigkeit zur Folge hat».

aaa) Es ist darauf abzustellen, ob der Arzt die medizinische Untersuchungs – oder Behandlungsbedürftigkeit bejaht. Die Beurteilung des Versicherten ist nicht massgebend. Der Arzt wird bei seiner Beurteilung die konkreten Verhältnisse des Versicherten berücksichtigen und sich dessen Besorgnis anhören (Objektivierung des Krankheitsbegriffes). Dabei sollte er die Schwelle zur Krankheit nicht allzu tief ansetzen, also nicht z.b. wegen einer kleinen Unpässlichkeit schon Behandlungsbedürftigkeit annehmen. Die soziale KV darf nicht die Wehleidigkeit sondern sie soll die Selbstverantwortung der Versicherten und damit des ganzen Volkes fördern[69]. Dem einzelnen Versicherten darf zugemutet werden, geringe gesundheitliche Störungen von kurzer Dauer ohne Beizug eines Arztes selbst zu behandeln und sich in einer Apotheke Rat zu holen.

Nun ist freilich ein für die Praxis wichtiger Gesichtspunkt hervorzuheben. Der Arzt soll keine Behandlung verweigern, wenn er annimmt, die gesundheitliche Störung sei nicht eine Krankheit i.S. des KVG, da sie die Schwelle zum Krankheitswert noch nicht erreiche. Ihm kommt nicht die Funktion eines «Aufsichtsbeamten» des Versicherers zu. Hingegen kann ihm zugemutet werden, den Versicherten darauf hinzuweisen, dass die Versicherung die Kosten der Behandlung möglicherweise nicht übernehme, da sie eine Krankheit nach KVG verneine. Der Arzt muss seine Beurteilung in seinem Arztbericht auch nicht erwähnen; er würde sich sonst gleichwohl als «Aufsichtsbeamter» des Versicherers oder gar als Denunziant vorkommen. Hingegen soll er im Arztbericht den objektiven Befund und die Klagen des Patienten mit besonderer Sorgfalt aufnehmen, damit der Versicherer seine Entscheidung treffen kann. Zudem wird er dem Patienten in geeigneten Fällen den Rat geben, sich beim Versicherer zu erkundigen, ob die betreffende Behandlung übernommen werde[70].

bbb) Eine Krankheit wird nach KVG 2 I überdies angenommen, wenn die gesundheitliche Störung eine Arbeitsunfähigkeit zur Folge hat. In der Regel wird der Arzt diese feststellen, wenn er den Versicherten behandelt. Die Krankheit ist dann bereits bejaht, da er Behandlungsbedürftigkeit annimmt. Das Kriterium der Arbeitsunfähigkeit hat deshalb keine Bedeutung; es gilt meistens nur subsidiär. Wenn der Versicherte keinen Arzt zugezogen hat, ist eine Krankheit nur mit grosser Zurückhaltung

---

68 RKUV 1986 S. 226 E. 1.
69 In BGE 114 V 168 wird das Vorliegen einer behandlungsbedürftigen Krankheit bejaht, und zwar bei echtem Transsexualismus, der die operative Geschlechtsumwandlung als geboten erscheinen liess, da mit ihr der seelische Leidensdruck behoben oder gemildert werden könne. Eine Behandlungsbedürftigkeit wird in diesem Urteil verneint bei Vorkehren der plastischen und Wiederherstellungschirurgie. Auch hier könnte aber gefragt werden, ob der ästhetische Mangel ernstzunehmende psychische Störungen verursacht hat oder wahrscheinlich verursachen wird.
70 Vgl. die soeben in den N 61 und 68 erwähnten Urteile.

anzuerkennen, z.B. wenn der Versicherte in einer abgelegenen Gegend während einiger Tage keinen Arztbesuch erwirken konnte. Er muss dies und die Arbeitsunfähigkeit glaubwürdig dartun. Es dürfte sich um eine seltene Ausnahme handeln. Jedenfalls soll der Versicherer kein Taggeld entrichten müssen – wenn es überhaupt vereinbart wurde –, falls der Versicherte sich z.b. nach einer Zecherei krank und elend fühlt und im Bett bleibt.

3. Unfall

a) Die soziale KV gewährt bei Unfall die gleichen Leistungen wie bei Krankheit, *soweit dafür keine Unfallversicherung aufkommt; KVG 1 II lit. b i.V.m. KVG 28.* Deshalb umschreibt Art. 2 unter dem Titel Begriffe auch jenen des Unfalles: «Unfall ist die plötzliche, nicht beabsichtigte schädigende Einwirkung eines ungewöhnlichen äusseren Faktors auf den menschlichen Körper, die eine Beeinträchtigung der körperlichen oder geistigen Gesundheit zur Folge hat»[71]. Der Unfallbegriff ist hier nicht näher zu erörtern[72]. Hingegen sind einige Bemerkungen angezeigt:

aa) Die Umschreibung des Unfallbegriffs bezweckt vorab die Koordination mit der Unfallversicherung des UVG. Deshalb soll auch die Regelung der unfallähnlichen Körperschädigung, welche UVG 6 II und UVV 9 II dem Unfall gleichstellen, in der KV analog angewendet werden[73]. Es handelt sich um bestimmte Körperschädigungen, die dem Unfall gleichgestellt werden, auch wenn keine ungewöhnliche Einwirkung nachgewiesen werden kann, z.B. Meniskusrisse.

bb) Die Umschreibung in KVG 2 II gilt auch dann, wenn nicht ein Unfall gemäss UVG sondern eines Privatversicherers nach VVG in Frage steht. Daraus können sich Diskrepanzen ergeben, da die Privatversicherer den Unfallbegriff in ihren Verträgen frei umschreiben, ihn also enger oder weiter als jenen des UVG fassen dürfen[74]. Solche Diskrepanzen müssen durch Auslegung von Gesetz und Versicherungsvertrag beurteilt werden. Die Auslegung sollte in der sozialen KV nicht oder doch nur bei Vorliegen zwingender Überlegungen zu einer Benachteiligung des Versicherten führen. Der Privatversicherer hat seine Leistungen jedoch nur entsprechend seinem Versicherungsvertrag und nicht etwa analog zum UVG zu erbringen.

---

71 Diese Umschreibung findet sich mit einer kleineren redaktionellen Abweichung bereits in Art. 9 I UVV. Sie wurde durch Rechtsprechung und Doktrin zum bisherigen Recht entwickelt und auch in Art. 4 des Entwurfes zum ATSG übernommen.
72 Vgl. Näheres bei RUMO-JUNGO, Unfallversicherung zu Art. 6, MAURER, UVR S. 161 ff. und BSVR S. 345 u.a.m. – Die gesundheitliche Störung als Kriterium des Unfallbegriffes wird mit den gleichen Worten wie beim Krankheitsbegriff nach KVG 2 I umschrieben: «Beeinträchtigung der körperlichen oder geistigen Gesundheit» (vgl. vorne S. 29).
73 Vgl. MAURER, BSVR S. 354 und RUMO-JUNGO, Unfallversicherung zu Art. 6 Abs. 2. – Art. 4 II des Entwurfes zum ATSG will dies ausdrücklich vorschreiben. In KVG 2 II wurde der entsprechende Hinweis wohl versehentlich unterlassen.
74 MAURER, PVR S. 474.

cc) aaa) Nach KVG 1 II lit. b gewährt die soziale KV Leistungen bei Unfall, *soweit dafür keine Unfallversicherung aufkommt*. Nach diesem Wortlaut, i.V.m. KVG 28, muss die KV bei Unfall die gleichen Leistungen wie bei Krankheit erbringen. Wenn zwar eine Unfallversicherung vorliegt, aber geringere Leistungen als die KV entrichtet, muss die KV für die Differenz aufkommen, d.h. ihre Leistungen auf jene des Unfallversicherers aufstocken bis das Leistungsniveau der KV erreicht ist. Differenzen sind zu ermitteln, indem gleichartige Leistungen des Unfallversicherers mit jenen des KVG verglichen werden. Nicht berücksichtigt werden Leistungen des Unfallversicherers, welche das KVG nicht vorsieht, z.b. die Deckung von Kosten für die Privatabteilung in einer Heilanstalt. Die KV wird somit zur Ergänzungs- oder Komplementärversicherung[75].

bbb) Wenn der Verunfallte gemäss UVG versichert ist, wird er in der Regel mindestens gleich hohe Leistungen beanspruchen können wie er sie bei der KV für Krankheiten bekäme. Somit muss die KV meistens überhaupt nicht leisten.

Nun kann aber der Unfallversicherer bei Nichtberufsunfällen sämtliche Leistungen verweigern oder die Geldleistungen kürzen, wenn sich der Unfall bei aussergewöhnlichen Gefahren oder Wagnissen ereignete; UVG 39[76]. UVV 49 regelt die Tatbestände der aussergewöhnlichen Gefahren. So werden nach Abs. 1 sämtliche Leistungen, also Pflege- und Geldleistungen verweigert, wenn sich der Unfall in ausländischem Militärdienst, bei Teilnahme an kriegerischen Handlungen, Terrorakten und bandenmässigen Verbrechen ereignet. Es sind dies absolute Versicherungsausschlüsse, die nach Meinung des Gesetzgebers keinerlei Versicherungsschutz verdienen. Gemäss Abs. 2 werden nur die Geldleistungen, nicht aber die Pflegeleistungen gekürzt, und zwar mindestens um die Hälfte. Es sind Tatbestände, die zwar weniger schwer, aber doch noch so schwer wiegen, dass sie keinen vollen Versicherungsschutz verdienen. Dies sind die relativen Versicherungsausschlüsse. Es handelt sich z.B. um die Beteiligung an Raufereien und Schlägereien, um eine starke Provokation eines andern, der deshalb zuschlägt und den Versicherten verletzt, und schliesslich um die Teilnahme an Unruhen.

UVV 50 umschreibt den Begriff Wagnis. Wenn er erfüllt ist, hat der Unfallversicherer die Geldleistungen um die Hälfte zu kürzen und in besonders schweren Fällen ganz zu verweigern. Ein absolutes Wagnis mit Verweigerung sämtlicher Geldleistungen wird darin erblickt, dass der Versicherte eine besonders grosse Gefahr, in welche er sich begibt, nicht auf ein vernünftiges Mass reduzieren kann, indem er z.B. an gewissen Autorennen teilnimmt und bei extrem gefährlichen Klettertouren. Die Geldleistungen werden verweigert. Von einem relativen Wagnis spricht man, wenn der Versicherte eine an sich schützenswerte Handlung begeht und dabei die erfor-

---

75 Vgl. zu diesem Begriff und zu seiner Abgrenzung gegen die Subsidiärklausel MAURER, PVR S. 376 und 374 sowie BSVR S. 299 N 236 und S. 301 N 241 mit Hinweisen auf Literatur und Judikatur.
76 Weiteres bei MAURER, UVR S. 500 ff. und BSVR S. 392 fl. sowie RUMO-JUNGO, Unvallversicherung zu Art. 39.

derlichen Vorkehren getroffen hat, um die grosse Gefahr auf ein vernünftiges Mass zu reduzieren[77]: Die Geldleistungen werden um die Hälfte gekürzt.

Wenn man auf den Wortlaut von KVG 1 II lit. b abstellt, muss die KV bei Unfällen, in welchen der Unfallversicherer die Leistungen ganz verweigert (absolute Versicherungsausschlüsse), so leisten, wie wenn es sich um eine Krankheit handeln würde, d.h. sie hätte ungekürzte Krankenpflegeleistungen zu entrichten. Sie müsste also für ein Risiko einstehen, das der Gesetzgeber der sozialen Unfallversicherung nicht zumutet. Dies erscheint nicht nur systemwidrig sondern höchst unbefriedigend. Wenn nämlich der Gesetzgeber solche Unfälle als versicherungswürdig anerkennen würde, läge es für ihn näher, den Versicherungsschutz im Rahmen der Nichtberufsunfallversicherung zu gewähren, die von den versicherten Arbeitnehmern allein finanziert wird und sie nicht der KV zu überbinden, die zu Lasten der ganzen Bevölkerung geht und eigentlich nur Krankheiten zu decken bestimmt ist. Es ist jedoch zu vermuten, dass der Gesetzgeber diesen Problemkreis übersehen hat. Deshalb liegt eine Gesetzeslücke vor[78]: Der Richter soll im konkreten Fall die Regel aufstellen, die er als Gesetzgeber aufstellen würde. Hier würde er wohl bestimmen, dass die KV bei den absoluten Versicherungsausschlüssen keine Leistungen zu erbringen hat.

Bei den relativen Ausschlüssen geht es nur um die Kürzung der Geldleistungen, zu denen in der Kranken- und in der Unfallversicherung das Taggeld gehört. In der KV ist jedoch die Taggeldversicherung freiwillig. Der Versicherer kann sie nach KVG 72 I auf Krankheit (und Mutterschaft) beschränken. Wenn er die Unfälle nicht ausdrücklich ausschliesst und – versehentlich – auch die relativen Versicherungsausschlüsse der erwähnten Art nicht vorsieht, wird der Richter trotzdem die Ordnung von UVV 49 und 50 analog zur Anwendung bringen: Die KV erbringt keine ergänzenden Taggeldleistungen, weshalb sich der Verunfallte mit der vom Unfallversicherer verfügten Kürzung abfinden muss.

Nun mag es jedenfalls bei den absoluten Versicherungsausschlüssen Fälle geben, die es als unbefriedigend erscheinen lassen, dass weder der Unfallversicherer noch die soziale KV für die Krankenpflege (Heilbehandlung, Spital usw.) aufkommt. Der Richter wird hier in Berücksichtigung aller Umstände im Sinne einer Ausnahme dem Verunfallten helfen wollen und ihm einen Anspruch auf die Krankenpflege zulasten der KV gewähren. Er hätte solche Ausnahmen durch Regeln zu präzisieren.

ccc) Bei der Untersuchung oder Behandlung einer *Krankheit* können einer Medizinalperson Fehler unterlaufen, die zu einer gesundheitlichen Schädigung des Patienten führen. Wenn solche Fehler «derart weit ausserhalb der Risiken liegen, welche medizinischen oder chirurgischen Massnahmen normalerweise innewohnen, dass niemand im voraus ernsthaft damit zu rechnen braucht», werden sie als Unfälle

---

77 BGE 112 V 300: Der Flug mit einem zweiplätzigen Hängegleiter (Biplace) wurde nicht als absolutes sondern als relatives Wagnis eingestuft. – Schützenswerte Betätigungen sind z.B. das Deltasegeln, das Ski- und Motorradfahren (BGE 104 V 24), das Bergsteigen und Klettern.
78 Vgl. dazu MAURER, BSVR S. 46 f.

gemäss UVG anerkannt[79]. Insofern bildet die Unfallversicherung gleichsam eine «Enklave» in der KV[80]. Der Krankenversicherer hat in einem solchen Fall die Koordinationsbestimmungen von KVV 110 bis 126 zu beachten. Er muss in der Regel die Krankenpflege auch für den durch den medizinischen Fehler verursachten Unfall gewähren, kann aber nachher für seine Kosten Rückgriff auf den Unfallversicherer nehmen, d.h. die Rückvergütung seiner Leistungen verlangen; KVV 117.

4. Mutterschaft

a) KVG 1 II lit. c nennt – als weiteres versichertes Risiko – die Mutterschaft. Sie wird in KVG 2 III wie folgt umschrieben: «Mutterschaft umfasst Schwangerschaft und Niederkunft sowie die nachfolgende Erholungszeit der Mutter»[81].

b) Der straflose Abbruch der Schwangerschaft wird in KVG 30 als selbständiger Tatbestand geregelt, der Versicherungsleistungen auslösen kann. Damit wird er neben der Mutterschaft ebenfalls zum versicherten Risiko.

c) Die Schwangerschaft umfasst die Zeit von der Empfängnis bis zur Geburt. Sie schliesst auch die Fehlgeburt und die Frühgeburt[82] ein. Überdies wird ihr die Erholungszeit der Mutter nach der Niederkunft (Geburt) zugerechnet.

d) Das KVG regelt die Mutterschaft, da die in BV 34^{quinquies} vorgeschriebene Mutterschaftsversicherung bisher nicht verwirklicht werden konnte. Es sieht zusätzlich zu den Krankenpflegeleistungen noch besondere Leistungen vor und – falls die Mutter freiwillig für Taggeldleistungen versichert ist – ein Taggeld von insgesamt 16 Wochen vor und nach der Geburt; KVG 74.

II. Versicherte und nichtversicherte Personen

1. Versicherungspflichtige Personen

a) Die Krankenpflegeversicherung ist – mit wenigen Ausnahmen – für die ganze Wohnbevölkerung obligatorisch. Das Versicherungsverhältnis[83] entsteht aber nicht

---

79 BGE 121 V 35; EVGE 1961 S. 201: Der Patient erhielt bei einer Magenoperation wegen Verwechslung der Blutröhrchen gruppenungleiches Blut und starb. Das EVG anerkannte diesen Fehler als Unfall. Ähnlich BGE 85 II S. 344: Wegen einer Verwechslung wurde dem Patienten ein falsches Kontrastmittel in den Rückenmarkkanal gespritzt, was zu seinem Tode führte. Für die private Unfallversicherung wurde ein Unfall anerkannt. Bei verschiedenen anderen, weniger krassen Fehlern wurde jedoch ein Unfall verneint, vgl. RUMO-JUNGO, Unfallversicherung S. 30 und MAURER, BSVR S. 351 mit weiteren Beispielen aus der Judikatur.

80 Wenn dem Patienten bei der Heilbehandlung eines *Unfalles* eine Schädigung beigefügt wird, hat ohnehin der Unfallversicherer nach UVG 6 III zu leisten. Es handelt sich dabei um eine mittelbare Unfallfolge.

81 Art. 6 des Entwurfes zum ATSG wurde mit dieser Formulierung wörtlich übernommen.

82 Vgl. zu diesen Begriffen MAURER, BSVR S. 289.

83 Das Versicherungsverhältnis ist das Rechtsverhältnis, das zwischen dem Versicherer und dem Versicherten hinsichtlich der Versicherung besteht. Es regelt Rechte und Pflichten, z.B. die

von Gesetzes wegen, automatisch. Vielmehr muss sich jede Person, die in der Schweiz wohnt, nach der Wohnsitznahme oder der Geburt in der Schweiz für Krankenpflege versichern oder von ihrem gesetzlichen Vertreter bzw. ihrer gesetzlichen Vertreterin versichern lassen; KVG 3 I. Erforderlich ist eine Beitrittserklärung gegenüber einem zugelassenen Versicherer. Sie ist rechtlich ein Antrag. Der Versicherer prüft, ob eine Versicherungspflicht besteht (z.b. Wohnsitz in der Schweiz) und – falls er, wie z.b. eine Gemeinde-KK, nur in einem begrenzten Gebiet tätig ist –, ob der Kandidat in diesem Gebiet wohnt[84]. Wenn der Versicherer den Antrag ablehnt, kann die antragstellende Person eine schriftliche Verfügung verlangen und sie beim kantonalen Versicherungsgericht anfechten; KVG 80, 85 f. Die gleiche Regelung gilt für die freiwillige Taggeldversicherung (hinten S. 158 ff.).

b) Massgebend für die Bestimmung des Wohnsitzes sind die Art. 23 bis 26 ZGB; KVV 1 I. Danach wohnt eine Person dort, wo sie sich mit der Absicht dauernden Verbleibens aufhält. Der einmal begründete Wohnsitz bleibt bis zum Erwerb eines neuen Wohnsitzes bestehen[85].

c) KVV 1 II regelt die Versicherungspflicht für Ausländer. Diese sind versicherungspflichtig, wenn sie eine Aufenthaltsbewilligung nach Art. 5 des BG vom 26.3.1931 über Aufenthalt und Niederlassung der Ausländer (ANAG; SR 142.20) besitzen, die länger als drei Monate gültig ist. Wenn sie unselbständig erwerbstätig sind und ihre Aufenthaltsbewilligung weniger als drei Monate gültig ist, sind sie ebenfalls versicherungspflichtig, «sofern sie für Behandlungen in der Schweiz nicht über einen gleichwertigen Versicherungsschutz verfügen».

Die Versicherungspflicht besteht auch für Personen, die ein Asylgesuch in der Schweiz nach Art. 13 des Asylgesetzes vom 5.10.1979 (SR 142.31) gestellt haben und ferner für Personen, für welche die vorläufige Aufnahme nach Art. 14 a ANAG verfügt worden ist. Dadurch soll diesen meistens mittellosen Menschen – aus humanitären Gründen – die medizinische Grundversorgung gewährleistet werden.

Auch Grenzgänger können sich, sofern sie ein Gesuch stellen, d.h. freiwillig versichern lassen, wenn sie in der Schweiz eine Erwerbstätigkeit ausüben; KVV 3. Sie dürfen überdies ihre Familienangehörigen der schweizerischen KV unterstellen, «sofern diese im Ausland nicht eine krankenversicherungspflichtige Erwerbstätigkeit ausüben». Grenzgänger wohnen in den benachbarten Staaten und sind in der Regel bereits durch ihren Wohnsitzstaat versichert, weshalb die geschilderte Regelung dazu dient, allfällige Versicherungslücken zu schliessen.

Ansprüche des Versicherten auf Leistungen und seine Pflicht Prämien zu entrichten. Das KVG hat es öffentlich-rechtlich ausgestaltet. Vgl. Näheres bei MAURER, BSVR S. 55 f.

84 Vgl. zu den Gebiets-KK vorne S. 11. – Andere Ablehnungsgründe kann die KK nicht geltend machen. Sie darf – im Gegensatz zum bisherigen Recht – keine Vorbehalte wegen bestehender Krankheiten anbringen und den Beitritt auch nicht aus statutarischen Gründen, z.B. wegen Überschreitens des Höchsteintrittsalters, ablehnen.

85 Vgl. zum Begriff des Wohnsitzes gemäss ZGB 23 ff. für die AHV ZAK 1982 S. 179 und 1984 S. 16 E. 2 a sowie für die IV BGE 106 V 162.

Somit hat der Bundesrat, gestützt auf eine Delegationsnorm in KVG 3 II und III, durch seine KVV in einem schmalen Bereich der obligatorischen eine freiwillige KV zur Seite gestellt. Diese umfasst nicht nur Grenzgänger sondern auch weitere Gruppen, z.b. die in der folgenden Z. 2 a erwähnten Angehörigen ausländischer diplomatischer Missionen. Eine nähere Regelung, z.b. über den Austritt aus der KV und Kündigungsfristen, findet sich in der KVV nicht.

d) Der Bundesrat kann die Versicherungspflicht auf Personen ohne Wohnsitz in der Schweiz ausdehnen; KVG 3 III. KVV 5 erklärt z.B. Bundesbedienstete des Eidg. Department für auswärtige Angelegenheiten (EDA) als versicherungspflichtig, wenn sie im Ausland, z.B. bei Botschaften und Konsulaten, tätig sind.

e) Sobald eine Person der Versicherungspflicht untersteht, muss sie sich innert drei Monaten versichern lassen. KVV 7 regelt verschiedene Ausnahmen und Einzelheiten.

f) Für die Beitrittserklärung schreibt das KVG keine Form, also vor allem nicht Schriftlichkeit, vor. Sie ist also auch mündlich zulässig. Daraus können sich im Bestreitungsfall Beweisschwierigkeiten ergeben.

2. Ausnahmen von der Versicherungspflicht

a) Wie in der AHV/IV und in der Unfallversicherung[86] sind bestimmte Personen vom Versicherungsobligatorium ausgenommen. Es handelt sich insbesondere um das Personal ausländischer diplomatischer Missionen und um die Beamten internationaler Organisationen; KVG 3 II und KVV 2 und 6[87]. Auf Gesuch hin können sie der KV unterstellt werden. Dies ist somit eine freiwillige KV, welche die obligatorische ergänzt.

b) Der Versicherungspflicht nicht unterstellt sind nach KVV 2 weitere Personengruppen. Es sind dies aktive und pensionierte Bundesbedienstete, die der Militärversicherung unterstehen und somit einen gut ausgebauten Versicherungsschutz geniessen, und ferner Personen, die sich ausschliesslich zur Kur oder zur ärztlichen Behandlung in der Schweiz aufhalten, auch wenn sie hier zu diesem Zweck Wohnsitz nehmen sollten. Schliesslich können sich jene Personen von der Versicherungspflicht befreien, die bereits nach ausländischem Recht obligatorisch krankenversichert sind und dabei einen der KV gleichwertigen Versicherungsschutz haben. Dadurch würde für sie eine unerwünschte Doppelbelastung entstehen. Wenn sie von unserer KV befreit werden möchten, müssen sie ein Gesuch stellen.

---

86 Vgl. AHVG 1 II und UVG 1 II, UVV 2 und 3.
87 Vgl. betreffend die AHV BGE 98 V 182.

3. Wahl und Wechsel des Versicherers

a) Die versicherungspflichtigen Personen können unter den Versicherern, welche die Durchführungsbewilligung für die KV besitzen (vorne S. 13), *frei wählen*; KVG 4. Die Versicherer müssen sie aufnehmen; sie unterliegen einem Aufnahmezwang. Wenn sie nur örtlich tätig sind, wie z.b. eine Gemeinde-KK, dürfen sie Bewerber abweisen, die ausserhalb ihres örtlichen Tätigkeitsbereiches wohnen. Arbeits- und andere Verträge können vorsehen, dass Bewerber z. B. der KK des Betriebes, dem sie angehören, beitreten müssen.

b) aa) Die versicherte Person kann den Versicherer unter Einhaltung einer dreimonatigen Kündigungsfrist auf das Ende eines Kalendersemesters beliebig *wechseln*; KVG 7[88]. Die anderen Versicherer müssen sie in ihrem örtlichen Tätigkeitsgebiet aufnehmen.

Ein Wechsel kann nötig sein[89], weil die versicherte Person vertraglich verpflichtet ist, einer Betriebsversicherung beizutreten oder wenn sie ausserhalb des örtlichen Tätigkeitsgebietes des Versicherers Wohnsitz nimmt und schliesslich wenn der Versicherer die KV nicht mehr weiterführt (vorne S. 18), z.B. weil ihm die Durchführungsbewilligung aus aufsichtsrechtlichen Gründen entzogen wird.

Die versicherte Person wird den Versicherer auch aus anderen Gründen wechseln wollen, z.B. weil sie mit dem bisherigen Versicherer wegen der Abwicklung eines Krankheitsfalles unzufrieden ist und vor allem auch, wenn der bisherige Versicherer seine Prämie erhöht. Der letztere Fall wird in Abs. 2 von KVG 7 besonders geregelt. Die Versicherten können den Versicherer unter Einhaltung einer Kündigungsfrist von einem Monat seit Ankündigung der Prämienerhöhung auf das Ende eines Monats wechseln. Der Versicherer muss Prämienerhöhungen mindestens zwei Monate im voraus ankündigen und dabei auf das Recht, den Versicherer zu wechseln, hinweisen. Die versicherte Person gewinnt dadurch Zeit, sich zu erkundigen, ob ein anderer Versicherer ihr tiefere Prämien offeriert. Dadurch soll die Konkurrenz unter den Versicherern gestärkt werden.

Das KVG enthält keine Formvorschriften für den Wechsel des Versicherers. Somit ist eine mündliche, auch telefonische, Kündigung zulässig. Es ist dann aber fraglich, ob sie rechtsgenüglich bewiesen werden kann. Deshalb wird in der Praxis die schriftliche Kündigung vorherrschen. Dies gilt auch für die Ankündigung von Prämienerhöhungen. Die versicherte Person hat aber stets die Möglichkeit, eine schriftliche Verfügung zu verlangen, wenn sie mit dem Entscheid des Versicherers über die Prämienerhöhung nicht einverstanden ist; KVG 80.

bb) Die Abs. 3 bis 5 von KVG 7 regeln die Frage, wann das bisherige Versicherungsverhältnis bei Versicherungswechsel endet:

---

[88] Nach bisherigem Recht bestand nur eine beschränkte Freizügigkeit. Der Kassenwechsel konnte für die Versicherten mit erheblichen Nachteilen verbunden sein: vgl. MAURER, BSVR S. 273 f.
[89] Botschaft zum KVG Z. 3 bei Art. 7.

Wenn die versicherte Person einen Versicherer verlassen muss, weil sie ihren Wohnort verlässt oder die Stelle wechselt, so endet das Versicherungsverhältnis im Zeitpunkt der Verlegung des Wohnorts oder des Stellenantritts beim neuen Arbeitgeber; Abs. 3. Falls der Versicherer die KV nicht mehr betreibt, endet das Versicherungsverhältnis mit dem Entzug der Bewilligung gemäss KVG 13; Abs. 4.

cc) Die Abs. 3 und 4 von KVG 7 legen, wie soeben unter lit. bb dargelegt wurde, fest, in welchem Zeitpunkt das Versicherungsverhältnis bei einem Wechsel des Versicherers endet. Diese Regelung könnte dazu führen, dass der Versicherte eine Zeitlang keinen Versicherungsschutz mehr hätte, dass bei ihm m.a.W. eine Versicherungslücke entstünde, nämlich wenn das Versicherungsverhältnis beim neuen Versicherer nicht nahtlos an das bisherige Versicherungsverhältnis anschliesst. Dies kommt etwa vor, wenn der Versicherte einem neuen Versicherer aus Nachlässigkeit oder aus anderen Gründen erst mit Verzögerung «beitritt». Um eine Versicherungslücke auszuschliessen, bringt Abs. 5 eine Korrektur zu den Abs. 3 und 4. Er lässt das bisherige Versicherungsverhältnis solange weiterdauern[90], bis der neue Versicherer dem bisherigen Versicherer mitgeteilt hat, dass die betreffende Person bei ihm ohne Unterbrechung des Versicherungsschutzes versichert sei. Wenn der neue Versicherer diese Mitteilung unterlässt, muss er den der versicherten Person daraus entstandenen Schaden ersetzen. Dieser Schaden besteht meistens darin, dass die Prämie beim neuen Versicherer geringer ist als beim bisherigen Versicherer, was wohl der häufigste Grund für den Wechsel des Versicherers sein dürfte. Die Prämiendifferenz hat der neue Versicherer zu ersetzen. Sobald der bisherige Versicherer die Mitteilung des neuen Versicherers über den Beginn des Versicherungsverhältnisses erhalten hat, informiert er die betroffene Person, ab welchem Zeitpunkt sie nicht mehr bei ihm versichert ist.

4. Durchsetzung des Obligatoriums

a) Wie bereits erwähnt (S. 35 oben), entsteht das Versicherungsverhältnis, im Gegensatz zur AHV/IV usw., nicht von Gesetzes wegen. Vielmehr auferlegt KVG 3 I den betreffenden Personen die Pflicht, durch eine Beitrittserklärung, d.h. durch einen Antrag gegenüber einem zugelassenen Versicherer, sich versichern zu lassen. Die Kantone haben für die Einhaltung der Versicherungspflicht zu sorgen; KVG 6 I. Wie sie dieser Aufgabe administrativ gerecht werden, liegt in ihrem Ermessen. Sie können sie z.B. an die Gemeinden delegieren, da diese die Einwohnerkontrolle führen[91]. Die Kantone müssen gemäss KVV 10 I die Bevölkerung über die Versicherungspflicht periodisch orientieren. Dabei achten sie insbesondere darauf, dass Personen, die aus dem Ausland zuziehen sowie die Eltern von Neugeborenen rechtzeitig informiert werden.

---

90   Dies ist eine Art von Weiterversicherung; vgl. Maurer, BSVR S. 57.
91   Botschaft zum KVG Z. 3 bei Art. 6.

b) Wenn eine Person ihrer Versicherungspflicht nicht rechtzeitig nachkommt, wird sie von der zuständigen kantonalen Behörde einem Versicherer zugewiesen (Zwangszuweisung); KVG 6 II. Sie verliert hinsichtlich dieser Zuweisung das Recht auf freie Wahl des Versicherers. Freilich wird die Behörde sie vor ihrem Entscheid über allfällige Wünsche anhören. Dadurch kann vermieden werden, dass die betreffende Person nachträglich den Versicherer wechselt, wozu sie gemäss KVG 7 I befugt ist. Jeder Wechsel des Versicherers ist nämlich mit administrativen Umtrieben und deshalb mit Verwaltungskosten verbunden.

c) Bei unentschuldbarem verspätetem Beitritt – dies gilt auch für die Zwangszuweisung – erhebt der Versicherer gemäss KVV 8 i.v.m. KVG 5 II einen Prämienzuschlag, welcher der doppelten Dauer der Verspätung entspricht und 30 bis 50 Prozent der Prämie beträgt. Es handelt sich um einen eigentlichen Strafzuschlag. Wenn der Zuschlag für den Versicherten eine Notlage zur Folge hätte, muss der Versicherer ihn angemessen herabsetzen.

d) Falls sich eine Person «durch Unwahrheit oder unvollständige Angaben oder in anderer Weise der Versicherungspflicht ganz oder teilweise *entzieht*», wird sie gemäss KVG 92 lit. a mit Gefängnis bis zu sechs Monaten oder mit Busse bestraft. Diese rigorose Strafdrohung soll mithelfen, dass das Obligatorium der KV möglichst lückenlos verwirklicht wird.

5. Ruhen der Unfalldeckung

a) Nach KVG 1 II lit. b und 28 wird die KV auch bei Unfall leistungspflichtig, «soweit dafür keine Unfallversicherung aufkommt» (sog. komplementäre Deckung; vgl. vorne bei N 75). Sie hat die gleichen Leistungen wie bei Krankheit zu erbringen. Die dadurch entstandenen Kosten müssen die Versicherer durch einen entsprechenden Prämienzuschlag bei sämtlichen Versicherten finanzieren.

b) Wenn ein Versicherter der KV zugleich obligatorisch gemäss UVG versichert ist, resultiert für ihn hinsichtlich der Nichtberufsunfallversicherung eine doppelte Belastung, da er sowohl den Prämienzuschlag bei der KV als auch die Prämie nach UVG zu bezahlen hat. Zur Vermeidung dieser Doppelbelastung gibt ihm KVG 8 die Möglichkeit, die Deckung für Unfälle in der KV zu sistieren, sie also ruhen zu lassen. Er kann bei seinem Versicherer ein schriftliches Gesuch stellen und muss nachweisen, dass er nach UVG voll, d.h. auch für Nichtberufsunfall im Sinne von UVV 13, gedeckt ist. Der Versicherer reduziert hierauf die KV-Prämie entsprechend[92].

c) Nach dem Wortlaut von KVG 8 I ist die Sistierung nur bei der *obligatorischen* Unfallversicherung des UVG möglich. Der Gesetzgeber hat wohl übersehen, dass

---

92 Die Art. 8 bis 10 KVG mit dem Titel «Ruhen der Unfalldeckung» sind erst aufgrund eines Antrages der Kommission des NR im Gesetz aufgenommen worden. Die KK schätzten, dass die Reduktion der KV-Prämie nur geringfügig sei, nämlich ca. 4 bis 5% ausmachen werde: Amtl. Bull. (NR) 1993 S. 1834, Votum von Frau NR Segmüller.

UVG 4 für Selbständigerwerbende und weitere Personen eine *freiwillige* Unfallversicherung vorschreibt. Trifft diese Vermutung zu, müsste man sich fragen, ob nicht eine Gesetzeslücke vorliegt, sodass die Sistierung analog auch für die freiwillige Versicherung zuzulassen wäre.

Der Versicherer hat die versicherten Personen bei ihrem Beitritt zur sozialen KV auf ihr Recht zur Sistierung schriftlich hinzuweisen.

d) Sobald die Unfalldeckung nach dem UVG ganz oder teilweise aufhört, sind die Unfälle wiederum durch den KV-Versicherer gedeckt; KVG 8 II. Art. 10 KVG regelt das Ende der Sistierung, und zwar so, dass keine Versicherungslücke entstehen soll. Danach muss der Arbeitgeber eine aus dem Arbeitsverhältnis oder aus der Nichtberufsunfallversicherung nach dem UVG ausscheidende Person schriftlich darüber orientieren, dass sie dies ihrem KVG-Versicherer innerhalb eines Monats zu melden hat; KVV 11 II. Die gleiche Pflicht trifft die Arbeitslosenversicherung, wenn der Anspruch auf Leistungen ihr gegenüber erlischt und die betreffende Person kein neues Arbeitsverhältnis eingeht. Taggelder der Arbeitslosenversicherung gelten nach UVV 7 I lit. b als Lohnfortzahlung, welche die Nichtberufsunfallversicherung verlängert[93].

Wenn die versicherte Person ihrem KV-Versicherer das Ende der Sistierung nicht meldet, kann der KV-Versicherer von ihr den Prämienanteil samt Verzugszinsen ab Beendigung der Unfalldeckung nach UVG bis zum Zeitpunkt, in dem er davon Kenntnis erhält, verlangen. Die gleiche Forderung kann er auch gegenüber dem Arbeitgeber oder der Arbeitslosenversicherung geltend machen, sofern sie ihre Meldepflicht nicht erfüllt haben. Hingegen muss der KV-Versicherer die Unfalldeckung, wie bereits erwähnt, auch in solchen Fällen gewähren, sobald die UVG-Deckung wegfällt.

III. Beginn und Ende der Versicherung

1. Wenn der Beitritt zur KV *rechtzeitig* erfolgt, d.h. innert drei Monaten ab Eintritt des Beitrittsgrundes (KVG 3 I), *beginnt* die Versicherung im Zeitpunkt der Geburt oder der Wohnsitznahme in der Schweiz; KVG 5 I. Aufgrund der Delegation in KVG 3 III wird in KVV 7 der Versicherungsbeginn für mehrere Fälle in besonderer Weise geregelt. Es handelt sich um Schweizer, die nach einem Auslandaufenthalt wieder in der Schweiz Wohnsitz nehmen, und um Ausländer, die in der Schweiz eine Aufenthalts- oder Niederlassungsbewilligung erhalten, um Grenzgänger, die der schweizerischen Versicherung unterstellt sein wollen usw. (vgl. vorne S. 35). Die Einzelheiten sollen hier nicht geschildert werden.

---

[93] Vgl. dazu BGE 113 V 127.

2. Bei *verspätetem* Beitritt beginnt die Versicherung im Zeitpunkt des Beitritts, also nicht rückwirkend. Über die weiteren Folgen des verspäteten Beitritts wurde bereits auf S. 39 lit. c berichtet.

3. Die Versicherung *endet*, wenn die versicherte Person der Versicherungspflicht nicht mehr untersteht (vgl. vorne S. 34 ff.). Hingegen kann der Versicherer sie nicht, gestützt auf kasseninterne Bestimmungen, von der Versicherung ausschliessen, wenn sie ihre Prämien nicht bezahlt[94] usw. Er darf lediglich das Vollstreckungsverfahren (Betreibung) durchführen. Einzig wenn dieses nicht durchgeführt werden kann, z.b. weil die versicherte Person einer ausländischen Mission angehört (vgl. vorne S. 36), darf der Versicherer nach schriftlicher Mahnung und Hinweis auf die Folgen des Zahlungsverzuges das Versicherungsverhältnis beenden; KVV 9 IV[95].

4. Wenn Arbeitnehmer, die in der Schweiz versicherungspflichtig sind, von einem Arbeitgeber mit Wohnsitz oder Sitz in der Schweiz ins *Ausland entsandt* werden, um dort für ihn tätig zu sein, endet die Versicherung nicht sofort sondern erst nach Ablauf von zwei Jahren. Auf Gesuch hin kann sie bis auf insgesamt sechs Jahre verlängert werden; KVG 3 III lit. b i. V. m. KVV 4[96]. Die Weiterversicherung gilt auch für die Familienangehörigen, wenn sie die Versicherten ins Ausland begleiten. Sie endet jedoch, wenn sie im Ausland eine krankenversicherungspflichtige Erwerbstätigkeit ausüben.

In zwischenstaatlichen Vereinbarungen, also in Sozialversicherungsabkommen, finden sich Bestimmungen über die KV von entsandten Arbeitnehmern. Sie gehen der geschilderten Regelung vor; KVV 4 IV.

5. Schon nach bisherigem Recht galt für die Pflichtleistungen der Gebietsgrundsatz: Die KK waren nicht verpflichtet, Leistungen zu erbringen, wenn sich ein Versicherter, z.B. während der Ferien oder auf einer Geschäftsreise, im Ausland ärztlich behandeln liess[97]. Durch kasseninterne Bestimmungen sahen sie jedoch Ausnahmen

---

94   Bisher konnte die KK dies unter Berücksichtigung des Grundsatzes der Verhältnismässigkeit tun; vgl. MAURER, BSVR S. 270 und ferner Botschaft zum KVG Z. 3 bei Art. 4.
95   KVV 9 IV sieht die gleiche Sanktion vor, wenn das Vollstreckungsverfahren «keine Zahlung der Prämie oder Kostenbeteiligungen zur Folge» hat. Es ist fraglich, ob diese Sanktion gesetzeskonform und daher gültig ist. Sie würde dazu führen, dass der ausgepfändete Versicherte der Versicherung bei einem anderen Versicherer beitreten könnte. Die Versicherer würden sich mit dem Ausschluss solcher Personen von der Versicherung gegenseitig gleichsam den schwarzen Peter zuspielen. Zumindest müsste der Grundsatz der Verhältnismässigkeit beachtet werden. Er setzt ein schweres Verschulden für den Ausschluss voraus: RKUV 1986 S. 242 und 252; BGE 111 V 322. Kritik dieser Praxis von J.L. DUC in der Schweiz. Krankenkassen-Zeitung 1986 S. 24 und 45. Vgl. auch MAURER, BSVR S. 37 und 270.
96   Vgl. die analoge Regelung gemäss UVG 2 I i. V. m. UVV 4, welche vom Gesetzgeber in der KV weitgehend übernommen wurde. Es handelt sich um eine Weiterversicherung; vgl. MAURER, BSVR S. 57.
97   BGE 118 V 50 E. 1; MAURER, BSVR S. 278.

vor. Auch das KVG unterliegt dem *Gebietsgrundsatz.* Die Versicherer sind nicht befugt, die obligatorische Krankenpflegeversicherung durch interne Bestimmungen auf das Ausland auszudehnen; KVG 34 I und hinten S. 55. Sie können dies durch Zusatzversicherung tun, auf welche jedoch nicht das KVG sondern das VVG anwendbar ist[98]. Hingegen werden in KVV 36 und 37 einige Sachverhalte geregelt, die eine ärztliche Behandlung im Ausland zu Lasten der Versicherer vorschreiben. Darüber wird hinten auf S. 55 berichtet.

6. Wenn das Versicherungsverhältnis endet, verliert der Versicherte grundsätzlich den Versicherungsschutz (über Ausnahmen vgl. vorne S. 42): Der Versicherer wird nicht mehr leistungspflichtig, wenn der bisher Versicherte erkrankt oder einen Unfall erleidet usw. Es stellt sich hingegen die Frage, ob der Versicherer für Versicherungsfälle weiterhin zu leisten hat, die zwar vor dem Ende des Versicherungsschutzes eingetreten, die aber beim Ende des Versicherungsschutzes noch nicht abgeschlossen sind, z.B. weil die Krankheit weiterhin ärztliche Behandlung erfordert. Das EVG verneinte die Leistungspflicht der KK nach bisherigem Recht, jedenfalls wenn die kasseninternen Bestimmungen dies so festlegten. Es sprach sogar von einem ungeschriebenen Grundsatz der sozialen KV[99].

Weder das bisherige Recht noch das KVG beantwortet diese Frage. Da sie sich nach KVG zwingend stellt, weist das KVG eine Gesetzeslücke[100] auf. Die Antwort muss aus seinem Sinn und Zweck gegeben werden: Das KVG will den Versicherten in allen Versicherungsfällen, für welche es Versicherungsschutz gewährt, die medizinische Grundversorgung sichern. Es würde diesem Zweck nicht dienen, wenn die Krankenpflegeleistungen für die noch weiterdauernde Krankheit ab Ende des Versicherungsverhältnisses nicht mehr entrichtet werden müssten. Deshalb ist es sogar gerechtfertigt, die Leistungspflicht der Versicherer auch für Rückfälle und Spätfolgen[101] zu bejahen, die mit der Krankheit adäquat zusammenhängen, welche während der Zeit des Versicherungsschutzes ausgebrochen ist. Dies entspricht auch der Regelung in UVV 11.

Das dargelegte Problem wird sich bei verschiedenen Gruppen von Versicherten stellen. Erwähnt seien folgende:

Ein entsandter Arbeitnehmer wird gerade dann krank, wenn sein Versicherungsverhältnis endet; KVV 4. Grenzgänger, die sich auf eigenes Gesuch hin, d.h. freiwillig, versichern liessen, müssen ihre Arbeitstätigkeit in der Schweiz z.B. wegen einer schweren, langdauernden Krankheit aufgeben, weshalb sie nicht mehr versichert sind; KVV 3.

---

98 Vgl. hinten S. 131.
99 RKUV 1984 S. 98. Überzeugende Kritik dieser Praxis von ANDREAS FREIVOGEL in SJZ 1985 S. 282 ff.; vgl. ferner MAURER, BSVR S. 270 cc.
100 Vgl. zu den Gesetzeslücken MAURER, BSVR S. 46.
101 Vgl. zu diesen Begriffen BGE 105 V 35 und MAURER, BSVR S. 354.- Regelungen zu diesen Fragen in kasseninternen Bestimmungen sind nicht beachtlich, da das KVG das Versicherungsverhältnis abschliessend geordnet hat.

Mitglieder diplomatischer Missionen und Beamte internationaler Organisationen in der Schweiz, die auf eigenes Gesuch hin, also ebenfalls freiwillig, sich versichern liessen, müssen wegen beruflicher Versetzung ihren Wohnsitz ändern, weshalb ihr Versicherungsverhältnis endet, auch wenn sie gerade krank sind; KVV 2[102].

Schliesslich seien die zahlreichen Schweizer genannt, die bei Eintritt ins AHV-Alter oder bei Pensionierung ihren Wohnsitz ins Ausland, z.B. in wärmere Gegenden, verlegen. Wenn sie noch kurz vorher einer Krankheit zum Opfer fallen, die zuerst harmlos erscheint und sich später ungünstig entwickelt oder auch zu Rückfällen und Spätfolgen führt[103], wären sie nicht mehr versichert. Dies ist unbefriedigend.

---

102 Vgl. zu diesen Personengruppen vorne S. 36.
103 Diese ziemlich grosse Gruppe von Versicherten wird nach dem KVG oft auch sonst in einer ungünstigen Lage sein: Wenn sie ihren Wohnsitz in der Schweiz aufgeben, werden sie grösste Mühe haben, sich bei einem Versicherer angemessen gegen Krankheit zu versichern oder sie müssen dabei extrem hohe Prämien bezahlen, da sie versicherungstechnisch als ungünstige Risiken gelten. Nach bisherigem Recht hatten sie es einfach: Ihre KK konnte durch kasseninterne Bestimmungen die Versicherung der Pflichtleistungen auf beliebige Zeit auch für den ausländischen Wohnsitz verlängern. Die neue Regelung wird besonders für jene älteren Versicherten Schwierigkeiten bieten, die z.B. in einem Entwicklungsland Wohnsitz nehmen, das mit der Schweiz kein Sozialversicherungsabkommen hinsichtlich der KV abgeschlossen hat.

D. Versicherungsleistungen[104]

I. Obligatorische Krankenpflegeversicherung

1. Allgemeines

a) Das Leistungsrecht umfasst die Kosten der Leistungen von Äzten usw., die der Versicherte im Versicherungsfall oder aus der medizinischen Prävention geltend machen kann. Es bildet gleichsam das Herzstück der KV und wird in den Art. 24 bis 59 KVG, in den Art. 33 bis 77 KVV sowie in der Leistungsverordnung des EDI (KLV) geregelt. Ihm sind auch die Bestimmungen über die Zulassung der Leistungserbringer – Arzt, Apotheker usw. – sowie über das Tarifwesen zuzurechnen.

b) Die zur KV zugelassenen Versicherer müssen sowohl die obligatorische Krankenpflegeversicherung als auch die freiwillige Taggeldversicherung betreiben[105]. Die meisten Versicherer führen zudem die Zusatzversicherung[106] und einige überdies die Unfallversicherung gemäss UVG. Dadurch können sie ihren Kunden, den Versicherten, besonders in Versicherungsfällen oft einen besseren Service bieten. Man nennt sie gemischte Versicherer.

c) Die KV erbringt ihre Leistungen dadurch, dass sie Kosten der einzelnen Leistungskategorien zu ihren Lasten nimmt. Das KVG folgt dem *Kostenvergütungsprinzip*. Die KV stellt – im Gegensatz zur Unfallversicherung nach UVG[107] – dem Versicherten nicht die Krankenpflege in natura, als Sachleistung, zur Verfügung. KVG 24 drückt diesen Grundsatz mit den folgenden Worten aus: «Die obligatorische Krankenpflegeversicherung übernimmt die Kosten für die Leistungen gemäss den Art. 25 – 31». Unter den Leistungen versteht das Gesetz jene, die von den Leistungserbringern, d.h. von Ärzten, Spitälern usw. erbracht werden.

2. Der Leistungskatalog gemäss KVG 25 II

KVG 25 trägt den Titel «Allgemeine Leistungen bei Krankheit». Dazu folgendes: Die KV übernimmt die Kosten der Leistungen (der Ärzte usw.), die der Diagnose oder Behandlung einer Krankheit und ihrer Folgen dienen; KVG 25 I. «Ihrer Folgen» heisst, dass es sich um Massnahmen der medizinischen Rehabilitation handelt, die Abs. 2 lit. d noch ausdrücklich erwähnt.

---

104 Vgl. Botschaft zum KVG Z. 3 bei den Art. 19 ff. Zum bisherigen Recht: GREBER, Droit suisse S. 387 ff.; KIESER/RIEMER, Tafeln 45 ff.; LOCHER, Grundriss §§ 28 ff.; MAURER, BSVR S. 277 ff.
105 Eine Ausnahme besteht für die Betriebs- und Berufsverbands-KK, die sich auf die freiwillige Taggeldversicherung beschränken, sofern sie die entsprechende Bewilligung des EDI besitzen; KVG 68 II und 98 II. Vgl. vorne bei N 28.
106 Vgl. vorne S. 8 und hinten S. 131 ff.
107 Botschaft zum KVG Z. 3 bei Art. 19; MAURER, BSVR S. 362. Vgl. zur Frage, wer den Leistungserbringern (Ärzten usw.) das Honorar schuldet, ob also der Versicherte oder der Versicherer Schuldner wird, hinten S. 76 f. Das Kostenvergütungsprinzip ist eng mit dem Sachleistungsprinzip verwandt, das nach UVG gilt.

Mit der Krankenpflege soll eine Krankheit erkannt (=Diagnose), fachgerecht behandelt und geheilt oder doch gebessert oder ihr Verlauf zumindest erträglicher gemacht werden (=Therapie), sofern eine Heilung mit zumutbaren Mitteln nicht mehr möglich ist, wie z.B. bei einem metastasierenden Krebs in seiner Endphase[108]. Damit steckt das KVG das Feld ab, innerhalb welchem die Versicherer die Kosten von Leistungen zu übernehmen haben. Dies ist der weiteste Kreis des Leistungsbereichs. Das KVG engt ihn aber in mehrfacher Hinsicht ein. So stellt es in Art. 25 den Katalog auf, welcher die Leistungen festhält, die unter die Übernahmepflicht der Versicherer fallen. Es ist dies der sog. Leistungskatalog. Leistungen, die nicht in ihm aufgenommen sind, können von der KV auch nicht gefordert werden; KVG 34 I (vgl. hinten S. 55). Man kann deshalb von einem *Listenprinzip* sprechen (hinten S. 51). Dies ist bereits der engere Kreis. Sodann beschränken KVG 33 und Verordnungsbestimmungen den Leistungsbereich zusätzlich: Nur die darin vorgesehenen oder nicht verbotenen Leistungen der Leistungserbringer (Ärzte usw.) begründen Ansprüche der Versicherten. Dies ist der dritte, noch engere Kreis. Schliesslich wird die Übernahmepflicht des Versicherers durch den wichtigen Grundsatz begrenzt, dass die Leistungen wirksam, zweckmässig und wirtschaftlich sein müssen.; KVG 32 und dazu hinten S. 51. Dies ist der engste von vier konzentrischen Kreisen, welcher die Pflicht der Versicherer, Kosten von Leistungen zu übernehmen, beschränkt.

Vorab ist nun der *Leistungskatalog* darzustellen, den Art. 25 II in den lit. a bis g aufstellt.

a) Zuerst nennt lit. a die Leistungen, welche für die Übernahmepflicht der Versicherer massgebend sind. Es sind dies Untersuchungen, Behandlungen und Pflegemassnahmen.

Die Untersuchungen sollen es dem Arzt oder Chiropraktor ermöglichen, die *Diagnose*, zumindest eine Vermutungsdiagnose, zu stellen, die ihrerseits die Voraussetzung für den *Behandlungsplan* bildet. Die moderne Heilkunde weist eine breite Palette von diagnostischen Möglichkeiten auf, die über Labortests – Blut- und Urinchemie, Biopsien usw. – bis weit in die apparative Medizin hinein wie magnetische Kernresonanz (MRI) reicht. Die Grundlage bildet jedoch – ausser bei Bewusstlosen – stets das Patientengespräch. Mit ihm kann der Arzt nicht nur wichtige Informationen über das jetzige Leiden sondern auch über frühere Krankheiten erfahren. Dieses Gespräch erlaubt ihm sehr oft die Stellung der Diagnose, ohne dass er technische Hilfsmittel einsetzen muss.

Abs. 2 lit. a bestimmt sodann, *wo* die erwähnten Leistungen erbracht werden können: «Ambulant, bei Hausbesuchen, stationär, teilstationär oder in einem Pflegeheim». Darüber wird später zu berichten sein; vgl. hinten S. 68 ff.

Ferner wird in lit. a festgelegt, *wer* diese Leistungen erbringen darf, damit sie zu Lasten der KV gehen. Es sind dies Ärzte und Chiropraktoren, sowie Personen, die auf ihre Anordnung hin tätig werden; vgl. hinten S. 64 ff.

---

108 BGE 109 V 43 b: Zweck der ärztlichen Behandlung im Rahmen der sozialen KV ist die möglichst vollständige Beseitigung der körperlichen oder psychischen Beeinträchtigung.

Bei *Spitalbehandlung* – stationäre oder teilstationäre – übernimmt die KV die Kosten unbefristet, während sie bisher nur für 720 Tage zu leisten hatte. Überdies muss sie ausser den Behandlungs- und Pflegekosten – im Gegensatz zur bisherigen Regelung – auch die Kosten für Verpflegung und Unterkunft, sie sog. «Hotelkosten» in der *allgemeinen Abteilung*, tragen[109].

Pflegemassnahmen, z.B. durch Krankenschwestern, werden von der KV nicht nur dann übernommen, wenn sie in Spitälern durchgeführt werden, sondern auch jene zu Hause. Diese *Hauskrankenpflege* muss jedoch vom Arzt angeordnet sein. Zugelassen sind Krankenschwestern, Krankenpfleger und überdies *Organisationen*, welche die in KVV 51 festgelegten Voraussetzungen erfüllen; sie müssen z.b. über das erforderliche Fachpersonal verfügen und ebenso über Einrichtungen, die dem Leistungsauftrag entsprechen; vgl. hinten S. 66[110].

b) Die KV übernimmt nach KVG 25 II lit. b ferner «die *Analysen, Arzneimittel* und der Untersuchung oder Behandlung dienenden *Mittel und Gegenstände*»[111]. Sie müssen ärztlich oder von Chiropraktoren verordnet sein, denen durch KLV 4 bestimmte Kompetenzen eingeräumt werden. Zu den Gegenständen gehören die Endoprothesen, d.h. Ersatzstücke aus Fremdmaterial, die in das Innere des Körpers implantiert werden (Ersatz der Hüft-, Knie und Ellenbogengelenke und ferner auch Herzschrittmacher usw.). Ihre Kosten werden von der KV gemäss Anhang 1 Z. 1.1 der KLV übernommen; KLV 20 II. Sie werden jedoch nicht in Anhang 2 sondern in Anhang 1 erwähnt (hinten S. 62).

c) Die Kosten von ärztlich angeordneten *Badekuren* gehen nicht voll zu Lasten der KV. Vielmehr leistet die KV gemäss lit. c nur einen Beitrag an sie. Dieser kann nach KVV 33 lit. f während höchstens 21 Tagen pro Kalenderjahr ausgerichtet werden. Der tägliche Beitrag wird in KLV 25 auf Fr. 10.– festgesetzt. Die Begrenzung beruht auf der Erfahrung, dass mit Badekuren bisher ziemlich viel Missbrauch getrieben wurde. Wohlmeinende Ärzte verordneten sie nicht selten, um ihren Patienten eine besondere Art von Ferien zu verschaffen. – Die KV hat den Beitrag nur für Badekuren, nicht aber für Luftkuren zu bezahlen[112].

d) Zu den versicherten Leistungen gehören auch «die ärztlich durchgeführten oder angeordneten Massnahmen der *medizinischen Rehabilitation*»; lit. d. Wenn die Behandlung einer Krankheit zur Hauptsache abgeschlossen ist, fühlt sich der Patient oft schwach, z.B. nach Operationen oder Chemotherapien. Die medizinische Rehabilitation soll seine körperlichen und psychischen Kräfte wieder stärken, damit er sowohl beruflich als auch sozial wieder möglichst in Form kommt. Sie dient der

---

109 Botschaft zum KVG Z. 3 bei Art. 19. Vgl. zum Begriff der allgemeinen Abteilung hinten N 114. – Der Versicherte hat jedoch einen Beitrag an die Kosten des Aufenthaltes im Spital zu leisten; vgl. KVG 64 V und dazu hinten S. 150. – Die KV muss die «Hotelkosten» für Pflegeheime nicht übernehmen; vgl. hinten S. 70.
110 Weiteres zur Hauskrankenpflege in KLV 7 ff. hinten S. 66.
111 Anhang 2 der KLV enthält die Liste der Mittel und Gegenstände; hinten S. 62.
112 Botschaft zum KVG Z. 3 bei Art. 19 lit. c.

Eingliederung[113]. Dazu können die verschiedensten Massnahmen geeignet sein, so etwa Gymnastik und Arbeitstherapie. Die KV übernimmt die Kosten nur, wenn solche Massnahmen in der KLV des EDI aufgeführt sind; es gilt das Listenprinzip (vgl. hinten S. 51). Überdies müssen die Massnahmen vom Arzt durchgeführt oder doch von ihm angeordnet sein.

e) Die Leistungen umfassen, wie bereits unter lit. a erwähnt, den Aufenthalt in der *allgemeinen Abteilung*[114] eines Spitals; lit. e. Wer sich in einer Privatabteilung, als Privatpatient, auf Kosten der Versicherung behandeln lassen will, benötigt eine Zusatzversicherung.

f) Die KV leistet nach lit. f «einen Beitrag an die medizinisch notwendigen *Transportkosten* sowie an die *Rettungskosten*». Sie übernimmt somit nicht alle Kosten sondern gewährt lediglich einen Beitrag[115]. Hingegen muss die KV die medizinisch notwendigen Transporte von einem Spital in ein anderes, z.B. in eine Spezialklinik, voll übernehmen, da KVV 33 lit. g sie als Teil der stationären Behandlung anerkennt.

Rettungskosten sind bedeutend, wenn der Versicherer auch für Unfälle Deckung zu gewähren hat – vgl. vorne S. 32 – und der Verunfallte aus Bergnot gerettet wird. Rettungsaktionen können aber auch nötig sein, wenn der Versicherte auf einer Wanderung oder Reise erkrankt (Kreislaufschwächen, Hirnschlag usw.). Sie dienen dazu, ihn möglichst schnell der ärztlichen Behandlung zuzuführen (vgl. auch hinten S. 71).

Die KV übernimmt 50 Prozent der Kosten des medizinisch indizierten Krankentransportes, höchstens einen Betrag von Fr. 500.– pro Kalenderjahr, und 50 Prozent der Rettungskosten, höchstens einen Beitrag von Fr. 5'000.– pro Kalenderjahr; KLV 25 bis 27.

3. Besondere Sachverhalte des Leistungskataloges

Das KVG ergänzt den Leistungskatalog des Art. 25 in den Art. 26 bis 31:

a) Medizinische Prävention

Während sich KVG 25 mit den Leistungen befasst, die im Erkrankungsfall in Frage kommen, stellt KVG 26 den Grundsatz auf, dass die KV auch Massnahmen finan-

---

113 IVG 12 I: Die IV hat medizinische Eingliederungsmassnahmen grundsätzlich nur soweit zu bezahlen, als sie der *beruflichen* Eingliederung dienen. Die KV geht darüber hinaus, indem sie auch die Eingliederung ins gesellschaftliche Leben fördert; Botschaft zum KVG zu Art. 19 bei lit. d.

114 Der Begriff der allgemeinen Abteilung ist nur schwer zu definieren. Er setzt wohl voraus, dass zwei oder mehr Personen im gleichen Zimmer untergebracht sind und von Ärzten behandelt werden, die das Spital bestimmt; vgl. BGE 96 V 11 f. Wenn sich der Versicherte, z.B. aufgrund einer Zusatzversicherung, in der Privatabteilung behandeln lässt, sollte die KV jene Kosten übernehmen, die der Aufenthalt in der allgemeinen Abteilung verursacht hätte. Sie darf nicht davon profitieren, dass der Versicherte zusätzliche Vorsorge betreibt.

115 UVG 13 I geht wesentlich weiter: Der Unfallversicherer hat *alle notwendigen* «Reise-, Transport- und Rettungskosten» zu vergüten.

ziert, die der Verhütung von Krankheiten dienen. Dies ist die medizinische Prävention. Es handelt sich um bestimmte Untersuchungen zur frühzeitigen Erkennung von Krankheiten – z.B. von Krebs- und Kreislauferkrankungen – sowie um «vorsorgliche Massnahmen zugunsten von Versicherten, die in erhöhtem Masse gefährdet sind.», z.B. von Versicherten, die vom Arbeitgeber in die Tropen entsandt werden und durch Impfungen vor Tropenkrankheiten geschützt werden sollen. «Die Untersuchungen oder vorsorglichen Massnahmen werden von einem Arzt oder einer Ärztin durchgeführt oder angeordnet». Auch hier gilt das Listenprinzip: Die Versicherer haben nicht für alle denkbaren Massnahmen aufzukommen sondern nur gerade für die in KLV 12 ff. umschriebenen; vgl. hinten S. 61.

Die medizinische Prävention dient der individuellen Gesundheitserhaltung. Mit ihr sollen aber auch Kosten eingespart werden, die durch die Krankheit entstehen würden, wenn ihr Ausbruch nicht verhindert oder ihr Verlauf nicht gemildert würde[116].

b) **Geburtsgebrechen**

IVG 13 gewährt den *minderjährigen* Versicherten Anspruch auf die zur Behandlung von Geburtsgebrechen notwendigen medizinischen Massnahmen. Die VO über die Geburtsgebrechen vom 9.12.1985 (GgV) bezeichnet diese Gebrechen[117]. Wenn diese von *geringfügiger Bedeutung* sind, können die Leistungen ausgeschlossen werden. KVG 27 und KVV 35 ergänzen diese Regelung. Die KV übernimmt bei Geburtsgebrechen, die nicht durch die IV gedeckt sind, die Kosten für die gleichen Leistungen wie bei Krankheit: Geburtsgebrechen werden einer Krankheit gleichgestellt. Die KV hat somit die Kosten für sie zu übernehmen, sobald der Versicherte volljährig wird und überdies, wenn die Geburtsgebrechen wegen Geringfügigkeit nicht oder nicht mehr in der GgV aufgenommen sind (Weiteres hinten S. 91 lit. cc).

c) **Unfälle**

Bei Unfällen übernimmt die KV die Kosten für die gleichen Leistungen wie bei Krankheiten, *soweit* dafür keine Unfallversicherung aufkommt; KVG 1 II lit. b und 28. Über die damit zusammenhängenden Probleme wurde bereits vorne auf S. 32 berichtet. Von dieser Ergänzungsversicherung werden besonders Kinder, Hausfrauen und Betagte profitieren, da sie in der Regel nicht nach UVG versichert sind. Sie besitzen jedoch nicht selten den Versicherungsschutz bei einer privaten Versicherungsgesellschaft.

d) **Mutterschaft**

Bei Mutterschaft[118] übernimmt die KV gemäss KVG 29 I die Kosten für die gleichen Leistungen wie bei Krankheit, z.B. wenn Schwangerschaftskrankheiten oder «gewöhnliche» Krankheiten, die nicht durch die Schwangerschaft verursacht sind,

---

116 Das Institut zur (generellen) Förderung der Gesundheit wurde bereits vorne auf S. 20 erwähnt.
117 Vgl. MAURER, BSVR S. 153. – Die IV hat in diesem schmalen Bereich die Funktion einer KV.
118 Vgl. weiteres dazu vorne S. 34, hinten S. 61 und MAURER, BSVR S. 289.

auftreten. Die Schwangerschaft, die ohne Komplikationen verläuft, ist an sich keine Krankheit. Als Schwangerschaftskrankheiten gelten etwa Schwangerschaftsdepressionen- und dermatosen, sowie Fehl- und Frühgeburten.

Ausser diesen Krankheitskosten übernimmt die KV die Kosten für *besondere Leistungen*, die in Abs. 2 lit. a bis c von KVG 29 abschliessend umschrieben werden. Diese Leistungen umfassen:

Die von Ärzten oder von Hebammen durchgeführten oder ärztlich angeordneten Kontrolluntersuchungen während und nach der Schwangerschaft. Es sind dies bei der normalen Schwangerschaft sieben Untersuchungen und in der Risikoschwangerschaft eine Anzahl nach klinischem Ermessen; KLV 13; KVG 29 II lit. a und KVG 32[119].

Die Entbindung zu Hause, in einem Spital oder einer Einrichtung der teilstationären Krankenpflege sowie die Geburtshilfe durch Ärzte oder Hebammen; lit. b. Die Versicherte hat die freie Wahl, wo sie sich entbinden lassen will.

Das nach bisherigem Recht gewährte Stillgeld wird abgeschafft und durch «die notwendige Stillberatung» ersetzt; lit. c. Diese wird durch KLV 15 geregelt.

Nach bisherigem Recht musste die KK nur dann Leistungen für Mutterschaft erbringen, wenn die Versicherte wenigstens 270 Tage Mitglied einer KK, also versichert war. Diese Wartefrist wird im KVG nicht mehr vorgeschrieben. Wenn z.B. eine aus dem Ausland zugezogene Schweizerin entsprechend ihrer Versicherungspflicht der KV beitritt und in diesem Zeitpunkt bereits hochschwanger ist, wird der Versicherer voll leistungspflichtig.

e) Strafloser Abbruch der Schwangerschaft

Ein Abbruch der Schwangerschaft ist gemäss Art. 120 Z. 1 II StGB bei *medizinischer* Indikation zulässig, nämlich wenn für die Schwangere Lebensgefahr oder grosse Gefahr dauernden schweren Schadens der Gesundheit besteht. Die Indikation muss von einem sachverständigen Facharzt – z.B. einem Psychiater – und einem weiteren Arzt bestätigt werden. Bei straflosem Abbruch einer Schwangerschaft nach StGB 120 übernimmt die KV die Kosten für die gleichen Leistungen wie bei Krankheit; KVG 30. Versicherer und Gerichte sind an die Feststellungen der beiden Ärzte gebunden[120].

f) Zahnärztliche Behandlungen

Nach der Praxis des EVG war die zahnärztliche Behandlung keine Pflichtleistung der KK, soweit sie der Zahnheilkunde (Odontologie) zugerechnet wurde. Diese befasst sich mit Krankheiten des Kauapparates. Hingegen galt die Behandlung von Erkrankungen des Kiefers selbst als Pflichtleistung[121].

---

119 Botschaft zum KVG Z. 3 bei Art. 23 II lit. a; vgl. hinten S. 61.
120 BGE 108 V 34 dürfte auch nach neuem Recht anwendbar sein; vgl. ferner RKUV 1987 S. 32. – Die geschilderte Regelung wurde bereits durch den neuen Art. 12^{quater} am 9.10.1981 in das aKVG eingefügt.
121 BGE 120 V 194, 116 V 114, RKUV 1991 S. 283.

KVG 31 I legt nun in den lit. a bis c ausdrücklich fest, unter welchen Voraussetzungen die KV für die Kosten der zahnärztlichen Behandlung aufzukommen hat.
aa) Die zahnärztliche Behandlung muss durch eine schwere, nicht vermeidbare Erkrankung des *Kausystems* bedingt sein; lit. a. Der Ausdruck nicht vermeidbar bedeutet, dass die Krankheit trotz der in der Schweiz üblichen Zahnhygiene entstehen kann. Diese wird an einem objektiven Massstab gemessen. Die Frage des Verschuldens ist somit gar nicht zu prüfen. Zudem muss die Krankheit schwer sein. Die Regelung beruht auf dem Gedanken, dass Erkrankungen des Kauapparates wie Karies und die damit verbundene Parodontose, also die häufigsten vom Zahnarzt behandelten Zahnkrankheiten, nicht durch die KV gedeckt sein sollen, da sie sich durch die ausreichende Mundhygiene wie Zahnreinigung vermeiden lassen. Lit. a will grundsätzlich keine Zahnbehandlungsversicherung in die KV einführen; sie lässt aber die Türe für Ausnahmen offen[122].

bb) Die zahnärztliche Behandlung geht nach KVG 31 I lit. b auch dann zu Lasten der KV, «wenn sie durch eine schwere *Allgemeinerkrankung* oder ihre Folgen bedingt ist». Die Allgemeinerkrankung muss also zu einer Erkrankung des Kauapparates geführt haben. Dies trifft etwa zu, wenn wegen eines Krebsleidens eine Strahlen- oder eine Chemotherapie durchgeführt wird, die als Nebenwirkung den Ausfall von Zähnen zur Folge hat. Die zahnärztliche Behandlung, die deshalb nötig wird, fällt unter den Versicherungsschutz.

cc) Die KV hat schliesslich auch die Kosten zu tragen, wenn die zahnärztliche Behandlung zur Behandlung einer schweren *Allgemeinerkrankung* oder ihrer Folgen notwendig ist; lit. c. Es wird z.B. vor einer Herzoperation (=Allgemeinerkrankung) ein Zahn wegen eines Zahngranuloms gezogen, damit der Streuherd nicht zu einer Infektion der Operationswunde führt (Fokalinfektion).

Wenn das Kausystem durch einen Unfall geschädigt wird, so hat die KV die Kosten der zahnärztlichen Behandlung ebenfalls zu übernehmen. Voraussetzung ist, dass die KV für Unfälle nach KVG 1 II Deckung zu gewähren hat; vgl. vorne S. 31.

Die Einzelheiten der geschilderten Regelung werden in KLV 17 ff. festgelegt; vgl. hinten S. 61. Es soll verhindert werden, dass diese Regelung doch noch zu einer Zahnpflegeversicherung führt, die eine unübersehbare Steigerung der Kosten in der KV nach sich ziehen könnte.

g) Auslegungsfragen

Die Art. 24 bis 33 KVG, die den Leistungskatalog aufstellen, sind nach den Regeln auszulegen, die im Sozialversicherungsrecht gebräuchlich sind[123]. Einzelne Gesichtspunkte sollen hier hervorgehoben werden.

---

122 Diese lit. a war im bundesrätlichen Entwurf nicht enthalten. Sie kam erst auf Antrag der ständerätlichen Kommission trotz einer ziemlich starken Opposition ins Gesetz; vgl. Amtl. Bull. (StR) 1992 S. 1301 und des NR 1993 S. 1844.
123 Vgl. dazu MAURER, BSVR S. 43.

Der Leistungskatalog weist eine ähnliche Struktur auf wie die Listen über die Berufskrankheiten, die im Anhang der VO über die Unfallversicherung (UVV) vom 20.12.1982 aufgeführt sind. Das EVG hat zutreffend entschieden, dass die Aufzählung in den beiden Listen abschliessend sei, sodass der Richter sie nicht analogieweise erweitern dürfe. Hingegen sei eine Ergänzung der einzelnen Positionen dann zulässig, wenn der Text dies z.b. durch Beifügung von «usw.» erlaubt[124]. Man kann diese Betrachtungsweise als *Listenprinzip* bezeichnen. Dieses Listenprinzip ist auch bei der Auslegung des Leistungskataloges des KVG anwendbar. Somit ist die Aufzählung der einzelnen Leistungskategorien abschliessend[125]. Der Richter darf sie nicht durch weitere Kategorien ergänzen. Dies ergibt sich auch aus KVG 34 I: Die Versicherer dürfen keine anderen Kosten als diejenigen für die Leistungen nach den Art. 25 bis 33 übernehmen.

Wenn die Bestimmungen über die einzelnen Leistungskategorien extensiv, weitherzig, ausgelegt werden, sollte beachtet werden, dass der Gesetzgeber bei der Prüfung der einzelnen Artikel stets die finanziellen Auswirkungen im Blickfeld hatte. Er wollte Lösungen vermeiden, welche eine nicht voraussehbare Entwicklung der Krankheitskosten zur Folge haben könnten[126].

4. Wichtige Voraussetzungen der Kostenübernahme: Gebot der Effizienz

a) KVG 32 I lautet wie folgt: «Die Leistungen nach den Art. 25 bis 31 müssen wirksam, zweckmässig und wirtschaftlich sein»[127]. Damit sollen Leitplanken errichtet werden, um die Leistungserbringer zu massvollem, vernünftigem Handeln anzuhalten und die KV überdies vor finanzieller Überforderung zu schützen, ohne dass den Patienten dadurch unzumutbare Nachteile entstehen. Man kann vom *Gebot der Effizienz* oder vom Effizienzgrundsatz sprechen.

b) Die Leistungen müssen *zweckmässig* sein. Sie sind so zu bestimmen, dass sie dem konkreten Fall angepasst sind und den angestrebten Heilungserfolg erwarten lassen. Es ist z.B. nicht zweckmässig, wenn der Urolog seinem Patienten zur Prostataoperation rät, obwohl Medikamente zur Verfügung stehen, welche für die Behandlung der Beschwerden geeignet sind, zumal jede Operation mit Risiken verbunden ist. Es ist auch nicht zweckmässig, wenn der Arzt die Hospitalisation verordnet, obschon

---

124 RKUV 1988 S. 449.
125 Darauf weist die Botschaft zum KVG in Z. 3 bei Art. 19 «Allgemeines» ausdrücklich hin. – Keine abschliessende Aufzählung enthält Anhang 1 zur KLV, der die Vergütungspflicht für bestimmte ärztliche Leistungen regelt; vgl. hinten S. 57.
126 So äusserte z.B. NR RYCHEN im Zusammenhang mit dem heutigen Artikel 26 über die medizinische Prävention seine Bedenken, dieser könnte sich als «Fass ohne Boden» erweisen; Amtl. Bull. (NR) 1993 S. 1840. Das Gespenst der Kostenexplosion im Gesundheitswesen war ohnehin ständiger Gast bei den parlamentarischen Beratungen. Es bremste den Willen der Beteiligten, die Leistungen übermässig auszuweiten, da die KV sonst mit der Zeit schweren finanziellen und politischen Erschütterungen ausgesetzt sein könnte.
127 Vgl. auch Art. 56 KVG und hinten S. 96.

für eine Behandlung zu Hause günstige Voraussetzungen gegeben sind, oder wenn er von zwei etwa gleichwertigen Medikamenten jenes verschreibt, welches für den betreffenden Patienten eine erhöhte Gefahr von Nebenwirkungen in sich birgt[128]. Wenn z.B. ein Medikament unwirksam ist, wird seine Verschreibung auch nicht zweckmässig sein; die *Wirksamkeit* muss gemäss KVG 32 I Satz 2 «nach wissenschaftlichen Methoden nachgewiesen sein»[129]. Dies kann auch bei Naturheilmitteln zutreffen. Sie müssen jedoch ebenso wie die chemischen Heilmittel wissenschaftlich auf ihre Effizienz hin überprüft sein[130].

d) Schliesslich fordert Art. 32 KVG, dass die Leistungen *wirtschaftlich* sind. Er will damit Prämienzahler und öffentliche Hand vor Kosten schützen, die sich vermeiden lassen. Wenn das Therapieziel durch zwei verschiedene, geeignete Leistungen erreicht werden kann, so ist nur jene zulässig, welche die wirtschaftlichere, d.h. die kostengünstigere ist[131].

e) Die KV muss die Kosten einer Leistung nur übernehmen, wenn diese alle drei Voraussetzungen erfüllt, also zugleich zweckmässig, wirksam und wirtschaftlich ist[132]. Wenn jedoch eine von zwei Leistungen zweckmässiger und wirksamer aber teurer ist, kann hier die Voraussetzung der Wirtschaftlichkeit in den Hintergrund treten. Freilich wird der Grundsatz der Verhältnismässigkeit zu beachten sein: Wenn gesamthaft ein grobes Missverhältnis zwischen dem Preis und dem Heilungserfolg besteht, soll die billigere Leistung gewählt werden. Dies lässt sich auch aus dem Grundsatz der Schadenminderungspflicht ableiten, der für alle Versicherten gilt[133]. Überdies muss stets berücksichtigt werden, dass eine Leistung, z.B. eine Operation,

---

128   BGE 111 V 229: Es wird hier als zweckmässig anerkannt, dass eine operative Brustrekonstruktion nach Brustamputation vorgenommen wurde; sie war besser geeignet, die körperliche Integrität der Versicherten wiederherzustellen als eine abnehmbare Prothese, die keine Operation erfordert hätte. Anhang 1 zur KLV, Z. 1.1, erklärt die operative Mammarekonstruktion nunmehr ausdrücklich als Pflichtleistung.

129   aKVG 23 liess nur die Anordnung und Durchführung von wissenschaftlich anerkannten Heilanwendungen und Analysen zu; BGE 120 V 211. Diese Voraussetzung wurde in KVG 32 nicht mehr übernommen, da sie heute als ungeeignet und ungenau angesehen werde. Sie ist daher durch das Kriterium der Wirksamkeit ersetzt worden. Diese muss aber wissenschaftlich, also nach objektiven, fachkundigen Gesichtspunkten, gesichert sein; Botschaft zum KVG Z. 3 bei Art. 26 Abs. 1. – Das Erfordernis der wissenschaftlichen Effizienzprüfung wurde vom Ständerat ausgiebig und kontrovers diskutiert; vgl. z.B. die Voten von HUBER und PLATTNER, Amtl. Bull. (StR) 1992 S. 1303 f.

130   Besondere Schwierigkeiten bereitet die Effizienzprüfung bei den psychotherapeutischen Methoden. Die gleiche Methode kann sich bei verschiedenen Patienten unterschiedlich auswirken. Überdies holt der eine Therapeut mit der gleichen Methode mehr heraus als sein Kollege. Die Individualität von Patient und Therapeut spielt auf diesem Gebiet eine bedeutende Rolle. Ähnliche Überlegungen dürften z.B. auch für die Heilgymnastik zutreffen.

131   BGE 118 V 115 E. 7 b: Methadonlangzeitbehandlung kann u.U. wirtschaftlich sein. Sie wird gemäss Anhang 1 zur KLV Z. 8 unter bestimmten Voraussetzungen weiterhin von der KV übernommen; hinten N 156.

132   KLV 30 ff. regeln die Frage, wann ein Arzneimittel als zweckmässig, zuverlässig und wirtschaftlich gelte und wann es einem medizinischen Bedürfnis entspreche; vgl. hinten S. 91.

133   BGE 118 V 115.

für den Patienten zumutbar ist[134]. Sie darf z.B. nicht wesentlich mehr Schmerzen als die anderen Leistungen verursachen oder ein erhöhtes Risiko für die Gesundheit darstellen. Andernfalls würde es auch an der Voraussetzung der Zweckmässigkeit fehlen.

f) Art. 32 KVG gilt für sämtliche Leistungserbringer[135], also für den Arzt und den Psycho- oder Physiotherapeuten usw. in gleicher Weise. Er umspannt auch den ganzen Leistungsbereich; deshalb ist er für die Diagnostik ebenso wie für die Therapie und die Rehabilitation[136] massgebend. So verletzt ihn z.b. ein Arzt, wenn er unnötig oft Röntgenbilder anfertigt, Konsultationen oder Besuche durchführt, unnötig viel oder zu teure Heilmittel abgibt oder verordnet, seine Apparate – besonders die teuren – unnötig oft einsetzt (vielleicht um sie rascher amortisieren zu können), die Behandlung unnötig in die Länge zieht usw. Wenn der Arzt mehr tut als medizinisch geboten erscheint, liegt Überarztung (=Polypragmasie) vor. Der Versicherer darf die Übernahme der Kosten für solche Leistungen ablehnen oder – wenn er sie bereits bezahlt hat – zurückfordern[137].

g) Es können vielversprechende Leistungen auf den Markt kommen, deren Wirksamkeit, Zweckmässigkeit oder Wirtschaftlichkeit sich noch in Abklärung befindet. Zu denken ist etwa an neue Medikamente gegen Krebs, AIDS usw., also gegen Krankheiten, die rasch fortschreiten und oft zum Tode führen. Es wäre u.U. unbefriedigend, wenn die KV sie nicht zu ihren Lasten nehmen würde. Deshalb ermächtigt KVG 33 III den Bundesrat vorzuschreiben, ob und in welchem Umfang die Versicherer die Kosten zu decken haben. Die gleiche Befugnis besitzt er bei Leistungen, die noch umstritten sind. Anhang 1 der KLV zählt solche Leistungen auf.

h) Leistungen – Medikamente, Apparate usw. –, die bereits zur KV zugelassen sind, veralten oft schon bald, da sie durch neue, geeignetere Leistungen übertroffen werden. Um der KV einen hohen Grad an Effizienz zu sichern[138], schreibt KVG 32 II vor, dass die Wirksamkeit, Zweckmässigkeit und Wirtschaftlichkeit der Leistungen periodisch überprüft werden müssen[139]. KLV 36 ff. regeln die Einzelheiten.

5. Bezeichnung der Leistungen

Die Krankenpflegeleistungen, deren Kosten von der KV zu übernehmen sind, werden in den Art. 25 bis 31 KVG teilweise nur allgemein umschrieben. Der Katalog bedarf daher in mancher Hinsicht der Konkretisierung. Art. 33 KVG delegiert diese

---

134 Vgl. MAURER, Begriff und Grundsatz der Zumutbarkeit im Sozialversicherungsrecht, in Festschrift EVG S. 221 ff.
135 Vgl. dazu hinten S. 63 ff.
136 MAURER, BSVR S. 310.
137 Vgl. KVG 56 und hinten S. 105.
138 Dem gleichen Ziel dient die Wirkungsanalyse von KVV 32; vgl. vorne S. 25.
139 Botschaft zum KVG Z. 3 bei Art. 26 Abs. 2.

Aufgabe an den Bundesrat[140], wobei dieser sie gemäss Abs. 5 an das EDI oder das BSV weiterdelegieren darf (Subdelegation). Die Bezeichnung der Leistungen erfolgt oft entweder dadurch, dass bestimmte Leistungen nicht von der KV zu decken sind (Negativliste) oder dass die KV bestimmte Leistungen zu bezahlen hat (Positivliste).

a) Gemäss KVG 33 I *kann* der Bundesrat die von Ärzten und Chiropraktoren erbrachten Leistungen bezeichnen, deren Kosten von der obligatorischen Krankenpflegeversicherung nicht oder nur unter bestimmten Bedingungen übernommen werden. In KVV 33 lit. a delegiert er diese Kompetenz an das EDI, das in KLV 1 bis 4 verschiedene Einzelheiten regelt (vgl. hinten S. 57 ff.). Es besteht die Vermutung, dass die von den Ärzten und Chiropraktoren erbrachten Leistungen zu Lasten der KV zulässig sind, sofern sie nicht durch die KLV ausgeschlossen oder an bestimmte Bedingungen geknüpft werden[141].

b) Nach KVG 33 II muss der Bundesrat bestimmte Leistungen näher bezeichnen, die nicht von Ärzten und Chiropraktoren (sondern von Physiotherapeuten, Laboratorien usw.) erbracht werden. Dies ist zur Hauptsache eine Positivliste. Es handelt sich z.B. um die Leistungen, die aufgeführt sind im Katalog von KVG 25 II, in KVG 26 zur medizinischen Prävention, in KVG 29 II zur Mutterschaft und in KVG 31 zu zahnärztlichen Behandlungen. Mit KVV 33 lit. d, f und g delegiert der Bundesrat seine Befugnis weitgehend ebenfalls an das EDI (vgl. hinten S. 61).

c) Der Bundesrat bestimmt schliesslich, in welchem Umfang die KV die Kosten von Leistungen zu übernehmen hat, die sich noch in Abklärung befinden; KVG 33 III. Dieser Sachverhalt wurde bereits vorne S. 53 dargestellt.

Der Bundesrat lässt sich von Kommissionen beraten, die er zu diesem Zweck einsetzt; Abs. 4. Dies sind somit beratende Gremien, die nicht selbst Entscheidungen treffen können. Sie wurden vorne S. 25 erwähnt. Soweit das EDI oder das BSV als zuständig erklärt werden, haben sie die Kommissionen anzuhören.

---

140 In zahlreichen Bestimmungen des KVG delegiert der Gesetzgeber Kompetenzen an den Bundesrat, also an die Exekutive. Er beschränkt sich darauf, wichtigere Prinzipien oder Kriterien festzulegen, um das Gesetz von zahlreichen Einzelheiten zu entlasten und leichter lesbar zu machen, nicht zuletzt aber auch aus referendumspolitischen Gründen. Die Delegation hat den Vorteil, dass der Bundesrat mit seinen Verordnungen rascher auf Veränderungen, z.B. in der KV bei medizinischen Fortschritten, reagieren kann als dies der Gesetzgeber tun könnte. Der Richter darf prüfen, ob eine Verordnung mit dem Gesetz übereinstimmt, gesetzeskonform ist. Eine gesetzwidrige Bestimmung wendet er im konkreten Fall nicht an. Bei Delegationsverordnungen ist seine Prüfungsbefugnis eingeschränkt: Der Richter kann nur prüfen, ob sich die Verordnung im Rahmen der gesetzlichen Delegation hält oder willkürlich ist. An der gesetzlichen Delegation selbst kann er nicht rütteln, da er nach BV 113 III an die Bundesgesetze gebunden ist. Vgl. BGE 114 V 184 und 118 V 225 E. 2 b; Locher, Grundriss S. 74; Maurer BSVR S. 18 und 22; hinten S. 129 und 312.

141 Botschaft zum KVG Z. 3 zu Art. 27 bei Abs. 1. – Ärzte, welche Methoden der Alternativmedizin anwenden wollen, können mit den Versicherern einen Einzeltarifvertrag mit Zeittarif abschliessen; KVG 43 I (hinten S. 80). Die Versicherer prüfen dann in der Regel nicht, ob die Alternativmethode im Anhang 1 der KLV zugelassen ist (hinten S. 58).

6. Umfang der Leistungen

a) Ausschluss von statutarischen und freiwilligen Leistungen in der obligatorischen KV

KK ergänzten nach bisherigem Recht die Pflichtleistungen (= gesetzlich vorgeschriebene Leistungen) in mancher Hinsicht – mit oder ohne Prämienzuschläge – durch kasseninterne Bestimmungen, z.B. in Statuten oder Reglementen, indem sie zusätzliche Leistungen gewährten. So entrichteten sie Beiträge für Badekuren im Ausland oder für ärztliche Behandlungen im Ausland, wenn Versicherte dort auf einer Ferienreise erkrankten. Man nannte sie meistens Zusatzleistungen. KVG 34 I verbietet den Versicherern, solche Leistungen im Rahmen der obligatorischen Krankenpflegeversicherung zu übernehmen.[142] Die Versicherer dürfen nur noch die Kosten für Leistungen bezahlen, die im Leistungskatalog der Art. 25 bis 33 und in den Verordnungen des Bundesrates und des EDI festgelegt sind. Zusätzliche Leistungen können sie danach ausschliesslich in Zusatzversicherungen anbieten, die nicht dem KVG sondern dem VVG unterstellt sind. Damit soll eine scharfe Grenze zwischen der obligatorischen KV des KVG und den Zusatzleistungen des VVG gezogen werden. Die Mittel der obligatorischen KV sind nämlich zweckgebunden; vgl. vorne S. 16.

KK gewährten Versicherten in Krankheitsfällen bisweilen freiwillige Beiträge, d.h. solche, die durch Gesetz und Statuten nicht geschuldet waren. Sie taten dies z.B. in Härtefällen oder auch aus Konkurrenzgründen. Solche Zahlungen fallen ebenfalls unter das Verbot von KVG 34 I[143].

b) Krankenpflegeleistungen im Ausland

aa) Für das KVG gilt der Gebiets- oder Territorialitätsgrundsatz: Die Versicherer müssen nur die Kosten jener Leistungen übernehmen, die in der Schweiz erbracht werden[144]. Der Bundesrat wird in KVG 34 II ermächtigt, für bestimmte Fälle Ausnahmen zu regeln. In KVV 36 I delegiert er diese Kompetenz an das EDI, soweit es sich um den Leistungskatalog von KVG 25 II und die Mutterschaft gemäss KVG 29 handelt. Er beschränkt die Befugnis des EDI auf Leistungen, die in der Schweiz aus medizinischen Gründen nicht erbracht werden können, weil z.B. neue Heilmethoden hinsichtlich schwerer Krankheiten hier noch nicht praktiziert werden; vgl. Anhang 1 zur KLV, Einleitende Bemerkungen.

---

142 Die KK müssen ihre internen Bestimmungen bis Ende 1996 an das neue Recht anpassen. Sie sind jedoch verpflichtet, den Versicherten – durch Zusatzversicherungen – Versicherungsverträge anzubieten, die mindestens den bisherigen Umfang des Versicherungsschutzes gewähren; KVG 102 II und hinten S. 137.
143 Vgl. dazu nach bisherigem Recht MAURER, BSVR S. 31 bei N 66, S. 277 N 123. – Der aussergerichtliche und gerichtliche Vergleich in Streitfällen dürfte jedoch weiterhin zulässig sein; vgl. hinten S. 165. Es werden sich in der Praxis Fälle ergeben, in welchen sich dieses Verbot unbefriedigend auswirken dürfte.
144 Vgl. bereits vorne S. 42.

bb) KVV 36 regelt in den Abs. 2 bis 4 aber auch einige Sachverhalte selbst:
aaa) Nicht selten erkranken Versicherte im Ausland, wenn sie sich vorübergehend[145], z.B. auf Berufs-, Geschäfts-, Ferien- oder Studienreisen befinden. Wenn sie einer medizinischen Behandlung bedürfen und ihre Rückreise in die Schweiz nicht angemessen erscheint, liegt nach Abs. 2 ein *Notfall* vor: Die KV muss die Kosten der Leistungen übernehmen. Kein Notfall besteht jedoch, wenn sich Versicherte zum Zwecke der Behandlung ins Ausland begeben. Dies kommt z.B. vor, wenn in der Schweiz wohnhafte Angehörige ausländischer Missionen oder internationaler Organisationen, die sich auf Antrag versichern liessen, lieber in ihrem Heimatstaat behandelt werden möchten (vgl. vorne S. 36). Die soziale KV muss und darf in solchen Fällen die Kosten nicht übernehmen; KVG 34 I und vorne lit. a, S. 55. Diese Lücke kann durch Zusatzversicherungen geschlossen werden.
bbb) Wenn sich eine Versicherte im Ausland *entbinden* liess, «weil nur so das Kind die Staatsangehörigkeit der Mutter oder des Vaters erwerben konnte oder weil das Kind, in der Schweiz geboren, staatenlos wäre», muss die KV die Kosten übernehmen; Abs. 3. Somit erfolgt die Entbindung nicht aus medizinischen sondern aus anderen Gründen im Ausland, vor allem damit das Kind nach der betreffenden Gesetzgebung die Staatsbürgerschaft erwirbt (Anwendung des Prinzips des ius soli).
ccc) Abs. 4 von KVV 36 beschränkt die Pflicht der KV, die Kosten für Leistungen im Ausland zu übernehmen, für verschiedene Gruppen von Versicherten. Es handelt sich einmal um die bereits (unter lit. b, aa) erwähnten Fälle von Abs. 1 und 2. Sodann gilt die Beschränkung auch für Grenzgänger[146], für die ins Ausland entsandten Arbeitnehmer und schliesslich für Personen im öffentlichen Dienst, die im Ausland tätig sind (KVV 3 bis 5; vgl. zu diesen Personengruppen vorne S. 35 f.). Wenn für Versicherte dieser Gruppen Krankenpflegeleistungen im Ausland erbracht werden, übernimmt die KV höchstens den doppelten Betrag der Kosten, die in der Schweiz vergütet würden[147], in Fällen von Abs. 3 (Entbindung) höchstens den einfachen Betrag. Für Versicherte nach den Art. 4 und 5 KVV (entsandte Arbeitnehmer und Personen im öffentlichen Dienst) richtet sich die Kostenübernahme nach den Tarifen und Preisen an ihrem letzten Wohnort in der Schweiz.

Angesichts der erwähnten Beschränkung der Kostenübernahme werden die Versicherten prüfen, ob sie einen genügenden Versicherungsschutz haben. Andernfalls können sie Zusatzversicherungen abschliessen.

---

145 Vgl. dazu hinten S. 133.
146 Für Grenzgänger, die sich in der Schweiz behandeln lassen, gilt die in KVV 37 getroffene Sonderregelung. Die Grenzgänger werden» den in einem anderen Kanton wohnhaften Versicherten» gleichgestellt. Diese nicht ohne weiteres verständliche Regelung bedeutet folgendes: Für Versicherte, die nicht in ihrem Wohnkanton behandelt werden, können besondere Tarife, d.h. höhere Preise z.B. für die Spitalbehandlung, vereinbart werden (Tarifbestimmungen für ausserkantonale Patienten). Auf die Grenzgänger sind diese Tarifbestimmungen anwendbar.
147 Diese Regelung wurde von UVG 10 III und UVV 17 übernommen; vgl. dazu MAURER, BSVR S. 360.

7. Die Krankenpflege – Leistungsverordnung des EDI (KLV)

a) **Rechtsgrundlagen und Zweck der KLV**

aa) Das KVG umschreibt die Leistungen öfters nur in allgemeiner Weise und delegiert die Befugnis, sie zu präzisieren dem Bundesrat (= Delegation), der diese Befugnis in mehreren Bestimmungen der KVV an das EDI überträgt (= Subdelegation). Das EDI stützt daher seine Leistungsverordnung auf die Delegationsbestimmungen, die die KVV enthält[148]. In wenigen Fällen beauftragt das KVG auch selbst das EDI zum Erlass von Bestimmungen. So muss das EDI gemäss KVG 52 verschiedene Listen erstellen, z.B. die Liste der Analysen mit Tarif, welche von der KV zu übernehmen sind.

bb) Die KLV soll – dies ist ihr wichtigster Zweck – bestimmte Leistungen so präzisieren oder konkretisieren, dass sie in der Praxis auf möglichst einfache Weise bestimmt werden können. Sie dient also der Praktikabilität, der Rechtssicherheit und der Transparenz des Leistungsrechts.

cc) Angesichts der Bedeutung, welche die KLV für den Rechtsanwender hat, werden im folgenden mehrere ihrer Abschnitte mehr oder weniger eingehend dargelegt. Dabei sollen Hinweise zu bestimmten Fragen gegeben werden, die bereits in anderen Teilen des Buches angeschnitten worden sind oder später erörtert werden. Diese Hinweise helfen dem Leser, die Zusammenhänge zwischen KVG, KVV und KLV leichter zu überblicken.

b) **Anhang 1 der KLV zur Vergütungspflicht der KV für bestimmte ärztliche Leistungen**

aa) KLV 1 verweist auf Anhang 1. Dieser registriert Leistungen, die von der Leistungskommission geprüft wurden und deren Kosten von der KV übernommen oder nicht übernommen oder nur unter bestimmten Voraussetzungen übernommen werden (=bedingte Übernahme) (vorne S. 54 und S. 25). Anhang 1 enthält keine abschliessende Aufzählung. Wenn er eine Leistung, z.B. eine neu entwickelte Operation, nicht aufführt, muss der Versicherer entscheiden, ob er die Kosten übernimmt. Seine Verfügung kann gerichtlich angefochten werden, sodass das EVG letztinstanzlich über die Übernahmepflicht urteilt.

bb) Anhang 1 ist in neun Gruppen gegliedert. Z. 1 regelt z.B. die Leistungen der Chirurgie und ihrer Untergruppen und Z. 2 jene der inneren Medizin und ihrer Untergruppen[149]. Der Anhang weist vier Kolonnen auf. In der ersten wird die

---

148 Vgl. zum Sinn der Delegation und zur Frage, nach welchen Gesichtspunkten der Richter das Delegationsrecht überprüfen kann, vorne N 140 und hinten S. 129.
149 Z. 2.5: «Krebsbehandlung». Eine Leistungspflicht der KV besteht für die «Krebsbehandlung mit Infusionspumpen [Chemotherapie]», für «Laser bei palliativer minimaler Chirurgie», nicht aber für «Iscardotherapie» [= anthroposophischer Richtung]. Grössere Spitäler setzen in verschiedenen Abteilungen besonders ausgebildete Ärzte für Forschung, Diagnose und Therapie von Krebskrankheiten [Onkologie] ein. Das Universitätsspital Zürich hat z.B. eine Abteilung Krebsforschung [Pathologie, Grundlagenforschung], eine Abteilung für Onkologie [Innere Medizin], die auch frei praktizierende Ärzte berät, ferner eine Poliklinik für Radio-Onkologie und Therapie, in der

Massnahme erwähnt, die zweite nimmt mit Ja oder Nein zur Leistungspflicht Stellung, die dritte umschreibt die Voraussetzungen, unter denen die KV die Kosten trägt (=bedingte Übernahme) und die vierte sagt, seit wann die Übernahme erfolgt. Dazu ein Beispiel aus Z. 1.2, Transplantationschirurgie. Massnahme: Isolierte Lungentransplantation; Leistungspflicht: Ja; Voraussetzungen: Bei Patienten im Endstadium einer chronischen Lungenerkrankung; Gültig: Seit 1.4.94. Es handelt sich somit um eine bedingte Übernahme. Dies gilt z.b. auch für die Akupunktur nach Z. 2.1: Sie ist eine Pflichtleistung. «Akupunktur ist als ärztliche Konsultation von längstens 15-20 Minuten Dauer zu vergüten»; Gültig ab 3.12.1981. Sie wird meistens der Alternativmedizin zugerechnet.

cc) Der umfangreiche Anhang 1 enthält zuerst «Einleitende Bemerkungen». So wird darauf hingewiesen, dass die Leistungskommission die aufgeführten Leistungen auf Wirksamkeit, Zweckmässigkeit oder Wirtschaftlichkeit hin überprüft habe (zum Gebot der Effizienz vorne S. 51). Es folgen das Inhaltsverzeichnis und sodann der Katalog[150]. Ein alphabetischer Index schliesst den Anhang.

dd) Wenn eine Leistung nach Anhang 1 von der KV nicht übernommen wird, ist der Leistungserbringer verpflichtet, den Versicherten auf diesen Umstand hinzuweisen. Diese Aufklärungspflicht kann aus dem Grundsatz von Treu und Glauben abgeleitet werden[151], sodass sie in gleicher Weise gilt, ob das Rechtsverhältnis zwischen dem Leistungserbringer und den Versicherten privat- oder öffentlichrechtlicher Natur ist (hinten S. 76). Wenn der Leistungserbringer, vor allem der Arzt, ihr nicht genügt, darf er dem Versicherten keine Rechnung stellen[152]. Die Honorarforderung wäre widerrechtlich. OR 20 ist analog anwendbar.

ee) Anhang 1 zur KLV bestimmt in seinen einleitenden Bemerkungen, dass er u.a. Leistungen aufzählt, welche die KV nur «unter bestimmten Voraussetzungen» übernimmt. Er formuliert seine Voraussetzungen. Es fragt sich, ob der Arzt – oder ein anderer Leistungserbringer – keine Honorarforderung besitzt, wenn er die Voraussetzungen nicht oder nur teilweise erfüllt. Die Honorarforderung ist nicht starr als widerrechtlich und ungültig zu bewerten. Es soll berücksichtigt werden, welcher

---

Frauenklinik eine besondere Sprechstunde für Onkologie innerhalb der Poliklinik usw. – Der Titel «Spezialarzt FMH» wird einstweilen nur für «Hämatologie und Onkologie» vergeben. Für die Vergebung weiterer Titel laufen derzeit Abklärungen, z.B. für den Titel «Gynäkologie und Onkologie». Einen FMH-Titel erhält, wer sich über eine besondere, reglementarisch festgelegte Ausbildung an verschiedenen Spezialkliniken ausweisen kann.

150 Der Katalog verwendet die Fachausdrücke in deutscher oder lateinisch/griechischer oder in englischer Sprache. Es gibt zahlreiche Werke, welche die Fachausdrücke erklären. Hilfreich ist z.B. PSCHYREMBEL, Klinisches Wörterbuch, 1990.

151 Vgl. dazu z.B. MAURER, BSVR S. 31 ff. mit Hinweisen. – Eine entsprechende Aufklärungspflicht schreibt KVG 44 II ausdrücklich vor, wenn der Leistungserbringer im Ausstand ist, also überhaupt nicht für die KV tätig sein will; hinten S. 82 lit. bb. Verletzt er sie, so ist seine Honorarforderung widerrechtlich.

152 Wenn der Leistungserbringer den Versicherten korrekt auf den fehlenden Versicherungsschutz aufmerksam macht, kann er mit ihm unter gewissen Umständen vereinbaren, dass der Versicherte die Honorarrechnung selbst bezahle; hinten S. 82.

Art die Voraussetzung ist. Handelt es sich um eine eher administrative Vorschrift, die verletzt wird, sollte das Honorar u.U. nicht einmal gekürzt werden. Dies trifft z.b. zu, wenn es der Arzt bei der Methadon-Langzeitbehandlung (Z. 8) unterlässt, dem Kantonsarzt die Kopie seines Berichts zuzustellen. Hingegen scheint es gerechtfertigt, die Honorarforderung als ungültig zu bewerten, wenn ein Arzt eine schwierige Leistung erbringt, für die er die vorgeschriebene Qualifikation oder die geeigneten Einrichtungen nicht besitzt. Nach Z. 1.2 darf z.b. die kombinierte Pankreas- und Nierentransplantation nur in den Universitätsspitälern von Zürich und Genf vorgenommen werden, weil dort besonders ausgebildete Ärzte und spezielle Einrichtungen verfügbar sind. Wenn ein anderes Universitätsspital diese Operation durchführt, kann der Versicherer die Vergütung grundsätzlich ablehnen. Freilich soll er die Umstände berücksichtigen und sogar das ganze Honorar bezahlen, wenn z.b. die Implantate auf legalem Weg beschafft wurden und die Operation bestens gelingt. Er wird sich bei der Beurteilung besonders vom Effizienzgebot von KVG 32 (vorne S. 51) und vom Grundsatz der Verhältnismässigkeit[153] leiten lassen. Dies führt zu angemessenen Ergebnissen, die von der Verweigerung bis zur vollen Honorierung reichen können[154].

c) **Ärztliche Psychotherapie**

Die Versicherung übernimmt nach KLV 2 die Kosten für Leistungen «der *ärztlichen* Psychotherapie nach Methoden, welche mit Erfolg an anerkannten psychiatrischen Institutionen[155] angewendet werden». «Nicht übernommen werden die Kosten für Psychotherapie, die zum Zweck der Selbsterfahrung, der Selbstverwirklichung oder der Persönlichkeitsreifung oder zu anderen nicht auf die Behandlung einer Krankheit gerichteten Zwecken durchgeführt wird»; Abs. 2.

Gemäss KLV 3 werden in der Regel «höchstens die Kosten für eine Behandlung übernommen», «die entspricht a. in den ersten drei Jahren zwei einstündigen Sitzungen pro Woche; b. in den folgenden drei Jahren einer einstündigen Sitzung pro Woche; c. danach einer einstündigen Sitzung alle zwei Wochen».
Wenn die Psychotherapie nach einer Behandlung, die sechzig einstündigen Sitzungen innert zweier Jahre entspricht, zu Lasten der Versicherung fortgesetzt werden soll, so muss der behandelnde Arzt dem Vertrauensarzt des Versicherers (hinten S. 101) einen begründeten Vorschlag unterbreiten. Der Vertrauensarzt schlägt dem

---

153 MAURER, BSVR S. 34 mit Hinweisen S. 25 und N 78.
154 BGE 120 V 121 (zum bisherigen Recht): Die zuständige Leistungskommission erklärte die Lebertransplantation als Pflichtleistung, sofern sie im betreffenden Spital mindestens 10 bis 15 mal pro Jahr durchgeführt werde. Das Universitätsspital Zürich führte sie aus, obwohl es die Mindestfrequenz im Vorjahr nicht erreicht hatte. Das EVG anerkannte sie trotzdem als Pflichtleistung, da besonders die Gebote der Wirtschaftlichkeit und Zweckmässigkeit nicht verletzt seien.
155 Die KLV gibt nicht an, welche psychiatrischen Institutionen anerkannt werden. Es dürfte sich vor allem um psychiatrische Kliniken handeln. Im Zweifelsfall hat der Versicherer gemäss KVG 80 durch Verfügung zu entscheiden, die beim kantonalen Versicherungsgericht und oberstinstanzlich beim EVG angefochten werden kann. Dies gilt auch hinsichtlich der angewendeten Therapiemethode.

Versicherer dann vor, ob und in welchem Umfange die Therapie auf Kosten der Versicherung fortgesetzt werden könne. Bei Fortsetzung der Therapie hat der behandelnde Arzt dem Vertrauensarzt wenigstens einmal jährlich Bericht zu erstatten; Abs. 3[156].

d) Physio- und Ergotherapie; Logopädie

aa) Sie muss vom Arzt angeordnet sein (hinten S. 65). KLV 5 zählt die verschiedenen Behandlungsarten auf, die von Physio- und Ergotherapeuten gemäss KVV 46 und 47 durchzuführen sind. Die Versicherung übernimmt «je ärztliche Anordnung die Kosten von höchstens zwölf Sitzungen in einem Zeitraum von drei Monaten seit der ärztlichen Anordnung». Für die weiteren Sitzungen ist eine neue ärztliche Anordnung erforderlich. Pro ärztliche Anordnung werden höchstens zwölf Sitzungen der Ergotherapie in einem Zeitraum von drei Monaten seit der ärztlichen Anordnung von der Versicherung übernommen. Für weitere Sitzungen ist eine neue ärztliche Anordnung erforderlich. Mit dieser Regelung soll erreicht werden, dass der behandelnde Arzt den Verlauf der Therapie ausreichend überwacht.

bb) Der Logopäde führt auf ärztliche Anordnung jene Behandlungen von Patienten «mit Störungen der Sprache, der Artikulation, der Stimme oder des Redeflusses durch», welche durch die in KLV 10 genannten Leiden, z.B. durch organische Hirnschädigung, verursacht sind. Die Versicherung übernimmt je ärztliche Anordnung die Kosten von höchstens zwölf Sitzungen in einem Zeitraum von längstens drei Monaten seit der ärztlichen Anordnung; KLV 11. Soll die Behandlung nach 60 einstündigen Sitzungen innert einem Jahr fortgesetzt werden, muss der Vertrauensarzt in gleicher Weise wie bei der Psychotherapie eingeschaltet werden (vorne c).

e) Krankenpflege zu Hause, ambulant oder im Pflegeheim

Die Versicherung übernimmt die Kosten der Untersuchungen, Behandlungen und Pflegemassnahmen, die auf ärztliche Anordnung hin oder im ärztlichen Auftrag erbracht werden von Krankenschwestern – und Pflegern, von Organisationen wie Spitex[157] und von Pflegeheimen; KLV 7 (hinten S. 66 und 70). Die Massnahmen werden in Abs. 2 in 12 Ziffern aufgezählt. Es handelt sich z.B. um die Messung der Vitalzeichen (Puls, Blutdruck usw.), Injektionen zur Verabreichung von Medikamenten und Pflege von Wunden. Dazu kommen Massnahmen der Grundpflege wie Beine einbinden, Bewegungsübungen und Decubitusprophylaxe (Wundliegen). Die ärztliche Anordnung kann für eine Dauer von maximal drei, bei Langzeitpatienten (z.B. in Pflegeheimen) von maximal sechs Monaten erteilt und dann wiederholt werden. Bei Langzeitpatienten muss der behandelnde Arzt, der die Pflegemassnahmen zu überwachen hat, dem Vertrauensarzt auf

---

156 Methadonprogramme als Langzeitbehandlung von Heroinabhängigen werden gemäss Z. 8 des Anhanges 1 der KLV unter mehreren Voraussetzungen von der KV übernommen; vgl. bereits vorne N 131.
157 Die KV hat dagegen nicht aufzukommen für die Kosten von Haushalthilfen, auch nicht, wenn die entsprechenden Arbeiten (Führung des Haushaltes) von Angehörigen besorgt werden.

Anfrage hin in der Regel einmal jährlich berichten. KLV 9 regelt die Modalitäten der Abrechnung (hinten S. 77).

f) Massnahmen der Prävention

KVG 26 schreibt die neue Leistungsart der medizinischen Prävention vor (vorne S. 47). Art. 12 KLV zählt unter lit. a bis n die Massnahmen auf, deren Kosten von der KV zu übernehmen sind. Es finden z.b. acht Untersuchungen des Gesundheitszustandes und der normalen kindlichen Entwicklung bei Kindern im Vorschulalter statt; zugelassen sind ferner gynäkologische Untersuchungen alle drei Jahre, verschiedene Impfungen, so auch gegen Grippe bei besonders gefährdeten Personen (z.B. bei über 65-Jährigen), Mammographie, sofern ein Mammakarzinom bei Mutter, Tochter oder Schwester festgestellt wurde; nach klinischem Ermessen kann diese Prävention pro Jahr einmal durchgeführt werden.

g) Besondere Leistungen bei Mutterschaft

KVG 29 II legt die Leistungen, welche von der KV zu tragen sind, in den Grundzügen fest (vorne S. 48). Die Art. 13 bis 16 KLV enthalten ergänzende Bestimmungen. Art. 13 regelt die Kontrolluntersuchungen. In der normalen Schwangerschaft gehen sieben und in der Risikoschwangerschaft nach klinischem Ermessen unbeschränkt viele Untersuchungen zu Lasten der KV. Bei Risikoschwangerschaft – d.h. bei besonderer Gefährdung von Mutter und Kind – übernimmt die KV auch Ultraschallkontrollen und pränatale Untersuchungen mittels Kardiotokographie, mit der gleichzeitig kindliche Herztöne und Wehen während des Geburtsvorganges registriert werden können. Bei Schwangeren ab 35 Jahren und bei jüngeren Schwangeren mit einem vergleichbaren Risiko kann, sofern die Schwangere umfassend aufgeklärt und beraten worden ist (und überdies ihre Zustimmung gibt), eine Amniozentese (Chorionbiopsie) durchgeführt werden, mit der die Embryonalhülle zur Gewinnung von Fruchtwasser für diagnostische Zwecke durchstochen wird. Zwischen der sechsten und zehnten Woche nach der Entbindung geht noch eine Kontrolluntersuchung zu Lasten der KV.

Die KV gewährt nach KLV 14 einen Beitrag von Fr. 100.– für die Geburtsvorbereitung in Kursen, welche die Hebamme in Gruppen durchführt. Sie übernimmt auch drei Sitzungen der Stillberatung, die von Hebammen oder besonders ausgebildeten Krankenschwestern – oder Pflegern gegeben werden; KLV 15. KLV 16 bestimmt die Leistungen der Hebammen, die die KV zu berappen hat (hinten S. 65).

h) Zahnärztliche Behandlungen

aa) KVG 31 nennt die Voraussetzungen, unter welchen die KV die Kosten von zahnärztlichen Behandlungen zu tragen hat (vorne S. 49). Er will zwar keine Zahnbehandlungsversicherung einführen, sieht aber dazu Ausnahmen vor.
bb) KLV 17 zählt in einem Katalog «die schweren, nicht vermeidbaren Erkrankungen des Kausystems auf», die eine zahnärztliche Behandlung erfordern und zu Lasten der KV gehen. Es handelt sich z.B. um: idiopathisches internes Zahngranulom (Geschwulst besonders an der Zahnwurzelspitze); Parodontopathien (Erkrankungen

des Zahnhalteapparates), die aus bestimmten Ursachen, z.b. als Nebenwirkung von Medikamenten, entstehen; Erkrankungen des Kiefergelenks und des Bewegungsapparates z.B. wegen Kiefergelenksarthrose.

Die Versicherung muss die zahnärztliche Behandlung nur so weit übernehmen, wie es der «Krankheitswert des Leidens» notwendig macht (vorne S. 30).

cc) Schwere Allgemeinerkrankungen oder ihre Folgen können zu ihrer Behandlung eine zahnärztliche Behandlung notwendig machen. KLV 18 hält sie in einem Katalog fest. Es handelt sich z.b. um folgende: Leukämie, chronische Polyarthritis mit Kieferbeteiligung und AIDS.

i) Liste der Mittel und Gegenstände; Anhang 2 zur KLV

aa) Zu den Leistungen gehören nach KVG 25 II b auch die «der Untersuchung oder Behandlung dienenden Mittel und Gegenstände» (hinten S. 68). Die Art. 20 bis 24 KLV regeln verschiedene Einzelheiten. Die Liste findet sich in Anhang 2 der KLV. Nicht aufgeführt sind Mittel und Gegenstände, welche in den Körper implantiert werden. Sie werden in den Tarifverträgen geregelt. Einige sind auch im Anhang 1 im Zusammenhang mit Therapiemassnahmen erwähnt, z.B. Endoprothesen (künstliche Gelenke und operative Mammarekonstruktionen nach Brustamputationen) in Z. 1.1 und Cochlea-Implantat zur Behandlung der Gehörlosigkeit in Z. 7. Die Liste Mittel und Gegenstände (MiGeL) des Anhanges 2 wird in der Regel jährlich herausgegeben. Sie wird in der amtlichen Sammlung des Bundesrechts veröffentlicht; KLV 20 III.

bb) Die KV darf die Mittel und Gegenstände höchstens zu dem Betrag vergüten, welcher in der Liste für die entsprechende Art angegeben ist; KLV 24. Wenn der Leistungserbringer einen höheren Betrag verlangt, so geht die Differenz zu Lasten des Versicherten. Die Versicherung bezahlt z.B. an Brillengläser für Erwachsene einmal alle drei Jahre einen Betrag von Fr. 200.–; der Versicherte muss den Mehrpreis selbst übernehmen. Die Vergütung kann als Kauf- oder als Mietpreis umschrieben werden. Bei Kauf darf die Liste eine Vergütung an die Kosten für die notwendige Anpassung und den Unterhalt vorsehen.

cc) Nicht aufgeführt sind in der Liste Apparate und Instrumente, die von den Ärzten in Spitälern oder ambulant für diagnostische oder therapeutische Zwecke verwendet werden, z.B. chirurgisches Instrumentarium.

dd) In Anhang 2 finden sich am Anfang eine Produktgruppenübersicht (z.B. Absauggeräte, Bandagen und Inkontinenzhilfen) und eine Übersicht der Anwendungsarten (z.B. Fuss, Knie und Kopf).

k) Analysen und Arzneimittel

Die Art. 28 bis 38 KLV regeln Einzelheiten zu den verschiedenen Listen, nämlich zu der Analysen-, der Arzneimittel- und der Spezialitätenliste (hinten S. 90 f.).

Es sollen hier lediglich einige Hinweise zur Spezialitätenliste folgen. In sie dürfen Arzneimittel nur aufgenommen werden, wenn ein medizinisches Bedürfnis sowie ihre Zweckmässigkeit, Zuverlässigkeit und Wirtschaftlichkeit nachgewiesen sind; KLV 30. Ein Arzneimittel gilt als wirtschaftlich, wenn es die indizierte Heilwirkung mit möglichst geringem finanziellem Aufwand gewährleistet; KLV 34 I. Der Preis darf in der Regel den Durchschnittspreis dieses Arzneimittels in drei Ländern mit wirtschaftlich vergleichbaren Strukturen im Pharmabereich nicht überschreiten; KLV 35 I. Arzneimittel, die seit 15 Jahren in der Spezialitätenliste aufgeführt sind, werden vom BSV dahin überprüft, ob sie die Voraussetzung nach den Art. 32–35 noch erfüllen. Wenn die Überprüfung ergibt, dass der Preis zu hoch ist, verfügt das BSV eine Preissenkung; KLV 37.

8. Leistungserbringer

a) Allgemeines

aa) Leistungserbringer sind Personen und Organisationen, die befugt sind, zu Lasten der obligatorischen KV Dienstleistungen zu erbringen (z.b. Ärzte) oder Sachen (Medikamente usw.) abzugeben. Durch die Mitwirkung der Leistungserbringer entstehen mannigfache Rechtsbeziehungen, nämlich zwischen den Leistungserbringern unter sich, mit den Versicherten und mit den Versicherern sowie zwischen den Versicherern und den Versicherten; zwischen den Versicherern unter sich usw. Diese Rechtsverhältnisse sind teils öffentlichrechtlicher, teils privatrechtlicher Natur.
bb) KVG 35 bis 59 und KVV 38 bis 77 regeln zahlreiche Fragen z.B.[158]: Wer darf zu Lasten der KV tätig werden (=Zulassung)? Können die Versicherten die Leistungserbringer frei wählen? Wer ist Honorarschuldner betreffend die Leistungen? Wie werden die Tarife und Preise für die Leistungen festgelegt? Welche ausserordentlichen Massnahmen können gegen eine untragbare Kostenentwicklung ergriffen werden? Wie werden Wirtschaftlichkeit und Qualität der Leistungen kontrolliert?[159] Die gesetzliche Regelung dieser Fragen soll im folgenden, je nach den Bedürfnissen der Praxis, teils einlässlicher, teils nur kurz dargestellt werden.
cc) KVG 35 I bestimmt, dass (nur) jene Leistungserbringer zu Lasten der KV tätig werden können, welche die Voraussetzungen nach den Art. 36 bis 40 erfüllen. Diese Voraussetzungen werden für die verschiedenen Gruppen nach unterschiedlichen Kriterien umschrieben. Das KVG nennt sie *Zulassung*.

KVG 35 II erwähnt unter der lit. a bis l die Gruppen der zugelassenen Leistungserbringer, z.B. in lit. a die Ärzte und in lit. l die Heilbäder. Die Aufzählung ist abschliessend. Weder Richter noch Versicherer können sie durch Analogieschluss ergänzen: Es gilt das Listenprinzip[160].

---

158 Es ist dies der umfangreichste Regelungskomplex betreffend die KV. Er wird in der Doktrin Medizinalrecht genannt; MAURER, BSVR S. 303.
159 Botschaft zum KVG bei Art. 28 Abs. 2.
160 Vgl. vorne S. 51. Freilich schliesst dies nicht aus, dass der Richter für bestimmte Tatbestände eine Gesetzeslücke annehmen könnte; vgl. dazu MAURER, BSVR S. 46 ff.

b) Zulassung der Leistungserbringer

aa) Ärzte und Zahnärzte

Ärzte werden zugelassen, wenn sie das eidgenössische Diplom besitzen und über eine vom Bundesrat anerkannte Weiterbildung verfügen; KVG 36 I. Das Diplom wird ausgestellt, wenn der Kandidat das vom Bund geregelte Staatsexamen bestanden hat. Dies genügt aber nach neuem Recht nicht mehr. Ärzte müssen sich zudem nach KVV 38 über eine zweijährige praktische Weiterbildung ausweisen, wovon mindestens 6 Monate an einer klinischen Weiterbildungsstätte[161] und zudem 6 Monate in der ambulanten Patientenbetreuung zu absolvieren sind[162].

KVV 39 I erweitert die Zulassung, besonders um ausländischen oder staatenlosen Ärzten die Möglichkeit zu geben, für die KV tätig zu sein. Auch sie müssen einen wissenschaftlichen Befähigungsausweis besitzen. Die zuständige Stelle des Bundes entscheidet nach Anhören der Kantone und Berufsverbände, ob ihr Befähigungsausweis dem eidgenössischen Diplom gleichgestellt wird.

Die Voraussetzungen der Zulassung müssen Ärzte erfüllen, die in freier Praxis, auf eigene Rechnung tätig sind. Wenn sie jedoch in einem Spital (als Arbeitnehmer) angestellt sind, muss lediglich das Spital zugelassen sein. Dies dürfte auch für andere Ärzte gelten, die in einem Anstellungsverhältnis arbeiten, z.B. in einer HMO-Organisation (=Gesundheitsplan) (vorne S. 10). Freilich sollte immer vorausgesetzt werden, dass sie einem zugelassenen Arzt unterstellt sind. Dadurch dürfte die Qualität der Leistung ausreichend gewährleistet sein[163].

Zahnärztliche Leistungen sind von den KK nur in beschränktem Umfang zu bezahlen (vorne S. 61). In diesem Rahmen sind die Zahnärzte unter den gleichen Voraussetzungen wie die Ärzte zugelassen; KVG 36 III.

bb) Apotheker

Auch Apotheker benötigen für die Zulassung das eidgenössische Diplom. Überdies müssen sie sich über eine zweijährige praktische Weiterbildung an einer Apotheke ausweisen; KVG 37 I und KVV 40. Die zuständige Stelle des Bundes kann auch andere – z.B. ausländische – wissenschaftliche Befähigungsausweise den eidgenössischen Diplomen gleichstellen; KVV 41.

Ärzte können eine Apotheke führen und den Patienten Medikamente verkaufen. Sie sind den zugelassenen Apothekern gleichgestellt. Die Kantone bestimmen die Voraussetzungen, unter welchen sie die Bewilligung zu dieser (umstrittenen) Selbst-

---

161 Nach KLV 39 werden die Weiterbildungsstätten von der Verbindung der Schweizer Ärzte (FMH) anerkannt, sodass sie die Voraussetzung gemäss KVG 36 I erfüllen.

162 Diese Neuerung bezweckt, die Leistungsqualität zu verbessern. Sie tritt an die Stelle des Karenzjahres, das nach bisherigem Recht für Ärzte galt, welche ihre Praxis eröffneten. Das Karenzjahr wurde «Hungerjahr» genannt, da diese Ärzte im ersten Jahr keine Patienten zu Lasten der KK behandeln durften und deshalb oft nur magere Einnahmen hatten. Vgl. auch Botschaft zum KVG bei Art. 30. Nach KLV 39 ist die Verbindung der Schweizer Ärzte (FMH) für die Anerkennung zuständig.

163 Art. 1 ff. KLV regeln die Vergütungspflicht der KV für die von den Ärzten erbrachten Leistungen; vorne S. 59 ff.

dispensation erteilen. Dabei müssen sie insbesondere berücksichtigen, ob die Patienten eine ausreichende Zugangsmöglichkeit zu Apotheken haben, die z.B. in kleineren Berggemeinden oft fehlt.

cc) Chiropraktoren
Sie behandeln vor allem bestimmte Erkrankungen der Wirbelsäule. Dabei wenden sie besondere Handgrifftechniken für die Heilung an. KVV 44 regelt die Zulassungsbedingungen. Chiropraktoren müssen eine Fachausbildung an einer vom EDI anerkannten Schule für Chiropraktik[164] – solche gibt es in Kanada und USA – genossen und die interkantonale Chiropraktorenprüfung bestanden haben. Zudem wird eine zweijährige praktische Tätigkeit bei einem zugelassenen Chiropraktor und eine Zulassung nach kantonalem Recht verlangt.

Zugelassene Chiropraktoren sind auf ihrem Fachgebiet den Ärzten gleichgestellt. Sie dürfen Patienten behandeln, ohne dass ihnen diese von einem Arzt zugewiesen werden.

dd) Hebammen
Hebammen sind zur obligatorischen KV zugelassen, wenn sie die kantonale Bewilligung erlangt haben. Sie müssen ein Diplom besitzen, das in KVV 45 näher geregelt wird. Überdies haben sie sich auszuweisen über eine zweijährige praktische Tätigkeit bei einer zur KV zugelassenen Hebamme oder in der geburtshilflichen Abteilung eines Spitals oder in einer fachärztlichen Praxis unter der Leitung einer Hebamme[165].

ee) Weitere zugelassene Personen und Organisationen
aaa) Verschiedene Fachleute, die im bisherigen Recht als medizinische Hilfspersonen bezeichnet wurden, können auf *ärztliche Anordnung* hin Leistungen zu Lasten der KV erbringen. Sie werden abschliessend in KVV 46 aufgezählt: Physio- und Ergotherapeuten, Krankenschwestern und Krankenpfleger sowie Logopäden (=Spezialisten auf dem Gebiet der Sprachheilkunde). Diese Personen müssen ihren Beruf selbständig und auf eigene Rechnung ausüben, nach kantonalem Recht zugelassen sein und die weiteren Voraussetzungen erfüllen, die in den Art. 47 bis 50 KVV festgelegt sind. So müssen sie bestimmte Diplome besitzen; die Kantone haben eine Stelle zu bezeichnen, welche über die Anerkennung der Diplome entscheidet. Unterlassen sie dies, bezeichnet das EDI die Stelle. Nicht – oder noch nicht – zugelassen zur KV sind die selbständig tätigen Psychotherapeuten[166], Diabetes-Beraterinnen usw.

---

164 KLV 40 zählt die anerkannten Schulen auf. KLV 4 bestimmt, welche von Chiropraktoren verordneten Leistungen – Analysen, Arzneimittel sowie Mittel und Gegenstände – von der KV zu vergüten sind.
165 Die Leistungen der Hebamme, die von der KV zu vergüten sind, werden in KLV 16 umschrieben.
166 Für sie dürfte die bisherige, in BGE 110 V 190 E. 2 a, 107 V 48 und RSKV 1983 S. 53 umschriebene Praxis gelten: Pflichtleistung ist auch die psychotherapeutische Behandlung, die ein Arzt durch einen nichtärztlichen Psychologen oder Psychotherapeuten vornehmen lässt, den er angestellt hat, der in seinen Praxisräumen, unter seiner Aufsicht und seiner Verantwortung arbeitet. Die betreffende Behandlung muss nach den Umständen des konkreten Falles grundsätzlich an eine solche

Der Arzt besitzt eine weitreichende Befugnis, da er die Behandlung durch die in KVV 46 bestimmten selbständig tätigen Fachleute anordnen oder auch ablehnen kann. Ihm kommt eine eigentliche Schlüsselstellung[167] hinsichtlich der medizinischen Grundversorgung im Rahmen des KVG zu[168].

bbb) Zugelassen werden gemäss KVV 51 ausserdem *«Organisationen der Krankenpflege und Hilfe zu Hause»*. Sie müssen nach der Gesetzgebung des Kantons, in dem sie tätig sind, zugelassen sein, einen Leistungsauftrag haben, über das erforderliche Fachpersonal verfügen, das eine dem Leistungsauftrag entsprechende Ausbildung hat, ebenso über Einrichtungen verfügen, die dem Leistungsauftrag entsprechen, und schliesslich an Massnahmen zur Qualitätssicherung nach KVV 77 (vgl. hinten S. 103 ff.) teilnehmen. Es handelt sich vor allem um die spitalexternen Dienste (SPITEX), für welche es verschiedenenorts besondere Vereinigungen gibt, sowie um selbständig erwerbende Krankenschwestern und -pfleger[169]. Wenn der Versicherte sich zu Hause pflegen lassen darf – damit wird u.U. ein kostspieliger Spitalaufenthalt vermieden –, kann er wählen, ob er eine selbständig tätige Krankenschwester oder eine Organisation, z.B. SPITEX, mit der Pflege beauftragen will. Stets ist jedoch die Anordnung der Massnahme durch einen Arzt erforderlich[170]. Der Arzt ist auch verpflichtet, die Durchführung seiner Weisungen zu überwachen. Dies ergibt sich aus KVG 32 I, wonach die Leistungen wirksam, zweckmässig und wirtschaftlich sein müssen: Anordnung einer ärztlichen Massnahme ohne nachfolgende Kontrolle wäre unvereinbar mit diesem Effizienzgebot (vorne S. 51)[171].

Organisationen der Krankenpflege müssen über das erforderliche Fachpersonal verfügen, das eine dem Leistungsauftrag (des Arztes) entsprechende Ausbildung hat. Es fragt sich, ob sie die in KVV 46 aufgezählten Spezialisten – Physiotherapeuten usw. – nur dann fest, durch Arbeitsvertrag, anstellen und durch sie ärztlich angeordnete Massnahmen wie Heilgymnastik durchführen lassen dürfen, wenn diese Spe-

---

unselbständig tätige Hilfsperson delegierbar sein (delegierbare Psychotherapie). Bei ihr ist das Gebot der wirtschaftlichen Behandlungsweise zu beachten. Die Behandlung muss nunmehr den Anforderungen von KVG 32 genügen, nämlich wirksam, zweckmässig und wirtschaftlich sein (Effizienzgebot); vgl. vorne S. 51. – Im Parlament war umstritten, ob die selbständig tätigen Psychotherapeuten zur KV zugelassen seien. Schliesslich wurde diese Frage dem Bundesrat zum Entscheid überlassen. Er hat sie in KVV 46 stillschweigend verneint. Vgl. Amtl. Bull. (NR) 1993 S. 1852 ff. und (StR) 1993 S. 1063 ff. Vgl. zur Leistungspflicht der KV für Psychotherapie vorne S. 59.

167 Botschaft zum KVG Z. 3 bei Art. 29 nennt sie «Scharnierfunktion» und begründet dieses System näher.
168 KLV 5 und 6 legen fest, welche Leistungen der Physio- und Ergotherapeuten von der KV zu vergüten sind; vorne S. 60.
169 Dem Kreise der zugelassenen Personen gehören *nicht* an: Haushalthilfen (Reinigung der Wohnung, Kochen usw.) und Angehörige des Patienten, selbst wenn sie die Krankenpflege übernehmen. Für solche Kosten kommt die KV nicht auf. Hier dürfte der Gesetzgeber bei künftigen Revisionen Spielraum für bessere Lösungen haben; vgl. auch Botschaft zum KVG Z. 3 bei Art. 19 II lit. a sowie KLV 7 ff. Die KV muss die Verpflegungskosten nicht übernehmen.
170 Botschaft zum KVG Z. 3 bei den Art. 29 und 32.
171 Die Art. 7 bis 9 KLV legen fest, welche Leistungen die KV zu vergüten hat; vorne S. 60.

zialisten die in den Art. 47 ff. vorgeschriebenen Diplome besitzen und die weiteren Voraussetzungen erfüllen. Kann der Kanton, wenn er über die Zulassung einer Organisation entscheidet, auch Spezialisten ohne Diplom – z.B. nichtdiplomierte Krankenschwestern – für entsprechende Aufgaben zulassen? Die gleiche Frage stellt sich übrigens für Spitäler, Heilbäder und für den Arzt, wenn er in seiner Praxis solche Spezialisten beschäftigt[172]. Die Kantone sind grundsätzlich zuständig, über das Gesundheitswesen zu legiferieren. Sie können deshalb auch Spezialisten ohne die in KVV 47 bis 50 genannten Diplome zulassen. Der Bund besitzt seinerseits die Kompetenz zu bestimmen, ob solche Spezialisten zu Lasten der KV tätig werden dürfen. Er schreibt in KVV 51 aber nicht vor, dass das Fachpersonal in Spitälern, SPITEX usw. die Voraussetzungen der Art. 47 bis 50 KVV erfüllen, also auch die entsprechenden Diplome besitzen müsse. Das BSV könnte jedoch als Aufsichtsbehörde einschreiten, wenn die Kantone Fachpersonal ohne genügende Ausbildung zulassen würden, und allenfalls den Versicherern Weisung erteilen, die Kosten nicht zu übernehmen (vgl. zur Aufsicht vorne S. 21), da das Effizienzgebot von KVG 32 I nicht beachtet werde. Im konkreten Streitfall hätte darüber letztinstanzlich das EVG zu entscheiden. Wichtig dürfte dabei der Gedanke sein, dass der behandelnde Arzt in ausreichendem Masse zu überwachen hat, ob die von ihm angeordnete Hauskrankenpflege zweckmässig besorgt werde.

ccc) KVV 52 bestimmt, unter welchen Voraussetzungen Organisationen der Ergotherapie (=Arbeits- und Beschäftigungstherapie) zur KV zugelassen werden. Es sind dies die gleichen Voraussetzungen, die KVV 51 für die «Organisationen der Krankenpflege und Hilfe zu Hause» vorschreibt; vgl. ferner KVG 6 und 41 sowie vorne S. 60.

ff) Laboratorien
Sie können zugelassen werden, wenn sie medizinische Analysen durchführen, d.h. wenn sie Material aus dem menschlichen Körper – Gewebe, Harn, Stuhl usw. – untersuchen. Sie müssen zuverlässig und kompetent arbeiten. Fehler können sich verhängnisvoll auswirken, so wenn sie Krebszellen oder HIV-Viren übersehen, obwohl diese bei korrektem Vorgehen festgestellt würden.

Angesichts ihrer Bedeutung für Diagnose und Therapie stellen die Art. 53 und 54 KVV strenge Zulassungsbedingungen. Die Laboratorien benötigen z.B. eine kantonale Zulassung und überdies die Anerkennung des Bundesamtes für Gesundheitswesen, sofern sie Untersuchungen zur Erkennung übertragbarer Krankheiten durchführen, ferner zweckentsprechende Einrichtungen und das erforderliche Fachpersonal; KVV 53[173].

KVV 54 regelt weitere Zulassungsbedingungen. Ihm ist z.B. zu entnehmen, dass Laboratorien von einem Arzt, einem Apotheker oder einer Person geführt werden

---

172 Die Kantone erteilen z.B. Spitälern gar nicht selten die Bewilligung, ausländische Psychotherapeuten, Krankenschwestern- und Pfleger usw. zu beschäftigen, welche die vorgeschriebenen Diplome nicht vorweisen können.
173 KLV 42 f. regeln weitere Einzelheiten zur Aus- und Weiterbildung.

müssen, die über eine vom EDI anerkannte Hochschulbildung naturwissenschaftlicher Richtung – Chemiker usw. – oder über eine andere geeignete Fachausbildung verfügt. Das EDI darf für die Vornahme von bestimmten Analysen weitergehende Anforderungen an Einrichtungen sowie an Qualifikationen und Weiterbildung von Laborleitung und Personal vorsehen. Für bestimmte Analysen kann es sogar einzelne Zentren bestimmen, die dann allein zuständig sind.

Die Analysenliste (vgl. hinten S. 90) bestimmt in Anhängen diejenigen Analysen, die von Laboratorien im Rahmen der Grundversorgung durchgeführt werden dürfen und ferner die Analysen, die von Chiropraktoren und Hebammen veranlasst werden können; KVV 62.

gg) Abgabestellen für Mittel und Gegenstände

Zu den Leistungserbringern nach KVG 35 II gehören auch «die Abgabestellen für Mittel und Gegenstände, die der Untersuchung oder Behandlung dienen». Der Bogen reicht von einfachem Verbandmaterial bis zu komplizierten Elektrostimulationsgeräten. Die Abgabestellen müssen nach kantonalem Recht zugelassen sein; KVV 55. Überdies wird verlangt, dass sie einen Vertrag mit einem Krankenversicherer abgeschlossen haben, damit sie die Mittel und Gegenstände zu dessen Lasten abgeben, d.h. in der Regel verkaufen oder vermieten dürfen. Die KLV enthält in den Art. 20 bis 24 weitere Bestimmungen über die Mittel und Gegenstände sowie in Anhang 2 eine Liste; vorne S. 62.

hh) Spitäler, Einrichtungen der teilstationären Krankenpflege und Pflegeheime
aaa) Das KVG regelt ihre Zulassung zur KV in Art. 39 ziemlich einlässlich[174], sodass die KVV und KLV keine weiteren Bestimmungen über sie enthalten – mit Ausnahmen solcher über das Tarifwesen; hinten, S. 87.

In der Praxis unterscheidet man verschiedene Typen von Spitälern oder ihren Abteilungen. So werden Spitäler mit festangestellten Ärzten – Chefarztsystem – vom Belegarztsystem unterschieden, in welchem freipraktizierende Ärzte zugelassen sind, ferner psychiatrische von internmedizinischen, chirurgischen und anderen Kliniken.

bbb) KVG 39 beruht auf einer anderen Einteilung. Er nennt drei Kategorien: Spitäler oder Abteilungen davon, die der stationären Behandlung akuter Krankheiten oder der stationären Durchführung von Massnahmen der medizinischen Rehabilitation (Rehabilitationskliniken) dienen; Spitäler oder Abteilungen davon, die für teilstationäre Krankenpflege bestimmt sind; Pflegeheime für die Pflege, medizinische Betreuung und Rehabilitation von Langzeitpatienten. Das gleiche Spital kann also, in verschiedenen Abteilungen, drei oder nur zwei dieser Kategorien betreiben oder sich auf eine von ihnen beschränken.

---

174 Das bisherige Recht nannte die Spitäler Heilanstalten. Es bestimmte in Art. 23 I VO III über die KV nur, dass sie unter ärztlicher Leitung stehen müssen. Das EVG erarbeitete zusätzliche Kriterien, die nun weitgehend in KVG 39 übernommen worden sind; zum Begriff der Heilanstalt BGE 120 V 201 ff. Weiteres in der Botschaft zum KVG Z. 3 bei Art. 33.

8. Leistungserbringer

ccc) Die Spitäler haben für die Anerkennung mehrere Voraussetzungen, die in den lit. a bis e genannt werden, zu erfüllen:
Sie müssen eine ausreichende ärztliche Betreuung gewährleisten, lit. a, und zudem über das erforderliche Fachpersonal verfügen, lit. b, ferner zweckentsprechende medizinische Einrichtungen[175] haben und eine zweckentsprechende pharmazeutische Versorgung gewährleisten, lit. c.

ddd) Eine grundlegende Neuerung bringt lit. d. Ein oder mehrere Kantone gemeinsam müssen eine *Planung für eine bedarfsgerechte Spitalversorgung* vornehmen und dabei die privaten Trägerschaften angemessen in diese Planung einbeziehen. Die Spitäler werden als Leistungserbringer in der KV nur zugelassen, wenn sie dieser Planung entsprechen. Zudem müssen sie in einer *Spitalliste* aufgeführt sein, die vom Kanton «nach Leistungsaufträgen in Kategorien» gegliedert ist; lit. e. Nur die auf der Spitalliste aufgeführten Spitäler können Versicherte zu Lasten der KV behandeln. Entscheide der Kantonsregierung über die Aufnahme in die Spitalliste und die Ablehnung der Aufnahme können durch Beschwerde gemäss KVG 53 an den Bundesrat – nicht aber an eine richterliche Behörde – weitergezogen werden.

Die Neuerung dient der Koordination der Leistungserbringer, der optimalen Ressourcennutzung und – besonders wichtig – der Eindämmung der Kosten[176].

Es entspricht einer weitverbreiteten Auffassung, dass Spitäler dem Gebot der Effizienz – vgl. vorne S. 51 – zu wenig Aufmerksamkeit schenken: Ein Überangebot an Betten z.B. in einem Akutspital verführt leicht dazu, dass Patienten länger als nötig im Spital bleiben und dass zu viel Personal beschäftigt wird, was die Kosten in die Höhe treibt; es werden in einem Kanton in mehreren Kliniken hochentwickelte, entsprechend teure diagnostische und therapeutische Apparate angeschafft, statt solche in einem Spital zu konzentrieren, das dann auch Aufträge für andere Spitäler ausführt; in einem Spital werden grundsätzlich immer neue Roentgenbilder erstellt, auch wenn solche in guter Qualität bei der Einlieferung des Patienten vorhanden sind, weil der behandelnde Arzt vorher die Aufnahmen durch ein privates Roentgeninstitut veranlasst hat; es werden Operationen durchgeführt, obwohl die medizinische Indikation fragwürdig ist. Mit der Planung sollen kostspieliger Leerlauf möglichst ausgemerzt, die Effizienz gesteigert und unnötige Kosten vermieden werden[177]. Das

---

175 BGE 120 V 201; 107 V 55; RKUV 1987 S. 26: Das Geburtshaus «Storchenäscht» wurde nicht als Heilanstalt anerkannt; es verfügte nicht über Einrichtungen, die im Hinblick auf Komplikationen bei der Geburt notwendig sind (z.B. Operationssaal für Kaiserschnitt und ein Labor zu diagnostischen Zwecken). Diese Gesichtspunkte dürften auch nach neuem Recht wegweisend sein.

176 Botschaft zum KVG Z. 3 bei Art. 33. – Nach Art. 2 II der Inkraftsetzungsverordnung müssen die Kantone die Planung bis zum 1. Januar 1998 abgeschlossen und die Spitalliste aufgestellt haben. Bis dahin sind die nach altem Recht zugelassenen Spitäler auch nach neuem Recht zugelassen.

177 Diesem Zwecke dürfte es dienen, wenn Fachkommissionen eingesetzt würden, die einheitliche Richtlinien für eine rationale Betriebsführung in Spitälern aufstellen und entsprechende Untersuchungen in Spitälern durch Spezialisten veranlassen könnten. Analysen von Arbeitsabläufen, durchgeführt von Fachleuten, sind ein nützliches Mittel zur Aufdeckung von Leerläufen und zur Ausschaltung unnötiger Kosten. Zahlreiche private Unternehmen machten in den letzten Jahren von einer solchen Möglichkeit Gebrauch. Kleinere Kantone könnten gemeinsam die erwähnten Fach-

Kostenbewusstsein dürfte durch die Neuerung in den Spitälern wesentlich gestärkt werden, sofern schon die Planung selbst darauf angelegt ist.

Da die Planung und die Erstellung der Spitalliste einige Zeit benötigen, bestimmt KVG 101 II, dass die bisherigen Heilanstalten oder deren Abteilungen als Leistungserbringer nach neuem Recht zugelassen sind, solange der Kanton die Spitalliste noch nicht erstellt hat. Die Kostenübernahme richtet sich «bis zu einem vom Bundesrat zu bestimmenden Zeitpunkt nach den bisherigen Verträgen oder Tarifen».

eee) Die in KVG 39 I in lit. a bis c aufgezählten Voraussetzungen gelten gemäss Abs. 2 sinngemäss auch «für Anstalten, Einrichtungen oder ihre Abteilungen, die der *teilstationären* Krankenpflege dienen». Die stationäre Behandlung ist gegeben, wenn der Patient mehr als einen Tag, unter Inanspruchnahme eines Spitalbettes, in der Heilanstalt verbringen muss». Wenn die medizinische Vorkehr zwar in einer Heilanstalt durchgeführt wird, der Versicherte jedoch am gleichen Tag nach Hause zurückkehren kann, handelt es sich um eine teilstationäre Behandlung[178]. Eine solche findet in zunehmendem Masse in Tages- oder Nachtkliniken und in der «One-day-surgery» statt[179]. Dies trifft z.B. bei kleineren chirurgischen Eingriffen und ebenso bei der Behandlung psychischer Störungen zu.

fff) Die Voraussetzungen für die Zulassung zur Krankenpflegeversicherung, die Abs. 1 von KVG 33 für die Heilanstalten aufstellt, gelten sinngemäss auch für *Pflegeheime*. Es sind dies Einrichtungen, die Langzeitpatienten zur Pflege, medizinischen Betreuung und Rehabilitation aufnehmen. Nach allgemeinem Sprachgebrauch sind dies die Pflegefälle, die für Patienten und Angehörige meistens schwere Belastungen verursachen. Während die Pflegemassnahmen, z.B. die Hilfe beim Essen und Ankleiden, sowie die medizinische Betreuung gemäss KVG 25 II lit. a zu Lasten der KV gehen, müssen die «Hotelkosten», d.h. die Kosten für Unterkunft und Verpflegung in Pflegeheimen, vom Patienten getragen werden. Dies ergibt sich aus KVG 25 II. Er sieht nur die Übernahme der Kosten des Aufenthaltes in der allgemeinen Abteilung des Spitals und in einer teilstationären Einrichtung vor, nicht aber die Kosten des Aufenthaltes in Pflegeheimen; lit. e und f.

Pflegeheime kommen als besondere Abteilung in Spitälern oder in Altersheimen vor[180], oft aber auch als selbständige Organisationen, z.B. mit einem Verein oder einer Stiftung als Trägerschaft.

Die Abgrenzung des Spitals gegen das Pflegeheim ist schwierig, praktisch aber bedeutsam, da die KV die Kosten für Unterkunft und Verpflegung, wie gerade

---

kommissionen einsetzen, grössere Kantone je für sich allein. – Vgl. ferner hinten S. 96 sowie KVG 56 V.
178 RKUV 1991 S. 163 und 1988 S. 87 E. 1; BGE 103 V 76 f. Das EVG unterschied zwischen ambulanter und stationärer Behandlung in einem Spital. KVG 39 verwendet das entsprechende Begriffspaar teilstationäre und stationäre Behandlung. Die Umschreibung, die das EVG in den genannten Urteilen vorgenommen hat, dürfte inhaltlich auch unter neuem Recht Bestand haben.
179 Botschaft zum KVG Z. 3 bei Art. 33.
180 Vgl. dazu MAURER, Soziale Sicherung bei Pflegebedürftigkeit – Bestandesaufnahme und Reformbestrebungen, SZS 1988 S. 2 ff.

erwähnt, in Pflegeheimen nicht zu übernehmen hat. Der Aufenthalt im Spital ist nur solange erforderlich, als die Krankheit «unter Spitalbedingungen», im «Spitalmilieu», behandelt werden muss[181]. KVG 49 III regelt die Rechtsfolgen, welche mit dem Ende der Spitalbehandlungsbedürftigkeit zusammenhängen, in besonderer Weise (Näheres hinten S. 89). Art. 7 KLV umschreibt jene Leistungen für Versicherte in Pflegeheimen, welche von der KV vergütet werden müssen; vorne S. 60.

ii) Transport- und Rettungsunternehmen

Sie werden in KVG 35 II nicht als besondere Kategorie der Leistungserbringer aufgeführt. Wenn KVV 56 sie trotzdem zulässt und regelt, so stützt sich diese Bestimmung wohl auf KVG 25 II lit. g i.V.m. KVG 33 II (Leistungskatalog; vgl. vorne S. 50 a.E. und 54)[182].

KVV 56 lässt für die Durchführung von Transporten und Rettungen nur Unternehmen zu, die auch nach kantonalem Recht eine entsprechende Bewilligung besitzen und überdies einen Vertrag mit einem Versicherer abgeschlossen haben. Es handelt sich um Krankenautos, die REGA usw. Die KV muss jedoch auch den Beitrag an die Kosten leisten, wenn ein solches Transportmittel nicht ohne übermässigen Aufwand beauftragt werden kann, und ebenso in Notfällen. Diese können analog KVV 36 II als gegeben angenommen werden, wenn der Versicherte dringend der ärztlichen Hilfe bedarf und es nicht zumutbar wäre, einen zugelassenen Betrieb herbeizurufen, weil für den Transport bereits ein anderes Mittel, z.B. ein Taxi oder ein Helikopter, rasch verfügbar ist.

KLV 26 schränkt die Beitragspflicht weiter ein. Der Versicherte soll ein zugelassenes Transportmittel nur beanspruchen, wenn sein Zustand «den Transport in einem anderen öffentlichen oder privaten Transportmittel nicht zulässt». Somit darf er z.B. keinen Krankenwagen beauftragen, wenn er gesundheitlich noch in der Lage ist, mit dem Tram zu fahren. Dies ergibt sich bereits aus dem in KVG 32 festgelegten Grundsatz der Effizienz und der Schadenminderungspflicht (vorne S. 51).

kk) Heilbäder

Die KV leistet nach KVG 25 II lit. c einen Beitrag an die Kosten von ärztlich verordneten Badekuren; vgl. vorne S. 46. Deshalb ordnen die Art. 40 KVG und 57 f. KVV die Zulassung von Heilbädern.

Heilbäder müssen vom EDI anerkannt sein. Dies setzt voraus, dass sie unter «ärztlicher Aufsicht stehen, zu Heilzwecken vor Ort bestehende Heilquellen nutzen, über das erforderliche Fachpersonal[183] sowie die zweckentsprechenden diagnosti-

---

181   BGE 115 V 48 und 120 V 200: Hier wird die Spitalbedürftigkeit näher umschrieben (S. 206 f.) und die Frage geprüft, welcher Arzt schriftlich die Einweisung verordnen kann (S. 208). Dieses Urteil dürfte auch für das KVG massgebend sein.
182   Der Beitrag der KV an die Transport- und Rettungskosten wird in KLV 26 und 27 festgesetzt (vorne S. 47).
183   Vgl. zur Frage, ob die in KVV 46 aufgeführten Spezialisten (Physiotherapeuten usw), die von Heilbädern den Patienten zur Verfügung gestellt werden, alle in den Art. 47 bis 49 KVV verlangten

schen und therapeutischen Einrichtungen verfügen und nach kantonalem Recht zugelassen sind»; KVV 57 I. Das EDI kann nach Abs. 2 vom – umstrittenen – Erfordernis der «vor Ort» bestehenden Heilquelle Ausnahmen bewilligen. Dabei muss es die bisherige Praxis der Krankenversicherer berücksichtigen[184].
KVV 58 umschreibt den Begriff der Heilquellen. Als solche «gelten Quellen, deren Wasser aufgrund besonderer chemischer oder physikalischer Eigenschaften und ohne jede Veränderung ihrer natürlichen Zusammensetzung eine wissenschaftlich anerkannte Heilwirkung ausüben oder erwarten lassen». Diese Eigenschaften müssen gutachtlich nachgewiesen und alle drei Jahre durch eine Kontrollanalyse durch die zuständige kantonale Instanz überprüft werden; Abs. 2.

9. Wahl des Leistungserbringers und Kostenübernahme

a) **Grundsatz**

Die Versicherten können unter den zugelassenen Leistungserbringern frei wählen, sofern diese für die Behandlung ihrer Krankheit geeignet sind. Sie haben jedoch nur Anspruch auf Übernahme der vollen, in den Tarifen festgelegten Kosten durch den Versicherer, wenn sie ihre Wahl innerhalb der vom Gesetz gezogenen *örtlichen* Grenzen treffen[185]. Falls sie diese örtlichen Grenzen überschreiten, müssen sie u.U. einen Teil der Kosten selbst tragen: Sie geniessen nicht mehr den *vollen* sondern nur noch einen *reduzierten Tarifschutz*. Die Spitäler können die Preise für Kantonseinwohner anders, d.h. tiefer, als für ausserkantonale Patienten bestimmen. Diese schon bisher bestehende Praxis beruht hauptsächlich auf der Überlegung, dass die Kantonseinwohner durch ihre Steuern mithelfen, die Spitäler zu finanzieren. Deshalb gewährt KVG 41 den Versicherten grundsätzlich nur dann den vollen Tarifschutz, wenn sie sich in einem Spital ihres Wohnkantons behandeln lassen. Tun sie dies in einem Spital ausserhalb des Wohnkantons, so hat der Versicherer lediglich den Preis zu bezahlen, der in den Tarifen des Wohnkantons festgelegt ist. Den Mehrpreis, der im anderen Kanton gefordert wird, müssen die Versicherten zu ihren Lasten nehmen: Sie geniessen dort nur den reduzierten Tarifschutz.

KVG 41 regelt die Wahlfreiheit und zugleich die Übernahme der Kosten durch die Versicherer.

Voraussetzungen erfüllen müssen, vorne S. 66. Die Frage dürfte für die Heilbäder analog den Spitälern zu beantworten sein, da die Verhältnisse ähnlich liegen.
184 Das EDI darf nach Bedarf auch ausländische Heilbäder anerkennen, die nicht selten wesentlich billiger als schweizerische Heilbäder sind; Botschaft zum KVG bei Art. 34. Die KLV enthält keine entsprechende Vorschrift. Es ist fraglich, ob das EDI «von Fall zu Fall» über die Anerkennung entscheiden darf und entscheiden wird.
185 Das bisherige Recht schränkte das Wahlrecht des Versicherten nach anderen Gesichtspunkten ein; vgl. MAURER, BSVR S. 305.

b) Ambulante Behandlung

Ambulant ist die Behandlung, die keine Hospitalisation erfordert, also die Behandlung in den Praxisräumen des Arztes, zu Hause usw. Bei ihr muss der Versicherer gemäss Abs. 1 «die Kosten *höchstens* nach dem Tarif übernehmen, der am *Wohn-* oder *Arbeitsort* der versicherten Person oder in deren *Umgebung* gilt»[186]. Wenn sich der Versicherte ausserhalb dieser örtlichen Grenzen behandeln lässt, hat der Versicherer allfällige höhere d.h. zusätzliche Tarifpreise nicht zu vergüten. Die Tarife für die ambulante Behandlung können regional beträchtliche Unterschiede aufweisen. Sie sind in ländlichen Regionen oft tiefer als in städtischen; vgl. hinten S. 143 f.

c) Stationäre und teilstationäre Behandlung

Der Versicherer hat für diese Behandlung die Kosten *höchstens* nach dem Tarif zu übernehmen, der im *Wohnkanton* des Versicherten gilt[187]; KVG 41 I. Wenn sich der Versicherte ausserhalb seines Wohnkantons behandeln lässt, muss er die Differenz zwischen den Tarifpreisen seines Wohnkantons und den allenfalls höheren Tarifpreisen des anderen Kantons selbst tragen[188]; vgl. hinten S. 86. Diese Regelung gilt in gleicher Weise für stationäre und teilstationäre Behandlung[189] (vorne S. 70 lit. eee).

d) Besonderheiten aus medizinischen Gründen

aa) Nicht selten beanspruchen Versicherte Leistungserbringer ausserhalb der bereits erwähnten örtlichen Grenzen. Wenn sie dies aus medizinischen Gründen tun, haben sie den vollen Tarifschutz: Der Versicherer muss die Kosten nach dem Tarif übernehmen, der für den betreffenden Leistungserbringer gilt. Wenn sich aber die Versicherten dazu aus anderen, z.B. aus rein persönlichen Gründen entschliessen, geniessen sie lediglich den reduzierten Tarifschutz: Der Versicherer hat nur die Kosten zu übernehmen, die in den Tarifen festgesetzt sind, welche innerhalb der örtlichen Grenzen für den Versicherten gelten (Wohn- oder Arbeitsort und Umgebung; Wohnkanton für Spitalbehandlung). Einen allfälligen Mehrpreis muss der Versicherte selbst berappen.

---

186 Der Begriff des Wohnorts beurteilt sich nach ZGB 23 bis 26: KVV 1 I. Vgl. zum Begriff der Umgebung BGE 120 V 209, 101 V 66. RSKV 1976 S. 125: Baden liegt nicht mehr in der Umgebung von Zürich.

187 Für Grenzgänger gilt die Sonderregelung von KVV 37: Sie werden den ausserkantonalen Versicherten gleichgestellt, für welche die Spitaltarife höhere Preise als für die im betreffenden Kanton wohnhaften Versicherten vorsehen können.

188 Da der volle Tarifschutz nur im *Wohnkanton* gilt, sind die Versicherten der kleinen Kantone gegenüber jenen der grossen Kantonen benachteiligt. Ihnen stehen meistens auch weniger Spitäler zur Wahl offen. Die Kantone können diesen Nachteil mildern, indem sie auf ihrer Spitalliste auch ausserkantonale Spitäler aufnehmen; vgl. KVG 39 I lit. d und e sowie vorne S. 69 lit. ddd.

189 Wenn der Versicherte in keinem Spital seines Wohnsitzes Platz findet und sich deshalb in einem ausserkantonalen Spital behandeln lässt, sollte er vollen Tarifschutz haben; es liegt eine Gesetzeslücke vor: vgl. MAURER, BSVR S. 46 und zum alten Recht RKUV 1991 S. 174: Hier handelte es sich um einen Versicherten, der in einem Vertragsspital keinen Platz fand.

bb) Abs. 2 von KVG 41 bestimmt – und zwar abschliessend, also nicht nur im Sinne von Beispielen –, was er unter den *medizinischen Gründen* versteht: Es ist dies einmal der Notfall und sodann der Umstand, dass die erforderlichen Leistungen innerhalb der örtlichen Grenzen gar nicht angeboten werden[190].

aaa) Der *Notfall* kann analog KVV 36 II umschrieben werden (vgl. vorne S. 56). Er liegt vor, sofern der Versicherte einer Behandlung bedarf und eine Rückreise an den Wohn- oder Arbeitsort bzw. bei Spitalbehandlung in den Wohnkanton nicht angemessen ist, also vernünftigerweise vom Versicherten nicht verlangt werden kann. Dies trifft z.B. zu, wenn der Versicherte ausserhalb seines Wohnkantons während einer Geschäfts- oder Ferienreise einen Kreislaufkollaps oder einen Hirnschlag erleidet und ins nächste Spital eingeliefert wird. Der Notfall wird bei ambulanter Behandlung eher grosszügig zu bejahen sein, z B. auch wenn der Versicherte plötzlich schweren Durchfall bekommt und den Arzt aufsucht, da er eine Infektion (Salmonellen usw.) befürchtet. Eine Rückreise wäre nicht angemessen. Es sind jeweils die konkreten Umstände zu berücksichtigen.

bbb) Spezielle medizinische Leistungen sind öfters am Wohn- oder Arbeitsort des Versicherten oder in dessen Umgebung für die ambulante Behandlung und im Wohnkanton für die stationäre und teilstationäre Behandlung nicht erhältlich. Wenn der Wohnkanton in seiner Spitalliste ausserkantonale Spitäler aufführt, werden sie seinen Spitälern gleichgestellt; KVG 41 II (vgl. vorne S. 69). Zu denken ist bei den medizinischen Leistungen etwa an heikle Hirn-, Herz- und Gelenkoperationen, an Bestrahlungstherapien usw., die nur in grösseren Spezialkliniken, z.B. in Universitätsspitälern, ausgeführt werden. Es kann auch nur um die Abklärung des Leidens (Diagnose) gehen, während die Behandlung im Wohnkanton des Versicherten angeboten wird oder umgekehrt. Wenn ein solcher medizinischer Grund vorliegt, geniesst der Versicherte für diese Leistungen den vollen Tarifschutz. Der Versicherer muss den im auswärtigen Tarif festgesetzten, meistens höheren Preis bezahlen.

Nicht selten wird zwar eine medizinische Leistung innerhalb der genannten örtlichen Grenzen angeboten. Der Versicherte möchte sie aber lieber ausserhalb dieser Grenzen beziehen, sich z.B. in einem Universitätsspital einer schwierigen Operation unterziehen, weil sie dort von besonders berühmten Spezialisten ausgeführt wird. Gerade wenn es sich um lebenswichtige Leistungen handelt, sollte der Versicherer bei seiner Entscheidung eine gewisse Flexibilität zeigen. Er muss ohnehin die konkreten Umstände würdigen. Freilich muss er bei der Abwägung das Gebot der Effizienz nach KVG 32 beachten (vgl. vorne S. 51). Der im Trend unserer Zeit liegende «Patiententourismus», welcher die Kosten im Gesundheitswesen ebenfalls in die Höhe treibt, darf durch die soziale KV aber nicht aus Bequemlichkeit, kritiklos, begünstigt werden.

---

190 Der Versicherte sollte sich rechtzeitig beim Versicherer erkundigen, ob dieser den medizinischen Grund zur auswärtigen Behandlung anerkennt. Dadurch beugt er einer späteren Auseinandersetzung mit dem Versicherer vor.

ccc) Der Versicherer kann finanziell belastet werden, wenn sich seine Versicherten aus medizinischen Gründen, bei vollem Tarifschutz, in ausserkantonalen Spitälern behandeln lassen. Der auswärtige Tarif ist, wie erwähnt, oft höher als der Tarif des Wohnkantons des Versicherten; die Spitäler verlangen nämlich für ausserkantonale Patienten meistens höhere Taxen als für einheimische Patienten.

Abs. 3 von KVG 41 bringt daher eine Neuerung, indem er ein versicherungsfremdes Element in die KV einbaut. Der Versicherer, der wegen des höheren auswärtigen Tarifs einen Mehrpreis bezahlt hat, kann diesen vom Wohnsitzkanton des Versicherten zurückfordern. Somit geht die Tarifdifferenz letztlich zu Lasten des Wohnkantons. Die Regelung gilt jedoch nur, wenn es sich beim ausserkantonalen Spital um ein öffentliches oder öffentlich subventioniertes Spital handelt. Sie schafft einen Lastenausgleich zwischen den Kantonen. Zudem will sie die Koordination zwischen den Kantonen fördern. Wenn ein Kanton ein grösseres Spital baut und betreibt, es mit besonderen Apparaten ausrüstet und auch ausserkantonalen Patienten öffnet, kann er auf dem Verhandlungswege andere Kantone dazu bringen, finanzielle Beiträge zu entrichten, da auch ihre Einwohner von diesem Spital profitieren. Durch Absprachen verzichten dann diese Spitäler, für die Patienten der betreffenden anderen Kantone höhere Spitaltaxen als für die Einheimischen zu verlangen. Damit entfällt auch die Pflicht des Wohnsitzkantons, dem Versicherer einen Mehrpreis zu erstatten, da ja das auswärtige Spital nach dieser Absprache keinen Mehrpreis verlangt[191].

Die Neuerung liegt auf der gleichen Linie wie die in KVG 39 I lit. d vorgeschriebene Spitalplanung, welche u.a. der koordinierten und bedarfsgerechten Bereitstellung der Spitalkapazitäten und nicht zuletzt der Kosteneindämmung dient; vgl. vorne S. 69.

Versicherte haben, wenn auch eher selten, hinsichtlich der Behandlung ihrer Krankheit Haftpflichtansprüche gegen Dritte. Dies trifft z.B. zu, wenn sie bei einem Verkehrsunfall verletzt werden, ein Motorfahrzeughalter haftet und die KV diesen Unfall deckt, da keine Unfallversicherung dafür aufkommt; KVG 1 II lit. b. Der Wohnkanton muss, wie schon erwähnt, den Mehrpreis vergüten, wenn sich der Versicherte aus medizinischen Gründen im Spital eines anderen Kantons behandeln lässt. Für diesen Mehrpreis räumt ihm KVG 41 III ein Rückgriffsrecht gegen den haftpflichtigen Dritten ein. Die Haftpflichtansprüche gehen somit von Gesetzes wegen auf den Wohnkanton über. Auf diesen singulären Rückgriff ist Art. 79 KVG sinngemäss anwendbar (vgl. hinten S. 125 ff.)[192].

e) **Beschränkung der Wahlfreiheit**

Die Versicherten haben gemäss KVG 41 IV und 62 I die Möglichkeit, eine Prämienreduktion zu erwirken, indem sie mit dem Versicherer bestimmte alternative Versi-

---

191 Vgl. die bemerkenswerten Ausführungen in der Botschaft zum KVG Z. 3 bei Art. 35.
192 Dieses Rückgriffs- oder Regressrecht wurde auf Antrag der Kommission des NR im KVG aufgenommen; Amtl. Bull. (NR) 1993 S. 1857.

cherungsmodelle vereinbaren, die ihre Wahl des Leistungserbringers einschränken. Es wurden auf S. 10 bereits die HMO-Gesundheits-Erhaltsorganisation erklärt. Ein weiteres Modell ist die PPO (Preferred Provider Organisation): Die Versicherten müssen sich auf Leistungserbringer, also auf Ärzte, Spitäler usw. beschränken, mit denen der Versicherer besonders kostengünstige Tarifverträge abgeschlossen hat. Schliesslich sei auch das Hausarztmodell erwähnt. Danach verpflichten sich die Versicherten, im Krankheitsfall stets ihren Hausarzt zu konsultieren. Er berät sie über den Beizug eines allfälligen Spezialisten, den Eintritt in ein Spital – und in welches – sowie über die Indikation allfälliger chirurgischer Eingriffe. Der Versicherer kann mit solchen Hausärzten entsprechende Tarifverträge – meistens mit geringeren Vergütungen – abschliessen. Da solche Modelle oft mit einer Risikoselektion verbunden sind, die an sich dem Grundsatz der Solidarität widersprechen, sind ihnen gesetzliche Grenzen gesetzt. So werden solche Versicherer dieser Modelle z.B. dem Risikoausgleich unterworfen; vgl. vorne S. 1 und hinten S. 153. Auch sie müssen das Gebot der Effizienz beachten (vorne S. 51)[193].

10. Honorarschuldner

a) Vielfältige Rechtsverhältnisse

Die rechtlichen Beziehungen zwischen den Leistungserbringern und den Versicherten sind verschiedenster Art. Dazu nur wenige Hinweise. Der Patient steht zum frei praktizierenden Arzt in einem Auftragsverhältnis gemäss OR 394 ff. Er schuldet dem Arzt das Honorar. Dies gilt auch für die anderen Leistungserbringer, die selbständig und auf eigene Rechnung für die KV tätig sind, z.B. für Chiropraktoren, Physio- und Ergotherapeuten, Apotheken usw. Wenn sich der Patient in einem Spital behandeln lässt, sind die Rechtsverhältnisse unterschiedlich. Seine Beziehungen zu den privaten Spitälern beruhen auf dem Privatrecht; es handelt sich in der Regel um einen Spitalaufnahmevertrag, der im OR nicht ausdrücklich geregelt ist (sog. Innominatkontrakt oder – synonym – Vertrag sui generis). Das Spital gewährt gegen Vergütung Pflege, Unterkunft und Verpflegung, oft auch ärztliche Behandlung[194] und stellt seine Einrichtungen zur Verfügung. Zwischen den Patienten und einem öffentlichen Spital, z.B. einem Kantons- oder Universitätsspital, gilt in der Regel nicht Privatrecht sondern kantonales öffentliches Recht. In allen Fällen ist jedoch der Patient Honorarschuldner.

Das KVG greift in die geschilderten Rechtsverhältnisse ein. Es schreibt vor, dass die Leistungserbringer das Gebot der Effizienz zu beachten haben (vorne S. 51), unter welchen Voraussetzungen sie annehmen dürfen, dass eine Behandlungsbedürftigkeit des Patienten besteht, und es regelt die Honorarfrage usw. Die Vorschriften

---

193 Botschaft zum KVG Z. 222 und Z. 3 bei Art. 35.
194 Beim Belegarztsystem (vgl. vorne S. 68) können frei praktizierende Ärzte ihre Patienten im Spital behandeln und dessen Einrichtungen benützen. Nicht das Spital sondern der Belegarzt führt auf seine Rechnung die Behandlung durch.

des KVG gehen den genannten Rechtsverhältnissen vor, da sie spezialrechtlicher Natur sind. Sie verdrängen das Privatrecht und das kantonale öffentliche Recht in den betreffenden Punkten.

b) Wer ist Honorarschuldner?

Das KVG übernimmt in Art. 42 I vom gemeinen Recht und von der Regelung im aKVG den Grundsatz, dass der *Versicherte* den Leistungserbringern die Vergütung der Leistungen schuldet. Es ergänzt ihn dadurch, dass er dem Versicherten gegenüber den Versicherern einen Anspruch auf Rückerstattung der Vergütung einräumt. Dies ist das System des *Tiers garant*, wobei unter Tiers der Versicherer gemeint ist. KVG 42 II erlaubt jedoch Versicherern und Leistungserbringern zu vereinbaren, dass der *Versicherer* die Vergütung den Leistungserbringern direkt zu bezahlen hat, d. h. das System des *Tiers payant*.

c) Rechnungstellung

«Der Leistungserbringer muss dem Schuldner eine detaillierte und verständliche Rechnung zustellen. Er muss ihm auch alle Angaben machen, die er benötigt, um die Berechnung der Vergütung und die Wirtschaftlichkeit der Leistung überprüfen zu können»; KVG 42 II[195]. Im System des Tiers payant – direkte Zahlung des Versicherers an den Leistungserbringer – erhält der Versicherte eine Kopie der Rechnung, die an seinen Versicherer gegangen ist. KVV 59 regelt weitere Einzelheiten der Rechnungstellung.

Wenn der Versicherte die Rechnung bezahlt hat, stellt er sie seinem Versicherer mit dem Antrag auf Rückerstattung zu. Sollte er Zweifel haben, ob die Rechnung korrekt sei, z.B. nicht zu viele Arztkonsultationen aufweise, wird er sie vor der Bezahlung seinem Versicherer zur Prüfung zustellen. Die gesetzliche Regelung will das Abrechnungswesen transparent machen, damit auch in diesem wichtigen Punkt die Kostenentwicklung gedämpft werden kann.

d) Mitteilung der Diagnose

aa) Die Versicherer haben die Aufgabe zu prüfen, ob die Leistungserbringer das Gebot der Effizienz genügend beachten, also unnötige Kosten vermeiden, und ihre Leistungen korrekt berechnen. Sie können dieser Aufgabe nur gerecht werden, wenn sie die Diagnose kennen, denn von ihr hängt die Behandlung ab. Abs. 4 von KVG 42 gibt ihnen daher ausdrücklich das Recht, «eine genaue Diagnose oder zusätzliche Auskünfte medizinischer Natur» zu verlangen, und zwar von jedem Leistungserbringer, der eine Vergütung beansprucht. Damit unterstreicht das Gesetz die Bedeutung,

---

[195] KLV 9 legt Einzelheiten fest für die Abrechnung über Leistungen in der Hauskrankenpflege und in Pflegeheimen.

welcher der Mitteilung der Diagnose im Hinblick auf die Eindämmung der Kostenexplosion im Gesundheitswesen zukommt[196].

bb) Der Arzt (und andere Leistungserbringer) kann medizinische Informationen erhalten, welche der Versicherte als höchst persönlicher Art empfindet, vor allem wenn sie seine Intimsphäre betreffen. Zu erwähnen sind etwa Angaben über früher durchgemachte Geschlechtskrankheiten, Schwangerschaftsabbruch, Schizophrenieschübe usw. Der Versicherte hat ein verständliches Interesse daran, dass solche Angaben wirklich vertraulich behandelt werden. Abs. 5 von KVG 42 kommt ihm entgegen: Der Versicherte kann verlangen, dass der Leistungserbringer sie «in begründeten Fällen» nur dem Vertrauensarzt des Versicherers (vgl. hinten S. 103 ff.) und nicht dessen Administration mitteilt. Der Vertrauensarzt gibt dann der Administration nur gerade jene Einzelheiten bekannt, die sie für die Prüfung des Versicherungsfalles benötigt. Dies setzt voraus, dass er gute versicherungsrechtliche Kenntnisse besitzt. Damit will das Gesetz dem Schutz der Persönlichkeitsrechte des Versicherten in angemessener Weise Rechnung tragen.

Wohl unterwirft Art. 83 KVG alle an der Durchführung der KV Beteiligten einer strengen Schweigepflicht und setzt deren Verletzung in KVG 92 unter Strafe. Trotzdem kann es vorkommen, dass z.B. Angestellte des Versicherers besonders pikante medizinische Einzelheiten ausplaudern, wäre dies auch nur, um sich wichtig zu machen. Es ist daher geboten, den Kreis jener Personen, die solche Einzelheiten erfahren, möglichst eng zu ziehen.

Um den Schutz der Persönlichkeit des Versicherten weiter zu verbessern, darf der Leistungserbringer auch von sich aus, ohne dass der Versicherte es ausdrücklich wünscht, medizinische Daten in begründeten Fällen dem Vertrauensarzt mitteilen; KVG 42 V. Dem gleichen Zwecke dient KVV 59: Versicherer und Leistungserbringer können in Tarifverträgen vereinbaren, welche Angaben und Diagnosen in der Regel nur dem Vertrauensarzt bekanntzugeben sind.

11. Tarife und Preise[197]

a) Grundsätzliches

aa) Die Tarife bilden die Grundlage für die Berechnung der Preise, welche die Leistungserbringer für ihre Leistungen in der KV verlangen dürfen; KVG 43 I. Die entsprechenden Zahlungen sind die Hauptausgabeposten der Versicherer. Sie beeinflussen massgeblich die Höhe der Prämien, die von den Versicherten zu entrichten sind. Die Tarife und Preise in der KV sind aber auch für viele Leistungserbringer die wichtigsten Einnahmequellen; sie bestimmen weitgehend ihr Einkommen. Da sie in der Regel von den Tarifpartnern, d.h. von den Leistungserbringern und den Versi-

---

196 In früheren Jahren weigerten sich einzelne kantonale Ärzteverbände, den Versicherern die Diagnose mitzuteilen. Die Gründe für ihr Verhalten sollen hier nicht erörtert werden.
197 Eingehende Erörterungen zu diesem komplexen Gebiet finden sich in der Botschaft zum KVG Z.3 bei den Art. 37ff; DUC, Ass.soc. Z.277 und 295.

11. Tarife und Preise

cherern, ausgehandelt werden, prallen wirtschaftliche Interessen aufeinander. Das Ziel ist der Abschluss von Tarifverträgen, das oft erst nach langem Tauziehen erreicht wird. Weil das KVG eine «qualitativ hochstehende und zweckmässige gesundheitliche Versorgung zu möglichst günstigen Kosten» anstrebt (KVG 43 VI), setzt es für die Tarife und Preise Rahmenbedingungen, gleichsam die Leitplanken, fest. Die Tarifparteien haben den erwähnten Grundsatz in ihren Verhandlungen zu beachten. Das KVG widmet dem Abschnitt Tarife und Preise nicht weniger als elf, z.T. recht lange Artikel, nämlich die Art. 43 bis 53. Es wird durch die Art. 60 bis 75 KVV und durch weitere Bestimmungen ergänzt, welche vom EDI erlassen werden.

bb) Wenn die Parteien einen Tarifvertrag aushandeln, müssen sie «auf eine betriebswirtschaftliche Bemessung und eine sachgerechte Struktur der Tarife» achten; KVG 43 IV[198]. Da die Tarifverträge der behördlichen Genehmigung bedürfen (vgl. hinten S. 84), hat die zuständige Behörde diesen Punkt zu prüfen.

Tarifverträge werden meistens zwischen den Verbänden, z.B. zwischen kantonalen Krankenkassen und – Ärzteverbänden, abgeschlossen[199]. KVG 43 IV schreibt vor, dass in solchen Fällen vor dem Abschluss die Organisationen anzuhören sind, «welche die Interessen der Versicherten auf kantonaler oder auf Bundesebene vertreten». Es handelt sich z.B. um Patientenvereinigungen oder auch um Konsumentenschutzorganisationen.

Dieses Anhörungsrecht kann mithelfen, Unausgewogenheiten des Vertrages zu erkennen und allenfalls auszumerzen.

Wenn es an einem Tarifvertrag fehlt, d.h. für den vertragslosen Zustand, müssen die zuständigen Behörden die Tarife und Preise festsetzen; KVG 43 IV (vgl. hinten S. 85). Sie haben die gerade erwähnten Anforderungen ebenfalls zu berücksichtigen.

cc) «Der Bundesrat kann Grundsätze für eine wirtschaftliche Bemessung und eine sachgerechte Struktur sowie für die Anpassung der Tarife aufstellen. Er sorgt für die Koordination mit den Tarifordnungen der anderen Sozialversicherungen»; KVG 43 VII. Mit dem zweiten Satz werden die Tarife der Unfall-, Invaliden- und Militärversicherung anvisiert.

dd) Es wird noch einige Zeit verstreichen, bis die bestehenden Tarifverträge an das neue Recht angepasst sind. KVG 104 enthält daher Übergangsbestimmungen. Danach werden bestehende Verträge nicht aufgehoben. Sie gelten weiter[200]. Der Bun-

---

198 Im KVG und in der KVV finden sich verstreut Vorschriften, wonach die Vertragsparteien in den Verträgen bestimmte Sachverhalte regeln müssen. So werden sie in KVG 56 V und KVV 77 verpflichtet, Massnahmen zur Sicherstellung der Wirtschaftlichkeit der Leistungen zu vereinbaren (hinten S. 99 lit. ee und 104).

199 Zur rechtlichen Natur der Tarifverträge vgl. MAURER, BSVR S. 401; sie ist noch nicht restlos geklärt, z.B. bei Verträgen, die zwischen Krankenkassenverbänden und Ärzten abgeschlossen werden.

200 Nach bisherigem Recht durften die Ärzte in ihren Verträgen mit den KK die Prämien nach den Einkommensverhältnissen der Versicherten abstufen und drei Gruppen bilden; für die gleiche Leistung konnten sie für die Versicherten mit höherem Einkommen ein höheres Honorar als für Versicherte mit bescheidenerem Einkommen verlangen. Dies ist nach neuem Recht nicht mehr zulässig, da die KV nunmehr eine obligatorische Volksversicherung ist; Botschaft zum KVG bei Art. 38.

desrat bestimmt, bis wann sie an das neue Recht anzupassen sind. Versicherer, welche die soziale KV erst unter dem neuen Recht aufnehmen, haben ein Recht auf Beitritt zu Tarifverträgen, die unter dem bisherigen Recht von Krankenkassenverbänden abgeschlossen worden sind; vgl. auch KVG 46 II.

ee) KVG 43 II nennt im Sinne von Beispielen verschiedene Tariftypen und regelt einzelne von ihnen in den folgenden Absätzen. Sie lassen den Vertragspartnern grossen Spielraum, andere Tariftypen zu wählen. Sie müssen jedoch stets die gesetzlichen Schranken beachten. Zu den im Gesetz erwähnten Tariftypen folgendes:

aaa) Beim *Zeittarif* wird die Vergütung nach dem benötigten Zeitaufwand bemessen. Er wurde nach bisherigem Recht nur selten vereinbart und könnte z.B. für spitalexterne Krankenpflege (SPITEX) und in der teilstationären Krankenpflege in Frage kommen; Abs. 2 lit. a und KLV 9.

bbb) In jüngerer Zeit hat für die *ambulante Behandlung* der *Einzelleistungstarif* stark an Bedeutung gewonnen. Er wurde z.B. von kantonalen Ärzte- und Krankenkassenverbänden oft den anderen Vertragstypen vorgezogen. Nach ihm wird jede einzelne Leistung, z.B. eine ärztliche Konsultation, die Blutdruckmessung und eine Injektion, gewertet und mit einer Anzahl *Taxpunkten* versehen. Dies ist die abstrakte *Tarifstruktur*. Indem dann die Anzahl Taxpunkte der einzelnen Leistung mit dem in Franken und Rappen festgelegten *Taxpunktwert* multipliziert wird, erhält man den Preis, den der Leistungserbringer für seine Leistung verlangen darf; KVG 43 II lit. b und V.

Da die Taxpunkte pro Leistung einheitlich bestimmt werden sollten – eine Blutdruckmessung erfordert bei gleicher Fachkenntnis in jedem Kanton ungefähr den gleichen Zeitaufwand –, schreibt KVG 43 V vor, dass die Tarifpartner die Tarifstruktur für die Einzelleistungstarife gesamtschweizerisch einheitlich regeln müssen. Wenn sie sich nicht einigen können, so legt der Bundesrat die Tarifstruktur, also die Taxpunkte pro Leistung, fest.

Der Taxpunktwert setzt den Tarif für jede Leistung in Franken um. Er soll regional, z.B. kantonal oder auch getrennt für Stadt und Land, nicht gesamtschweizerisch, vereinbart werden, da ja auch die Preise und Löhne grosse regionale Unterschiede aufweisen. Würden die Taxpunktwerte auf Bundesebene fixiert, so gäbe es in der KV einen eigentlichen Preisschub: Es würde erfahrungsgemäss ein nivellement vers le plus haut stattfinden.

ccc) KVG 43 II lit. c und III regeln den *Pauschaltarif.* Er besteht aus verschiedenen Varianten, von denen zwei zu erklären sind. So kann er sich auf die Behandlung je Patient beziehen und heisst dann *Patientenpauschale.* Die Vergütung wird für eine ganze Behandlung des Patienten *(Fallpauschale)* oder für einen Spitaltag *(Tagespauschale)* entrichtet. Es kann aber auch die Versorgung je Versichertengruppe vereinbart werden *(Versichertenpauschale).* Die Vergütung wird dann z.B. festgelegt, indem man prüft, welche Vergütung in der Vergangenheit für diese Gruppe während einer bestimmten Zeitspanne geleistet wurde, und auf dieser Grundlage wird geschätzt, welche Behandlungsbedürfnisse für einen künftigen Zeitabschnitt zu erwarten sind. Nach diesem sog. *prospektiven Globalbudget* wird die Vergütung für einen künftigen Zeitabschnitt vereinbart. Es ist dann unbeachtlich, ob die einzelnen

Versicherten der Versichertengruppe überhaupt behandelt werden und worin die Behandlung allenfalls besteht. Diese Variante ist noch wenig erprobt[201]. Sie kann z.b. für HMO-Gesundheits-Erhaltungsorganisationen oder beim PPO-Modell (vorne S. 76) in Frage kommen. Eine besondere Variante ist das Globalbudget, das der Eindämmung der Kostenentwicklung dient; sie wird später zu besprechen sein (hinten S. 93)[202].

Spitäler bevorzugen oft eine Mischmethode. Sie vereinbaren zwar die Patientenpauschale – Vergütung je Patient für einen Spitaltag -, verbinden sie aber mit dem Einzelleistungstarif für besonders wichtige Leistungen, z.B. für grössere Operationen oder für den Einsatz sehr teurer Apparate für Diagnose oder Therapie. Auf Besonderheiten für die Vergütung von «Mitteln und Gegenstände», die der Untersuchung oder Behandlung dienen, wird später hinzuweisen sein; vgl. hinten S. 90.

b) Tarifschutz – Ausstand eines Leistungserbringers

aa) KVG 44 I verpflichtet die Leistungserbringer, sich an die vertraglich oder behördlich festgelegten Tarife und Preise zu halten; sie dürfen «für Leistungen nach diesem Gesetz keine weitergehenden Vergütungen berechnen». Dies ist der Tarifschutz. Er verbietet den Leistungserbringern, *Zusatzrechnungen* zu stellen, indem z.B. der Arzt behauptet, er hätte für eine Behandlung ausserordentlich viel Zeit aufwenden müssen, was durch den Tarifvertrag nicht angemessen abgegolten werde, oder er sei für den Fall hochspezialisiert. Der Versicherer darf diese Zusatzrechnung nicht zu seinen Lasten nehmen. Er muss dem Versicherten die entsprechenden Kosten auch nicht vergüten, wenn dieser Honorarschuldner ist (vorne S. 77). Der Versicherte geniesst den Tarifschutz in gleicher Weise wie der Versicherer[203]. Deshalb darf er die Bezahlung gegenüber dem Arzt ebenfalls verweigern, da die Forderung gegen das Gesetz verstösst. Art. 20 OR, der einen widerrechtlichen Vertrag und einzelne seiner Teile als nichtig erklärt, ist analog anwendbar.

Die Rechtslage ist freilich anders, wenn der Versicherte eine Zusatzversicherung hat (hinten S. 131 ff.), die Leistungen deckt, welche vom Tarifvertrag nicht erfasst werden. Der Leistungserbringer kann sich dann mit seiner Zusatzrechnung an den betreffenden Versicherten halten. Dies gilt z.B. für den Fall, dass sich der Versicherte als Privatpatient in der Privatabteilung eines Spitals behandeln lässt. Die Mehrkosten, die dadurch entstehen, dürfen von der sozialen KV nicht getragen werden. Sie sind vom Zusatzversicherer zu übernehmen, sofern sie durch seine Zusatzversicherung gedeckt sind. Der Tarifschutz besteht hier darin, dass der Versicherer nach KVG jene Kosten übernehmen muss, welche sich ergeben würden, wenn der Versicherte in der allgemeinen Abteilung behandelt worden wäre.

---

201 Die prospektive Tarifierung gibt es auch in der Motorfahrzeughaftpflichtversicherung; vgl. MAURER, PVR S. 555.
202 KVG 43 II lit. d regelt einen sog. *Tarifausschluss* zur Sicherung der Qualität. Er wird hinten S. 104 im Zusammenhang mit KVG 58 behandelt.
203 Hingegen muss sich der Versicherte trotz des Tarifschutzes gemäss KVG 64 an den Kosten beteiligen (Franchise und Selbstbehalt; vgl. hinten S. 147).

Eine Vereinbarung über eine Zusatzrechnung, die nicht unter den Tarifschutz fällt, ist gleichwohl in engen Grenzen zulässig, nämlich wenn sie eine Leistung betrifft, die von der sozialen KV nicht gedeckt ist[204]. Sofern der Versicherte z.B. eine Heilmethode wünscht, die vom Versicherer nicht honoriert wird, da sie dem Gebot der Effizienz nach KVG 32 nicht genügt (vorne S. 51), oder wenn er ein Heilmittel verlangt, das nicht auf der Spezialitätenliste aufgeführt ist, kann er diese Leistungen mit dem Leistungserbringer vereinbaren. Die Praxis nennt solche Leistungen Extras oder Extraleistungen. Die Vereinbarung ist jedoch nur gültig, wenn der Leistungserbringer den Versicherten ausdrücklich auf den fehlenden Versicherungsschutz hinweist. Dies lässt sich schon aus dem Grundsatz von Treu und Glauben ableiten. Die Vereinbarung ist ebenfalls zulässig mit einem Leistungserbringer, der sich im Ausstand befindet (vgl. sogleich lit. bb) und wohl auch mit einem Leistungserbringer, der aus wichtigen Gründen gemäss KVG 59 (hinten S. 105) von der KV-Praxis ausgeschlossen wurde.

bb) Ein Leistungserbringer kann es ablehnen, für die soziale KV tätig zu werden (sog. *Ausstand*). Er hat dies der Stelle zu melden, die von der Kantonsregierung bezeichnet wird. Überdies muss er den Versicherten, der sich an ihn wendet, sofort auf seinen Ausstand hinweisen; KVG 44 II. Unterlässt er dies, so wäre seine Honorarforderung widerrechtlich und daher ungültig; OR 20 ist analog anwendbar.

Es kommt ab und zu vor, dass Universitätsdozenten oder andere Spezialisten den Ausstand erklären, um den Patienten nach Ermessen Rechnung stellen zu dürfen. Der Versicherte wird sich dann überlegen, ob nicht ein anderer Leistungserbringer eine annähernd gleichwertige Behandlung zu bieten vermag, ohne aber den Ausstand erklärt zu haben.

Wenn viele Leistungserbringer, z.B. alle Chirurgen eines Kantons, in Ausstand treten würden, weil sie sich im Hinblick auf laufende Tarifverhandlungen daraus einen Vorteil versprechen, so muss die Kantonsregierung durch geeignete Massnahmen die medizinische Versorgung sicherstellen. Ein Tarifschutz für die Versicherten ist dabei zu gewährleisten. Der Bundesrat kann nähere Bestimmungen erlassen; KVG 45. Ein solcher Notstand ist bisher nur selten eingetreten[205].

c) Tarifvertrag

KVG 46 ergänzt die Regelung des Tarifvertrages, die bereits KVG 43 enthält (vorne lit. a). Dazu folgendes:

aa) Parteien eines Tarifvertrages können einerseits einzelne oder mehrere Leistungserbringer oder deren Verbände und anderseits einzelne oder mehrere Versicherer und deren Verbände sein; Abs. 1. Derzeit überwiegen Verbandsverträge auf Kantonsebene, z.B. Verträge zwischen kantonalen Ärzte- und Krankenkassenverbänden. Auch

---

204 Dies schon nach bisherigem Recht: BGE 108 V 255 oben und betreffend das UVG MAURER, UVR S. 310. – Der Versicherte wird sich aber, bevor er der Vereinbarung mit dem Leistungserbringer zustimmt, bei seinem Versicherer erkundigen, ob die in Frage kommenden Leistungen wirklich nicht unter den Tarifschutz fallen.
205 Botschaft zum KVG bei Art. 38 a. E.

gesamtschweizerische Verträge gibt es, so zwischen Verbänden der Physiotherapeuten oder Apotheken und Krankenkassenverbänden. Nunmehr können Versicherer auch mit einzelnen Leistungserbringern, z.B. mit einem einzigen Arzt (unten lit. bb), einen Vertrag abschliessen, sei es, dass nur ein, z.B. grosser Versicherer, sei es dass eine Gruppe von Versicherern als Gegenpartei ihn unterzeichnen. Auch kleinere oder grössere Gruppen von Ärzten sind als Vertragsparteien zugelassen, z.B. eine Ärztegemeinschaft oder eine HMO- oder PPO-Praxis (vorne S. 76). Diese starke Aufsplitterung des Vertragswesens kann zwar die Übersichtlichkeit schwächen, aber umgekehrt auch den Wettbewerb unter den Leistungserbringern und unter den Versicherern stärken und dadurch die Kostenentwicklung eindämmen. Wenn z.B. Ärzte oder Ergotherapeuten eine neue Praxis aufbauen, werden sie eher geneigt sein, auch für tiefere Honorare zu arbeiten als bestehende, gut ausgelastete vergleichbare Praxen. Die Aufsplitterung ist jedoch auch geneigt, die Verwaltungskosten der Versicherer in die Höhe zu treiben. Vertragsverhandlungen können nämlich zeitraubend sein und erfordern den Einsatz erfahrener Fachleute.

Die Parteien haben für die Gestaltung der Verträge einen beachtlichen Spielraum. Sie müssen zwar die gesetzlichen Schranken beachten, daneben gilt jedoch der Grundsatz der Vertragsfreiheit.

Die Versicherer haben hoheitliche Gewalt, d.h. das Recht, Verfügungen gemäss KVG 80 zu erlassen. Deshalb kann man die Verträge, die sie mit den Leistungserbringern abschliessen, als öffentlich-rechtliche Verträge bewerten[206]. Sie enthalten oft die Klausel, dass das OR subsidiär anzuwenden sei, soweit die Gesetzgebung über die KV einen Sachverhalt nicht regelt. Diese Rechtswahl dürfte zulässig sein.
bb) Eine wichtige Neuerung bringt Abs. 2. Wenn ein Verband Vertragspartei ist, so ist der Tarifvertrag für seine Mitglieder nur verbindlich, wenn sie dem Vertrag beigetreten sind. Es besteht kein Verbandszwang. Damit können einzelne Mitglieder mit den Versicherern eigene Verträge, sog. Sonderverträge, abschliessen. Die lit. a und b von Abs. 3 KVG 46 bestimmen zur Verdeutlichung, dass es nicht zulässig ist, in einem Tarifvertrag, in Statuten, Reglementen und getrennten Vereinbarungen festzulegen, dass es einzelnen Verbandsmitgliedern verboten sei, einen Sondervertrag abzuschliessen oder sie auf einen bestehenden Vertrag zu verpflichten. Andererseits dürfen Nichtmitglieder, die im Vertragsgebiet tätig sind, dem Verbandsvertrag gemäss Abs. 2 beitreten. Dieser kann vorsehen, dass sie einen angemessenen Beitrag an die Unkosten des Vertragsabschlusses und der Durchführung leisten müssen. Der Vertrag hat schliesslich auch die Art und Weise der Beitritts- sowie der Rücktrittserklärung und ihre Bekanntgabe zu regeln. Es besteht in den Schranken des KVG Vertragsfreiheit.

Die Frist für die Kündigung eines Tarifvertrages und für die Rücktrittserklärung eines Mitgliedes beträgt mindestens sechs Monate; Abs. 5. Der Vertrag darf eine längere Frist festlegen und ebenso den Zeitpunkt, auf welchen Kündigung und Rücktritt zulässig sind, z.B. auf Ende eines Kalenderjahres oder auch auf Ende jeden Monats.

---

206 MAURER, SVR I S. 144.

Wenn ein Leistungserbringer keinem Verbandsvertrag beitreten und auch sonst durch keinen Tarifvertrag mit einem Versicherer verbunden ist, besteht für ihn ein vertragsloser Zustand. Dieser wird unter lit. d besprochen.

cc) Abs. 3 von KVG 46 erklärt verschiedene Massnahmen als ungültig – gemeint ist damit die Nichtigkeit der betreffenden Bestimmung –, und zwar ohne Rücksicht darauf, ob sie in einem Tarifvertrag, in getrennten Vereinbarungen oder Regelungen wie etwa in Statuten oder Reglementen enthalten sind. Er will damit die Vertragsfreiheit und durch sie den Wettbewerb stärken[207]. Es sind dies einmal die lit. a und b, die bereits vorne unter lit. bb erwähnt wurden und die Mitglieder von Verbänden betreffen. Die lit. c nennt sodann «Konkurrenzverbote zu Lasten von Verbandsmitgliedern» und lit. d «Exklusivitäts- und Meistbegünstigungsklauseln». Diese beiden Klauseln werden besonders in zwischenstaatlichen Handelsabkommen verwendet. Wenn z.B. ein Versicherer einem Chirurgieprofessor durch Absprache zusichern würde, er bezahle ihm für eine schwierige Operation einen bestimmten, sehr hohen Betrag und verpflichtet sich, keinem anderen Chirurgen einen ebenso hohen Betrag zu bezahlen, dann wäre dies eine verbotene Exklusivklausel. Um eine Meistbegünstigungsklausel handelt es sich, wenn der Versicherer dem genannten Chirurgen zusichert, dass er das tariflich festgesetzte Honorar für die Operation entsprechend erhöhen werde, wenn er je einem anderen Chirurgen durch Absprache ein noch höheres Honorar bewilligen würde. Auch eine solche Absprache ist ungültig, da sie kartellartigen Charakter hat und den Wettbewerb einschränkt.

dd) Tarifverträge werden von den Tarifparteien ausgehandelt. Die Leistungserbringer vertreten ihre eigenen, besonders die finanziellen Interessen, und die Versicherer v.a. die Interessen der Versicherten, damit diese nicht zu hohe Prämien bezahlen müssen. Man könnte daher die Interessenlage als einigermassen ausgewogen bezeichnen. Weil jedoch keine genügende Garantie, jedenfalls nicht für die Versicherten, besteht, schreibt Abs. 4 von KVG 46 vor, dass der Tarifvertrag der behördlichen Genehmigung bedarf, was im Ergebnis auf eine Aufsicht hinausläuft. Zuständig ist die Kantonsregierung oder, wenn der Vertrag in der ganzen Schweiz gelten soll, der Bundesrat. «Die Genehmigungsbehörde prüft, ob der Tarifvertrag mit dem Gesetz und dem Gebot der Wirtschaftlichkeit[208] und Billigkeit in Einklang steht»[209]. Bevor sie ihren Entscheid fällt, muss sie den Preisüberwacher anhören; PüG 14 I und vorne

---

207 Abs. 3 wurde von der Kartellkommission vorgeschlagen und auf Antrag der Kommission des NR ins KVG eingefügt; Amtl. Bull. (NR) 1993 S. 1860; vgl. zur Kartellkommission auch vorne S. 23.
208 Mit diesem Gebot werden die Art. 32 und 56 KVG ins Auge gefasst; vorne S. 51 und hinten S. 96.
209 RKUV 1988 S. 417 und 1981 S. 104: Der Richter darf nur mit grosser Zurückhaltung in die Tarifverträge eingreifen. Er kann nur prüfen, ob sie mit dem Bundesrecht übereinstimmen. Diese Erwägung dürfte auch für das neue Recht wegweisend sein. Weiteres bei RUMO-JUNGO, Unfallversicherung S. 245.

S. 23[210]. Der Entscheid der Kantonsregierung kann gemäss KVG 53 mit Beschwerde beim Bundesrat angefochten werden, hinten S. 92 und 178.

Es kommt vor, dass ein Tarifvertrag bereits vor der behördlichen Genehmigung angewendet wird. Dies trifft z.b. zu, wenn der Arzt dem Versicherten nach ihm Rechnung stellt, obwohl noch der Rahmentarif nach KVG 46 IV gilt. Die Rechtsfolge ist nicht für alle nur denkbaren Sachverhalte einheitlich. Das Erfordernis der Genehmigung dürfte als Verbot zu verstehen sein, den Tarifvertrag schon nach seinem Abschluss aber noch vor der behördlichen Genehmigung anzuwenden. Nicht jede Verletzung dieses aufsichtsrechtlichen Verbotes bewirkt die Nichtigkeit der Forderung analog OR 20. Die Nichtigkeit muss dem Zweck der Norm entsprechen[211]. Im erwähnten Beispiel besteht der Zweck in erster Linie darin, den Versicherten vor Nachteilen zu schützen. Wenn der Arzt eine Rechnung stellt, die zwar dem neuen Vertrag entspricht, jedoch höher ist, als sie es nach dem Rahmenvertrag sein dürfte, dann wird der Versicherte benachteiligt: Er muss z.B. einen zu hohen Anteil an den Kosten nach KVG 64 übernehmen. Deshalb schuldet er den Mehrbetrag nicht und kann ihn, wenn er ihn schon bezahlt hat, zurückfordern. Im übrigen muss bei der Beurteilung auch der Grundsatz von Treu und Glauben beachtet werden. Er wird es einem Beteiligten u.U. verbieten, sich auf die Nichtigkeit zu berufen: Wenn der Arzt im geschilderten Beispiel weiss, dass die Genehmigung noch aussteht und nach dem neuen Vertrag ein kleineres Honorar verlangt als es sich aus dem Rahmentarif ergeben würde, darf er nicht später die Differenz einfordern. Dies würde gegen Treu und Glauben verstossen.

d) Fehlen eines Tarifvertrages oder der vertragslose Zustand

In der Regel bestehen nach bisheriger Erfahrung zwischen Leistungserbringern und Versicherern Tarifverträge. Es kann aber Ausnahmen geben. KVG 47 spricht vom Fehlen eines Tarifvertrages, während der gleiche Sachverhalt nach altem Recht vertragloser Zustand genannt wurde. Beide Ausdrücke können nach KVG nebeneinander als gleichbedeutend verwendet werden. KVG 47 regelt drei verschiedene Fallgruppen:

aa) Wenn zwischen Leistungserbringern und Versicherer von Anfang an kein Tarifvertrag besteht, so setzt die Kantonsregierung nach Anhören der Beteiligten den Tarifvertrag fest. Dies trifft z.B. zu, wenn die Tarifparteien trotz Verhandlungen nicht zu einer Einigung kamen oder die Verhandlungen gar nicht aufgenommen haben. Zu denken ist etwa an KVG 46 II: Ein Arzt tritt dem Verbandstarif nicht bei, den der Ärzteverband abgeschlossen hat, dessen Mitglied er ist. Dies gilt auch für den Arzt, der dem Verband selbst nicht angehört, obwohl er dies nach den Statuten könnte, oder dass er von ihm ausgeschlossen wurde. Zwischen solchen Ärzten und den betreffenden Versicherern fehlt es an einem Vertrag. Die gleiche Lage kann auch bei

---

210 Botschaft zum KVG bei Art. 39.
211 BGE 102 II 404 E. 2, b und 406 E. 3, b; 107 II 193 E. 3; 109 II 59; 111 II 52 ff. und ferner MAURER, PVR S. 131.

anderen Leistungserbringern gegeben sein. Die Kantonsregierung muss einen Tarif festsetzen, da der vertragslose Zustand Rechtsunsicherheit schafft. Wenn sie dies versäumt, hat im Streitfall der Richter zu entscheiden, welchen Tarif er für die Festsetzung der Vergütung im Einzelfall analog anwendet. Dabei wird er eine gewisse Vorsicht walten lassen. Er sollte z.B. nicht einen Tarif wählen, der günstiger ist als der Verbandstarif, welchem der Arzt nicht beitreten wollte; andernfalls bringt er den Arzt in Versuchung, dem Verbandstarif weiterhin nicht beizutreten, da er vom «Richtertarif» Vorteile erwartet. Dabei will das KVG das vertragliche Tarifwesen fördern.

bb) Wie schon auf S. 72 ausgeführt wurde, geniesst der Versicherte nur innerhalb bestimmter örtlicher Grenzen vollen Tarifschutz: Wenn er für die ambulante Behandlung nicht einen Leistungserbringer am Wohn- oder Arbeitsort oder in deren Umgebung und für stationäre oder teilstationäre Behandlung nicht ein Spital seines Wohnkantons wählt, so lässt er sich ausserhalb dieser örtlichen Grenzen behandeln. Deshalb muss er den Mehrpreis selbst tragen, der allenfalls nach den dort gültigen Tarifverträgen geschuldet wird; KVG 41. Abs. 2 von KVG 47 ergänzt diese Regelung. Falls für die Behandlung ausserhalb dieser Grenzen gar kein Tarifvertrag besteht, muss «die Regierung des Kantons, in dem die ständige Einrichtung des Leistungserbringers liegt», den Tarif festsetzen. An einem solchen Vertrag fehlt es, wenn ein Vertrag bestimmt, dass er nur für die Versicherten gelte, die in dem betreffenden Gebiete wohnen, also z.B. bei Spitalbehandlung nur für die Kantonseinwohner.

cc) In der Regel verhandeln die Vertragsparteien wieder, wenn ein Vertrag gekündigt ist. Es kommt aber vor, dass sie sich innert der Kündigungsfrist von sechs Monaten (KVG 46 V) nicht auf einen neuen Vertrag einigen können, sodass ein vertragsloser Zustand eintritt. Die Kantonsregierung kann den bisherigen Vertrag nach Abs. 3 von KVG 47 um ein Jahr verlängern. Sie wird dies tun, wenn sie damit rechnet, dass die Parteien innert dieser Zeitspanne doch noch einen Vertragsabschluss erzielen. Wenn sie zum vornherein annimmt, dass dies aussichtslos ist und ebenso wenn der Vertragsabschluss nach Ablauf des Jahres nicht erfolgt, setzt sie nach Anhören der Parteien der Beteiligten den Tarif fest. Sie kann den Vertragstypus i.S. von KVG 43 frei wählen und muss auch dessen Abs. 4 bis 6 beachten (vorne S. 78 ff.). Dies gilt überdies, wenn die Kantonsregierung aus anderen Gründen, z.B. gemäss den Abs. 1 und 2 von KVG 47, einen Tarif erlässt. Gegen ihre Abschlüsse kann nach KVG 53 Beschwerde an den Bundesrat erhoben werden (hinten S. 92).

dd) Für Einzelleistungsverträge müssen die Vertragsparteien auf Bundesebene eine einheitliche Tarifstruktur festlegen. Wenn sie sich nicht einigen, legt der Bundesrat die Tarifstruktur fest (vorne S. 80).

ee) Auch die Kantonsregierungen oder allenfalls der Bundesrat müssen, bevor sie einen Tarif erlassen oder genehmigen (KVG 46 IV), den Preisüberwacher zur Stellungnahme einladen, ihn also anhören; PüG 14.

e) Besonderheiten bei Tarifverträgen mit Ärzteverbänden

aa) Wie schon nach bisherigem Recht hat die Genehmigungsbehörde – Kantonsregierung oder Bundesrat, KVG 46 IV -, wenn sie einen Tarifvertrag mit einem oder mehreren Ärzteverbänden genehmigt, einen *Rahmentarif* festzusetzen; KVG 48 I. Dessen Mindestansätze sollen unter und dessen Höchstansätze über denjenigen des genehmigten Vertragstarifes liegen. Die Behörde muss zuvor die Vertragsparteien, nach Art. 14 PüG auch den Preisüberwacher anhören und – da es sich um Verbandstarife handelt – überdies die Organisationen, welche die Interessen der Versicherten auf kantonaler oder Bundesebene vertreten; KVG 43 IV.

bb) Der Rahmentarif kommt zur Anwendung, wenn der Tarifvertrag wegfällt. Er ist somit ein Reservetarif[212]; Abs. 2. Die Vertragsparteien sollen eingeladen werden, einen neuen Tarifvertrag auszuhandeln. Kommt dieser nicht zustande, so kann die Genehmigungsbehörde den Rahmentarif «ohne Rücksicht auf den früheren Vertragstarif festsetzen». Sie hat somit die Möglichkeit, ihn so zu ändern, dass er für die Leistungserbringer ungünstiger als der frühere Vertragstarif ausfällt. Damit kann er die Tarifparteien unter Druck setzen, endlich einen neuen Vertrag abzuschliessen, um dadurch zu besseren Preisen zu kommen.

cc) Ein Tarif kommt, wenn auch selten, von Anfang an nicht zustande. Dies kann z.B. zutreffen, wenn ein neuer Ärzteverband gegründet wird, der sich aus bestimmten Spezialisten zusammensetzt, oder weil sich Mitglieder ihrem Verbandstarif nicht anschliessen (KVG 46 II) und einen eigenen Verband bilden. Auf Antrag der Parteien setzt die Genehmigungsbehörde einen Rahmentarif fest; KVG 48 III. Sie wird einen eher bescheidenen Rahmen wählen, um den Parteien einen Anreiz zum Abschluss eines Tarifvertrages zu geben.

dd) Sobald die Parteien einen Tarifvertrag abgeschlossen haben und er von der Behörde genehmigt ist, tritt der Rahmentarif ausser Kraft; KVG 48 IV. Wenn es sich jedoch um einen Verbandsvertrag handelt, muss die Behörde auf dessen Grundlage einen neuen Rahmentarif festsetzen; KVG 48 I.

f) Besonderheiten bei Spitaltarifverträgen[213]

Die Kosten für die Spitalbehandlung der Versicherten bilden neben den Kosten für die ambulante Behandlung die wichtigsten Ausgabeposten der KV. Art. 49 KVG schenkt ihnen bei der Regelung der Tarifverträge für Spitäler besondere Aufmerksamkeit und weicht vom bisherigen Recht in wesentlichen Punkten ab. Er strebt an, einerseits eine «qualitativ hochstehende und zweckmässige gesundheitliche Versorgung zu möglichst günstigen Kosten» nach KVG 43 VI zu erreichen, anderseits das Gebot der Effizienz gemäss KVG 32 (vorne S. 51) in den Vordergrund zu rücken, um den Kostenanstieg einzudämmen. Dabei führt er die Linie weiter, die das Gesetz mit der in KVG 39 I lit. d eingeführten Pflicht gezeichnet hat, die

---

212 Botschaft zum KVG bei Art. 41.
213 Botschaft zum KVG bei KVG 42.

«bedarfsgerechte Spitalversorgung» zu *planen* (vorne S. 69). Art. 49 regelt in seinen sieben Absätzen zahlreiche Einzelheiten. Dazu folgendes:
aa) Die Spitaltarife müssen für die Vergütung der *stationären* Behandlung einschliesslich Aufenthalt in einem Spital Pauschalen vereinbaren, z.b. einen festen Betrag je Patient und Tag (Tagespauschale). Mit dem Pauschaltarif dürfen sie für besondere diagnostische oder therapeutische Leistungen den Einzelleistungstarif kombinieren (Mischvertrag; Abs. 1 und 2). Er erlaubt die separate Vergütung z.b. für komplizierte Operationen und den Einsatz von Spitzentechnologie (vorne S. 80).

Eine bedeutsame Neuerung gilt für öffentliche und ebenso für öffentlich subventionierte Spitäler, da sie ganz oder teilweise durch Steuern finanziert werden. Die Vergütungen sollen «höchstens 50 Prozent der anrechenbaren Kosten je Patient oder Patientin oder je Versichertengruppe in der allgemeinen Abteilung» decken; Abs. 1 von KVG 49. Zudem wird bestimmt, welche Kosten nicht berücksichtigt werden dürfen: «Betriebskostenanteile aus Überkapazität, Investitionskosten sowie Kosten für Lehre und Forschung». Eine Überkapazität besteht z.b., wenn ein Akutspital Patientenzimmer- und Betten hat, die gar nicht oder nur höchst selten gebraucht werden (vorne S. 69). Investitionskosten umfassen sowohl die Kosten des Baus und des Ausbaus des Spitals als auch jene der Spitaleinrichtungen wie Apparaturen für diagnostische und therapeutische Zwecke. Kosten für Lehre und Forschung fallen vorwiegend in Universitätsspitälern, gelegentlich aber auch in anderen öffentlichen Spitälern an, besonders wenn Abteilungen von Dozenten an Universitäten geleitet werden. Somit muss bei der Berechnung der Tarife ausschliesslich auf die Betriebskosten abgestellt werden. Da sie nur zu 50 Prozent zu Lasten der KV gehen dürfen, muss die öffentliche Hand die andere Hälfte der Kosten tragen. Man spricht von der *Deckungsquote*. Es findet daher ein Lastenausgleich zwischen diesen beiden Trägern statt. Indem die öffentliche Hand einen wesentlichen Teil der Kosten zu tragen hat, wird sie – so hofft man – eher geneigt sein, bei der Spitalplanung und Betriebsführung dem Gebot der Effizienz nachzuleben. Die anrechenbaren Betriebskosten sind im Zeitpunkt des Vertragsabschlusses zu ermitteln.

Die Vertragsparteien dürfen – sie müssen nicht – für *ausserkantonale Patienten* höhere Pauschalen vereinbaren[214], da sie im Vertragskanton nicht steuerpflichtig sind, also nicht durch ihre Steuern an der Finanzierung der Spitäler mithelfen (weiteres zu einer Sonderregelung nach KVG 41 III vorne S. 75).

Bei privaten Spitälern können die Vertragsparteien höhere Deckungsquoten, d.h. Vergütungen von mehr als 50 Prozent der anrechenbaren Kosten, vereinbaren. Diese Spitäler werden nicht durch die Steuerpflichtigen mitfinanziert, weshalb sich eine stärkere Belastung der KV rechtfertigen lässt. Sie müssen jedoch die in KVG 39 I aufgestellten Voraussetzungen ebenfalls erfüllen, um überhaupt als Leistungserbringer zugelassen zu werden (vorne S. 68 f.).

---

214 Dies gilt gemäss KVG 49 II auch, wen sie den Pauschaltarif für besondere diagnostische und therapeutische Leistungen mit dem Einzelleistungstarif kombinieren; oben lit. aa.

bb) Wenn der Patient nicht mehr spitalbedürftig, also nicht mehr «im Spitalmilieu» (vorne S. 70 a.E.) behandelt werden muss, aber weiterhin auf unbestimmte Zeit pflegebedürftig ist, wird er oft in ein Pflegeheim verlegt. Für den Aufenthalt in einem solchen hat der Versicherer die «Hotelkosten», d.h. die Kosten für Unterkunft und Verpflegung, nicht mehr zu vergüten. Falls in einem geeigneten Pflegeheim gerade kein Platz frei ist, wird der Patient auf eine Warteliste gesetzt und bleibt meistens weiterhin im Spital. Nach bisheriger EVG-Praxis ist die Krankenkasse noch während einer Anpassungszeit von etwa einem Monat leistungspflichtig[215].

Diese Praxis wird nun durch die zwingende Regelung in Abs. 3 von KVG 49 ersetzt. Danach ist der Spitaltarif nur anzuwenden, «solange der Patient oder die Patientin *nach medizinischer Indikation* der Behandlung und Pflege oder der medizinischen Rehabilitation im Spital bedarf». Wenn diese Voraussetzung nicht mehr erfüllt ist, so gilt für den Spitalaufenthalt der Tarif für das Pflegeheim nach Art. 50. Eine Anpassungszeit entfällt deshalb. Der behandelnde Arzt wird freilich leicht der Versuchung erliegen, die Behandlungsbedürftigkeit noch für kurze Zeit zu bejahen, sie zu «strecken», da sich ihr Ende medizinisch ohnehin nur selten durch eine scharfe Grenze abzeichnet.

cc) Mit den Vergütungen nach den Abs. 1 bis 3 «sind alle Ansprüche des Spitals für die allgemeine Abteilung abgegolten»; KVG 49 IV. Dies bedeutet, dass sowohl der Versicherer als auch der Versicherte Tarifschutz geniessen. Das Spital darf keine Zusatzrechnungen stellen. Solche wären unzulässig[216].

dd) Chef- und auch Oberärzte haben oft die Befugnis, Patienten im Spital ambulant zu behandeln und die Spitaleinrichtungen zu benützen. Davon ist der teilstationäre Aufenthalt zu unterscheiden, der für einige Stunden die Hospitalisation erfordert, z.B. für kleinere chirurgische Eingriffe oder bei ambulanten Geburten (vorne S. 70). KVG 49 V verpflichtet die Vertragsparteien, diese Fälle in ihren Tarifverträgen zu regeln.

ee) Nach Abs. 6 von KVG 49 müssen die Spitäler ihre Kosten ermitteln und ihre Leistungen nach einheitlicher Methode erfassen. Sie führen hiezu eine Kostenstellenrechnung und überdies eine Leistungsstatistik. Die Kostenstellenrechnung sollte aufzeigen, warum und in welchem Umfang Kosten entstanden sind. Sowohl die Vertragsparteien als auch die Kantonsregierung dürfen die Unterlagen einsehen. Diese bilden eine wichtige Voraussetzung für sachgerechte Vertragsverhandlungen.

ff) Die gerade erwähnten Unterlagen sollen aber auch Betriebsvergleiche zwischen den Spitälern ermöglichen, damit besser kontrolliert werden kann, ob das Gebot der Effizienz genügend beachtet wird; Abs. 7 von KVG 49 und KVG 32; vorne S. 51. Sowohl die Spitäler als auch die Kantone müssen dafür die nötigen Unterlagen liefern. Wenn der Betriebsvergleich ergibt, dass die Kosten eines Spitals deutlich über den Kosten vergleichbarer Spitäler liegen und ebenso, wenn die Unterlagen

---

215 BGE 115 V 38, 48 und 52 E. 3 d; RKUV 1991 S. 4.
216 Der Versicherte muss sich jedoch an den Kosten gemäss KVG 64 beteiligen (Franchise und Selbstbehalt; hinten S. 147).

eines Spitals ungenügend sind, tritt eine praktisch bedeutsame Rechtsfolge ein: Die Versicherer können den Vertrag nach KVG 46 V (sechsmonatige Kündigungsfrist) kündigen «und der Genehmigungsbehörde (Art. 46 Abs. 4) beantragen, die Tarife auf das richtige Mass zurückzuführen». Genehmigungsbehörde ist die Kantonsregierung oder, wenn es sich um gesamtschweizerisch vereinbarte Tarife handelt, der Bundesrat.

Die Kantonsregierung befindet sich, soweit es sich um Tarifverträge kantonseigener Spitäler handelt, in einem Interessenkonflikt. Nach kantonalem Recht trägt sie für die Betriebsführung die politische Verantwortung. Sie möchte die Preise und Tarife eher hoch belassen, um Defizite zu vermeiden, die ja zu Lasten des Kantons gehen. Als Genehmigungsbehörde muss sie die Tendenz verfolgen, die Preise in den Verträgen im Interesse der KV tief zu halten, sie «auf das richtige Mass zurückzuführen». Jedenfalls ist kaum zu erwarten, dass sie die Preise rigoros senken wird. Freilich steht dem Versicherer und anderen interessierten Kreisen, z.B. den Vereinigungen für den Patientenschutz, nach KVG 53 das Recht zu, gegen ihren Entscheid die Beschwerde an den Bundesrat zu erheben; hinten S. 92 und 178.

gg) Nach KVG 104 III, einer Übergangsbestimmung, legt der Bundesrat den Zeitpunkt fest, von dem an Spitäler und Pflegeheime die Absätze 6 und 7 von KVG 49 einzuhalten haben (vorne ee und ff). Sein Beschluss steht derzeit noch aus.

g)   Besonderheiten bei Tarifverträgen mit Pflegeheimen.

Bei Aufenthalt in einem Pflegeheim (KVG 39 III; vorne S. 70) vergütet der Versicherer die gleichen Leistungen wie bei ambulanter Krankenpflege und bei Krankenpflege zu Hause (vorne S. 60 und 66). Die übrigen Kosten, z.B. für Unterkunft und Verpflegung, sind von der KV nicht zu übernehmen. Der Versicherer kann mit dem Pflegeheim pauschale Vergütungen vereinbaren. Es ist ihm jedoch nicht verboten, einen anderen Vertragstypus zu wählen, sofern er dem Gebot der Effizienz nach KVG 32 und KVG 56 entspricht (Wirtschaftlichkeit der Leistungen; vorne S. 51 und hinten S. 96)[217].

h)   Analysen und Arzneimittel, Mittel und Gegenstände[218]

aa) Art. 52 I KVG schreibt verschiedene Listen (= Verzeichnisse) vor, die nach Anhören der zuständigen Kommission[219] (vorn S. 25) zu erstellen sind. Sie enthalten Leistungen, deren Kosten von der KV übernommen werden müssen; KVV 60 bis 75 regeln zahlreiche Einzelheiten.

Das EDI erlässt die «Liste der Analysen mit Tarif». Diese *Analysenliste* (AL) führt Analysen auf, die in den Laboratorien oder im Praxislabor des Arztes vorgenommen oder von Ärzten, Chiropraktoren und Hebammen veranlasst werden.

---

217 KLV 9 lässt im Sinne von Beispielen den Zeit- und Pauschaltarif zu.
218 Vgl. zum bisherigen Recht MAURER, BSVR S. 283 und SVR II S. 325
219 BGE 119 V 456: Befangenheit eines wissenschaftlichen Experten der Eidg. Arzneimittelkommission.

11. Tarife und Preise

Das EDI hat ferner die *Arzneimittelliste* mit Tarif (ALT)[220] zu erstellen. Sie umfasst die in der Rezeptur[221] verwendeten Präparate, Wirk- und Hilfsstoffe, wobei auch die Leistungen des Apothekers, z.B. für die Zusammenstellung eines Medikaments gemäss ärztlichem Rezept, zu berücksichtigen sind.

Die *Spezialitätenliste* (SL) wird gemäss KVG 52 I b vom BSV erlassen: Sie führt konfektionierte Arzneimittel und pharmazeutische Spezialitäten mit Preisen auf. Solche Spezialitäten dürfen in der Liste nicht aufgenommen werden, wenn für sie, z.B. in den Medien, Publikumswerbung betrieben wird (KVV 65 VI). Als Originalpräparate gelten die von einem Hersteller aufgrund eigener Forschung entwickelten Arzneimittel, die als erste die urheberrechtlich geschützte Zulassung erlangt haben; KVV 66 I. Preisgünstiger sind in der Regel Generika: Sie können anstelle der Originalpräparate gebraucht werden, an welche sie sich hinsichtlich Wirkstoff usw. anlehnen, also austauschbar sind; KVG 52 I b und KVV 66. Wenn für die Spezialitätenliste die Preise festgesetzt werden, muss auch die Preisgestaltung im Ausland beachtet werden; KVV 67 I. Erfahrungsgemäss sind die Preise für Medikamente z.B. in den Nachbarstaaten tiefer als in der Schweiz. KLV 35 regelt Einzelheiten für den Vergleich mit dem Ausland[222].

Die erwähnten Listen zählen die verschiedenen Positionen *abschliessend* auf. Es gilt das Listenprinzip (vorn S. 51)[222a].

Das BSV entscheidet über die Aufnahme von Produkten in die Spezialitätenliste durch Verfügung. Diese kann durch Beschwerde an die eidgenössische Rekurskommission für die Spezialitätenliste weitergezogen werden; KVG 90. Gegen Verfügungen des EDI ist die Verwaltungsgerichtsbeschwerde an das EVG zulässig.

bb) Nicht eine *abschliessende* Liste hat das EDI zu erlassen sondern «Bestimmungen über die Leistungspflicht und den Umfang der Vergütung bei *Mitteln* und *Gegenständen*, die der Untersuchung oder Behandlung dienen»; KVG 52 I, Z. 3. Das EDI kann den Vergütungsumfang für bestimmte Kategorien von Geräten im Sinne von Festpreisen umschreiben. Es hat die Liste in Anhang 2 zur KLV veröffentlicht (vorn S. 62).

cc) Abs. 2 von KVG 52 lautet wie folgt: «Für Geburtsgebrechen werden die zum Leistungskatalog der Invalidenversicherung gehörenden therapeutischen Massnahmen in die Erlasse und Listen nach Abs. 1 aufgenommen» (S. 48 und 91). Das ist

---

220 Die AL und ALT werden in der SR nicht veröffentlicht, können aber bei der Eidg.Drucksachen- und Materialzentrale, 3000 Bern, bezogen werden; KLV 28 f.
221 Der Ausdruck Rezeptur bedeutet, dass die Apotheke ein Heilmittel nach der Verordnung des Arztes zubereitet.
222 Zu der ALT und der SL nach bisherigem Recht BGE 120 V 212.
222a Die Art. 28 bis 38 KLV ergänzen die Bestimmungen der KVV in zahlreichen Punkten. BGE 118 V 275 (zum bisherigen Recht): Die SL kann die Abgabe von Arzneimitteln auf bestimmte Indikationen beschränken. Wird es für andere Indikationen verwendet, so gilt es als ein solches «ausserhalb der Liste». BGE 120 V 212 ff. (zum bisherigen Recht): Wenn sich ein Heilmittel aus mehreren Stoffen zusammensetzt, die nur teilweise zu den Pflichtleistungen gehören, gehen sie in ihrer Gesamtheit dann nicht zu Lasten des Versicherers, wenn die nichtpflichtigen Stoffe überwiegen.

nicht ohne weiteres verständlich und soll aufgrund eines konkreten Falles erläutert werden. X leidet seit ihrer Geburt an Phenylketonurie[223], welche eine lebenslange Behandlung, u.a. mit einer bestimmten, kostspieligen Diätkost erfordert. Die IV anerkannte die Krankheit als Geburtsgebrechen und übernahm die Kosten der ärztlichen Behandlung, stellte jedoch ihre Leistungen gemäss IVG 8 II und 13 I ein, als X das 20. Altersjahr erreichte. Die KV musste die Kosten nicht übernehmen, da die für die Diät notwendigen Stoffe, z.B. Aminosäuren, nicht auf der Arzneimittelliste aufgeführt waren. Abs. 2 verpflichtet nunmehr den Verordnunggeber – EDI und BSV – , jene Stoffe und Medikamente, welche von der IV bei Geburtsgebrechen bezahlt werden, in die Listen nach Abs. 1 von KVG 52, z.B. in die Spezialitätenliste, aufzunehmen: Die KV soll die Kosten anstelle der IV tragen, damit keine Lücke entsteht, sobald die IV die Leistungen einstellt.[224] Somit will Abs. 2 in diesem Punkt die KV und IV miteinander in Übereinstimmung bringen.

i)   Beschwerde an den Bundesrat

Die Kantonsregierungen haben nach zahlreichen Bestimmungen Entscheidungen zu treffen, also Beschlüsse zu fassen; so müssen sie bei Fehlen eines Tarifs – vertragsloser Zustand – den Tarif (KVG 47) oder den Rahmentarif festsetzen, wenn sie einen Tarifvertrag zwischen Ärzteverbänden und Versicherern genehmigen (KVG 48). KVG 53 führt in Abs. 1 die gesetzlichen Bestimmungen auf, nach denen die Kantonsregierungen Beschlüsse zu fassen haben, und legt fest, dass gegen diese Beschlüsse die Beschwerde an den Bundesrat erhoben werden kann. Das Beschwerdeverfahren richtet sich nach dem BG über das Verwaltungsverfahren (VwVG); Abs. 2.

Der Gesetzgeber bezeichnet nicht das EVG sondern den Bundesrat als Beschwerdeinstanz. Er trägt damit dem Umstand Rechnung, dass es bei der Beschwerde nicht nur um Rechtsfragen geht – nach KVG 46 IV muss der Tarifvertrag «mit dem Gesetz und dem Gebot der Wirtschaftlichkeit und Billigkeit in Einklang» stehen – sondern um den Ausgleich von beträchtlichen kollidierenden wirtschaftlichen Interessen.

Gemäss VwVG 48 sind Leistungserbringer und Versicherer zur Beschwerde berechtigt, überdies aber auch Versicherte und die sie vertretenden Organisationen, z.B. Patienten- und Konsumentenschutzvereinigungen.[225] Sie sind durch die angefochtene Verfügung «berührt» und haben ein «schutzwürdiges Interesse an deren Aufhebung oder Änderung».

Der Bundesrat entscheidet nach KVG 53 III «innert längstens vier Monaten über die Beschwerde». Da diese jedoch aufwendige Abklärungen erfordern und die den Entscheid vorbereitende Verwaltungsstelle zudem überlastet sein kann, darf die Frist

---

223   Gemäss KLV 12 finden – als Präventivmassnahme – bei Neugeborenen Untersuchungen auf Phenylketonurie statt.
224   Abs. 2 wurde erst während der parlamentarischen Beratungen auf Antrag von NR Wick im KVG aufgenommen. Er schätzte die jährlichen Kosten der Therapie (Diät) auf 12'000 Franken; Amtl. Bull. (NR) 1993 S. 1862. – Wenn die Diät nicht mehr eingenommen wird, treten beim Patienten schwerwiegende Beeinträchtigungen der geistigen Funktionen auf.
225   Botschaft zum KVG bei Art. 45.

«um höchstens vier Monate überschritten werden». Es wird sich zeigen, ob es dem Bundesrat immer gelingen wird, diese Bestimmungen einzuhalten, ohne dass die Qualität seines Entscheides beeinträchtigt wird.

12. Ausserordentliche Massnahmen zur Eindämmung der Kostenentwicklung

a) Alarmierende Steigerung der Kosten im Gesundheits- und Krankenversicherungswesen

Die Kosten für das gesamte Gesundheitswesen stiegen in den letzten Jahren weit stärker als die Löhne und Preise. Sie betrugen nach Schätzungen, die freilich nur teilweise auf gesicherten statistischen Daten beruhen, 1988 21,8 Mia. Franken und 1993 32,4 Mia. Franken.[226]

Die Kosten des Gesundheitswesens werden zu ca. 45% von den Sozialversicherern, etwa zu 30% von privaten Versicherern und Selbstzahlern und zu ca. 25% von der öffentlichen Hand getragen, wobei es sich bei dieser vorwiegend um Aufwendungen der Kantone und Gemeinden für die Spitäler handelt. Rund 9/10 der von allen Sozialversicherern aufgebrachten Leistungen übernimmt die KV.[227]

Die Krankenpflegeversicherung (Grundversicherung, ohne Zusatzversicherungen) bezahlte 1993 rund 13,3 Mia. Franken. Ihr Aufwand ist verglichen mit 1988 um ca. 56 Prozent gestiegen.[228] In der gleichen Zeit stiegen die Konsumentenpreise gemäss Landesindex um ca. 25 Prozent.

Die Eindämmung der Kostensteigerung gehört zu den Hauptzielen des KVG. Die verschiedenen Kostendämpfungsmassnahmen, die es vorsieht, sollten mit der Zeit bewirken, dass die Kosten der KV nicht wesentlich stärker als die Löhne und Preise anwachsen.[229] Zu diesen Massnahmen gehören u.a. Art. 51 KVG, der die Einführung des Globalbudgets für Spitäler und Pflegeheime regelt, sowie die Art. 54 und 55 KVG, welche ausserordentliche Massnahmen vorsehen.

b) Globalbudget

a) Das Globalbudget wird bereits in KVG 43 III als Mittel erwähnt, um die Vergütung an die Leistungserbringer in Tarifen festzusetzen (vorn S. 80 f.). Art. 51 KVG lässt es als finanzielles Steuerungsinstrument zu, soweit es sich um Vergütungen handelt, die den Spitälern und Pflegeheimen zu entrichten sind: Der *Kanton* kann für sie einen Gesamtbetrag festsetzen, den die Versicherer für einen bestimmten Zeitabschnitt, z.B. «für das nächste Jahr», bezahlen müssen. Er muss dabei KVG 49 I beachten, wonach die Versicherer für Kantonseinwohner bei öffentlichen und öffentlich subventionierten Spitälern höchstens 50 Prozent der anrechenbaren Kosten je Patient oder Patientengruppe in der allgemeinen Abteilung zu übernehmen haben. Das

---

226 Botschaft zum KVG Z. 411.
227 Botschaft zum KVG Z. 111.
228 Botschaft zum KVG Z. 411.
229 Botschaft zum KVG Z. 221.

Globalbudget ist – entgegen seinem Namen – nicht einfach ein Voranschlag künftiger Kosten oder Vergütungen. Vielmehr muss es als *Entscheid* verstanden werden, dass den Spitälern und Pflegeheimen der festgesetzte Betrag und nicht mehr zu bezahlen sei. Da KVG 51 und die KVV keine Details regeln, muss angenommen werden, dass der Kanton in der Gestaltung des Globalbudgets weitgehende Freiheit besitzt. Dies gilt z.B. in der wichtigen und zugleich schwierigen Frage, wie der Globalbetrag unter die Leistungserbringer aufzuteilen ist. Der Kanton wird wohl zusammen mit den betroffenen Spitälern und Pflegeheimen Richtlinien ausarbeiten.

Es ist nicht vorauszusehen, ob die Kantone von diesem neuen Steuerungsinstrument je Gebrauch machen werden. Sie dürften es am ehesten in Betracht ziehen, wenn sie befürchten, dass die Vergütungen an die Spitäler und Pflegeheime in den folgenden Jahren übermässig ansteigen könnten. Zudem können sie es einsetzen, wenn zwischen den Leistungserbringern und Versicherern kein Tarifvertrag zustandekommt; KVG 47 (vorn S. 85). Es wird sich, angesichts der zu erwartenden Widerstände, um seltene Ausnahmen handeln.

b) Nach Art. 54 I KVG kann das Globalbudget auch als «befristete ausserordentliche Massnahme zur Eindämmung eines überdurchschnittlichen Kostenanstiegs für die Finanzierung der Spitäler und Pflegeheime» festgesetzt werden. Es wird gleichsam als «Notbremse» verwendet. Die Versicherer können es beantragen. Zuständig ist der Kanton. Er hat «innert drei Monaten nach der Antragstellung über das Eintreten zu entscheiden. Er hört die Einrichtungen und die Versicherer vorher an»; Abs. 2.

Auch KVG 54 nennt kein Kriterium, nach welchem der budgetierte Gesamtbetrag auf die Leistungserbringer zu verteilen ist. Er will dies offenbar den Kantonen überlassen.[230]

Nach dem Wortlaut von KVG 54 kann der Kanton nur auf Antrag eines Versicherers handeln. Er darf jedoch, wenn auf den Sinn der Bestimmung abgestellt wird, auch von sich aus, ohne Antrag des Versicherers, die ausserordentliche Massnahme beschliessen. Diese Kompetenz dürfte sich übrigens schon aus KVG 51 ableiten lassen[231] (vorn lit. b).

Die Massnahme muss befristet sein. Dies bedeutet wohl, dass sie in der Regel für ein Jahr, höchstens aber für drei Jahre, dekretiert werden darf. Eine Verlängerung müsste also, nach Anhörung der Betroffenen, neu beschlossen werden.

---

230 Abs. 3 von Art. 46 des bundesrätlichen Entwurfs sah Grundzüge des Verteilungsplanes vor. Er wurde vom Parlament gestrichen.
231 Artikel 46 des bundesrätlichen Entwurfs ging wesentlich weiter als KVG 54, indem er die ausserordentliche Massnahme schärfer und umfassender umschrieb. Zuständig sollte der Bundesrat sein, der die Massnahme nicht nur für einen bestimmten Kanton sondern für die ganze Schweiz hätte anordnen können. Sie wäre nicht nur bei Spitälern und Pflegeheimen sondern bei jeder Kategorie von Leistungserbringern, also auch für die ambulante Behandlung durch die Ärzte, zulässig gewesen. Der Kommission des Ständerates ging der bundesrätliche Entwurf zu weit. Nach eingehender Diskussion wurde auf ihren Antrag die heutige, milde Fassung von KVG 54 aufgenommen. Es ist übrigens sehr fraglich, ob eine Kantonsregierung politisch die Kraft und die Macht hätte, das Globalbuget gegen den Willen einer starken Gruppe von Leistungserbringern, z.B. der Ärzteschaft, durchzusetzen. Vgl. Amtl. Bulletin (StR) 1992 S. 1318 ff und Botschaft zum KVG Z. 3 bei Artikel 46.

c) «Einfrieren» der Tarife

Eine tiefgreifende Befugnis zur Eindämmung der Kostenentwicklung wird der Behörde, welche für die Genehmigung von Tarifverträgen zuständig ist, in KVG 55 eingeräumt. Voraussetzung ist, dass die durchschnittlichen Kosten je versicherte Person und Jahr in der obligatorischen Krankenpflegeversicherung für *ambulante und stationäre Behandlung* doppelt so stark ansteigen wie die allgemeine Preis- und Lohnentwicklung. Die Behörde kann verordnen, «dass die Tarife oder die Preise für sämtliche oder bestimmte Leistungen nicht erhöht werden dürfen, solange der relative Unterschied in der jährlichen Zuwachsrate mehr als 50 Prozent gemessen an der Preis- und Lohnentwicklung beträgt»; Abs. 1.[232] Die Behörde kann gleichsam die Tarife und Preise «einfrieren». Sie muss die betroffenen Kategorien von Leistungserbringern anhören, bevor sie einen solchen Beschluss fasst. Dies ergibt sich aus einer analogen Anwendung von KVG 54 II. Erst die Zukunft wird zeigen, ob eine Genehmigungsbehörde dieses «scharfe» Instrument je einsetzen wird, da sie mit starken politischen Widerständen rechnen muss.

Abs. 2 von KVG 55 regelt die Kompetenzfrage. Zuständig ist der Bundesrat, soweit er nach KVG 46 IV für die Genehmigung der Tarifverträge zuständig ist, nämlich für solche, die in der ganzen Schweiz gelten sollen. Das EDI ist zuständig für die Tarife und Preise, die es gemäss KVG 52 festzusetzen hat, also z.B. für die Analysen- und die Arzneimittelliste (vorn S. 90). Die Kantonsregierung ist bezüglich der von ihr gemäss KVG 46 IV genehmigten Tarife zuständig, d.h. für weitaus die meisten Tarifverträge (vorn S. 84 f.)[233].

---

[232] KVG 55 kam erst auf Antrag der ständerätlichen Kommission ins Gesetz; Amtl. Bull. (StR) 1992 S. 1318.

[233] Der Bundesrat hatte in Artikel 47 eine andere, noch schärfere Massnahme vorgeschlagen: Er sollte die Kompetenz bekommen, die Zulassung von Leistungserbringern für beschränkte Zeit einzuschränken und sie sogar von einem Bedürfnisnachweis abhängig zu machen. Somit hätten z.B. Ärzte nach Abschluss ihrer Ausbildung nicht für die KV tätig werden dürfen und deshalb keine Existenzgrundlage gehabt. Dies wäre praktisch einem Berufsverbot gleichgekommen. Dieser Antrag auf Zulassungsbeschränkungen beruht auf der Erfahrung, dass im Gesundheitswesen der marktwirtschaftliche Lehrsatz nicht durchwegs gilt, wonach die Preise fallen, sobald das Angebot steigt. Wenn ein Überangebot an Leistungserbringern besteht, möchte doch jeder von ihnen auf seine Rechnung kommen. Er suggeriert den Patienten Leistungen, die nicht nötig sind, was zur surconsommation médicale, zu einer Art von Anspruchsinflation der Versicherten führt; BGE 109 V 143, MAURER, BSVR S. 296. Wenn die Anzahl der Leistungsanbieter, z.B. die Anzahl neuer Arztpraxen, stark zunimmt, findet eine sogenannte Mengenausweitung statt, da zusätzliche, teilweise unnötige Dienste offeriert werden, sodass die Kosten der KV ansteigen. Auf Antrag der Kommission des Ständerates wurde jedoch Artikel 47 des bundesrätlichen Entwurfs gestrichen. StR HUBER bezeichnete die Einschränkung der Zulassung nach abgeschlossenem Studium als einen «volkswirtschaftlichen Unsinn». Es wäre dann besser, den numerus clausus einzuführen, damit das Studium gar nicht erst begonnen werde, statt dem Arzt nach abgeschlossener Ausbildung die Ausübung des Berufs faktisch zu verunmöglichen. «Zudem wäre dies eine Strukturerhaltung für medizinische Senioren». Amtl. Bull. (StR) 1992 S. 1319.

13. Kontrolle der Wirtschaftlichkeit und der Qualität der Leistungen[234]

a) Allgemeines

Das KVG will zwar einerseits den Versicherten, d.h. der ganzen Bevölkerung, eine medizinische Grundversorgung von guter Qualität gewährleisten, anderseits aber die Versicherten vor übermässiger, nicht mehr tragbarer finanzieller Belastung durch zu hohe Prämien und Kostenbeteiligungen (hinten S. 147) schützen. Die Leistungen der Leistungserbringer (Ärzte, Spitäler usw.) sollen gut, jedoch nicht zu teuer, also wirtschaftlich sein. Diesen Zweck will das KVG durch die verschiedensten Massnahmen erreichen. Zu ihnen gehören u.a. die Umschreibung der Leistungsqualität sowie ihre Kontrolle. Die bloss theoretische Umschreibung ist wenig hilfreich, wenn keine wirksame Kontrolle der Leistungen, d.h. der Leistungserbringer, besteht.

Die Art. 56 bis 59 KVG stehen unter dem einprägsamen Abschnittstitel «Kontrolle der Wirtschaftlichkeit und der Qualität der Leistungen». Sie regeln verschiedene Sachverhalte. Wohl der wichtigste ist jener, der die Kompetenzen der Vertrauensärzte festlegt. Ihnen obliegt nämlich die Aufgabe, die Leistungen zu überwachen. Der im Abschnittstitel verwendete Ausdruck «Kontrolle» weist vorrangig auf diese Hauptfunktion der Vertrauensärzte hin. Ihre Aufgaben waren im bisherigen Recht nur mangelhaft umschrieben. Das KVG bringt hier einen deutlichen Fortschritt.

b) Wirtschaftlichkeit der Leistungen

aa) Abs. 1 von KVG 56 erklärt, was es unter der Wirtschaftlichkeit versteht: «Der Leistungserbringer muss sich in seinen Leistungen auf das Mass beschränken, das im Interesse des Versicherten liegt und für den Behandlungszweck erforderlich ist». Er wiederholt und ergänzt die Kriterien, die bereits KVG 32 festlegt, nämlich dass die Leistungen wirksam, zweckmässig und wirtschaftlich sein müssen (zu diesem Gebot der Effizienz vorn S. 51). Vom Gebot der Wirtschaftlichkeit spricht man, wenn nur das Kriterium der Wirtschaftlichkeit gemeint ist. Das Gebot der Effizienz schliesst dagegen auch die Kriterien der Wirksamkeit und der Zweckmässigkeit ein. Die Leistungen sind also auf das Mass zu beschränken, das im Interesse des Versicherten liegt und für den Behanlungszweck erforderlich ist. Damit wird neben der Qualität der Umfang angesprochen. Er wird wenigstens für bestimmte Arten in der Leistungsverordnung festgesetzt, z.B. in KLV 3 für die Psychotherapie auf zwei einstündige Sitzungen pro Woche in den ersten drei Jahren (vorn S. 59). In der Regel muss der behandelnde Arzt ihn bestimmen und durch seine Zeugnisse dem Versicherer darüber berichten. Aufgrund der Zeugnisse kann der Versicherer eine Kontrolle ausüben.

bb) Wenn die Leistungen über das zulässige Mass hinausgehen, darf die Vergütung verweigert werden; KVG 56 II. Die Mehrforderung des Leistungserbringers ist ungültig, zumindest anfechtbar. Die Versicherer kürzen die Rechnungen dementsprechend. Wenn diese bereits bezahlt worden sind, entsteht ein Rückforderungsan-

---

[234] Duc, Ass. soc. S. 274 ff.

spruch[235]. Er kommt dem Honorarschuldner zu, somit entweder den Versicherten im System des Tiers (= Versicherer) garant oder dem Versicherer im System des Tiers payant (vorn S. 77). Zuständig zur Beurteilung ist im Streitfall das kantonale Schiedsgericht. KVG 89 III nimmt dabei dem Versicherten, wenn er Honorarschuldner ist, die Prozessführungslast ab, indem der Versicherer ihn auf seine, des Versicherers, Kosten vertritt (hinten S. 171).

Es ist nicht einfach, dem Arzt nachzuweisen, dass er den Grundsatz der Wirtschaftlichkeit verletzt hat.[236] Das EVG bestimmte die zulässigen Beweismethoden. Seine Praxis dürfte auch weiterhin wegleitend sein. Dazu folgendes:

Die *analytische Methode* besteht in der Überprüfung der einzelnen Honorarpositionen aufgrund der vom Arzt eingereichten Rechnungen. Eine pauschale Ermittlung des Rückforderungsbetrages kommt in Betracht, wenn ein festgestellter Fehler oder die als unwirtschaftlich beanstandete Behandlungsweise in einer repräsentativen Stichprobe aller Rechnungen auftritt.[237] Zulässig ist auch eine *statistische Vergleichsmethode*. Die durchschnittlichen Behandlungskosten des betreffenden Arztes werden mit denjenigen anderer Ärzte unter ähnlichen Bedingungen verglichen. Das Vergleichsmaterial muss hinreichend ähnlich zusammengesetzt sein. Der Vergleich muss sich über einen genügend langen Zeitraum erstrecken. Dadurch gleichen sich bloss zufällige Unterschiede mehr oder weniger aus. «Eine Überarztung liegt vor, wenn eine ins Gewicht fallende Zahl von Rechnungen desselben Arztes an eine KK im Vergleich zu den Rechnungen von Ärzten in geographisch gleichem Tätigkeitsgebiet und mit etwa gleichem Krankengut im Durchschnitt erheblich höher ist, ohne dass den Durchschnitt beeinflussende Besonderheiten geltend gemacht werden.»[238]

Im KVG wurde, wohl versehentlich, keine Bestimmung über die Verwirkung des Rückforderungsanspruchs aufgenommen. Art. 52 UVG[239], der weitgehend mit Art. 47 AHVG übereinstimmt, kann daher analog angewendet werden. Danach verwirkt der Rückforderungsanspruch mit dem Ablauf eines Jahres, nachdem der Versicherer davon Kenntnis erhalten hat, spätestens aber fünf Jahre nach der Leistung.[240]

---

235   Das bisherige Recht enthielt keine Rückforderungsbestimmung. Das EVG erklärte jedoch die Rückforderung analog AHVG 47 I als zulässig; BGE 119 V 35 E. 7. KIESER/RIEMER, Tafeln 72 und 94.
236   Wenn er mehr tut als medizinisch geboten erscheint, liegt Überarztung (= Polypragmasie) vor, z.B. wenn er unnötig oft Konsultationen durchführt oder seine Apparate (u.a. solche zum Röntgen oder für die physikalische Therapie) unnötig oft einsetzt (z.B. um sie rascher amortisieren zu können). Aus diesen «Mehr»-Leistungen entsteht kein Honoraranspruch.
237   RKUV 1987 S. 350.
238   BGE 119 V 448 (Zusammenfassung und Bestätigung der Rechtsprechung), RSKV 1982 S. 123 und RKUV 1986 S. 6 und 1988 S. 92. Ähnlich bereits BGE 103 V 154; vgl. ferner MAURER, BSVR S. 311 ff. Nach neuem Recht wird man berücksichtigen müssen, dass die Tarife zwischen Ärzten und Versicherern sogar für die gleiche Region erhebliche Unterschiede aufweisen können; hinten S. 143.
239   Er spricht von Vejährung, meint aber die Verwirkung: BGE 112 V 186.
240   Weiteres bei LOCHER, Grundriss S. 301 f.

cc) Die Versicherer können gemäss KVV 76 «gemeinsame Angaben über Art und Umfang der von den verschiedenen Leistungserbringern erbrachten Leistungen und die dafür in Rechnung gestellten Vergütungen bearbeiten». Diese Bestimmung soll mehreren Zwecken dienen: Sie will eine Analyse der Kosten und deren Entwicklung sowie die *Kontrolle* und Sicherstellung der Wirtschaftlichkeit der Leistungen im Sinne von KVG 56 ermöglichen und schliesslich bei der Gestaltung der Tarife hilfreich sein. Aufgrund solcher Unterlagen dürfte die Anwendung der vorne unter lit. bb) genannten Beweisverfahren hinsichtlich der Rückforderung von Leistungen erleichtert werden.

dd) Die Abs. 3 und 4 von KVG 56 regeln Sachverhalte, die wenig transparent sind. Der gleiche Patient erhält Leistungen von zwei oder mehr Leistungserbringern. Dies ist der Grundtatbestand. Dazu Beispiele: Der behandelnde Arzt schickt den Patienten zu einem Laborinstitut, das eine Analyse des Blutes oder des Harns machen soll, da sie für die Diagnose erforderlich ist; er schickt ihn zu einem Institut für Physiotherapie, damit er mit Krankengymnastik behandelt wird; ein Spital bezieht vom Hersteller Herzschrittmacher (Pacemaker) und implantiert sie oder es verkauft dem zuckerkranken Patienten ein Blutzucker-Messgerät.

Nun kommt es offenbar nicht selten vor, dass der zuweisende Arzt vom beauftragten Leistungserbringer für die Zuweisungen gleichsam «belohnt» wird. Er erhält eine *Vergünstigung*[241] in irgendeiner Weise, z.B. einmal pro Jahr in Form einer Pauschale; oder das Spital erhält vom Lieferanten für die Abnahme der erwähnten Gegenstände eine Marge, die ab einem bestimmten Umsatz sogar erhöht wird (Mengenrabatt).

Abs. 3 schreibt nun vor, dass der Leistungserbringer die direkte oder indirekte Vergünstigung, die er von einem andern Leistungserbringer erhält, an den Versicherer oder an den Versicherten, wenn dieser die Honorarrechnung selber bezahlen muss, weiterzugeben hat (vorn S. 77). Abs. 4 verdeutlicht diese Vorschrift: Der Versicherer oder der Versicherte kann die Herausgabe der Vergünstigung verlangen, wenn der Leistungserbringer sie nicht von sich aus weitergibt. Es besteht ein Rechtsanspruch darauf, der gemäss KVG 89 vor dem kantonalen Schiedsgericht eingeklagt werden kann. Die Pflicht zur Weitergabe der Vergünstigung soll die Prämienzahler entlasten.

Ärzte können gemäss KVG 37 III unter bestimmten Voraussetzungen die Bewilligung zur Führung einer Apotheke bekommen, sodass sie den Apothekern gleichgestellt sind (vorn S. 64). Deshalb fällt die «normale» Marge, die ihnen der Lieferant der Medikamente gewährt, nicht unter die genannte Vergünstigung, und zwar ebensowenig wie bei den Apothekern. Wenn ihnen der Lieferant – etwa als Anreiz für die Steigerung des Umsatzes – zusätzliche geldwerte Vorteile, z.B. einen «Su-

---

241 Es kann nicht ausgeschlossen werden, dass sich die Ärzte gegenseitig solche Vergünstigungen gewähren, dass z.B. der Spezialarzt dem Allgemeinpraktiker einen Betrag für die Zuweisung von Patienten zukommen lässt.

perrabatt», zukommen lässt, wären diese jedoch als Vergünstigung an Versicherer oder Versicherte weiterzugeben.[242]

Wahrscheinlich weil die geschilderte Vergünstigungspraxis wenig transparent ist, sind die Abs. 3 und 4 kurz und nicht sehr präzis gefasst, sodass sie auch verschiedene Fragen offen lassen. Klarheit könnte und sollte z.b. durch entsprechende Verordnungen oder zumindest durch Rundschreiben des BSV oder des EDI geschaffen werden.

Vergünstigungen der erwähnten Art verstossen gegen das Gebot der Wirtschaftlichkeit, wenn sie nicht zur Entlastung der Prämienzahler führen. Deshalb sollten sie in den Tarifverträgen geregelt werden, wie dies Abs. 5 von KVG 56 vorschreibt (vgl. unter lit. ee).

Die neuen Bestimmungen dürften in der Praxis wenig wirksam sein. Die meisten Vergünstigungen erfolgen so diskret, dass der Versicherer nichts von ihnen erfährt. Sie werden nur selten beweisbar sein. Im übrigen wird kaum je ein Leistungserbringer einem andern Leistungserbringer eine Vergünstigung gewähren, wenn er annimmt, der Empfänger offenbare sie dem Versicherer und gebe sie weiter. Damit würde sie ihren Zweck nicht erreichen, nämlich den Empfänger selbst für einen Dienst zu «belohnen», um weiterhin solche Dienste – z.B. die Zuweisung von Patienten – zu erwirken.

ee) Leistungserbringer und Versicherer müssen in den Tarifverträgen (vorn S. 82 ff.) Massnahmen zur Sicherstellung der Wirtschaftlichkeit der Leistungen vorsehen; KVG 56 V: «Sie sorgen insbesondere dafür, dass diagnostische Massnahmen nicht unnötig wiederholt werden, wenn Versicherte mehrere Leistungserbringer konsultieren». Dies ergibt sich bereits aus dem Gebot der Effizienz (vorn S. 51), soll nun aber in den Verträgen festgeschrieben werden. Nicht selten kommt es z.B. vor, dass der behandelnde Arzt seinen Patienten in ein Spital einweist, und ihm Röntgenbilder von guter Qualität mitgibt; trotzdem werden im Spital ohne stichhaltigen Grund neue Röntgenaufnahmen gemacht.[243] Solcher Leerlauf zu Lasten der KV ist bereits durch die Art. 32 und 56 I KVG untersagt; er soll nun aber durch die Verträge noch bekräftigt und stärker ins Bewusstsein der Beteiligten gerückt werden. Nicht unter KVG 56 V fällt jedoch der Sachverhalt, dass der Patient vor einer risikoreichen Diagnose oder Therapie, z.B. vor einer schweren Operation, die Einholung einer Meinungsäusserung eines zweiten Arztes wünscht (second-hand opinion)[244]. Eine solche Massnahme ist von der KV zu übernehmen.[245]

---

242 Seit einiger Zeit besteht zwischen Pharmaindustrie, Apothekern und selbstdispensierenden Ärzten eine Marktordnung, die in einer «Réglementation» festgehalten ist. Sie soll in diesem heiklen Bereich ein Mindestmass an Disziplin herbeiführen.
243 Vgl. bereits vorn S. 69.
244 Dieser Abs. 5 geht auf einen Antrag der ständerätlichen Kommission zurück; Amtl. Bull. (StR) 1992 S. 1322. Der Berichterstatter HUBER wies ausdrücklich daraufhin, dass die «second-hand opinion» keine unnötig wiederholte Massnahme sei, sodass ihre Kosten von der KV übernommen werden müssten.
245 Vgl. auch hinten S. 103.

c) **Vertrauensärzte der Versicherer**

aa) Den Vertrauensärzten misst das KVG grosse Bedeutung bei. Sie sollen die Möglichkeit bekommen, sowohl die Wirtschaftlichkeit als auch die Qualität der Leistungen zu überwachen und damit ein Hauptziel des KVG zu verwirklichen. Sie haben die divergierenden Interessen der Versicherten, der Versicherer und der Leistungserbringer, namentlich der Ärzteschaft, in vernünftiger Weise auszugleichen. Deshalb benötigen sie hohe fachliche Kompetenz, zugleich Geschick im Umgang mit allen Beteiligten und überdies gute Kenntnisse auf dem Gebiet des KV-Rechts. Sie sind weitgehend darauf angewiesen, dass die Beteiligten Vertrauen in sie haben. Art. 57 KVG widmet ihnen daher nicht weniger als 8 Absätze.

bb) Die Versicherer oder ihre Verbände, z.B. die kantonalen Krankenkassenverbände, bestellen gemäss Abs. 1 die Vertrauensärzte. Zuvor müssen sie jedoch mit den kantonalen Ärzteverbänden Rücksprache nehmen. Sie werden also kaum einen Vertrauensarzt bestellen, wenn die Ärzteschaft stichhaltige Einwände bringt, z.B. mangelnde fachliche Kompetenz oder verletzende Umgangsformen oder charakterliche Schwächen geltend machen kann. Die Vertrauensärzte müssen die Voraussetzungen erfüllen, welche KVG 36 für die Zulassung zur KV aufstellt (vorn S. 64). Zudem verlangt Abs. 1, dass sie mindestens fünf Jahre in einer Arztpraxis oder in leitender spitalärztlicher Stellung, z.B. als Chef- oder Oberarzt oder als leitender Arzt einer Abteilung, tätig gewesen sind. Aufgrund dieses Anforderungsprofils kann erwartet werden, dass sich die fachlichen und menschlichen Qualitäten genügend beurteilen lassen.

Jeder Versicherer muss über die Dienste eines Vertrauensarztes verfügen. Er kann ihn für sich allein oder zusammen mit andern Versicherern bestellen oder sich dem vertrauensärztlichen Dienst eines Verbandes anschliessen.[246]

cc) Wenn Vertrauensärzte in der ganzen Schweiz tätig sein sollen, müssen sie «im Einvernehmen mit der Ärztegesellschaft des Kantons bestellt werden, in dem der Versicherer seinen Hauptsitz oder der Verband der Versicherer seinen Sitz hat»; Abs. 2. Während Abs. 1 vor der Bestellung lediglich die *Rücksprache* mit der kantonalen Ärztegesellschaft verlangt, was etwa als Anhörung verstanden werden kann, fordert Abs. 2 das *Einvernehmen*. Dies bedeutet, dass die kantonale Ärztegesellschaft mit einem Kandidaten einverstanden sein muss. Ein solcher darf also nicht gegen ihren Willen bestellt werden. Dieses Mitbestimmungsrecht verschafft der Ärzteschaft eine starke Position.

dd) Eine kantonale Ärztegesellschaft kann einen Vertrauensarzt aus wichtigen Gründen ablehnen; Abs. 3. Da ihre Kompetenzen hinsichtlich der Bestellung des Arztes in Abs. 1 und 2 bereits festgelegt sind – «nach Rücksprache» und «im Einvernehmen» – , hat Abs. 3 wohl den Fall im Auge, dass ein Vertrauensarzt bereits bestellt ist und seine Funktion auch schon ausgeübt hat. Wenn wichtige Gründe[247]

---

246 Botschaft zum KVG bei Art. 49.
247 KVG 57 III bildet eine Parallele zu Art. 56, der den Ausschluss von Leistungserbringern «aus wichtigen Gründen» regelt (hinten S. 105 lit. e).

bestehen, z.B. wenn er sich im Umgang mit seinen Kollegen in der Praxis rüpelhaft benimmt oder schwerwiegende fachliche Fehler bei der Beratung oder der Überwachung begeht, darf die Ärztegesellschaft beantragen, dass der Vertrauensarzt seiner Funktion enthoben wird. Falls der Versicherer dies ablehnt, kann die Ärztegesellschaft das kantonale Schiedsgericht anrufen und über den Antrag entscheiden lassen; KVG 89.

ee) Die Abs. 4 und 5 von KVG 57 gehören zu den wichtigsten Bestimmungen des KVG: Sie umschreiben die *Aufgaben* der Vertrauensärzte. Diese haben den Versicherer «in medizinischen Fachfragen sowie in Fragen der Vergütung und der Tarifanwendung» zu beraten. Diese Beratungstätigkeit bringt sie mit den verschiedensten Sachbearbeitern und Chefs des Versicherers in Kontakt. Sie können auch für die Ausarbeitung von Tarifen und zu Verhandlungen mit den Tarifpartnern beigezogen werden.

Die bedeutendste Aufgabe hält der kurze, zweite Satz von Abs. 4 fest: «(Die Vertrauensärzte) überprüfen insbesondere die Voraussetzungen der Leistungspflicht des Versicherers». Dies ist ihre Überwachungs- oder *Kontrollfunktion*. Somit haben die Vertrauensärzte zu prüfen, ob die Leistungserbringer – Ärzte, Physiotherapeuten usw. – das Gebot der Effizienz der Leistungen gemäss den Art. 56 und 32 KVG beachten (vorn S. 51 und 96). Sie sollen also herausfinden, wenn ein Arzt ungeeignete Therapiemethoden einsetzt, überarztet oder bei der Therapie unsorgfältig arbeitet usw. Somit spielen sie hinsichtlich der Bekämpfung der Kostenexplosion eine wesentliche Rolle. Diese Kontrollfunktion ist naturgemäss heikel und konfliktträchtig. Die praktizierenden Ärzte lassen sich nicht gerne kontrollieren, da es einerseits um ihren Berufsstolz und andererseits um ihr Portemonnaie geht. Letzteres trifft etwa dann zu, wenn der Vertrauensarzt feststellt, dass der behandelnde Arzt für einen Teil seiner Arbeit keine Honorarrechnung stellen kann, weil er das Gebot der Effizienz verletzt hat.

Vertrauensärzte müssen überdies beobachten, ob ein Leistungserbringer derart schwere Fehler begeht, dass ein wichtiger Grund für seinen Ausschluss von der KV-Praxis besteht; KVG 59 und hinten S. 105. Dies ist ein Teil ihrer Kontrollfunktion.

Eine besondere Aufgabe regelt KVG 58 III: Der Bundesrat kann vorsehen, dass die Zustimmung des Vertrauensarztes einzuholen ist, bevor bestimmte, besonders kostspielige Diagnose- oder Behandlungsverfahren durchgeführt werden. In der Leistungsverordnung werden einzelne Fälle dieser Art festgelegt. So darf der frei praktizierende Facharzt die Infusionspumpe zur Insulintherapie nur gebrauchen, wenn er zuvor mit dem Vertrauensarzt Rücksprache genommen hat; Z. 2.1 des Anhangs 1 der KLV. Dieser kann aufgrund des Gesprächs mindestens beurteilen, ob der Facharzt genügend Erfahrung für die schwierige Therapie besitzt. Somit kann diese Aufgabe ebenfalls der Kontrollfunktion des Vertrauensarztes zugeordnet werden. Es handelt sich um eine Präventivkontrolle. Wenn der Arzt die Pumpe einsetzt, ohne vorher mit dem Vertrauensarzt Rücksprache genommen zu haben, kann der Versicherer die Übernahme der Kosten verweigern. Hingegen ist es zulässig, die Rücksprache nachzuholen und dadurch den Mangel zu heilen, was jedoch voraussetzt, dass der Vertrauensarzt die Eignung des Arztes bejaht. – Eine weitere Aufgabe des Vertrauensarztes legt Abs. 7 von KVG 57 fest. Sie soll unter lit. ii skizziert werden.

ff) Welche *Kompetenzen* besitzt der Vertrauensarzt zur Erfüllung seiner Aufgaben? Vorab ist festzuhalten, dass er naturgemäss keine Entscheidungsbefugnis hat, soweit es sich um seine beratende Tätigkeit handelt. Er darf z.b. einem Sachbearbeiter, dem er die medizinische Seite eines Krankheitsfalles erklären soll, nicht vorschreiben, wie der Fall gegenüber dem Versicherten zu erledigen sei. Anders bei seinen Kontrollfunktionen. Hier kann er m.E. gegenüber dem Leistungserbringer eine Entscheidung treffen. Er ist z.b. befugt, dem behandelnden Arzt zu verbieten, eine falsche oder nutzlose Therapie weiterzuführen, da der Versicherer die Kosten der Fortsetzung nicht übernehmen werde. Hingegen ist der Vertrauensarzt nicht befugt, Verfügungen gemäss KVG 80 zu erlassen. Diese Befugnis steht ausschliesslich dem Versicherer, also der Administration zu. Wenn daher der gerade erwähnte Arzt darauf beharrt, die vom Vertrauensarzt beanstandete Therapie fortzusetzen, wird der Versicherte den Erlass einer Verfügung verlangen, wie KVG 80 dies vorsieht. Die Verfügung darf er beim kantonalen Versicherungsgericht nach KVG 86 anfechten. Der Vertrauensarzt wird deshalb in der Regel die Administration anfragen, ob sie bereit sei, einen Entscheid, den er gegenüber einem Arzt zu fällen gedenke, in eine Verfügung zu kleiden. Weist die Administration seinen Vorschlag ab, wird er auf den Entscheid vernünftigerweise verzichten.

In der Praxis dürfte der Vertrauensarzt nur in ganz seltenen Fällen eine Entscheidung treffen. Er wird Probleme mit dem betreffenden Leistungserbringer besprechen und versuchen, sie auf dem Verhandlungswege zu lösen. Ein Vertrauensarzt, der seine Entscheidungsbefugnis in den Vordergrund stellt, könnte schon bald seine Autorität verlieren und dem Leistungserbringer Anlass geben, ihn aus wichtigem Grund gemäss Abs. 3 von KVG 57 abzulehnen.

gg) Die Vertrauensärzte «sind in ihrem Urteil unabhängig. Weder Versicherer noch Leistungserbringer noch deren Verbände können ihnen Weisungen erteilen»; Abs. 5 von KVG 57. Diese Unabhängigkeit des Urteils bezieht sich nur auf die gesetzliche Aufgabe, die der Vertrauensarzt wahrzunehmen hat; er hat auf diesem Gebiet keine Vorgesetzten. Hingegen ist er in administrativer Hinsicht in die Hierarchie des Versicherers eingegliedert. Mit ihm schliesst er den Anstellungsvertrag – z.B. einen Arbeitsvertrag oder Auftrag – ab, regelt darin Salär-, Infrastruktur-, Arbeitszeit-, Ferien- und Versicherungsfragen (berufliche Vorsorge) usw. Hingegen geniesst er die geschilderte gesetzliche Sonderstellung, da ihm der Versicherer in fachlicher Beziehung nichts vorschreiben kann. In der Praxis dürfte sich jedoch eine sachgerechte Kooperation zwischen Versicherer und Vertrauensarzt entwickeln.

hh) Die Leistungserbringer müssen den Vertrauensärzten die *Angaben* liefern, die diese zur Erfüllung ihrer Aufgaben benötigen; Abs. 6 von KVG 57. Es sind dies besonders die ärztlichen Berichte über Diagnose, Massnahmen der Therapie, Gründe für die Einweisung in ein Spital usw. Die Versicherer stellen die erforderlichen Formulare zur Verfügung. Wenn die Vertrauensärzte Lücken oder Unklarheiten in den Berichten sehen, können sie ergänzende Angaben verlangen, sei es schriftlich, sei es telefonisch. Wenn sie sich die benötigten Angaben nicht beschaffen können, sind sie befugt, den Patienten persönlich zu untersuchen. Sie sind jedoch verpflichtet, den behandelnden Arzt vorher zu benachrichtigen und ihn nachher über das Ergebnis der Untersuchung zu informieren. Nicht selten wünschen jedoch Versicherte, auf Kosten der Versicherung durch einen andern Arzt, der für ihren Fall besonders qualifiziert erscheint, untersucht zu werden. Der Vertrauensarzt wird diesem Begehren entsprechen, wenn triftige Gründe vorliegen. Es handelt sich dann weitgehend um die schon erwähnte second-opinion (vorn S. 99 bei N 244). Wenn sich der Versicherte mit seinem Versicherer nicht einigen kann, so entscheidet das Schiedsgericht nach KVG 89.

ii) Vertrauensärzte erhalten Einblick in die verschiedensten Fakten, die teilweise die Persönlichkeitssphäre des Versicherten betreffen, z.B. Angaben über durchgemachte Krankheiten und familiäre Verhältnisse. Abs. 7 von KVG 57 verpflichtet sie deshalb, der zuständigen Stelle der Versicherer nur diejenigen Angaben weiterzugeben, die notwendig sind, um über die Leistungspflicht zu entscheiden, die Vergütung festzusetzen oder eine Verfügung zu begründen. Sie müssen dabei die Persönlichkeitsrechte des Versicherten wahren.

Wenn es jedoch zu einem gerichtlichen Verfahren kommt, will der Richter meistens über die medizinische Seite vollständig orientiert sein. Er wird deshalb vom Vertrauensarzt die Herausgabe jener Unterlagen verlangen, die dem Versicherer nicht ausgehändigt wurden. Der Vertrauensarzt kann sich einem entsprechenden richterlichen Beweisbeschluss nicht entgegenstellen, indem er sich auf seine «Filtrierfunktion» beruft, die ihm Abs. 7 auferlegt.

kk) Die eidgenössischen Dachverbände der Ärzte und jene der Versicherer werden in Abs. 8 von KVG 57 verpflichtet, die Weitergabe der soeben erwähnten Daten an den Versicherer zu regeln. Sie sollen sich auch über die Weiterbildung und die Stellung der Vertrauensärzte einigen. Gelingt eine solche Einigung nicht, so erlässt der Bundesrat die nötigen Vorschriften.

Abs. 8 lässt – wie verschiedene andere Bestimmungen des KVG – erkennen, dass der Gesetzgeber den Organisationen der beteiligten Ärzte und Versicherer Verantwortung überträgt.

ll) Vertrauensärzte gab es schon nach bisherigem Recht. Sie müssen gemäss der Übergangsbestimmung in KVG 101 III nicht neu nach dem Verfahren, das die Abs. 1 und 2 von KVG 57 vorschreiben, bestellt werden. Hingegen sind die Abs. 3 bis 8 von KVG 57 anwendbar. Dies bedeutet u.a., dass die kantonale Ärztegesellschaft einen Vertrauensarzt aus wichtigen Gründen ablehnen kann (vorn lit. dd).

d) Qualitätssicherung

Während KVG 56 bezweckt, die Wirtschaftlichkeit der Leistungen zu gewährleisten, damit die finanzielle Belastung der Prämienzahler tragbar bleibt (vorn S. 96), will KVG 50 sicherstellen, dass die Leistungen von guter Qualität sind. Er sieht verschiedene Massnahmen vor. Dazu folgendes:

aa) Schon Art. 43 II lit. d KVG zielt auf die Sicherung der Qualität ab. Er erlaubt den Tarifpartnern – Versicherer und Leistungserbringer – in ihren Verträgen festzulegen, dass bestimmte – besonders risikoreiche – Leistungen von Bedingungen abhängig gemacht werden, welche über die Voraussetzungen nach den Art. 36 bis 40 betreffend die Leistungserbringer (vorn S. 64 ff.) hinausgehen. So können sie vereinbaren, dass Leistungserbringer bestimmte Tätigkeiten diagnostischer und therapeutischer Art nur ausüben dürfen, wenn sie über die notwendige Infrastruktur, z.B. über besondere Apparate und Instrumente verfügen, und sich zudem über die notwendige Aus-, Weiter- und Fortbildung ausweisen können. Sie dürfen also vereinbaren, dass z.B. nur besonders ausgebildete Spezialisten an entsprechenden Kliniken befugt sind, Herz- oder Hirnoperationen auf Kosten der KV auszuführen. Die andern Ärzte sind somit von solchen Leistungen ausgeschlossen. Abs. 2 d von KVG 43 nennt diesen Sachverhalt *Tarifausschluss*.

bb) Der Bundesrat kann nach Anhören der interessierten Organisationen «systematische wissenschaftliche Kontrollen zur Sicherung der Qualität oder des zweckmässigen Einsatzes der von der obligatorischen Krankenpflegeversicherung übernommenen Leistungen vorsehen»; KVG 58 I. Die Durchführung der Kontrolle kann er den Berufsverbänden oder andern Einrichtungen übertragen; Abs. 2. Er verpflichtet in Art. 77 seiner KVV die Leistungserbringer oder deren Verbände, Konzepte und Programme zu erarbeiten, welche die Anforderungen an die Qualität der Leistungen und die Förderung der Qualität festlegen. Die Besonderheiten der Durchführung (Kontrolle der Erfüllung und Folgen der Nichterfüllung der Qualitätsanforderungen sowie die Finanzierung) müssen in den Tarifverträgen oder in besonderen Qualitätssicherungsverträgen mit den Versicherern oder ihren Verbänden vereinbart werden. Die Bestimmungen haben den allgemein anerkannten Standards zu entsprechen, wobei die Wirtschaftlichkeit der Leistungen zu berücksichtigen ist. Mit dieser Regelung werden Leistungserbringer und Versicherer zur Mitwirkung herangezogen. Sie sind verpflichtet, das BSV über die jeweils gültigen Vertragsbestimmungen zu informieren. Das BSV erhält dadurch die Möglichkeit, die Anstrengungen der Tarifparteien zu überblicken und zu kontrollieren. Es wird freilich noch einige Zeit dauern, bis solche Vereinbarungen erarbeitet und auch beschlossen sind. Erst dann wird man beurteilen können, ob diese Neuregelung wirksam wird oder toter Buchstabe bleibt.

cc) Der Bundesrat «regelt, mit welchen Massnahmen die Qualität oder der zweckmässige Einsatz der Leistungen zu sichern oder wiederherzustellen ist»; Abs. 3 von Art. 58. Dabei kann er insbesondere vorschreiben, dass für bestimmte, besonders kostspielige Diagnose- oder Behandlungsverfahren vor ihrer Durchführung die Zustimmung des Vertrauensarztes eingeholt werden muss; Abs. 3 lit. a (vorn S. 101). Bedeutsamer ist Abs. 3 lit. b: Der Bundesrat kann vorsehen, dass «besonders kostspielige oder schwierige Untersuchungen oder Behandlungen von der obligatorischen Krankenpflegeversicherung nur vergütet werden, wenn sie von dafür qualifizierten Leistungserbringern durchgeführt werden. Er kann die Leistungserbringer näher bezeichnen». Während KVG 43 II lit. a anstrebt, das gleiche Ziel durch Tarifverträge zu erreichen (vgl. zum sog. Tarifausschluss oben lit. aa), wird somit der Bundesrat in KVG 58 III ermächtigt, entsprechende Vorschriften zu erlassen. In KVV 77 IV überträgt er seine Befugnis an das EDI (Subdelegation), das in Anhang 1 der KLV mehrere Sachverhalte dieser Art umschreibt. Dazu Beispiele. Nach Z. 1.2

darf die kombinierte Pankreas- und Nierentransplantation nur in den Universitätsspitälern von Zürich und Genf auf Kosten der KV durchgeführt werden. Verschiedene chirurgische Eingriffe bei Epsilepsie dürfen ausschliesslich in einem Epsilepsiezentrum ausgeführt werden, das über bestimmte Erfahrungen und Einrichtungen verfügt; Z. 2.3. Nur wenige grössere Spitäler, die in Z. 7 aufgezählt werden, sind ermächtigt, das Cochlea-Implantat zur Behandlung der Gehörlosigkeit vorzunehmen. Die Positron-Emissions-Tomographie kann z.b. eingesetzt werden, bevor der Patient wegen eines Hirntumoren operiert oder einer Herztransplantation unterzogen wird. Einzig die Universitätsspitäler Zürich und Genf dürfen sie auf Kosten der KV vornehmen; Z. 9.2 von Anhang 1. Damit soll auch verhindert werden, dass die teuren Geräte von weiteren Spitälern angeschafft und dann nicht voll ausgelastet werden. Dies würde die Spitäler in Versuchung bringen, die Geräte unnötig oft zu Lasten der KV zu gebrauchen, um sie amortisieren zu können (sog. Mengenausweitung; vorn N 233).

Massnahmen der geschilderten Art sollen zwar in erster Linie die Qualität sichern, überdies aber auch der Kostendämpfung dienen. Sie haben einen gewissen Nachteil: Die Freiheit des Versicherten, die Ärzte und Spitäler selbst auszuwählen, wird durch sie faktisch eingeschränkt; KVG 41 (vorn S. 72 ff.).

e) **Ausschluss von Leistungserbringern**

aa) Wie schon der bisherige Art. 24 aKVG sieht Art. 59 KVG als Disziplinarmassnahme eine tiefgreifende Sanktion vor: «Will ein Versicherer einem Leistungserbringer aus wichtigen Gründen, insbesondere bei Verstössen gegen die Anforderungen nach den Artikel 56 und 58, die Tätigkeit nach diesem Gesetz für seine Versicherten nicht oder nicht mehr gestatten, so hat das Schiedsgericht nach Artikel 89 zu entscheiden».

bb) Wichtige Gründe liegen z.B. vor, wenn der Leistungserbringer *in krasser Weise* das Gebot der Effizienz und der Qualitätssicherung (vorn S. 51 und S. 103) öfters verletzt oder sogar absichtlich falsche Zeugnisse ausstellt oder in seinen Abrechnungen Leistungen aufschreibt, die gar nicht stattgefunden haben (Konsultationen usw.). Unerheblich ist, ob er dadurch Straftatbestände erfüllt wie etwa gemäss KVG 92 lit. c oder StGB 148 (Betrug) und bestraft wird. Es muss sich um ein Verhalten handeln, welches das Vertrauensverhältnis zwischen ihm und dem Versicherer schwer erschüttert.

cc) Der Versicherer kann den Ausschluss nicht durch Verfügung nach KVG 80 anordnen, sondern muss Klage vor dem kantonalen Schiedsgericht erheben; KVG 89. Das Schiedsgericht entscheidet, ob der Ausschluss zulässig ist und allenfalls über dessen Dauer, ob also nur für eine bestimmte Zeit – sechs Monate, zwei Jahre usw. – oder dauernd. Sein Entscheid gilt nicht für alle Versicherer sondern nur für jenen, der die Klage eingereicht hat. Mehrere Versicherer können gleichzeitig klagen.

Die Sanktion kann den Leistungserbringer, z.B. den Arzt, hart treffen, sofern er vorwiegend Patienten der klagenden Versicherer behandelt, ja er verliert u.U. die Existenzgrundlage. Deshalb ist es wichtig, dass das Schiedsgericht den Grundsatz der Verhältnismässigkeit anwendet[248] (vorn S. 22 a.E.). Sein Entscheid kann an das EVG weitergezogen werden.[249]

14. Absichtliche oder grobfahrlässige Herbeiführung oder Verschlimmerung des Versicherungsfalles

a) Es kommt vor, dass ein Versicherter eine Krankheit absichtlich verursacht: Ein Allergiker setzt sich absichtlich bestimmten Stoffen aus, um einen Schub auszulösen, damit er einige Freitage herausholen kann. Weder das aKVG noch das KVG regelt solche Sachverhalte. Es entspricht jedoch einem allgemeinen Grundsatz des Sozialversicherungsrechts, dass der Versicherungsträger sämtliche Leistungen verweigern kann, wenn der Versicherte den Versicherungsfall absichtlich herbeiführt oder dessen Folgen absichtlich verschlimmert[250]. Soweit die KV Unfälle deckt (vorn S. 31 ff.), liegt es nahe, UVG 37 analog anzuwenden: Es besteht kein Anspruch auf Versicherungsleistungen.

b) Es fragt sich, ob der Versicherer seine Leistungen kürzen darf, wenn der Versicherte die Krankheit durch grobe Fahrlässigkeit verursacht.[251] Da das KVG keine entsprechende Bestimmung enthält, ist UVG 37 II sinngemäss anzuwenden. Danach müssen nur die *Geldleistungen,* nicht aber die Pflegeleistungen nach UVG 10 ff. gekürzt werden. Da die obligatorische KV nur Krankenpflegeleistungen[252] kennt, ist eine Kürzung wegen grobfahrlässiger Verursachung der Krankheit ausgeschlossen. Dies sollte auch für die freiwillige Taggeldversicherung angenommen werden, damit für die KV nach KVG eine einheitliche Lösung gilt.

c) Soweit die KV gemäss KVG 1 II lit. b und 28 Unfälle deckt (vorn S. 31 ff.), sind die Bestimmungen von UVG 37 II und 38 II sinngemäss anwendbar. Die Regelung

---

248 MAURER, BSVR S. 34 mit Literaturhinweisen auf S. 25.
249 BGE 120 V 481: Die Ärztin F. verordnete dem Kind V.P. ein Medikament für eine Langzeitbehandlung. Sie wusste, dass es gar nicht für dieses Kind – das sie selber nie untersucht hatte – sondern für ein Kind in Polen bestimmt war. Die Apotheke lieferte das Medikament zum Preise von insgesamt Fr. 11'635.20 aus. Die KK Assura deckte den Schwindel auf und bezahlte die Rechnung nicht. Das EVG anerkannte das Verhalten der Ärztin als wichtigen Grund nach aKVG 24 und fand den Ausschluss hinsichtlich dieser KK für neun Monate als angemessen. Somit durfte die Ärztin F. die Versicherten nicht mehr auf Kosten dieser KK behandeln. Vgl. ferner BGE 106 V 40 ff. (Grundsatzentscheid): Der Arzt wurde für 2 1/2 Jahre ausgeschlossen. Er hatte jahrelang überarztet, in zahlreichen Fällen unkorrekte Rechnung gestellt, wofür er auch bestraft wurde. – Die bisherige Praxis des EVG dürfte auch für KVG 59 gelten; UVG 55 enthält eine analoge Regelung.
250 BGE 106 V 24. – Art. 27 I ATSG will dies für alle Zweige der Sozialversicherung einheitlich in diesem Sinne festscheiben. Möglicherweise wird das Parlament einem Antrag der nationalrätlichen Kommission entsprechen und nur die Verweigerung der Geldleistungen vorsehen. Vgl. jedoch hinten S. 110.
251 Zur Definition der groben Fahrlässigkeit vgl. BGE 118 V 306 E. 2a.
252 ATSG 1 bezeichnet die Krankenpflegeleistungen zutreffend als Sachleistungen, denen in Art. 21 die Geldleistungen gegenübergestellt werden. Nach KVG 24 gilt für die Krankenpflegeleistungen das Kostenvergütungsprinzip, das jedoch dem Sachleistungsprinzip weitgehend gleichgestellt werden kann. Vgl. vorn S. 44.

wird dadurch kompliziert, dass die Schweiz internationale Abkommen ratifiziert hat, die eine Kürzung bei Berufsunfällen wegen grober Fahrlässigkeit ausschliessen.[253] Bei Nichtberufsunfällen ist die Kürzung weiterhin zulässig.[254] Da vergleichbare Tatbestände gleiche Lösungen zur Folge haben sollten, wäre es konsequent, die Kürzung auch bei Nichtberufsunfällen auszuschliessen.[255]

II. Freiwillige Taggeldversicherung[256]

1. Allgemeines

a) Das Taggeld soll – das ist sein Hauptzweck – den Erwerbsausfall ganz oder teilweise ausgleichen, den der Versicherte durch Krankheit, Mutterschaft oder allenfalls durch Unfall erleidet. Daneben dient es auch dazu, Auslagen zu decken, die im Versicherungsfall entstehen, z.B. für die Einstellung einer Haushalthilfe, für Extras im Spital, wie Getränke und Telefongespräche, ferner für Fahrkosten, die den Angehörigen bei Besuchen entstehen u.a.m. Solche Auslagen können vor allem bei nichterwerbstätigen Hausfrauen, die hospitalisiert sind, stark ins Gewicht fallen.

b) Verschiedene Kreise wünschten ein *Obligatorium* der Taggeldversicherung, zumindest für Arbeitnehmer. Bundesrat und Parlament entschieden sich für die Freiwilligkeit. Sie wollten die obligatorische Krankenpflegeversicherung verwirklichen und ihre Vorlage nicht durch das stark umstrittene Obligatorium der Taggeldversicherung gefährden.[257] Somit standen referendumspolitische Überlegungen im Vordergrund.[258] Der Gesetzgeber begnügte sich damit, den Versicherten eine Taggeldversicherung zur Verfügung zu stellen, damit sie sich «nach Mass» versichern können, sofern sie eine solche Versicherung überhaupt wollen. Er gestaltete sie nach den Gesichtspunkten einer Sozialversicherung aus, indem er z.B. mehrere zwingende Schutzbestimmungen aufstellte und die Versicherung der Sozialversicherungsgerichtbarkeit unterstellte; somit können im Streitfall das kantonale Versicherungsgericht und letztinstanzlich das EVG angerufen werden.

Durch ihre Ausgestaltung als Sozialversicherung unterscheidet sich die Taggeldversicherung des KVG von jener nach Versicherungsvertragsgesetz (VVG). Diese wird von Privatversicherern angeboten. Das VVG räumt viel grössere Vertragsfrei-

---

253 Art. 69 lit. e und f des Übereinkommens Nr. 102 (AS 1978 S. 1626), Art. 32 Z. 1 lit. d und e des Übereinkommens Nr. 128 der Internationalen Arbeitsorganisation (AS 1978 S. 1493) sowie Art. 68 lit. e und f der Europäischen Ordnung der Sozialen Sicherheit (AS 1978 S. 1518).
254 BGE 119 V 171 und 120 V 131 E. 2 b.
255 Gleich im Ergebnis schon ALEXANDRA RUMO-JUNGO in ihrem bemerkenswerten Aufsatz «Die Aufhebung der Leistungskürzung bei grobfahrlässig herbeigeführten Nichtberufsunfällen», SZS 1995 S. 321 ff. – ATSG 27 sieht ebenfalls keine Leistungskürzung wegen grober Fahrlässigkeit vor.
256 Duc, Ass. soc. Z. 500.
257 Amtl. Bull. (NR) 1993 S. 1894 f.
258 Diese Überlegung erwies sich als zutreffend. Die Vorlage wurde in der Abstimmung vom 4.12.1994 nur sehr knapp mit 51.8% Ja angenommen und wäre wahrscheinlich verworfen worden, wenn das KVG die Taggeldversicherung obligatorisch erklärt hätte.

heit ein und enthält weniger zwingende Schutznormen als das KVG. Es wird vorkommen, dass der gleiche Versicherer beide Arten von Taggeldversicherungen führt, vorausgesetzt, dass er die zwei erforderlichen Bewilligungen besitzt (vorn S. 12)[259].

Die öffentliche Hand leistet keinerlei Subventionen an die Taggeldversicherung. Diese wird daher zur Hauptsache von den Versicherten finanziert. Die Arbeitgeber werden durch das KVG nicht verpflichtet, Beiträge zu entrichten. Sie tun dies jedoch oft freiwillig, indem sie z.B. entsprechende Kollektivverträge abschliessen (hinten S. 109 lit. b) oder in den Arbeitsverträgen Beiträge zusichern.

c) Das Versicherungsverhältnis beruht auf öffentlichem Recht. Dies gilt sowohl für die Leistungs- als auch für die Prämienordnung. Da die Versicherung im Rahmen des Gesetzes durch Vereinbarung geregelt wird, kann man von einem öffentlichrechtlichen Versicherungsvertrag sprechen[260]. Soweit das KVG eine mit ihm zusammenhängende Rechtsfrage nicht beantwortet, also eine Gesetzeslücke[261] aufweist, sind die Bestimmungen des Versicherungsvertragsgesetzes (VVG) oder allenfalls des OR sinngemäss anzuwenden. Das VVG dürfte z.B. herangezogen werden, wenn der Versicherte bei Vertragsabschluss unrichtige Angaben macht (Anzeigepflichtverletzung)[262], und das OR, wenn es sich um Willensmängel wie Irrtum oder Täuschung handelt (VVG 100 I).

d) Die Art. 67 bis 77 KVG und 107 bis 109 KVV regeln die Taggeldversicherung ziemlich eingehend. In den parlamentarischen Beratungen wurde der bundesrätliche Entwurf mit nur geringfügigen Änderungen übernommen.

e) Die Kantone sind nicht befugt, die Taggeldversicherung für die Bevölkerung oder für einzelne Bevölkerungsschichten obligatorisch zu erklären: Das KVG räumt ihnen keine entsprechende Kompetenz ein. Seine Regelung ist abschliessend. Hingegen können die Kantone ihr Personal durch entsprechende Vorschriften des Beamtenrechts verpflichten, eine Taggeldversicherung nach KVG abzuschliessen oder einem Kollektivvertrag beizutreten.

2. Beitritt, Austritt und Ausschluss

a) Wer in der Schweiz Wohnsitz hat oder erwerbstätig ist – z.B. als Grenzgänger –, kann bei einem zugelassenen Versicherer (vgl. hinten Z. 3) eine Taggeldversicherung abschliessen. Abs. 1 von KVG 67 begrenzt jedoch das Beitrittsrecht auf Personen, die das 15., aber noch nicht das 65. Altersjahr zurückgelegt haben. Er geht von der

---

259 Botschaft zum KVG Z.3 bei Art. 60.
260 Der Versicherer als Träger hoheitlicher Gewalt schliesst mit den Privaten einen Vertrag ab. Man nennt diesen einen subordinatonsrechtlichen Vertrag; MAURER, BSVR S. 401 und BGE 114 V 326 E. 4 a. – Die Botschaft zum KVG Z. 3 bei Art. 64 stellt zutreffend fest, dass die Taggeldversicherung auf einem Vertrag beruht, charakterisiert ihn aber nicht.
261 MAURER, BSVR S. 46.
262 BGE 110 V 310 und 111 V 28 E. b sowie MAURER, BSVR S. 268 und 270.

Regel aus, dass Personen vor oder nach dem festgesetzten Mindest- oder Höchstalter noch nicht oder nicht mehr im Arbeitsprozess stehen. Das Taggeld soll ja hauptsächlich den durch Krankheit usw. entstehenden Erwerbsausfall ganz oder teilweise ausgleichen.

Der Beitrittswillige ist befugt, einen andern Versicherer als für die obligatorische Krankenpflegeversicherung zu wählen; Abs. 2. Somit kann er auch seinen Versicherer für Krankenpflege nach KVG 7 wechseln und die Taggeldversicherung beim bisherigen Versicherer weiterführen. Er muss die vom betreffenden Versicherer vorgeschriebenen Beitrittsformalitäten erfüllen, z.B. die ihm gestellten Fragen wahrheitsgetreu beantworten.

b) Die Versicherer betreiben in der Regel neben der Einzel- auch die Kollektivversicherung.[263] Letztere können gemäss Abs. 3 von KVG 67 abgeschlossen werden von: Arbeitgebern für sich und ihre Arbeitnehmer; Arbeitgeberorganisationen und Berufsverbänden für ihre Mitglieder und die Arbeitnehmer ihrer Mitglieder; Arbeitnehmerorganisationen für ihre Mitglieder. Diese Aufzählung ist abschliessend. Deshalb können z.B. Hochschulen die Kollektivversicherung nicht für Studenten oder das Familienhaupt nicht für die einzelnen Familienangehörigen wählen, auch wenn diese im gleichen Haushalt leben.

Die Arbeitgeber schliessen die Kollektivversicherung für ihr Personal meistens ab, um die Lohnzahlungspflicht abzugelten, welche ihnen OR 324 a IV [264] auferlegt. Sie bringen dadurch die enge Verbindung zwischen Arbeitsverhältnis und Taggeldversicherung zum Ausdruck.

Wer die Kollektivversicherung abschliesst, ist Versicherungsnehmer, und wer durch sie Versicherungsschutz geniesst, ist Versicherter[265]. Der Versicherungsnehmer kann, wenn er eine natürliche Person ist, was beim Arbeitgeber häufig zutrifft, zugleich Versicherungsnehmer und Versicherter sein.

c) Im KVG wird der Austritt aus der Einzelversicherung nicht geregelt[266]. Er muss jedoch zulässig sein; dies lässt sich daraus ableiten, dass niemand verpflichtet ist, der Einzelversicherung beizutreten, weshalb auch keine Pflicht besteht, sie bis an das Lebensende weiterzuführen. Die Kündigungsmöglichkeiten sollten daher in den Verträgen festgehalten werden. Schweigen diese, so wird man das VVG oder das OR sinngemäss anwenden.

Die Versicherung endet automatisch, wenn der Versicherte seinen Wohnsitz in der Schweiz oder – z.B. der Grenzgänger – seine Erwerbstätigkeit in der Schweiz aufgibt und naturgemäss mit seinem Tode. Sie endet jedoch nicht, wenn der Versi-

---

263 Für die Krankenpflegeversicherung ist die Kollektivversicherung nicht sinnvoll, da kein Spielraum mehr besteht, die Leistungen zu bestimmen und die Prämien nach Risikogruppen abzustufen (S. 146); zu den Ausnahmen nach KVG 62, Versicherungen mit eingeschränkter Wahl des Leistungserbringers zu wählen, vgl. hinten S. 146 f. Vgl. zum Unterschied der Einzel- und der Kollektivversicherung MAURER, BSVR S. 265 und PVR S. 177.
264 MAURER, BSVR S. 271 und 286.
265 Vgl. zur Unterscheidung von Versicherungsnehmer und Versicherten MAURER, PVR S. 171 ff.
266 Vgl. zum Ausscheiden aus der Kollektivversicherung hinten S. 112.

cherte das 65. Altersjahr zurückgelegt hat. Dies müsste im KVG selbst festgelegt sein, was nicht zutrifft. Eine gegenteilige Klausel in den Verträgen wäre deshalb unzulässig.

d) Heikel ist die Frage, ob der Versicherer den Versicherten aus wichtigen Gründen ausschliessen kann, z.B. wenn er die Prämien mehrmals trotz Mahnung nicht bezahlt oder wenn er eine Krankheit und damit Arbeitsunfähigkeit simuliert, also ein Taggeld erschwindelt oder zu erschwindeln versucht. Der Ausschluss hätte jedoch zur Folge, dass der Versicherte die Taggeldversicherung bei einem andern Versicherer wieder abschliessen könnte. Dies legt nahe, dass die Versicherer, sofern sie den Ausschluss in ihren Verträgen überhaupt regeln, ihn nur verfügen dürfen, indem sie den Grundsatz der Verhältnismässigkeit beachten[267]. Der Ausschluss setzt also einen wichtigen Grund, ein krasses Fehlverhalten des Versicherten, voraus.[268]

e) Wenn die Versicherung endet, z.B. weil der Versicherte den Wohnsitz ins Ausland verlegt, kann er immer noch krank sein. Es fragt sich, ob er trotzdem das Taggeld weiterhin beziehen darf. Diese Frage sollte in gleicher Weise für die Krankenpflege- und für die Taggeldversicherung beantwortet werden (vorn S. 42). Danach bleibt der Versicherer für die Versicherungsfälle, die vor dem Ende des Versicherungsschutzes eingetreten sind, weiterhin leistungspflichtig.

3. Versicherer

a) Versicherer, die gemäss KVG 11 die KV durchführen, müssen in ihrem örtlichen Tätigkeitsbereich (vorn S. 11 bei N 20) jede zum Beitritt berechtigte Person aufnehmen. Für die Versicherer besteht somit Kontrahierungszwang.[269] Deshalb ist es ihnen nicht erlaubt, Risikoselektion zu betreiben und schlechte Risiken von sich fernzuhalten, z.B. den Beitritt von Personen abzulehnen, die häufig krank sind – Frauen und ältere Personen – und daher auch öfters Taggelder beziehen. – Der gleiche Versicherer darf die Taggeldversicherung nach KVG und jene nach VVG betreiben, sofern er die Bewilligung des EDI und des EJPD besitzt.

Da der Versicherer nach VVG Risikoselektion betreiben darf, während dies nach KVG nur in engen Grenzen zulässig ist, besteht die Gefahr, dass in der Taggeldversicherung des KVG eine Anhäufung schlechter Risiken Platz greift, sodass hier längerfristig mit hohen Prämien zu rechnen ist. In der gleichen Richtung wirkt, dass der Taggeldversicherer nach KVG mehrere Schutzbestimmungen beachten muss, während dies für den Taggeldversicherer gemäss VVG nur ausnahmsweise zutrifft.[270]

---

267 BGE 111 V 318 und 322 sowie RKUV 1986 S. 242 zum bisherigen Recht; MAURER, BSVR S. 270.
268 Vgl. zum Ausschluss aus der Krankenpflegeversicherung vorn S. 41 Z. 3.
269 MAURER, PVR S. 152 und für die Krankenpflegeversicherung S. 37.
270 Zum Schutze der Versicherten sollten die Versicherungsgesellschaften wenigstens die geschäftsplanmässige Erklärung abgeben, dass sie den Taggeldvertrag nach Eintritt eines Versicherungsfalles nicht kündigen (VVG 42 I). Das BPV könnte sie dazu veranlassen.

b) Nach KVG 13 II d müssen die Versicherer neben der Krankenpflegeversicherung auch die Einzeltaggeldversicherung durchführen. Das EDI kann jedoch Krankenkassen – nicht aber die Privatversicherer nach KVG 11 – ermächtigen, ausschliesslich die Taggeldversicherung zu betreiben. Es handelt sich in der Regel um Betriebskrankenkassen, die schon nach bisherigem Recht die Kollektivversicherung für das Personal des eigenen Betriebs tätigten (vorn S. 14 bei N 28).

4. Versicherungsvorbehalte

Obwohl die Versicherer ungünstige Risiken nicht von sich fernhalten dürfen, mildert KVG 69 I ihren Kontrahierungszwang: Sie können Krankheiten, die bei der Aufnahme bestehen, durch einen Vorbehalt von der Versicherung ausschliessen. Dies gilt auch für frühere Krankheiten, die erfahrungsgemäss zu Rückfällen führen. Der Vorbehalt fällt gemäss Abs. 2 spätestens nach fünf Jahren dahin[271]. Die Versicherten können vor Ablauf dieser Frist den Nachweis erbrigen, dass der Vorbehalt nicht mehr gerechtfertigt ist.

Der Vorbehalt ist nur gültig, wenn er der versicherten Person schriftlich mitgeteilt wird und die vorbehaltene Krankheit sowie Beginn und Ende der Vorbehaltsfrist in der Mitteilung genau bezeichnet werden; Abs. 3.[272] Falls der Versicherte mit dem Vorbehalt nicht einverstanden ist, kann er eine Verfügung nach KVG 80 verlangen. Zuständig für die Beurteilung von Streitigkeiten ist nach KVG 86 das kantonale Versicherungsgericht.

Wenn der Versicherte eine Erhöhung des Taggeldes oder eine Verkürzung der Wartefrist (hinten S. 114 bei N 278) beantragt, sind die Abs. 1 bis 3 von Art. 69 KVG sinngemäss anwendbar. Der Vorbehalt darf für das zusätzliche Taggeld neu angebracht werden. Er kann also z.B. auch Krankheiten einschliessen, die im früheren Vorbehalt nicht aufgeführt waren. Dadurch wird wenigstens teilweise verhindert, dass der Versicherte das Taggeld erhöht, weil er bereits krank ist und damit rechnet, dass die gleiche Krankheit später zu Rückfällen führt.

5. Beschränkte Freizügigkeit

a) Der Versicherte kann den Versicherer wechseln. Da das KVG keine Bestimmungen über die Kündigung enthält, dürfen die Versicherer sie in ihren Verträgen regeln. Falls sie dies unterlassen, wird man KVG 7 I analog anwenden: Die Kündigung ist unter Einhaltung einer dreimonatigen Kündigungsfrist auf das Ende eines Kalendersemesters zulässig. Der neue Versicherer darf neue Versicherungsvorbehalte anbrin-

---

271 Diese Bestimmung wurde fast wörtlich aus aKVG 5 III übernommen.
272 Die bisherige, reiche Praxis des EVG zu den Versicherungsvorbehalten ist auch weiterhin massgebend. Sie soll hier nicht dargestellt werden; vgl. dazu DUC, Ass. soc. Z. 108 f. und MAURER, BSVR S. 267 ff.

gen, wie wenn der Versicherte bisher keine Taggeldversicherung abgeschlossen hätte.

b) Diese soeben genannte Regel erfährt jedoch in KVG 70 Ausnahmen. Darin wird eine beschränkte Freizügigkeit, ähnlich dem bisherigen Recht,[273] vorgeschrieben. Sie besteht in erleichterten Aufnahmebedingungen: Der neue Versicherer darf keine neuen Vorbehalte anbringen. Hingegen kann er die Vorbehalte des bisherigen Versicherers bis zum Ablauf der ursprünglichen Frist weiterführen; Abs. 1 und 2.

Die Freizügigkeit gilt nur, wenn der Versicherte den Taggeldversicherer wechselt, weil: a) die Aufnahme oder die Beendigung des Arbeitsverhältnisses dies verlangt, z.B. wenn der Versicherte eine neue Stelle antritt und der Betriebsversicherung des neuen Arbeitgebers aufgrund des Arbeitsvertrages beitreten muss; b) er aus dem örtlichen Tätigkeitsbereich des bisherigen Versicherers ausscheidet, indem er z.B. den Wohnsitz wechselt und das Gebiet verlässt, in welchem der bisherige Versicherer tätig ist (Gebietskrankenkasse, vorn S. 11 lit. dd); c) der bisherige Versicherer die soziale Krankenversicherung nicht mehr durchführt (vorn S. 18).

c) Der bisherige Versicherer muss den Versicherten schriftlich über sein Recht auf Freizügigkeit aufklären (Abs. 3), sobald der Versicherte die Taggeldversicherung gekündigt hat. Unterlässt er die Aufklärung, bleibt der Versicherungsschutz bei ihm bestehen. Der Versicherte hat sein Recht auf Freizügigkeit innert drei Monaten nach Erhalt des Aufklärungsbriefes geltend zu machen, also die Taggeldversicherung bei einem andern Versicherer abzuschliessen; andernfalls verwirkt er das Recht auf Freizügigkeit.

d) Der neue Versicherer muss, wenn der Versicherte dies verlangt, das Taggeld im bisherigen Umfang weiterversichern (sog. Besitzstandsgarantie). Er kann dann die beim bisherigen Versicherer bezogenen Taggelder auf die Dauer der Bezugsberechtigung nach Art. 72 anrechnen (hinten S. 114). Hingegen hat der Versicherte keinen Anspruch darauf, dass der neue Versicherer die Versicherung zu jener Prämie abschliesst, welche der bisherige Versicherer verlangt hat. Der neue Versicherer darf seinen eigenen Prämientarif anwenden.

6. Ausscheiden aus einer Kollektivversicherung

a) Auf S. 109 lit. b wurde bereits erwähnt, wer in einer Kollektivversicherung Versicherungsnehmer und Versicherter sein kann. Wenn ein Versicherter aus der Kollektivversicherung ausscheidet, weil er nicht mehr zum Kreise der Versicherten zählt oder weil der Vertrag aufgelöst wird, so hat er das Recht, beim gleichen Versicherer in die Einzelversicherung überzutreten; KVG 71 I. Aus der Kollektivversicherung eines Arbeitgebers scheidet z.B. ein Arbeitnehmer aus, weil er eine Stelle bei einem anderen Arbeitgeber aufnimmt oder wenn er arbeitslos wird. Nur bei einer allfälligen Höherversicherung dürfen neue Versicherungsvorbehalte ange-

---

[273] MAURER, BSVR S. 273

bracht werden (vorn S. 111). Hingegen muss der Versicherte die Prämie bezahlen, die sich aus dem Tarif für die Einzelversicherung ergibt. Falls dieser Tarif eine Abstufung nach dem Eintrittsalter vornimmt, ist das im bisherigen Kollektivvertrag massgebende Eintrittsalter beizubehalten.

b) Sobald der Versicherer erfährt, dass der Versicherte aus dem Kollektivvertrag ausscheidet, muss er ihn schriftlich über sein Recht zum Übertritt in die Einzelversicherung aufklären[274]; Abs. 2 von KVG 71. Der Versicherer muss m.E. ausdrücklich darauf hinweisen, dass er beim Übertritt keinen neuen Versicherungsvorbehalt anbringen darf, sofern und soweit der Versicherte zum bisherigen oder auch zu einem geringeren Taggeld versichert sein will.

Der Versicherte hat sein Übertrittsrecht innert drei Monaten nach Erhalt des Aufklärungsbriefes geltend zu machen. Andernfalls verwirkt er es.

7. Leistungen

a) Da es sich um eine freiwillige Versicherung handelt, die auf Vertrag beruht (vorn S. 108 bei N 260), kann der Versicherer mit dem Versicherungsnehmer das versicherte Taggeld vereinbaren; KVG 72 I. Dies gilt in gleicher Weise für die Einzel- und die Kollektivversicherung. Jedenfalls vor Abschluss einer Einzelversicherung sollte der Versicherer den Versicherten fragen, ob er für den Erwerbsausfall schon anderweitig versichert sei. Er kann dadurch vermeiden, dass eine Überentschädigung entsteht, die den Versicherten einer nutzlosen doppelten Prämienbelastung aussetzt.

b) Der Versicherer ist zwar weitgehend frei, welche Taggeldleistungen er anbieten will. Dabei muss er die in KVG 13 II lit. a vorgeschriebenen Grundsätze der Gleichbehandlung der Versicherten und der Gegenseitigkeit beachten (vorn S. 15 f.). Bei gleichem Sachverhalt kann er z.B. nicht einem Versicherten nur ein symbolisches Taggeld zugestehen,[275] z.B. weil er ihn als schlechtes Risiko einschätzt, und dem andern etwa gleichaltrigen Versicherten, der ein ähnlich hohes Erwerbseinkommen ausweist, ein viel höheres Taggeld gewähren. KVV 109 schreibt ausdrücklich vor, dass jede Person zu den gleichen Bedingungen, namentlich hinsichtlich der Dauer und der Höhe des Taggeldes, «wie sie für die andern Versicherten gelten», der Taggeldversicherung beitreten könne. Dies muss auch für spätere Änderungen des Vertrages gelten, da die erwähnten Grundsätze sowohl für den Beitritt als auch für die ganze Vertragsdauer massgebend sind. Es ist überhaupt fraglich, ob der Versicherer das Taggeld nach gesundheitlichen Gesichtspunkten abstufen darf, um Risikoselektion zu betreiben. M.E. kann er sie nur über die Versicherungsvorbehalte berücksichtigen (vorn S. 111 Z. 4). Hingegen sollte der Versicherer Höhe und Dauer des Taggeldes *bedarfsgerecht* anbieten. Er hat vor allem die Einkommensverhältnisse

---

[274] Er kann diese Aufgabe durch Vereinbarung auch an den Versicherungsnehmer delegieren. Er muss sich den Fehler, den der Versicherungsnehmer allenfalls begeht, selbst zurechnen, also dafür einstehen; RKUV 1983 S. 251.

[275] Botschaft zum KVG Z. 3 bei Art. 64.

in Betracht zu ziehen, da das Taggeld vorab dazu dient, den Erwerbsausfall im Versicherungsfall ganz oder teilweise zu decken.

c) Die Versicherer können die Deckung nach Abs. 1 von KVG 72 auf Krankheit und Mutterschaft beschränken. Somit steht es ihnen frei, ob sie die subsidiäre Deckung für Unfälle nach KVG 1 II lit. b ein- oder ausschliessen wollen. Wenn sie sie in ihren Verträgen einschliessen, hätten sie m.E. die Art. 8 ff. KVG, die das Ruhen der Unfalldeckung regeln (vorn S. 39 Z. 5), sinngemäss anzuwenden, obwohl auch diese Bestimmungen nach ihrer Stellung im Gesetz nur für die Krankenpflegeversicherung gelten.

d) Der Taggeldanspruch entsteht, wenn der Versicherte mindestens zur Hälfte arbeitsunfähig ist. Die Arbeitsunfähigkeit ist in der Regel gegeben, wenn eine Person ihre bisherige Tätigkeit infolge des Gesundheitsschadens nicht mehr oder nur noch beschränkt oder nur unter der Gefahr, ihren Gesundheitszustand zu verschlimmern, auszuüben vermag[276]. Der Grad wird nach dem Masse bestimmt, in welchem die Person an ihrem angestammten Arbeitsplatz zumutbarerweise nicht mehr nutzbringend tätig sein kann.[277] Der behandelnde Arzt schätzt ihn in seinen Zeugnissen; die Versicherer pflegen auf diese Schätzung abzustellen.

Ist nichts anderes vereinbart, so entsteht der Anspruch am dritten Tag nach der Erkrankung. Somit sieht das Gesetz eine Wartefirst für den Tag der Erkrankung und die zwei ihm folgenden Tage vor.[278] Die Wartefirst darf gegen eine entsprechende Prämienreduktion verlängert werden. Sie wird oft entsprechend der Zeitspanne festgesetzt, für welche der Arbeitgeber zur Lohnfortzahlung verpflichtet ist. Die gleich zu nennende Mindestbezugsdauer kann um diese Zeitspanne ebenfalls verlängert werden.

Das Taggeld muss «für eine oder mehrere Erkrankungen während mindestens 720 Tagen innerhalb von 900 Tagen» geleistet werden; Abs. 3.[279] Man nennt dies die *Bezugsdauer*. Somit wird dem Versicherten zugemutet, innerhalb jeder solchen Periode den Erwerbsausfall für 180 Tage selbst zu tragen, sofern er mit dem Versicherer nicht eine günstigere Lösung vereinbart hat.

Bei teilweiser Arbeitsunfähigkeit wird das Taggeld entsprechend gekürzt. Somit wird z.B. bei einer Arbeitsunfähigkeit von 50 Prozent nur das halbe Taggeld entrichtet.

Wenn das Taggeld zusammen mit Geldleistungen anderer Sozialversicherer – z.B. der IV – zu einer Überentschädigung führt (hinten S. 125 lit. ee), wird es gekürzt. Der Versicherte hat jedoch Anspruch auf den Gegenwert von 720 *vollen* Taggeldern. Die Fristen für die bereits erwähnte Bezugsdauer verlängert sich entsprechend der Kürzung; Abs. 5 von KVG 72.

---

276 MAURER, BSVR S. 286 mit Zitaten. Art. 6 ATSG umschreibt den Begriff ausführlicher, jedoch weitgehend mit gleichem Inhalt.
277 BGE 114 V 283; RKUV 1986 S. 423.
278 Dies entspricht UVG 16 II.
279 Diese Formulierung wurde Abs. 3 von Art. 12 bis aKVG wörtlich entnommen; Kritik dieser Lösung bei MAURER, BSVR S. 289.

8. Koordination mit der Arbeitslosenversicherung

Art. 73 KVG stimmt das Taggeld auf die Entschädigungen der Arbeitslosenversicherung ab, enthält also eine Sonderregelung für Arbeitslose. Wenn diese eine Arbeitsunfähigkeit von mehr als 50 Prozent ausweisen, so wird ihnen nach Abs. 1 das volle Taggeld und bei Arbeitsunfähigkeit von mehr als 25 Prozent, aber höchstens 50 Prozent, das halbe Taggeld ausgerichtet, sofern der Versicherer gemäss seinem Versicherungsvertrag bei einem entsprechenden Grad der Arbeitsunfähigkeit überhaupt Leistungen zu erbringen hat.[280] Dies trifft z.B. dann nicht zu, wenn der Versicherungsvertrag vorsieht, dass bei einer Arbeitsunfähigkeit von weniger als 50 Prozent kein Taggeld gewährt wird.

Ebenfalls der Anpassung an die Arbeitslosenversicherung dient Abs. 2 von Art. 73 KVG. Danach können arbeitslose Versicherte verlangen, dass ihre bisherige Versicherung in eine Versicherung mit Leistungsbeginn ab dem 31. Tag geändert wird, unter der Beibehaltung der bisherigen Taggeldhöhe und ohne Berücksichtigung des Gesundheitszustandes im Zeitpunkt der Änderung. Wenn als z.B. die Kollektivversicherung das Taggeld erst ab dem 90. Tag gewährt, weil der Arbeitgeber den Lohn bis dahin weiterbezahlt, kann der arbeitslose Versicherte, auch wenn er bereits krank ist, den Beginn auf den 31. Tag vorverlegen lassen, um Versicherungsschutz zu bekommen. Er muss jedoch eine angemessene Prämienanpassung, d.h. eine höhere Prämie, in Kauf nehmen.

9. Taggeld bei Mutterschaft[281]

Nach Abs. 1 von Art. 74 KVG haben die Versicherer bei Schwangerschaft und Niederkunft das versicherte Taggeld auszurichten, aber nur wenn die Versicherte «bis zum Tag ihrer Niederkunft während mindestens 270 Tagen und ohne Unterbrechung von mehr als drei Monaten versichert war». Mit dieser Wartefrist soll verhindert werden, dass eine Frau die Taggeldversicherung erst abschliesst, wenn sie bereits schwanger ist.

Das Taggeld ist gemäss Abs. 2 während 16 Wochen zu leisten, wovon mindestens acht Wochen nach der Niederkunft liegen müssen. Es darf nicht auf die Bezugsdauer nach KVG 72 III (vorn S. 114 lit. d) angerechnet werden und ist auch nach deren Ausschöpfung zu leisten.[282] Das Taggeld ist unabhängig davon geschuldet, ob die Frau während diesen 16 Wochen zeitweise erwerbstätig ist.

---

280 Nach AVIG 28 II werden Taggelder der KV und auch der Unfallversicherung von der Arbeitslosenentschädigung abgezogen. Eine Überentschädigung soll dadurch verhindert werden.
281 Vgl. die Leistungen bei Mutterschaft in der Krankenpflegeversicherung vorn S. 48 und 61.
282 Der Bundesrat sah in seinem Entwurf einen Anspruch auf Taggeld für zehn Wochen vor. Er trug dem Umstand Rechnung, dass das Volk in der Abstimmung vom 6.12.1987 die sog. KMVG-Vorlage stark verworfen hatte. Mit ihr wäre der Schutz bei Mutterschaft im KVG beträchtlich ausgebaut worden; Botschaft zum KVG Z. 12, Z. 25 und Z. 3 bei Art. 66. In den parlamentarischen Beratungen wurde die Bezugsdauer von 10 auf 16 Wochen ausgedehnt. Eine neue Mutterschaftsvorlage ist in Vorbereitung.

III. Anmeldung des Versicherungsfalles und Verzicht auf Leistungen[283]

1. Anmeldung des Versicherungsfalles und Folgen bei Versäumnis

Wenn der Versicherte seinen Versicherungsfall nicht frühzeitig mitteilt, kann der Versicherer den Heilungsverlauf nicht so verfolgen und überwachen, wie das Gesetz es in verschiedenen Bestimmungen verlangt. Die Überwachung liegt hauptsächlich im Aufgabenbereich seines vertrauensärztlichen Dienstes (vorn S. 101 ff.).

a) KVG und KVV enthalten – im Gegensatz etwa zu UVG 45 – keine Bestimmungen über die Pflicht zur Anmeldung eines *Krankheitsfalles*. Da nicht anzunehmen ist, dass die Gesetzgebungsorgane dieses Rechtsinstitut übersehen haben, liegt keine Gesetzeslücke vor. Somit ist es Sache der Versicherer, in ihren Statuten oder Reglementen sowohl die Anzeigepflicht als auch die Folgen von deren Verletzung festzulegen. Gemäss Art. 3 III der Inkraftsetzungsverordnung haben die Kassen bis zum 31. Dezember 1995 «dem BSV die Statuten und allfällige weitere allgemeine Bestimmungen über Rechte und Pflichten der Versicherten einzureichen». Dazu gehören auch die Anzeigepflicht im Krankheitsfall und die Sanktionen, wenn sie missachtet wird. Wenn ein Versicherer keine entsprechende Regelung vorgesehen hat, wird man UVG 45 ff. sinngemäss anwenden,[284] dabei aber den Besonderheiten der KV Rechnung tragen.

Sofern die Versicherer ihre Sanktionen wegen Verletzung der Anzeigepflicht reglementarisch umschreiben und im Einzelfall verfügen, müssen sie den Grundsatz der Verhältnismässigkeit beachten. In Frage kommt eine Kürzung der Versicherungsleistungen für den Zeitabschnitt der Verspätung,[285] in sehr krassen Fällen also sogar ein Ausschluss der Leistungen für den ganzen Krankheitsfall. Sanktionen dürften unzulässig sein, wenn die Verspätung entschuldbar ist.

Diese Überlegungen gelten sowohl für die obligatorische Krankenpflegeversicherung als auch für die freiwillige Taggeldversicherung.

b) Die Versicherer haben nach KVG 1 II lit. b subsidiär Unfälle zu decken (vorn S. 32 und 48). Art. 111 KVV regelt in knapper Weise die Unfallmeldung, nicht aber die Folgen bei Versäumnis. Er verpflichtet alle Versicherten, «Unfälle, die nicht bei einem UVG-Versicherer oder bei der Militärversicherung angemeldet sind, ihren Krankenversicherern unverzüglich zu melden. Sie haben Auskunft zu geben über: a) Zeit, Ort, Hergang und Folgen des Unfalles; b) den behandelnden Arzt oder das Spital; allfällige betroffene Haftpflichtige und Versicherungen». Damit sind die wichtigsten Daten aufgezählt, die der Versicherer im Normalfall benötigt, um seine Leistungspflicht einerseits und den Regress gegen haftpflichtige Dritte (hinten S. 125 Z. 6) andererseits wenigstens provisorisch prüfen zu können. Zusätzliche Informa-

---

283 DUC, Ass. soc. Z. 196.
284 MAURER, BSVR S. 397.
285 BGE 104 V 9 betreffend aKVG.

tionen kann er schriftlich oder im Gespräch einholen oder über den Vertrauensarzt einholen lassen.

Hinsichtlich der Sanktionen gelten die Hinweise, die vorne S. 116 unter lit. a gegeben wurden.

2. Verzicht auf Versicherungsleistungen

a) KVG und KVV regeln den Verzicht nicht. Es dürfte eine Gesetzeslücke[286] vorliegen, die der Richter durch die Aufstellung von Regeln oder Kriterien füllen kann. Bei der Beurteilung wird UVV 65 hilfreich sein: «Der Versicherte oder seine Hinterlassenen können schriftlich den Verzicht auf Versicherungsleistungen erklären. Liegt der Verzicht im schutzwürdigen Interesse des Versicherten oder seiner Hinterlassenen, so hält der Versicherer diesen Verzicht in einer Verfügung fest». Freilich sind Besonderheiten der KV zu beachten. Dazu folgendes:

b) Der Versicherte kann stillschweigend, faktisch auf Leistungen verzichten, wenn er den Versicherungsfall – Krankheit oder Unfall – dem Versicherer gar nicht anzeigt. Dies ist in bestimmten Fällen hinsichtlich der KV sogar erwünscht. So entlastet es die KV, wenn der Versicherte Bagatellfälle, z.B. wenn er den Arzt nur ein einziges Mal konsultiert, zum vornherein selbst berappen will. In der Bonusversicherung (hinten S. 147 lit. b) wird der Verzicht durch eine Prämiensenkung sogar belohnt, sofern der Versicherte während eines Jahres keine Leistungen in Anspruch genommen hat; somit darf er besonders auch in Bagatellfällen von einer Anzeige an den Versicherer absehen. Unfälle, die vom Krankenversicherer subsidiär gedeckt werden, muss er zwar nach KVV 111 melden (vorne Z. 1, lit. b). Er kann aber zugleich schriftlich auf Leistungen verzichten, wenn er davon ausgeht, dass eine Haftpflichtversicherung, z.B. jene des Motorfahrzeughalters, seinen Schaden umfassender als der Krankenversicherer deckt. Für den gültigen Verzicht müssen stets *besondere Gründe* vorliegen.[287]

c) Der Verzicht kann jedoch für die Zukunft, nicht aber für Leistungen aus einer bereits abgelaufenen Periode, *widerrufen* werden. Der Widerruf ist jedenfalls dann zuzulassen, wenn sich der Versicherte zur Zeit des Verzichts über wichtige Umstände, z.B. über den Verlauf der Krankheit und der Unfallfolgen, geirrt hat.[288]

d) Das KVG will die Selbsttragung von Kosten durch den Versicherer fördern, um dadurch die Kostenentwicklung zu dämpfen. Dies bringt es nicht nur mit der Zulassung der Bonusversicherung sondern z.B. auch mit dem Institut der Kostenbeteiligung nach den Art. 64 ff. zum Ausdruck. Deshalb sollte die Praxis den Verzicht auf Leistungen nicht unnötig erschweren sondern ihn eher erleichtern. Es ist z.B. eine

---

286 MAURER, BSVR S. 46 f.
287 BGE 118 V 273 und 116 V 280.
288 ATSG 30, in der Fassung der Kommission des NR, will den Verzicht ziemlich einlässlich regeln. Er lässt den Widerruf für die Zukunft immer zu; vorbehalten bleibt eine Ausnahme: Der Verzicht darf den Grundsatz von Treu und Glauben nicht verletzen; MAURER, BSVR S. 31 ff.

unnötige Komplikation, wenn UVV 65 (für den ausdrücklichen Verzicht) eine schriftliche Verfügung verlangt, in welcher der Verzicht festgehalten wird. Der in ATSG 30 niedergelegte Gedanke, dass der Versicherer den ausdrücklichen Verzicht und dessen Widerruf lediglich schriftlich – ohne Verfügung – bestätigt, genügt der Rechtssicherheit.

Hingegen muss beim stillschweigenden Verzicht – durch Unterlassung der Anzeige des Versicherungsfalles – ein genügender Beweis dafür vorliegen[289], dass der Versicherte wirklich auf Leistungen verzichten wollte und die Anzeige nicht aus andern Gründen, z.B. aus Unbeholfenheit oder aus Nachlässigkeit unterlassen hat.

IV. Koordinationsrecht[290]

1. Die Art. 78 und 79 KVG als Delegationsnormen

a) Art. 78 I ordnet das Verhältnis der KV zu den anderen Sozialversicherungen nicht selbst sondern delegiert diese Aufgabe an den Bundesrat. Abs. 1 umreisst vier verschiedene Sachverhalte, die er nicht abschliessend aufzählt. Der Bundesrat behandelt sie in den Art. 110 bis 121 KVV. Sie werden in den nachfolgenden Z. 2 bis 4 dargestellt.

b) Nach Abs. 2 von KVG 78 hat der Bundesrat überdies dafür zu sorgen, dass die Versicherten oder die Leistungserbringer durch die Leistungen der sozialen KV oder durch deren Zusammentreffen mit den Leistungen anderer Sozialversicherungen nicht überentschädigt werden, insbesondere beim Aufenthalt in einem Spital. Die Überentschädigung[291] ist Gegenstand von KVV 122. Die folgende Z. 5 erklärt sie.

c) Art. 79 I KVG räumt dem Versicherer für den Bereich der KV das *Rückgriffsrecht* gegen haftpflichtige Dritte ein. Abs. 2 schränkt es ein, wenn bestimmte Personen haftpflichtig sind. Der Regress und seine Beschränkungen werden hinten in Z. 6 dargestellt.

2. Vorleistungspflicht

a) KVV 110 stellt eine *Rang- oder Prioritätenordnung* auf: Wenn in einem Versicherungsfall Leistungen der KV mit gleichartigen Leistungen nach UVG, der IV oder der Militärversicherung zusammentreffen, gehen die Leistungen dieser anderen

---

289 BGE 118 V 273.
290 Botschaft zum KVG Z. 3 bei Art. 70; DUC, Ass. soc. S. 647 ff. MAURER, BSVR S. 167, 233; SVR I S. 380 ff.; Unfallversicherungsrecht S. 531 ff.; Kumulation und Subrogation; SCHAER, Ausgleichsysteme; SCHLAURI, Koordinationsrecht; ATSG 69 bis 83 behandeln die Koordinationsregeln ausführlich.
291 Der Begriff der Überentschädigung wurde durch eine Arbeitsgruppe der Schweiz. Gesellschaft für Versicherungsrecht in das Sozialversicherungsrecht eingebracht. Er tritt an die Stelle der früher öfters verwendeten, weniger scharfen Begriffe der Überversicherung oder des Versicherungsgewinnes; MAURER, Kumulation und Subrogation S. 24 N 36 und Sachregister.

Sozialversicherungen vor. Die KV muss somit nicht leisten. Zusammentreffen können Leistungen z.B. mit der Unfallversicherung bei Berufskrankheiten gemäss UVG 9 – auch sie sind Krankheiten, die unter die Umschreibung in KVG 2 fallen –, mit der IV bei der medizinischen Eingliederung – nach IVV 2 II muss die IV bei Querschnittslähmungen nach Ablauf der vierten Woche die Behandlung bezahlen – und mit der Militärversicherung, wenn der Versicherte wegen einer Erkrankung im Militärdienst der Behandlung bedarf. Ohne die Koordinationsregel von KVV 110 wäre die KV neben diesen Sozialversicherungen leistungspflichtig. Für die Gleichartigkeit der Leistungen kann auf die Definition abgestellt werden, die KVV 124 für den Regress enthält (hinten S. 127 lit. bb).

KVV 110 behält Art. 128 UVV vor. Dieser regelt in besonderer Weise die Sachverhalte, wenn der nach UVG Versicherte wegen eines Unfalles hospitalisiert ist und erkrankt: Der Unfallversicherer allein muss für die Kosten der Krankheit aufkommen. Wenn aber umgekehrt ein Versicherter wegen einer Krankheit hospitalisiert ist und verunfallt – er stürzt bei den ersten Gehversuchen und bricht sich ein Bein –, dann muss die KV die Kosten auch für den Unfall übernehmen.

b) Nun kann es jedoch *zweifelhaft* sein, ob bei Krankheit oder Unfall die KV oder aber der UVG-Versicherer oder die Militärversicherung leistungspflichtig ist. Dies trifft z.B. zu, wenn anfänglich unklar ist, ob wirklich eine Berufskrankheit nach UVG 9 II oder eine «gewöhnliche» Krankheit gemäss KVG 2 I vorliegt. Der Versicherte käme in finanzielle Bedrängnis, wenn jede dieser beteiligten Sozialversicherungen ihre Leistungspflicht verneinen würde. Er fiele gleichsam zwischen Tisch und Bank. Deshalb statuiert KVV 112 die Vorleistungspflicht der KV. Der Versicherte kann sich an sie halten; die KV darf auch von sich aus vorleisten oder auf Gesuch der anderen Sozialversicherung hin. Ihr Rückerstattungsanspruch gegen die andere Sozialversicherung wird dadurch nicht beeinträchtigt (hinten S. 120 Z. 3).

Wenn eine Person bei mehreren Krankenversicherern für Taggeld versichert ist, so wird jeder dieser Versicherer vorleistungspflichtig; KVV 112 II (hinten S. 125 lit. ff).

c) In zweifelhaften Fällen wird sich der Versicherte sowohl beim Krankenversicherer als auch bei der IV zum Leistungsbezug anmelden. Dies kommt z.B. vor, wenn er als Volljähriger wegen Taubheit ein Cochlea-Implantat (Gehörhilfe) beansprucht, das er nach KLV, Anhang 1, Z. 7 vom Krankenversicherer und ebenso von der IV verlangen kann[292]. Der Krankenversicherer muss nach KVV 113 für die Krankenpflegekosten Gutsprache erteilen oder Zahlungen leisten, bis feststeht, welche Versicherung den Fall übernimmt.

d) Der vorleistende Krankenversicherer hat den Versicherten darauf aufmerksam zu machen, dass seine Leistungen bei einer nachträglichen Übernahme durch den UVG-Versicherer, die Militärversicherung oder die IV an deren Leistungen ange-

---

292 Vgl. dazu BGE 115 V 202 f. und MAURER, BSVR S. 153 N 345.

rechnet werden. Der Versicherte darf somit insgesamt nur jene Leistungen beanspruchen, welche nach dem Gesetz von der zuständigen Versicherung geschuldet werden.

e) Gemäss KVV 115 muss der UVG-Versicherer oder die Militärversicherung im Rahmen ihrer gesetzlichen Leistungspflicht dem Krankenversicherer, der vorgeleistet hat, die von ihm ausgerichteten Leistungen zurückerstatten.

Wenn die IV einen Fall übernimmt, für welchen der Krankenversicherer Pflegekosten bereits bezahlt hat, so erstattet sie ihm diese Kosten zurück, «sofern sie darüber zur Zeit der Erledigung des Falles Kenntnis hat»; Abs. 2.

f) Das KVG lässt eine Vielfalt von Tarifen von unterschiedlichem Preisniveau zu, die zwischen den Versicherern und den Leistungserbringern abgeschlossen werden (vorne S. 82 lit. c). Der Krankenversicherer muss bei Vorleistung seinen Tarif anwenden. Wenn sich schliesslich herausstellt, dass der andere Sozialversicherer, z.B. der UVG-Versicherer, für den Fall leistungspflichtig ist, jedoch einen höheren Tarif hat, kommen die Leistungserbringer zu kurz; nicht der UVG-Versicherer sondern der Krankenversicherer hat mit seinem, dem ungünstigeren Tarif abgerechnet. KVV 116 I bestimmt deshalb, dass der andere Sozialversicherer, also z.B. der UVG-Versicherer, den Leistungserbingern eine allfällige Differenz nachzahlen muss.

Es ist ebenso möglich, dass der vorleistende Krankenversicherer einen höheren Tarif hatte und den Leistungserbringern mehr vergüten musste, als wenn der schliesslich zuständige andere Versicherer mit ihnen abgerechnet hätte. Die Leistungserbringer haben deshalb die Differenz, die sich aus dem Vergleich der Tarife ergibt, dem vorleistenden Krankenversicherer zurückzuerstatten. Diese in Abs. 2 von KVV 116[293] vorgeschriebene Erstattungspflicht dürfte in der Praxis Schwierigkeiten verursachen.

3. Rückvergütung von Leistungen anderer Sozialversicherer

a) Die Vorleistungspflicht betrifft Fälle, in denen zweifelhaft ist, welche Sozialversicherung Leistungen erbringen muss (vorne Z. 2, lit. b). Die Art. 117 bis 119 KVV regeln die Rückvergütungspflicht bei Leistungen, wenn eine Sozialversicherung aus anderen Gründen, z.B. aus Irrtum, zu Unrecht geleistet hat. Dazu ein Beispiel. Nach UVV 13 sind teilzeitbeschäftigte Arbeitnehmer, deren wöchentliche Arbeitszeit bei einem Arbeitgeber weniger als zwölf Stunden beträgt, gegen Nichtberufsunfall nicht versichert. Ein Versicherter verunfallt in der Freizeit beim Skifah-

---

[293] Mit dieser Bestimmung soll KVG 78 II vollzogen werden, wonach das Verbot der Überentschädigung nicht nur für die Versicherten sondern auch für die Leistungserbringer gilt. Überentschädigung setzt jedoch voraus, dass der Versicherte wegen des Versicherungsfalles einen Schaden, also eine Vermögenseinbusse, erlitten hat. Daher passt dieser Ausdruck nicht ganz für die Leistungserbringer: Sie haben nicht einen Schaden im rechtstechnischen Sinn erlitten sondern wollen für ihre Leistungen honoriert werden. Überentschädigung bedeutet für sie sinngemäss, dass sie wegen der Anwendung eines «unrichtigen» Tarifes eine zu hohe Vergütung bekommen haben und den Mehrbetrag erstatten müssen.

ren. Versehentlich schreibt der Arbeitgeber in der Unfallanzeige, dieser Versicherte arbeite 13 Stunden, obwohl er nur 10 Stunden beschäftigt war. Deshalb übernimmt der UVG-Versicherer den Nichtberufsunfall. Später bemerkt er den Irrtum. Der Krankenversicherer, der diesen Nichtberufsunfall nach KVG 1 II lit. b hätte übernehmen müssen, wird im Rahmen «seiner gesetzlichen Leistungspflicht» gegenüber dem Unfallversicherer rückerstattungspflichtig; KVV 117 I. Die gleiche Regel gilt auch im umgekehrten Fall, wenn der Krankenversicherer zu Unrecht für einen Unfall aufkommt, für welchen der UVG-Versicherer zuständig ist, ebenso, wenn es sich um andere Sozialversicherungen handelt.

Wenn mehrere Krankenversicherer rückerstattungsberechtigt oder rückvergütungspflichtig sind, so bemisst sich ihr Anteil nach den Leistungen, die sie erbracht haben oder hätten erbringen sollen; Abs. 2 von KVV 117.

Der Rückvergütungsanspruch erlischt fünf Jahre nach der Entrichtung der Leistung; Abs. 3. Es handelt sich nicht um eine Verjährung – die z.B. durch Betreibung unterbrochen werden kann –, sondern um eine *Verwirkung*[294].

b) Wenn eine Sozialversicherung in einem laufenden Versicherungsfall feststellt, dass sie zu Unrecht Leistungen erbracht hat, überweist sie den Fall dem zuständigen Versicherer zur Erledigung. Dieser muss den Versicherten über den Wechsel informieren; KVV 118 I.

Der *Versicherte* hat möglicherweise zu geringe Geldleistungen erhalten, z.B. ein zu kleines Taggeld der KV, da der unzuständige Versicherer den Fall behandelt hat. Der zuständige Versicherer muss ihm die Differenz nachträglich bezahlen. Dies gilt selbst dann, wenn das Versicherungsverhältnis in der Zwischenzeit aufgelöst wurde, so etwa weil der Versicherte die Taggeldversicherung gekündigt hat; KVV 118 II.

c) Wenn der *Leistungserbringer* eine zu geringe Vergütung erhalten hat, weil für den unzuständigen Versicherer ein tieferer Tarif galt, so muss ihm der zuständige Versicherer die Differenz nachzahlen. Falls der Leistungserbringer aber zu viel bekommen hat, ist er verpflichtet, die Differenz zu erstatten; KVV 119[295].

4. Gegenseitige Meldepflicht und Rechtsmittel der Versicherer

a) Gemäss KVV 120 haben die Krankenversicherer und die anderen Sozialversicherungen sich im Einzelfall auf schriftliche und begründete Anfrage hin einander kostenlos die Auskünfte und Unterlagen zu geben, «die für die Festsetzung, Änderung und Rückforderung von Leistungen, für die Verhinderung ungerechtfertigter Bezüge oder für den Rückgriff auf haftpflichtige Dritte notwendig sind. Die betroffenen Versicherten sind über die Meldungen zu informieren». Diese gegenseitige Informationspflicht soll die (möglichst) reibungslose Durchführung der KV erleich-

---

294 Zur Unterscheidung von Verwirkung und Verjährung vgl. BGE 112 V 186 und MAURER, BSVR S. 112 bei N 164.
295 Vgl. vorne bei N 293.

tern. Sie fällt nicht unter die Schweigepflicht, welche in KVG 83 und KVV 130 festgelegt ist (vorne S. 26 f.).

b) Wenn ein Krankenversicherer eine Verfügung nach KVG 80 erlässt, welche die Leistungspflicht eines anderen Sozialversicherers berührt, so muss er die Verfügung auch dem anderen Versicherer eröffnen, sie ihm also mitteilen; KVV 121 I. Der andere Versicherer kann die gleichen Rechtsmittel ergreifen wie der Versicherte selbst. Er erhält damit die Möglichkeit, seine Rechte wahrzunehmen. Angesichts der zahlreichen Versicherungsträger, von denen viele zueinander in einem Konkurrenzverhältnis stehen, ist die genannte Bestimmung von erheblicher Bedeutung. Abs. 2 von KVV 121 verpflichtet den verfügenden Krankenversicherer überdies, dem Versicherten die Einsprache oder Beschwerde zuzustellen, die von einer anderen Sozialversicherung erhoben wird, damit er seine Parteirechte wahren kann. Gefällte Entscheide entfalten auch für ihn Rechtswirkung.

5. Verpönte Überentschädigung

a) Die Versicherten oder die Leistungserbringer dürfen durch die Leistungen der sozialen KV oder durch deren Zusammentreffen mit den Leistungen anderer Sozialversicherungen nicht überentschädigt werden, insbesondere beim Aufenthalt in einem Spital. Damit beschränkt Art. 78 II KVG das Verbot der Überentschädigung[296] auf Leistungen, die entweder von der KV selbst oder von ihr zusammen mit anderen Sozialversicherungen erbracht werden. Er verbietet jedoch die Überentschädigung nicht, wenn Leistungen ausserhalb der Sozialversicherungen, z.B. vom Arbeitgeber oder von privaten Versicherungen mit jenen der KV zusammentreffen. Überentschädigung besteht für den Versicherten – vereinfacht ausgedrückt –, wenn er sich wegen eines Versicherungsfalles beim Zusammentreffen mehrerer Leistungen innerhalb einer Leistungskategorie finanziell besser stellt, als wenn der Versicherungsfall gar nicht eingetreten wäre. Die Leistungen der verschiedenen Sozialversicherungen zusammen übersteigen den Schaden, d.h. die finanzielle Einbusse, die der Versicherte wegen des Versicherungsfalles erleidet.

b) KVV 122 enthält verschiedene Bestimmungen zur Überentschädigung, die sich auf die Delegation von KVG 78 II stützen. Dazu folgendes:

aa) Der Bundesrat lässt in KVV 122 I nur Leistungen der Krankenversicherer einerseits und der übrigen *Sozialversicherungen* andererseits zu, soweit im Einzelfall keine Überentschädigung vorliegt. Somit sind z.B. Leistungen aus Zusatzversiche-

---

[296] Vgl. zu diesem Begriff vorne S. 118 N 291 und dazu u.a. Duc, Ass. soc. Z. 1067–1080; KIESER/RIEMER, Tafeln Nr. 75, 78; LOCHER, Grundriss S. 94, 209, 287 ff.; MAURER, BSVR S. 299, 396; NEF U. Ch, Gewinn- und Überversicherungsverbot in der Krankengeldversicherung, SZS 1980 S. 263. UVG 40 enthält hinsichtlich der Überentschädigung eine Generalklausel; vgl. dazu BGE 115 V 280 E. 1 c, 117 V 394 und EVG-Urteil in SVR 1995 zur KV Nr. 37. Diese Urteile sind im Hinblick auf KVG 78 II nur noch mit der gebotenen Vorsicht verwertbar, da das neue Recht teilweise andere Regeln als das bisherige Recht aufweist.

rungen und andere Leistungen von Privatversicherungen, die für den gleichen Versicherungsfall gewährt werden, zum vorneherein ausser acht zu lassen, wenn die Überentschädigung geprüft wird. Dadurch weicht das neue vom alten Recht ab, das in aKVG 26 I und aVO III 16 zum aKVG festgelegt war: Dieses verlangte, dass z.B. der Lohn aus der Lohnzahlungspflicht des Arbeitgebers gemäss OR 324 a, die Leistungen der privaten Versicherungsgesellschaften aus Unfall, Kranken- und weiteren Versicherungen sowie der Anspruch des Versicherten gegen haftpflichtige Dritte in die Rechnung der Überversicherung einbezogen werden[297]. Soweit sie den durch die Krankheit bedingten Erwerbsausfall und die weiteren Kosten überstiegen, lag ein Versicherungsgewinn (=Überentschädigung) vor. Das neue Recht verbietet die Überentschädigung nicht, welche durch Leistungen ausserhalb der Sozialversicherungen entsteht. Es macht nur beim Regress gegen haftpflichtige Dritte eine Ausnahme. Die Regressbestimmungen in KVG 79 I und KVV 123 bis 126 sollen das Krankenversicherungsrecht des KVG mit dem Haftpflichtrecht koordinieren und damit auch die Überentschädigung des KVG-Versicherten verhindern.

Der gesetzgeberische Entscheid, Leistungen, die im Versicherungsfall ausserhalb der Sozialversicherungen erbracht werden, nicht zu berücksichtigen[298], wenn sie mit Leistungen der KV zusammentreffen und eine Überentschädigung bewirken, hat, je nach Standort des Beurteilers Vor- und Nachteile. Von ihnen seien lediglich folgende erwähnt: Der KVG-Versicherte, der Vorsorge betreibt, indem er namentlich private Zusatz-, Lebens-, Kranken- und Unfallversicherungen abschliesst, soll im Versicherungsfall nicht dadurch «bestraft» werden, dass ihm die Leistungen nach KVG, sei es in der Krankenpflege-, sei es in der Taggeldversicherung, gekürzt werden. Die Selbstverantwortung, die auch für die Sozialversicherungen wichtig ist, würde durch eine solche Kürzung geschwächt. Umgekehrt kann die Überversicherung dazu führen, dass der Heilungswille beeinträchtigt wird, sofern der Patient mit dem Krankheitsfall Geld verdient: Dies tut er, wenn er z.B. durch private Spitalversicherungen und die Taggeldversicherung nach KVG so viel einnimmt, dass er alle seine Kosten und den ganzen Erwerbsausfall vollständig decken kann und darüber hinaus erst noch einen Gewinn erzielt. Sein Interesse, möglichst rasch aus dem Spital entlassen zu werden, erlahmt. Vermutlich hat der Gesetzgeber aus referendumspolitischen Überlegungen darauf verzichtet, die bisherige Regelung auch im KVG zu übernehmen[299].

---

297 BGE 107 V 232.
298 Auch ATSG 76 schlägt diese Lösung vor.
299 Ein ungeschriebener Grundsatz des Sozialversicherungsrechts, der die Überentschädigung generell verbietet, besteht nicht. Ein solcher Grundsatz müsste im Gesetz ausdrücklich verankert sein; m.E. zutreffend BGE 113 V 148. Wenn das Gesetz zur Frage schweigt, ob und allenfalls in welchem Umfange eine Überentschädigung in einem konkreten Fall zulässig sei, muss es vom Richter nach den üblichen Regeln ausgelegt und eine Lücke von ihm durch Aufstellung einer Regel geschlossen werden. Das Überentschädigungsverbot als allgemeiner Rechtsgrundsatz wurde von SCHAER, Ausgleichssysteme S. 156, postuliert und auch von SCHLAURI, Koordinationsrecht S. 44 befürwortet.

bb) Bei der Berechnung der Überentschädigung werden nur «Leistungen gleicher Art und Zweckbestimmung berücksichtigt», die dem Versicherten aufgrund des Versicherungsfalles ausgerichtet werden; KVV 122 I.
    Abs. 2 präzisiert dies, indem er unter den lit. a bis c drei Fallgruppen umschreibt. Zwei von ihnen seien hier erwähnt. Überversicherung liegt in dem Masse vor, als die jeweiligen Sozialversicherungsleistungen für den Gesundheitsschaden die dem Versicherten «entstandenen Diagnose- und Behandlungskosten» übersteigen. Angesichts der Rangordnung, die KVV 110 aufgestellt hat (vorne S. 118), ist es nur schwer vorstellbar, dass eine andere Sozialversicherung neben der KV überhaupt leistungspflichtig wird und für die Deckung der Diagnose- und Behandlungskosten Zahlungen leistet, die zusammen mit den Zahlungen der KV sogar mehr als diese Kosten ausgleichen. Es müsste sich um seltene Fälle handeln. Nach lit. c bestünde Überversicherung ferner, wenn die Leistungen der KV und der anderen Sozialversicherer zusammen den der versicherten Person «durch den Versicherungsfall mutmasslich entgangenen Verdienst oder den Wert der ihr verunmöglichten Arbeitsleistung» übersteigen. Darunter fallen verschiedene Tatbestände. Wenn im gleichen Krankheitsfall ein Taggeld nach KVG und Taggelder oder eine Rente nach IVG entrichtet werden, können sie zusammen den Erwerbsausfall übersteigen, sodass eine Überentschädigung vorliegt. Das Taggeld der KV wird dann soweit gekürzt, dass sie beseitigt wird[300]; KVV 122 III und KVG 72 V.
    Nach bisherigem Recht konnte die Hausfrau (oder der Hausmann), wenn sie erkrankte, keinen abstrakten Wert für ihre ausfallende Arbeitsleistung als «Lohnausfall» für die Berechnung der Überversicherung einsetzen[301]. KVV 122 Abs. 2 lit. c verlangt nun, dass der Wert der verunmöglichten Arbeitsleitung als entgangener Verdienst zu betrachten sei. Es liegt nahe, diesen Wert gleich wie im Haftpflichtrecht zu bestimmen: Es ist der finanzielle Aufwand für eine Haushalthilfe[302]. Somit muss die Höhe des Taggeldes in einem KVG-Versicherungsfall einerseits verglichen werden mit dem Wert der ausfallenden Arbeitsleistung und einem allfälligen Verdienstausfall andererseits; soweit das Taggeld diesen Betrag übersteigt, liegt Überentschädigung vor. Das Taggeld muss so gekürzt werden, dass keine Überentschädigung mehr besteht.
cc) Die Leistungen der KV und der anderen Sozialversicherungen müssen nach KVV 122 I «aufgrund des Versicherungsfalles» ausgerichtet werden. Dies ist dahin zu verstehen, dass sie aus dem *gleichen* Versicherungsfall abgeleitet werden. Der gleiche Krankheitsfall oder der gleiche Unfall muss z.B. ein Taggeld nach KVG und ein Taggeld der IV auslösen. Somit darf bei der Ermittlung der Überentschädigung eine IV-Rente nicht berücksichtigt werden, die bereits aus einem früheren Ereignis

---

300   Analog BGE 115 V 122 (zum bisherigen Recht). Vgl. ferner die Beispiele bei KIESER/RIEMER, Tafeln 76 ff. BGE 120 V 58: Bei Kumulation von Taggeldern der Krankenkassen und einer Invalidenrente nach BVG hat die KK das Taggeld bei Überversicherung gemäss aKVG 26 zu kürzen.
301   BGE 110 V 321.
302   BGE 113 II 350 f., 108 II 439 und OFTINGER/STARK, Haftpflichtrecht I S. 301.

stammt, wenn das zu prüfende Taggeld der KV für einen späteren Versicherungsfall entrichtet wird.

dd) KVV 122 schreibt nicht vor, dass die Leistungen der KV für einzelne Abrechnungsperioden mit jenen der anderen Sozialversicherungen miteinander zu vergleichen seien. Somit kann das Taggeld für die ganze Bezugsperiode als Grundlage für die Prüfung der Überentschädigung verwendet und z.B. mit der entsprechenden Laufdauer des IV-Taggeldes verglichen werden[303].

ee) Wenn eine Überentschädigung vorliegt, müssen die betreffenden Leistungen der KV um deren Betrag gekürzt werden; Abs. 3 von KVV 122. Im Normalfall handelt es sich um KV-Taggelder. Wenn ausnahmsweise Krankenpflegeleistungen zu kürzen sind, hat der Versicherte, sofern er Honorarschuldner ist (vorne S. 77), die Rechnung des Leistungserbringers, z.B. des Arztes, ungekürzt zu begleichen. Der Versicherer kürzt dann die Rückerstattung entsprechend der Überversicherung. Wenn der Versicherer Honorarschuldner ist, bezahlt er die Rechnung des Leistungserbringers und fordert dann den Kürzungsbetrag vom Versicherten zurück.

ff) Der Versicherte kann sich bei mehreren Krankenversicherern für Taggeld versichern. Wenn sich im Versicherungsfall herausstellt, dass er überentschädigt würde, müssen die Versicherer ihre Taggelder so kürzen, dass keine Überentschädigung mehr besteht. Jeder Versicherer ist «im Verhältnis des von ihm versicherten Taggeldes zum Gesamtbetrage der versicherten Taggelder leistungspflichtig»; Abs. 4 von KVV 122[304].

6. Der Rückgriff und seine Beschränkungen[305]

a) Abs. 1 von KVG 79 lautet wie folgt: «Gegenüber Dritten, die für den Versicherungsfall haften, tritt der Versicherer im Zeitpunkt des Ereignisses bis zur Höhe der gesetzlichen Leistungen in die Ansprüche der versicherten Person ein»[306]. Der Krankenversicherer besitzt daher ein *Rückgriffs- oder Regressrecht*. Der Haftpflichtanspruch des Versicherten geht also wenigstens teilweise auf den Krankenversicherer über. Ein Teil verbleibt in der Regel dem Versicherten selbst. Dieser Teil wird *Direkt- oder auch Restanspruch* genannt. Dazu ein Beispiel. Der Versicherte wird ohne eigenes Verschulden durch ein Motorfahrzeug angefahren und verletzt. Er lässt

---

303 In diesem Sinne BGE 117 V 395 ff. und 105 V 315 E. I/4. Sie dürften weiterhin massgebend sein.
304 Dazu ein Beispiel. An Taggeldern schulden der Versicherer A Fr. 100.–, B Fr. 200.– und C Fr. 300.–, total also Fr. 600.–. X erleidet während der Laufzeit dieser Taggelder einen Erwerbsausfall von Fr. 300.–. Somit muss A 1/6 (100:600), B 2/6 und C 3/6 von Fr. 300.– leisten, also Fr. 50.–, Fr. 100.– und Fr. 150.–.
305 Zum Regressrecht gibt es eine beinahe unübersehbare Literatur; vgl. die Hinweise bei MAURER, BSVR S. 409 und Unfallversicherungsrecht S. 545 sowie OFTINGER/STARK, Haftpflichtrecht I S. 539.
306 Abs. 1 übernimmt mit geringfügigen redaktionellen Änderungen den Vorschlag der vorne in N 291 erwähnten Arbeitsgruppe, dem auch ATSG 79 folgt; fast identische Formulierungen finden sich z.B. in UVG 41 und AHVG 48ter. Das aKVG enthielt keine Regressbestimmungen.

sich in der Privatabteilung eines Spitals behandeln. Der Krankenversicherer, der den Unfall subsidiär nach KVG 1 II lit. b deckt, übernimmt die Kosten nur für die allgemeine Abteilung. Er kann für seine Vergütung auf den Fahrzeughalter oder dessen Haftpflichtversicherer Rückgriff nehmen. Für die zusätzlichen Kosten der Privatabteilung besitzt der Versicherte einen Direktanspruch gegen den Fahrzeughalter oder dessen Haftpflichtversicherer.

b) Der Bundesrat hat gemäss Abs. 3 von KVG 79 über die *Ausübung* des Rückgriffrechts nähere Vorschriften zu erlassen. Diese finden sich in den Art. 123 bis 126 KVV. Sie sollen hier kurz dargestellt werden:[307]

aa) Die Ansprüche der versicherten Personen gehen nach KVV 123 I «nur soweit auf den Versicherer über, als dessen Leistungen zusammen mit dem von Dritten für den gleichen Zeitraum geschuldeten Ersatz den entsprechenden Schaden übersteigen». Daraus lassen sich mehrere Regeln ableiten. Der Versicherte, der im Haftpflichtrecht Anspruchsberechtigter und auch Geschädigter heisst, soll vorab seinen Schaden decken können. Er besitzt das *Vorrecht* auf den Ersatzanspruch. Vom Haftpflichtanspruch verbleibt ihm jener Betrag als Direktanspruch, der nötig ist, damit er zusammen mit den Leistungen des Krankenversicherers den Schaden voll ausgleicht. Der Versicherte kann deshalb nicht überentschädigt werden. Der vom Haftpflichtanspruch übrig bleibende Betrag gehört dem Krankenversicherer; er bildet also Gegenstand des Rückgriffrechts. Die Krankenpflegekosten werden dabei so in Rechnung gestellt, wie wenn der Versicherte Honorarschuldner wäre oder ist (vorne S. 77). Der Krankenversicherer kann nur für seine *gesetzlichen* Leistungen und nie für einen höheren Betrag gegen den Haftpflichtigen regressieren. Umgekehrt muss der Haftpflichtige wegen des Regresses nicht mehr bezahlen, als wenn kein Regress bestünde. Seine Schuld wird durch das Haftpflichtrecht bestimmt und damit auch begrenzt. Der Krankenversicherer tritt bereits im Zeitpunkt des Ereignisses, d.h. der Erkrankung oder des Unfalles, bis zur Höhe seiner Leistungen in die Haftpflichtansprüche des Versicherten ein, obschon in diesem Zeitpunkt noch gar nicht feststeht, welche Leistungen er für den Versicherungsfall erbringen muss. Der Versicherte kann also z.B. seinen Haftpflichtanspruch nicht an eine andere Person abtreten oder auf ihn verzichten, weil der Versicherer noch nicht geleistet hat.

Nach KVG 79 I kann der Krankenversicherer auf jeden Dritten Rückgriff nehmen, unabhängig davon, aus welchem Grunde der Dritte haftet.

Regress- und Direktanspruch werden nicht von den Sozialversicherungsgerichten sondern im Regelfall vom Zivilrichter beurteilt.

Unter die Regressbestimmungen fallen sowohl die Leistungen aus der Krankenpflege- als auch aus der Taggeldversicherung.

---

307 Der Regress des Unfallversicherers gemäss UVG 41 ff. hat von allen Sozialversicherern die grösste Bedeutung. Die entsprechende Literatur und Judikatur ist für die KV weitgehend verwertbar. Vgl. z.B. KELLER, Haftpflichtrecht II S. 197, OFTINGER/STARK, Haftpflichtrecht I S. 590 ff. und MAURER, BSVR S. 409 ff.

bb) Für den Rückgriff gilt der *Kongruenzgrundsatz*. Danach kann der Krankenversicherer nur in Haftpflichtansprüche eintreten, wenn er mit seinen Leistungen einen entsprechenden Schaden gemäss Haftpflichtrecht ausgleicht. Die Leistungen müssen somit gleicher Art sein, d.h. die gleichen Funktionen erfüllen. Sie sind dann kongruent. Abs. 2 von KVV 124 zählt sie im Sinne von Beispielen auf[308]. So sind sie gleicher Art, wenn der Krankenversicherer einerseits und der haftpflichtige Dritte andererseits Kosten für Diagnose- und Behandlung zu übernehmen haben, ferner Kosten für den Aufenthalt im Spital oder einer teilstationären Einrichtung und schliesslich wenn der Krankenversicherer ein Taggeld und der haftpflichtige Dritte Ersatz für Arbeitsunfähigkeit «während der gleichen Zeitdauer» schuldet.

Die aufgezählten Tatbestände werden sachliche Kongruenz genannt, während die zeitliche Übereinstimmung («während der gleichen Zeitdauer») die zeitliche Kongruenz bedeuten. Letztere wird zwar nur für die Beziehungsgruppe Taggeld und Ersatz für Arbeitsunfähigkeit ausdrücklich erwähnt. Sie gilt aber auch für die anderen Beziehungsgruppen; KVV 123 I.

Der Versicherte hat für seine unfallbedingten Gesundheitsschäden oft einen Anspruch auf Genugtuung, z.B. gegen den haftpflichtigen Motorfahrzeughalter. In diesen Anspruch kann der Krankenversicherer nicht eintreten, da er keine entsprechende, gleichartige Leistung erbringt. Somit verbleibt der Anspruch ungeschmälert dem Versicherten. Dies trifft auch auf Sachschäden zu, z.B. wenn die Uhr oder das Fahrrad des Versicherten bei der Kollision mit einem Auto beschädigt wird. Da der Krankenversicherer keine gleichartige Leistung erbringt, kann er für diese Schäden auch nicht in den Haftpflichtanspruch des verunfallten Versicherten eintreten.

cc) Der Dritte haftet für den Schaden entweder voll, d.h. zu 100 Prozent, oder nur teilweise, z.B. zu 50 Prozent. Dies hängt davon ab, ob er Reduktionsgründe, z.B. ein Selbstverschulden des Versicherten beim Unfall, geltend machen kann. Wenn der Dritte den Schaden nur teilweise ersetzen muss, steht dem Versicherten das Vorrecht auf diesen reduzierten Haftpflichtanspruch zu; Abs. 3 von KVV 123. Er darf ihn auf die Leistungen des Krankenversicherers soweit aufstocken, bis sein Schaden voll gedeckt ist. Der Krankenversicherer muss mit seinem Rückgriff somit hinter den Direktanspruch des Versicherten zurücktreten[309]. Dies gilt auch dann, wenn nur ein

---

308 Die Sachverhalte stimmen teilweise mit jenen überein, die KVV 122 II hinsichtlich der Überentschädigung umschreibt. Sie weichen voneinander insbesondere dadurch ab, dass in KVV 124 II Vergütungen der Versicherer und jene des haftpflichtigen Dritten zueinander in Beziehung gebracht werden.
309 Der Prozentsatz der Haftung wird Haftungsquote genannt. Das Vorrecht des Versicherten auf den Haftpflichtanspruch bezeichnet man deshalb als *Quotenvorrecht*. Dazu ein Beispiel. Der Versicherte überquert als Fussgänger unvorsichtig die Strasse und wird von einem Auto angefahren, verletzt und muss hospitalisiert werden. Wegen leichtem Selbstverschulden wird sein Haftpflichtanspruch um 50% gekürzt. Der Krankenversicherer bezahlt die Kosten der Spitalbehandlung voll. Der Versicherte muss jedoch einen Selbstbehalt und die Franchise, total von Fr. 600.– übernehmen (KVV 103 II). Diesen Betrag kann er vom Haftpflichtigen vorab als Direktschaden geltend machen. An die ärztlich angeordnete Badekur, die insgesamt Fr. 3'000.– kostet, entrichtet der Krankenversicherer nach KLV 25 nur Fr. 210.–. Der Haftpflichtanspruch von Fr. 1'500.– (50% von Fr. 3'000.–)

Teil des geschuldeten Ersatzes eingebracht werden kann, z.B. wenn der Haftpflichtige keine Haftpflichtversicherung besitzt und überdies einkommensschwach und vermögenslos ist.

dd) Das Vorrecht des Versicherten auf den Haftpflichtanspruch ist jedoch ausgeschlossen, wenn der Krankenversicherer seine Leistungen kürzt, weil der Versicherte den Versicherungsfall *vorsätzlich* herbeigeführt hat. Da das KVG die Frage nicht beantwortet, ob der Krankenversicherer für vorsätzlich herbeigeführte Gesundheitsschäden überhaupt Leistungen zu erbringen hat, liegt eine Gesetzeslücke vor. M.E. ist er, wie schon nach der Rechtsprechung zum bisherigen Recht, nicht leistungspflichtig (vorne S. 106). Es ist aber auch denkbar, dass der Richter seine Praxis bei der Anwendung des KVG ändert und nur eine Kürzung der Geldleistungen, also des Taggeldes zulässt. Abs. 2 von KVV 123 scheint nämlich von der Annahme auszugehen, dass der Krankenversicherer bei vorsätzlicher Herbeiführung des Versicherungsfalles seine Leistungen nur kürzen, jedoch nicht ganz verweigern kann. Er lautet wie folgt:

«Hat jedoch der Versicherer seine Leistungen wegen vorsätzlicher Herbeiführung eines Versicherungsfalles gekürzt, so gehen die Ansprüche der versicherten Person soweit auf den Versicherer über, als dessen ungekürzte Leistungen zusammen mit dem von Dritten für den gleichen Zeitraum geschuldeten Ersatz den entsprechenden Schaden übersteigen würden». Nach dieser ziemlich komplizierten Formulierung[310] trifft die Reduktion des Haftpflichtspruches in gleicher Weise den Regress- und den Direktanspruch. Man nennt dies die Quotenteilung, die an die Stelle des Quotenvorrechts des Versicherten tritt.

ee) Eine Neuerung besonderer Art von eher geringer praktischer Bedeutung enthält Art. 41 III KVG. Die Spitäler dürfen für ausserkantonale Bewohner höhere Taxen als für Kantonseinwohner verlangen. Die Krankenversicherer müssen sie bezahlen, sofern sich ihr Versicherter aus medizinischen Gründen in einem Spital ausserhalb seines Wohnkantons behandeln lässt (Näheres vorne S. 73). Der Wohnkanton hat jedoch dem Versicherer die Differenz zwischen den in Rechnung gestellten Kosten und dem Tarif zu erstatten, welchen jenes Spital für die Bewohner seines Kantons anwendet. Der Wohnkanton kann jedoch Rückgriff auf den haftpflichtigen Dritten nehmen, sofern der Versicherte einen Haftpflichtanspruch besitzt. Auf diesen Rückgriff sind die Art. 79 KVG und 123 ff. KVV sinngemäss anzuwenden. Somit gilt das Vorrecht auf den Ersatzanspruch des Versicherten auch gegenüber seinem Wohnkanton. Dieser neue Regress im Sozialversicherungsrecht ist verfassungskonform, da der Gesetzgeber die Freiheit hat, wie er die Regressrechte regeln will.

ff) Eine Neuerung von grosser praktischer Tragweite bringt Art. 126 KVV unter dem Titel «unterschiedliche Tarife»: «Der haftpflichtige Dritte hat dem Leistungserbringer im Rahmen seiner Ersatzpflicht eine allfällige Differenz zwischen dem für ihn geltenden Tarif und dem vom Krankenversicherer angewandten Tarif nachzuzah-

---

verbleibt ihm als Direktanspruch voll, sodass der Krankenversicherer nicht mehr in ihn eintreten kann, also in diesem Punkt keinen Rückgriff für seine Fr. 210.– besitzt.
310 Sie entspricht weitgehend jener in UVG 42 II und ATSG 80 II.

len». Wenn der Dritte einen Betrag nachzahlen muss, heisst dies, dass der Leistungserbringer diesen Betrag auch fordern kann, also einen entsprechenden Anspruch hat. Somit wird dem *Leistungserbringer* ein *Rückgriffsrecht* eingeräumt. Dieses setzt voraus, dass besondere Tarife bestehen, wenn der Versicherte wegen seines Versicherungsfalles, z.B. aus einem Unfall Haftpflichtansprüche gegen einen Dritten, so etwa gegen den Motorfahrzeughalter, besitzt. Besondere Tarife dieser Art mit höheren Taxen könnten – so darf aus Art. 126 KVV geschlossen werden – zwischen Versicherern und Leistungserbringern (Spitälern, Ärzten usw.) vereinbart werden.

Indem Art. 126 KVV dem Leistungserbringer ein Rückgriffsrecht gegenüber haftpflichtigen Dritten gewährt, verletzt er Art. 79 I KVG: Dieser räumt das Rückgriffsrecht ausschliesslich dem Versicherer und nicht auch dem Leistungserbringer ein, und zwar in Übereinstimmung mit den entsprechenden Bestimmungen der anderen Sozialversicherungsgesetze[311]. Der Bundesrat erhält in KVG 79 III nur die Kompetenz, nähere Vorschriften über die *Ausübung* des Rückgriffsrechts zu erlassen. Mit Art. 126 KVV regelt er jedoch nicht die Ausübung des Rückgriffsrechts, sondern er schafft ein *neues* Rückgriffsrecht, das im KVG nicht vorgesehen ist. Somit überschreitet der Bundesrat die Delegationsgrenze, welche Abs. 3 von KVG 79 für ihn festlegt. Er bleibt mit Art. 126 nicht mehr innerhalb der Kompetenz, die ihm das Gesetz einräumt. Der Richter darf daher den gesetzwidrigen Art. 126 der bundesrätlichen Verordnung nicht anwenden[312]. Er muss im Einzelfall so entscheiden, wie wenn diese Bestimmung nicht erlassen worden wäre[313].

Klauseln in Tarifverträgen, welche das Rückgriffsrecht der Leistungserbringer zulassen, sind somit ebenfalls gesetzwidrig. Die Genehmigungsbehörden dürfen sie daher nicht genehmigen. Sie müssen nämlich gemäss KVG 46 IV prüfen, ob der Tarifvertrag «mit dem Gesetz» in Einklang steht.

Krankenversicherer, die solchen Tarifverträgen zustimmen, verletzen das Gebot der «Gleichbehandlung der Versicherten», das sie nach KVG 13 II lit. a beachten müssen. Sie behandeln Versicherte, welche Haftpflichtansprüche haben, schlechter, indem sie für sie höhere Taxen zulassen, als für die übrigen Versicherten. Solche Versicherte werden zumindest dadurch benachteiligt, dass für sie grössere Vergü-

---

311 Zusammenstellung der gesetzlichen Regressbestimmungen bei KELLER, Haftpflichtrecht II S. 185 f. – Art. 126 KVV gewährt den Leistungserbringern neue Rechte und auferlegt den Haftpflichtigen neue Pflichten. Dadurch verletzt er den Grundsatz der Gesetzmässigkeit: Neue Rechte und Pflichten dürfen nur durch den Gesetzgeber, nicht aber durch den Verordnunggeber eingeführt werden (Vorbehalt des Gesetzes); MAURER, BSVR S. 30 und GREBER, Festschrift EVG S. 252.

312 Vgl. zur Befugnis des Richters, Verordnungen und besonders auch die Beachtung der Delegationsgrenzen durch den Bundesrat auf ihre Gesetzmässigkeit hin zu überprüfen, vorne N 140 sowie BGE 118 V 225 und 116 V 34 f.

313 Die Einführung des Rückgriffsrechts der Leistungserbringer auf Verordnungsstufe – ohne gesetzliche Grundlage – schliesst das Referendum aus. Wäre dieses Rückgriffsrecht durch das KVG selbst eingeführt worden, hätte das KVG in der Volksabstimmung angesichts der ohnehin knappen Zustimmung kaum Aussicht gehabt, angenommen zu werden. Die zahlreichen, teilweise einflussreichen Verbände der Motorfahrzeughalter (TCS und ACS) und der Radfahrer hätten dieses neue Rückgriffsrecht sozusagen als Sonderbesteuerung ihrer Mitglieder empfunden und wohl heftig bekämpft.

tungen an die Leistungserbringer bezahlt werden müssen, sodass sich auch ihre Kostenbeteiligung nach KVG 64 (Selbstbehalt und Franchise) erhöhen kann. Da sie durch einen Dritten in ihrer Gesundheit verletzt worden sind, erscheinen sie gleichsam als Opfer. Es ist deshalb auch sozialpolitisch fragwürdig, wenn ihnen Art. 126 einen weiteren Nachteil zufügt, indem er faktisch ihre Kostenbeteiligung verschlechtert. KVV 126 nimmt auch nicht Rücksicht darauf, ob die Dritten eine Haftpflichtversicherung besitzen oder nicht[314].

gg) Der Ausübung des Regresses dient Art. 125 KVV: «Sind eine oder mehrere Krankenversicherer untereinander oder zusammen mit anderen Sozialversicherern am Rückgriff beteiligt, so sind sie zusammen Gesamtgläubiger und untereinander im Verhältnis der von ihnen zu erbringenden Leistungen ausgleichspflichtig»[315]. Zu denken ist etwa daran, dass ein Versicherter durch Verkehrsunfall schwer verletzt im Spital behandelt wird und stirbt. Der Krankenversicherer, der den Unfall nach KVG 1 II deckt, kann für seine Vergütungen sowie die AHV und die Vorsorgeeinrichtung nach BVG für ihre Hinterlassenenrenten auf den haftpflichtigen Motorfahrzeughalter regressieren. Sie sind untereinander gleichberechtigt. Nicht selten einigen sie sich dahin, dass eine der beteiligten Sozialversicherungen den Regress zugleich auch für die anderen Sozialversicherungen durchführt[316].

Zusatzversicherungen beurteilen sich nach VVG; KVG 12 III. Sie fallen für den Regress unter Art. 72 VVG[317]. Zusatzversicherer werden im gleichen Versicherungsfall ihren Regress neben dem Krankenversicherer ausüben. Ihr Verhältnis wird im KVG nicht geregelt. Es liegt nahe, OR 51 anzuwenden. Weder dem Krankenversicherer noch dem Zusatzversicherer steht ein Vorrecht auf den Haftpflichtanspruch zu.

Krankenversicherer dürften mit Haftpflichtversicherern ein Abkommen abschliessen, um die Abwicklung des Regresses – besonders in kleineren Fällen – zu vereinfachen, wohl ähnlich den Regressabkommen, die bereits heute bestehen[318].

c) Abs. 2 von KVG 79 beschränkt das Rückgriffsrecht des Krankenversicherers: «Ein Rückgriffsrecht steht dem Versicherer gegen den Ehegatten des Versicherten, Verwandte des Versicherten in auf- und absteigender Linie oder mit dem Versicherten in häuslicher Gemeinschaft lebende Personen nur zu, wenn sie den Versicherungsfall absichtlich oder grobfahrlässig herbeigeführt haben». Wenn eine der hier

---

314 KVV 126 möchte den Leistungserbringern, d.h. z.B. den Ärzten, ein Honorar zufliessen lassen, das sie zusätzlich zum «normalen» Honorar bekommen, welches ihnen aufgrund der Tarifverträge ohnehin zusteht. Es handelt sich somit um ein Zusatzhonorar.
315 KVV 125 übernimmt inhaltlich die Regelung von UVV 52 und AHVV 79^{quater} III.
316 AHVV 79^{quater} bestimmt, wie der Rückgriff auszuüben ist, wenn neben der AHV auch ein UVG-Versicherer und die Militärversicherung beteiligt sind. Die Krankenversicherer sind an diese Regelung nicht gebunden, werden aber eine Vereinbarung mit den anderen Sozialversicherern anstreben.
317 Vgl. näheres z.B. bei KELLER, Haftpflichtrecht II S. 176, MAURER, Privatversicherungsrecht S. 415, 424 und OFTINGER/STARK, Haftpflichtrecht I S. 544.
318 MAURER, BSVR S. 415.

aufgezählten Personen nur eine leichte Fahrlässigkeit zu vertreten hat oder sogar ohne Verschulden, d.h. kausal, haftet, wie z.B. der Motorfahrzeughalter nach SVG oder der Werkeigentümer nach OR 58, dann kann der Versicherer nicht regressieren. Die erwähnten Personen besitzen ein Regressprivileg. Sie sind aber nur gegen den Rückgriff geschützt; hingegen besteht der Direktanspruch des Versicherten ungeschmälert, da die Haftpflicht des Dritten an sich nicht eingeschränkt ist. Man pflegt deshalb das *Regressprivileg* und das *Haftungsprivileg*[319] zu unterscheiden. Dem Versicherten bleibt es anheimgestellt, ob er den Direktanspruch gegen privilegierte Personen, z.B. gegen seinen Ehegatten oder die Eltern, geltend machen oder auf ihn verzichten will. Dies hängt nicht nur vom «Familienklima» sondern besonders davon ab, ob die privilegierten Personen eine Haftpflichtversicherung besitzen, die den betreffenden Versicherungsfall deckt.

d) Der Regress ist für den Krankenversicherer eine Einnahmequelle. Sie dürfte gering sein, wenn es sich um Krankheitsfälle handelt; hingegen ist sie von erheblicher Bedeutung bei Unfällen, die der Krankenversicherer nach KVG 1 II lit. b subsidiär zu decken hat. Es handelt sich wahrscheinlich um mindestens zwei Hauptgruppen: Hausfrauen- und Männer sowie die zahlreichen Teilzeitbeschäftigen, die nach UVV 13 bei Nichtberufsunfällen, also bei Sport- und anderen Freizeitunfällen, keinen Versicherungsschutz haben, sofern sie bei einem Arbeitgeber weniger als zwölf Stunden arbeiten.

V. Zusatzversicherungen[320]

1. Zweck und gesetzliche Regelung

a) Das KVG regelt die soziale KV, die aus der obligatorischen Krankenpflegeversicherung und der freiwilligen Taggeldversicherung besteht; Art. 1 I. Das Versicherungsverhältnis untersteht dem öffentlichen Recht. Dies galt nach bisherigem Recht auch für die Zusatzversicherungen, welche die Krankenkassen anboten[321]. Auf die Zusatzversicherung ist nach KVG 12 III nunmehr das Versicherungsvertragsgesetz (VVG) anwendbar. Dieses Geschäft darf sowohl von den anerkannten Krankenkassen[322] als auch von den privaten Versicherungseinrichtungen betrieben werden, die

---

319 Demgegenüber schränkt UVG 44 die *Haftpflicht* des Dritten ein, sodass die privilegierten Personen sowohl gegen den Regress als auch gegen Direktansprüche geschützt, privilegiert sind, wenn sie ohne Verschulden (kausal) oder aus leichter Fahrlässigkeit haften. Zur Unterscheidung von Regress- und Haftpflichtprivileg vgl. BGE 112 II 167 ff. und 117 II 609 ff. sowie KELLER, Haftpflichtrecht II S. 208 und OFTINGER/STARK, Haftpflichtrecht I S. 623 f.

320 DUC, Ass.soc. S. 129; J.-B. RITTER, Questions relatives aux assurances complémentaires à la LAMal, SVZ 1995 S. 209; SPIRA, l'assurance-maladie complémentaire, SVZ 1995 S. 192; derselbe zum bisherigen Recht SVZ 1983 S. 221 – Vgl. zu den Zusatzversicherungen bereits vorne S. 8.

321 Vgl. zur Rechtsprechung des EVG betreffend Zusatzversicherungen SPIRA a.a.O. S. 192. Sie ist durch die Neuregelung im KVG weitgehend überholt.

322 Für die Krankenkassen enthält KVG 102 II eine wichtige Übergangsbestimmung; vgl. dazu hinten S. 137.

dem Versicherungsaufsichtsgesetz (VAG) unterstehen. Letztere werden auch Privatversicherer genannt. Krankenkassen und Privatversicherer benötigen die Bewilligung des EJPD, wenn sie Zusatzversicherungen abschliessen wollen. Sie werden vom Bundesamt für Privatversicherungswesen (BPV) beaufsichtigt, während für die soziale KV das EDI und das BSV zuständig sind; KVG 21, KVV 13. Die Zusatzversicherungen fallen vorwiegend in die Kompetenz der Zivilgerichte (hinten Z. 4), die soziale KV in jene der Sozialversicherungsgerichte[323].

b) aa) Die Zusatzversicherungen[324] bezwecken, die soziale KV nach den Wünschen der Versicherten zu ergänzen. Sie sind sog. Komplementärversicherungen[325]. Die Krankenkassen dürfen nach KVG 12 II «weitere Versicherungsarten betreiben», die in KVV 14 abschliessend aufgezählt sind (vorne S. 8). Sie beruhen ebenfalls auf Versicherungsverträgen i.S. des VVG; für sie unterliegen die Krankenkassen wie bei den Zusatzversicherungen der Aufsicht des BPV und nicht des BSV (KVG 12 III und KVV 24 II). Die erwähnten «weiteren Versicherungsarten» dienen gleich wie die Zusatzversicherungen dem Zweck, die soziale KV zu ergänzen, weshalb man sie ebenfalls den Zusatzversicherungen zuordnen kann. KVG 12 II erwähnt sie wohl nur deshalb ausdrücklich, um festzulegen, dass die Krankenkassen Kapitalzahlungen bei Tod und Invalidität nur in bestimmten, engen Grenzen versichern dürfen, wenn sie solche in ihren Zusatzversicherungen überhaupt vorsehen. Die Privatversicherer können demgegenüber in ihren Zusatzversicherungen Kapitalzahlungen und auch Renten in beliebiger Höhe anbieten, da für sie nicht das Umlageverfahren sondern das Kapitaldeckungsverfahren für die Finanzierung vorgeschrieben ist.

bb) Da die Privatversicherer oft die Bewilligung des EJPD besitzen, mehrere Versicherungszweige zu betreiben, so die private Unfall- und Krankenversicherung, Spitalversicherungen in den verschiedensten Ausprägungen, Lebensversicherungen usw. werden sie nicht selten Elemente dieser Versicherungen in die Zusatzversicherungen einbauen. Es handelt sich dann um kombinierte Versicherungen[326]. Massgebend ist der Zweck. Wenn solche Elemente noch in einem, wenn auch schwachen, Zusammenhang mit der sozialen KV stehen, können sie als Zusatzversicherung gelten. Falls kombinierte Versicherungen vorliegen, von welchen einzelne Elemente überhaupt keinen Zusammenhang mit der KV aufweisen, wird man sie trotzdem als Zusatzversicherungen anerkennen, sofern die die KV ergänzenden Elemente deutlich überwiegen, mithin gleichsam das Schwergewicht des Vertrages bilden. Die

---

323 Die neue Regelung des KVG wurde durch das UVG vorgeformt. Dieses löste die Zusatzversicherung vollständig aus der sozialen Unfallversicherung nach UVG heraus. Ein Unterschied besteht insofern, als die SUVA das Zusatzgeschäft nicht tätigen darf, während die Krankenkassen es in Konkurrenz mit den Privatversicherern betreiben können; MAURER, Unfallversicherungsrecht UVR S. 544, N 38 und N 1355.
324 Zur Rechtsnatur der Zusatzversicherung vgl. MAURER, Privatversicherungsrecht (PVR) S. 377. Der Versicherte kann Zusatzversicherungen nicht nur bei jenem Versicherer abschliessen, bei welchem seine soziale KV läuft, sondern bei jedem zugelassenen Versicherer.
325 Vgl. zu diesem Begriff MAURER, PVR S. 377 mit Literaturhinweisen.
326 Vgl. zu diesem Begriff MAURER, PVR N 1306 und zur Rechtsnatur der Zusatzversicherung S. 377.

Unterscheidung ist bedeutsam, da die besonderen Verfahrensbestimmungen der neuen Abs. 2 und 3 von Art. 47 VAG nur auf Zusatzversicherungen anwendbar sind (hinten S. 135)[327].

cc) Die Versicherer sollten Zusatzversicherungen zur KV als solche bezeichnen und dadurch deren Zweck zum Ausdruck bringen. Wenn sie dies unterlassen, muss geprüft werden, ob die betreffende Versicherung wirklich die soziale KV ergänzen soll und deshalb als Zusatzversicherung zu gelten hat. Umgekehrt ist dieser Schluss trotz ihrer Bezeichnung als Zusatzversicherung nicht zwingend, wenn der Inhalt des Vertrages in deutlich überwiegender Weise einen anderen Vertragstypus, z.B. eine gemischte Lebensversicherung, darstellt. Hingegen liegt es – wie unter lit. bb) bereits angedeutet – nahe, eine Versicherung entweder ganz als Zusatzversicherung oder überhaupt nicht als Zusatzversicherung zu beurteilen; für den gleichen Vertrag sollten nämlich im Interesse des Versicherten nicht zwei getrennte Rechtswege gelten, d.h. im Streitfall zwei verschiedene Prozesse geführt werden müssen (hinten S. 135 ff.).

2. Inhalte der Zusatzversicherungen

a) Das Versicherungsvertragsgesetz räumt den Vertragsparteien, also dem Versicherten und dem Versicherer, eine weitgehende Vertragsfreiheit ein. Zusatzversicherungen können deshalb mit den verschiedensten Inhalten abgeschlossen werden. Sie dienen in einigen Formen dazu, Luxuswünsche der Patienten zu erfüllen, z.B. die Versicherung für halbprivate oder sogar private Abteilung in Spitälern. In anderer Hinsicht sollen sie jedoch die Vorsorgebedürfnisse der Versicherten in Fällen befriedigen, in denen die soziale KV keine oder doch eine eher ungenügende Kostendeckung aufweist[328]. Dazu Beispiele:

aa) Die KV übernimmt die Kosten von Behandlungen nur in engen Grenzen, wenn der Versicherte im *Ausland* erkrankt. KVV 36 bestimmt, dass die KV nur in *Notfällen* und überdies nur bei *vorübergehendem Auslandaufenthalt* leistungspflichtig wird (vorne S. 56). Was heisst vorübergehend? Da die KVV diesen Ausdruck nicht erklärt und auch keine zeitliche Grenze festsetzt, wird Rechtsunsicherheit bestehen, bis ein einschlägiges Urteil des Bundesgerichts vorliegt[329]. «Vorübergehend» bedeutet wohl, dass der Aufenthalt im Ausland nur für verhältnismässig kurze Zeit geplant ist, also nicht ein Verbleiben im Ausland auf unbestimmte Zeit oder sogar für immer bedingt[330]. Als zeitliche Grenze kommt ein Aufenthalt von etwa zwölf Monaten in

---

327 Wenn z.B. ein als Zusatzversicherung bezeichneter Versicherungsvertrag ausschliesslich eine gemischte Lebensversicherung einschliesst, kann nicht mehr von einer Zusatzversicherung gesprochen werden; vgl. zu diesem Vertragstypus MAURER, PVR S. 436.
328 Zur Frage, ob der Versicherte durch Zusatzversicherung die Kostenbeteiligung gemäss KVG 64 abdecken kann, vgl. hinten N 362.
329 Der Ausdruck wird in Art. 61 aKUVG verwendet, um die Dauer der Unfallversicherung für jene Arbeitnehmer zu bestimmen, die vom Arbeitgeber im Ausland beschäftigt werden.
330 Auch während der Dauer der obligatorischen Versicherung vergütet die KV nicht alle Kosten sondern höchstens den doppelten Betrag jener Kosten, die in der Schweiz vergütet würden; KVV 36 IV.

Frage. Angesichts der Rechtsunsicherheit werden Versicherte, die sich mehrere Monate im Ausland aufhalten wollen – man denke an Studienaufenthalte, längere Reisen usw. –, durch eine passende Zusatzversicherung sich gegen Überraschungen absichern. Sie sollten dabei beachten, dass Spitalaufenthalte z.B. in den USA sehr hohe Kosten verursachen. Eine solche Zusatzversicherung ist durchaus kein Luxus sondern eine vernünftige Vorsorge.

bb) Für verschiedene Sachverhalte übernehmen die Krankenversicherer die Kosten nicht ganz sondern sie entrichten bloss Beiträge, z.B.: an ärztlich verordnete Badekuren Fr. 10.– täglich während höchstens 21 Tagen pro Kalenderjahr, KLV 25; 50% an die Kosten medizinisch indizierter Krankentransporte, höchstens Fr. 500.– pro Kalenderjahr, KLV 26. Keinen Beitrag müssen die Krankenversicherer gewähren, wenn der Versicherte, welcher zu Hause gepflegt wird, eine Haushalthilfe benötigt (vorne N 157) und auch nicht, wenn er Psychotherapie bei einem selbständigen Psychotherapeuten wünscht, und zwar selbst dann nicht, wenn diese von einem Arzt verordnet ist (vorne S. 65 ee).

Versicherte, die keine Unfallversicherung haben, sind nach KVG 1 II lit. b bei der KV gegen Unfall versichert. Es sind dies z.B. Hausfrauen. Sie können Zusatzversicherungen abschliessen, die nur für Unfälle gelten.

b) Die Krankenversicherer können sowohl die freiwillige Taggeldversicherung nach KVG 67 ff. (vorne S. 110) als auch eine solche mit Zusatzversicherung gemäss VVG anbieten. Der Versicherte hat also die Wahlmöglichkeit. Wenn der Versicherte eine Zusatzversicherung wünscht, sollte er Vorschläge von zwei oder sogar von mehreren Krankenversicherern einholen und Prämienvergleiche machen. Er wird für jede Leistungsposition die Angabe der Prämienhöhe verlangen. Falls er feststellt, dass die Gesamtprämie sein Budget sprengt, prüft er, auf welche Leistungsposition er am ehesten verzichten kann, um Prämien zu sparen. Die Zusatzversicherungen bergen die Gefahr in sich, dass der Versicherte die eigene Risikobereitschaft einbüsst.

3. Heikle Risikoselektion

a) Die Zusatzversicherer haben aufgrund des VVG eine weitreichende Möglichkeit, ihre Risiken zu beschränken und damit Risikoselektion zu betreiben. Sie pflegen davon Gebrauch zu machen, um einerseits eine defizitäre Entwicklung dieser Versicherungssparte zu vermeiden und andererseits die Prämien für die einzelnen Versicherten nicht übermässig hoch ansetzen zu müssen. Sie sind einem erheblichen Konkurrenzkampf ausgesetzt. So können sie Anträge auf Zusatzversicherung ablehnen, wenn sie den Antragsteller in gesundheitlicher Hinsicht ungünstig beurteilen. Statt der Ablehnung bringen sie im Vertrag auch Vorbehalte an, indem sie auf bestimmte oder unbestimmte Zeit keinen Versicherungsschutz gewähren, wenn der Versicherte an bestimmten Krankheiten leidet oder voraussichtlich leiden wird.

Gegen einen Prämienzuschlag[331] sehen sie gelegentlich von einem Vorbehalt ab. Sowohl der Zusatzversicherer als auch der Versicherungsnehmer können nach einem Versicherungsfall den Vertrag gemäss VVG 42 kündigen[332]. Somit besitzt der Versicherer die Möglichkeit, den Vertrag aufzuheben, wenn er feststellt, dass der Gesundheitszustand des Versicherten einen ungünstigen Verlauf nimmt. Damit würde er eine harte Risikoselektion betreiben. Dies tut er ebenfalls, wenn er bei wesentlicher Gefahrserhöhung gemäss VVG 28 vom Vertrag zurücktritt, d.h. ihn kündigt.

b) Die Zusatzversicherer dürften sich bewusst sein, dass sie ihren Ruf gefährden, wenn sie rigorose Risikoselektion tätigen[333]. Es wäre wünschbar, dass sie im Versicherungsvertrag von sich aus ausdrücklich auf ihr Recht verzichten, im Versicherungsfall nach VVG 42 und bei Gefahrserhöhung gemäss VVG 28 zu kündigen[334].

4. Verfahrensrecht

a) Art. 47 I VAG lautet: «Privatrechtliche Streitigkeiten zwischen Versicherungseinrichtungen oder zwischen solchen und den Versicherten entscheidet der Richter». Ihm werden durch Z. 2 des Anhanges zum KVG zwei neue Absätze angefügt, nämlich Abs. 2: «Für Streitigkeiten aus Zusatzversicherungen zur sozialen Krankenversicherung nach dem BG vom 18.3.1994 über die Krankenversicherung sehen die Kantone ein einfaches und rasches Verfahren vor, in dem der Richter den Sachverhalt von Amtes wegen feststellt und die Beweise nach freiem Ermessen würdigt»; und Abs. 3: «Bei Streitigkeiten nach Abs. 2 dürfen den Parteien keine Verfahrenskosten auferlegt werden; jedoch kann bei mutwilliger Prozessführung der Richter der fehlbaren Partei solche Kosten ganz oder teilweise auferlegen».

b) Abs. 2 nennt nur die Zusatzversicherungen. Wohl versehentlich erwähnt er die «weiteren Versicherungsarten» nicht, die in den gleichen Abs. 2 und 3 von KVG 12 aufgeführt werden (vorne S. 8) und ebenfalls nach VVG zu beurteilen sind. Auch für sie müssen nach ihrem Sinn und Zweck die Abs. 2 und 3 von VAG 47 gelten; sie sind Zusatzversicherungen.

c) Mit den neuen Abs. 2 und 3 übernimmt der Gesetzgeber Verfahrensregeln, die er in KVG 87 – und anderen Sozialversicherungsgesetzen – den Kantonen für das kantonale Versicherungsgericht vorschreibt (hinten S. 167)[335]. Damit bringt er zum

---

331 Vgl. zur Risikoselektion und zu den Prämienzuschlägen MAURER, PVR S. 74, besonders N 101.
332 Zur Kündigung bei «Teilschaden» vgl. MAURER, PVR S. 334.
333 Wenn einzelne krasse Fälle von Risikoselektion in den Massenmedien entsprechend behandelt werden, dürften parlamentarische Vorstösse auf Änderungen des VVG im Bereiche der Zusatzversicherungen nicht lange auf sich warten lassen. Die gegenwärtige Phase der Deregulierung könnte leicht von einer neuen Regulierungswelle abgelöst werden.
334 Hingegen können die Zusatzversicherer das in VVG 20 geregelte Mahnverfahren durchführen, wenn der Versicherte die Prämie bei Fälligkeit nicht bezahlt. Es steht ihnen frei, vom Vertrag zurückzutreten, indem sie die rückständige Prämie nicht binnen zwei Monaten nach Ablauf der 14-tägigen Mahnfrist rechtlich einfordern; VVG 21.

Ausdruck, dass er den Zusatzversicherungen einen sozialen Anstrich geben, sie ganz in die Nähe der sozialen KV rücken will. Wohl wird der Richter die Versicherungsverträge über Zusatzversicherungen nach den für Versicherungsverträge des VVG gültigen Regeln auslegen[336]. Er wird sie jedoch im Lichte des KVG betrachten, wenn er ihren Sinn ermittelt.

d) Da die Prozesswege für die KVG-Versicherung und für die VVG-Zusatzversicherungen getrennt sind, ergeben sich Nachteile. Der Versicherte muss im gleichen Versicherungsfall u.U. zwei verschiedene Prozesse führen, was unerfreulich ist. Die Kantone könnten den Nachteil etwas mildern und für die Zusatzversicherungen das kantonale Versicherungsgericht als zuständig erklären[337]. Dies ändert jedoch nichts daran, dass in oberster Instanz für KVG-Prozesse das EVG in Luzern und für VVG-Prozesse das Bundesgericht in Lausanne zuständig ist. Widersprüchliche Urteile sind daher möglich[338].

Kombinierte Zusatzversicherungen (vorne S. 132) könnte man in ihre Elemente zerlegen. Würde man dann für Zusatzversicherungen den Rechtsweg nach VAG 47 II vorsehen und für die übrigen Elemente den gleichen Prozessweg wie für «normale» VVG-Prozesse, so würden sich im gleichen Krankheitsfall sogar drei verschiedene Rechtswege ergeben, nämlich je einen für die Ansprüche des Versicherten aus KVG, aus der Zusatzversicherung und aus dem mit der Zusatzversicherung verbundenen anderen Versicherungsvertrag. Dies sollte vermieden werden. Deshalb müsste die kombinierte Police entweder ganz als Zusatzversicherung oder ganz als eine Nicht-Zusatzversicherung, nämlich als «normaler» VVG-Versicherungsvertrag, betrachtet werden, je nach dem Schwergewicht (vorne S. 133 oben).

e) Im Gegensatz zu den KVG-Versicherern besitzen die Zusatzversicherer keine hoheitliche Gewalt, weshalb sie auch nicht befugt sind, durch Verfügungen gemäss KVG 80 über Ansprüche des Versicherten aus Zusatzversicherungen zu entscheiden (hinten S. 158). Wie es in der Privatversicherung üblich ist, werden sie deshalb Versicherungsfälle in einem Brief an den Versicherten als abgeschlossen erklären oder offene Fragen durch eine Entschädigungsvereinbarung lösen wollen, was fast immer gelingt. Auch die sog. Saldoquittungen[339] werden ziemlich oft verwendet. Mit

---

335 Ähnliche Vorschriften gelten im Arbeitsvertrags- und im Mietrecht.
336 Näheres bei MAURER, PVR S. 160 und hinsichtlich der Risikobeschränkung gemäss VVG 33 S. 246.
337 HUBER schlug in den Beratungen des Ständerates vor, dass die Kantone das gleiche Gericht für die KVG- und die Zusatzversicherungsprozesse bestimmen sollten; Amtl. Bull. (StR) 1993 S. 1095 und (NR) 1993 S. 1896.
338 Widersprüchliche Urteile sind leichter vermeidbar, wenn der Kanton für beide Prozesse eine einzige Instanz bezeichnet. Wenn zwei verschiedene Gerichte bestehen, können sie durch Meinungsaustausch einem widersprüchlichen Urteil vorbeugen, sofern sie den gleichen Versicherungsfall gleichzeitig zu instruieren haben, was wahrscheinlich nur selten vorkommt. Hingegen ist es eher fragwürdig, wenn das Gericht den VVG-Prozess sistiert, um den Entscheid des KVG-Prozesses abzuwarten: Dies wäre meistens mit dem Gebot eines raschen Verfahrens unvereinbar.
339 Weiteres zur Entschädigungsvereinbarung und zur Saldoquittung bei MAURER, PVR S. 388 f.

ihnen kann jedoch der Versicherte nur auf Rechte verzichten, die er bereits kennt oder deren Erwerb er wenigstens als eine Möglichkeit in Betracht zieht.

5. Die bedeutsame Übergangsbestimmung in KVG 102 II[340]

a) Die Krankenkassen sind verpflichtet, Zusatzversicherungen innert eines Jahres nach Inkrafttreten des KVG, also bis Ende 1996, dem neuen Recht anzupassen. Sie haben «ihren Versicherten Versicherungsverträge anzubieten, die mindestens den bisherigen Umfang des Versicherungsschutzes gewähren». Bis zur Anpassung gilt das bisherige Recht. Die Krankenkassen sind somit verpflichtet, den Versicherten einen Versicherungsvertrag nach VVG anzubieten, der den gleichen Versicherungsschutz wie bis anhin zusichert. Hingegen sind sie in der Gestaltung der Prämie frei. Der Versicherte ist nicht verpflichtet, den Antrag des Versicherers anzunehmen. Wenn er aber zustimmt, muss der Versicherer den Vertrag abschliessen. Für ihn besteht ein Kontrahierungszwang. Wenn der Vertrag zustande kommt, beurteilt er sich nach dem VVG. Somit können ihn beide Parteien in einem neuen Versicherungsfall gemäss VVG 42 kündigen[341]. KVG 102 II verbietet diese Kündigung auch dem Versicherer nicht[342]. Dies wäre ein so schwerer Eingriff in die Vertragsfreiheit, dass das KVG ihn ausdrücklich hätte festlegen müssen. Somit schreibt KVG 102 II nicht vor, dass der Versicherer oder auch der Versicherte den Vertrag bis an dessen Lebensende weiterführen muss.

b) Hingegen wäre es unfair, wenn eine Krankenkasse die Einführung des KVG dazu benützen wollte, Risikoselektion zu betreiben (vorne S. 1 f.) und sich von «schlechten Risiken» zu trennen. Sie würde den Grundsatz von Treu und Glauben jedenfalls dann verletzen, wenn sie zwar beim Abschluss neuer Zusatzversicherungen auf ihr Kündigungsrecht nach VVG 42 generell verzichten, bei der Weiterführung bisheriger Zusatzversicherungen aber von diesem Verzicht nach VVG absehen sollte.

c) Wenn Versicherungsverträge mit anderen Versicherern als anerkannten Krankenkassen, vor allem mit Privatversicherern, die nach KVG in der Krankenpflegeversicherung gedeckten Risiken versicherten, fallen sie mit dem Inkrafttreten des KVG dahin. Die über diesen Zeitpunkt hinaus bezahlten Prämien müssen erstattet werden. Versicherungsleistungen für Unfälle, die sich vor dem Inkrafttreten ereignet haben, sind jedoch nach den bisherigen Verträgen zu gewähren; KVG 102 IV. Dies betrifft jedoch nicht die üblichen Einzel- und Kollektivunfallversicherungen, die nur der Ergänzung von Pflichtleistungen dienten, welche Krankenkassen bis anhin nach kasseninternen Bestimmungen für Unfälle gewährten.

---

340 Botschaft zum KVG Z. 3 bei Art. 94.
341 Vgl. dazu MAURER, PVR S. 335.
342 Diese Sonderregelung gilt nur für die Krankenkasse, nicht aber für die von Privatversicherern abgeschlossenen Zusatzversicherungen.

6. Die Anwendung von allgemeinen Rechtsgrundsätzen[343] bei Zusatzversicherungen

Die Versicherer müssen hinsichtlich der Zusatzversicherungen nur jene Rechtsgrundsätze beachten, die im Privatrecht generell anwendbar sind, da das VVG ein Teil des Privatrechts ist. Es handelt sich vorab um den Grundsatz von Treu und Glauben, der – mit verschiedenen Teilgehalten – in der ganzen Rechtsordnung gilt. Hingegen dürfte der Grundsatz der Gleichbehandlung (Rechtsgleichheit) nicht gelten, den KVG 13 II lit. a für die soziale KV ausdrücklich vorschreibt. Somit steht es den Zusatzversicherern frei, im Einzelfall freiwillige[344], nicht geschuldete Leistungen zu erbringen, gleichgültig, ob sie dies zur Vermeidung einer Härte, z.B. in rechtlichen Grenzfällen, oder aus Gründen der Kulanz tun. Auch die Grundsätze der Gesetzmässigkeit (Legalitätsprinzip) und der Verhältnismässigkeit dürften nicht gelten. Es wird sich zeigen, ob hier die Rechtsprechung mit der Zeit Ausnahmen umschreibt, weil die Zusatzversicherung in die Nähe der Sozialversicherung gerückt worden ist (KVG, Anhang, Z. 2 zu Art. 47 VAG und bereits vorne S. 136 lit. c).

---

343 Vgl. zu diesen Rechtsgrundsätzen MAURER, BSVR S. 25 ff.
344 Vgl. zu diesem Begriff MAURER, PVR S. 389.

E. Finanzierung[345]

I. Allgemeines

1. KVG 60 bis 66 ordnen die Finanzierung der obligatorischen Krankenpflegeversicherung und KVG 75 bis 77 jene der freiwilligen Taggeldversicherung. Die KVV enthält zahlreiche Ausführungsbestimmungen, nämlich für die Krankenpflegeversicherung in den Art. 78 bis 106 und für die Taggeldversicherung in den Art. 107 und 108.

2. Den obersten Grundsatz legt Abs. 2 von KVG 60 fest: «Die Finanzierung muss selbsttragend sein». Er steht in enger Verbindung mit Abs. 2 lit. c von Art. 13 KVG: Die Versicherer müssen «jederzeit in der Lage sein, ihren finanziellen Verpflichtungen nachzukommen». Sie sind für die *Wahrung des finanziellen Gleichgewichts* selbst verantwortlich. Das BSV kontrolliert sie als Aufsichtsinstanz.

3. Im Kapitel über die Finanzierung regelt das KVG verschiedene Gebiete, nämlich das Finanzierungsverfahren und die Rechnungslegung, die Prämien der Versicherten, die Kostenbeteiligung und schliesslich die Beiträge der öffentlichen Hand zur Verbilligung von Prämien.

4. Die *Ausgaben* bestehen zur Hauptsache aus den Vergütungen der Versicherer an Leistungserbringer und Versicherte, die man Versicherungsleistungen nennt, und den Verwaltungskosten, d.h. aus den Kosten, die dem Versicherer aus der Durchführung der sozialen KV entstehen. Unter den *Einnahmen* sind zu erwähnen: Prämien und Kostenbeteiligungen der Versicherten, Erträgnisse aus Kapitalanlagen und aus der Durchführung von Regressen (vorn S. 131 lit. d).

II. Finanzierungsverfahren und Rechnungslegung

1. Finanzierungsverfahren, Reserven und Kapitalanlagen

a) Finanzierungsverfahren

Die obligatorische Krankenpflegeversicherung wird nach dem *Ausgabenumlageverfahren*[346] finanziert; KVG 60 I. Die laufenden Ausgaben müssen grundsätzlich durch die laufenden Einnahmen gedeckt werden können. Aufgrund von Schätzungen, die sie vorwiegend auf interne Statistiken der abgelaufenen Rechnungsperioden stützen, müssen die Versicherer Annahmen treffen, wie sich die Ausgaben für die kommende Rechnungsperiode entwickeln werden. Entsprechend ihren Schätzungen haben sie die Prämien festzusetzen. KVV 78 legt die Finanzierungsperiode auf zwei Jahre fest.

---

345 Botschaft zum KVG Z. 24 und Z. 3 bei Art. 52 ff.; MAURER, BSVR S. 313.
346 Die verschiedenen Finanzierungsverfahren sind kurz dargestellt bei MAURER, PVR S. 59 ff.

b) Reserven

aa) Da Schätzungen der künftigen Ausgaben fehlerhaft sein können, sind die Versicherer verpflichtet, *Reserven* zu bilden, d.h. Rückstellungen vorzunehmen. Abs. 1 von KVG 60 schreibt eine Reserve für die bereits eingetretenen Krankheitsfälle vor, die am Ende der Rechnungsperiode noch nicht abgewickelt sind. Man nennt sie in der Versicherungstechnik Schadenreserve.[347] Es handelt sich um Rückstellungen, die zweckgebunden sind (gebundene Reserven); aus ihnen sollen die noch nicht abgewickelten Krankheitsfälle bezahlt werden können.

Abs. 1 von KVG 60 verlangt überdies eine Reserve «zur Sicherstellung der längerfristigen Zahlungsfähigkeit». KVV 78 unterscheidet dabei die Sicherheits- und die Schwankungsreserve.[348] Die *Sicherheitsreserve* soll die finanzielle Lage der KV für den Fall sicherstellen, dass die effektiven Kosten – d.h. die Ausgaben – die getroffenen Annahmen übersteigen (vorn lit. a). Die Prämieneinnahmen reichten, anders ausgedrückt, nicht aus, um Versicherungsleistungen und Verwaltungskosten zu decken. Das Defizit wird aus den Reserven gedeckt, sodass diese entsprechend abnehmen. Die *Schwankungsreserve* dient dazu, «Kostenschwankungen auffangen zu können»; Abs. 2 und 3 von KVV 78. Man nennt die beiden Reservearten freie Reserven.

bb) Abs. 4 von KVV 78 hält die minimale Reserve der Abs. 2 und 3 in Prozenten der geschuldeten Prämien des Rechnungsjahres tabellarisch fest. Ihre Höhe hängt von der Anzahl der Versicherten ab. Versicherer mit einem kleinen Bestand an Versicherten weisen in der Regel viel grössere Schwankungen der Kosten für Versicherungsleistungen auf als Versicherer mit grossem Bestand an Versicherten. Deshalb müssen z.B. Versicherer mit nur 100 Versicherten eine Minimalreserve von 182% der geschuldeten Prämien aufweisen, während Versicherer mit 50'000 und mehr Versicherten nur eine Reserve von 20% benötigen. Für Versicherer, die Leistungen rückversichert haben (KVV 18, vorn S. 8), und für Versicherer, welche die Defizitgarantie eines Gemeinwesens besitzen, vor allem öffentliche Krankenkassen, gelten die besonderen Vorschriften von Art. 78 V und 79 KVV.

Reserven jeder Art sind in der Bilanz unter den Passiven aufzuführen. Somit müssen auf der Aktivseite entsprechende Werte (z.B. Wertschriften und Liegenschaften) vorhanden sein, damit die Bilanz ausgeglichen ist.

c) Kapitalanlagen

aa) Die Krankenkassen sind verpflichtet, ihre Gelder in Schweizer Franken anzulegen. Sie haben ein Anlagereglement zu erstellen. «Sie achten dabei auf die Sicherheit, die Erhaltung der erforderlichen Liquidität und eine ausgewogene Risikoverteilung

---

347 Vgl. zur Unterscheidung verschiedener Reserven oder Rückstellungen MAURER, PVR S. 68 f.
348 Die Terminologie ist nicht einheitlich und konsequent. KVG 60 I verwendet für alle vorgeschriebenen Rückstellungen den Ausdruck Reserven, während Ab. 2 nebeneinander Reserven und Rückstellungen erwähnt, ohne den Unterschied anzudeuten. KVV 78 spricht von Sicherheits- und Schwankungsreserve, KVV 83 von «Rückstellungen für unerledigte Versicherungsfälle» (=Schadenreserve).

unter Berücksichtigung eines angemessenen Ertrages»; Abs. 1 von KVV 80. Es gilt der Grundsatz: «Sicherheit kommt vor Rendite».

bb) Abs. 2 hält in einem Katalog fest, welche Anlagen zulässig sind. Es sind dies z.B. Anlagen bei öffentlich-rechtlichen Körperschaften und bei Banken und Sparkassen, die der Bankenaufsicht unterstellt sind (Obligationenanleihen usw.) sowie Anlagen betreffend Immobilien und in Wertpapieren, die an einer schweizerischen Börse kotiert sind. Somit ist an sich der Kauf von Aktien, d.h. von Risikopapieren, zulässig. Es muss sich um einen bescheidenen Prozentsatz aller Anlagen handeln. Obwohl die KVV selbst keinen Prozentsatz angibt, wird das BSV dies in seinen Weisungen tun oder als Aufsichtsinstanz auf andere Weise sicherstellen. Durch ungeschickte oder spekulative Anlagepolitik kann nämlich eine Krankenkasse leicht in finanzielle Bedrängnis geraten.

Für die Anlagen der privaten Versicherungseinrichtungen gilt das einschlägige Aufsichtsrecht (VAG, AVO usw.).

2. Rechnungslegung

Die Mittel der sozialen KV dürfen nach KVG 13 II lit. a nur für deren Zwecke verwendet werden; da sie zweckgebunden sind, ist es den Versicherern untersagt, sie z.B. für Defizite in der Zusatzversicherung einzusetzen. KVG 60 und KVV 81 bis 85 regeln verschiedene Einzelheiten:

a) Die Versicherer müssen für die obligatorische Krankenpflegeversicherung, für die besonderen Versicherungsformen nach KVG 62 (hinten S. 146) und für die Taggeldversicherung je eine gesonderte Betriebsrechnung führen; KVV 81 I. Rechnungsjahr ist das Kalenderjahr. Die Prämien und die Leistungen für Krankheiten und Unfälle sind getrennt auszuweisen; KVG 60 III. Wenn ein Versicherer die kollektive Taggeldversicherung betreibt, muss er das jährliche Betriebsergebnis für jeden Kollektivvertrag angeben können.

b) Die Verwaltungskosten sind in der Betriebsrechnung entsprechend dem tatsächlichen Aufwand unter die Krankenpflege-, die Taggeld- und die Zusatzversicheung zu verteilen; KVV 84. Diese Verteilung beruht auf Schätzungen. Es ist z.B. zu prüfen, wie viel Zeit das Personal insgesamt für die einzelnen Sparten aufwendet, was naturgemäss schwierig ist. Hingegen wird nicht verlangt, dass die Aktiven (Wertschriften usw.) den einzelnen Sparten gesondert zugewiesen werden.[349]

c) Die Rechnungsführung soll für alle Versicherer einheitlich sein, damit sie vergleichbar ist. Dies dient sowohl der Transparenz als auch der effizienten Aufsicht. Deshalb müssen die Versicherer gemäss KVV 82 einen einheitlichen Kontenplan und einheitliche Regeln für die Rechnungsführung (Buchhaltung usw.) erarbeiten und dem BSV zur Genehmigung einreichen. Wenn sich die Versicherer nicht

---

349 Botschaft zum KVG Z. 3 bei Art. 52.

einigen, erlässt das EDI in Zusammenarbeit mit dem EJPD entsprechende Richtlinien.

d) Die Versicherer haben dem BSV bis zum 30. April des dem Geschäftsjahr folgenden Jahres die Bilanz, die Betriebsrechnungen und den Geschäftsbericht über das abgeschlossene Geschäftsjahr und bis zum 31. Juli des laufenden Geschäftsjahres ein Budget für das folgende Geschäftsjahr einzureichen; KVV 85. Schon aufgrund dieser Dokumente wird das BSV in die Lage versetzt, die finanzielle Entwicklung der Versicherer ziemlich zuverlässig zu beurteilen.

3. Revision

a) Jeder Versicherer hat eine externe und unabhängige Revisionsstelle zu bezeichnen, die das Krankenversicherungswesen ausreichend kennt; Abs. 1 von KVV 86. Abs. 2 nennt die Voraussetzungen, denen die Revisionsstelle zu genügen hat. Sie ist für die finanzielle Beurteilung eines Versicherers von zentraler Bedeutung und sollte frühzeitig wahrnehmen, wenn die finanzielle Entwicklung ungünstig verläuft. Das BSV kann den Versicherern Weisungen geben, wie sie den Revisionsauftrag zu erteilen haben.

b) Die Revisionsstelle prüft jährlich, ob die Buchführung, die Jahresrechnung und die Statistiken formell und materiell den gesetzlichen Anforderungen entsprechen. Sie hat weiter zu prüfen, ob die Geschäftsführung für eine korrekte Geschäftsabwicklung Gewähr bietet, z.B. ob sie zweckmässig organisiert ist; sie kann sogar unangemeldete Zwischenrevisionen durchführen, wenn sie Zweifel an der ordnungsgemässen Rechnungsführung hat; KVV 87.

c) Die Revisionsstelle hat über jede Revision einen Bericht zu verfassen. KVV 88 legt mehrere Einzelheiten fest. So bestimmt Abs. 3 folgendes: «Stellt die Revisionsstelle wesentliche Mängel, Unregelmässigkeiten, Missstände oder andere Tatbestände fest, welche die finanzielle Sicherheit des Versicherers oder dessen Fähigkeit, seine Aufgaben zu erfüllen, in Frage stellen, so unterbreitet sie den Bericht unverzüglich dem leitenden Organ des Versicherers und dem BSV». Der Bericht dient somit dem BSV in der Regel als Grundlage, aufsichtsrechtliche Massnahmen für die Sanierung zu treffen.

4. Freiwillige Taggeldversicherung

Die Taggeldversicherung wird gleich wie die Krankenpflegeversicherung nach dem Umlageverfahren finanziert. Sie muss auch vergleichbare Reserven bilden. Die Art. 60 II bis IV KVG und die Art. 78 und 79 KVV sind sinngemäss anwendbar; KVG 75 und KVV 107. Wenn der Versicherer in der Kollektivversicherung einen Prämientarif anwendet, der von jenem der Einzelversicherung abweicht, so muss er für die beiden Sparten getrennte Rechnung führen; KVG 75 II.

III. Prämienordnung

1. Grundsatz der Einheitsprämie des einzelnen Versicherers

a) Jeder Versicherer ist für das finanzielle Gleichgewicht selbst verantwortlich (vgl. vorn S. 139). Deshalb gibt ihm Abs. 1 von KVG 61 die Befugnis, die Prämien für seine Versicherten festzulegen: Er besitzt die sog. *Prämienhoheit*. Dabei muss er von seinen Versicherten grundsätzlich die gleichen Prämien, d.h. Einheitsprämien[350], erheben. Versicherte, die erfahrungsgemäss durchschnittlich weniger häufig krank sind, z.B. junge Personen, bezahlen die gleichen Prämien wie Versicherte, die häufig krank sind, z.B. ältere Personen. Damit wird die *Solidarität* zwischen Gesunden und Kranken, zwischen Jung und Alt sowie zwischen Frauen und Männern stark betont. Sie steht im Gegensatz zum Gedanken der risikogerechten Prämie[351]. Bei der Einheitsprämie müssen Männer und Frauen gleich hohe Prämien entrichten, obwohl die Frauen durchschnittlich höhere Krankheitskosten verursachen. Abstufungen nach dem Geschlecht sind somit unzulässig, ebenso solche nach dem Alter oder dem Eintrittsalter oder dem Einkommen der Versicherten.

b) Zwischen den Versicherern bestehen erhebliche Prämienunterschiede[352]. Dies kann z.B. durch Unterschiede in der Zusammensetzung des Versichertenbestandes, also der Risikostruktur, und in der Effizienz der Verwaltung bedingt sein (hinten S. 154 lit. c). Da die Versicherten gemäss KVG 7 die Versicherung auf jedes Ende eines Kalendersemesters wechseln können, dürfte die Fluktuation zeitweise erheblich sein und den bereits laufenden Konzentrationsprozess noch beschleunigen (vorn S. 37 und N 21). Die Konkurrenz unter den Versicherern wird ihre Opfer fordern.

2. Zulässige Prämienabstufungen

a) Die Gesundheitskosten in unserem Land können zwischen verschiedenen Kantonen und Regionen grosse Unterschiede aufweisen, z.B. zwischen Stadt und Land. Dies gilt vorab für die Spitalbehandlung, weniger ausgeprägt für die ambulante Behandlung. Dies trifft auch bei den Tarifverträgen zwischen Versicherern und Leistungserbringern zu (vorn S. 82). Abs. 2 von KVG 61 erlaubt daher den Versicherern, die Prämien kantonal und regional abzustufen. Sie müssen die Abstufungen durch bestehende Kostenunterschiede belegen. Innerhalb eines Kantons können höchstens drei regionale Abstufungen gemacht werden[353]. Massgebend ist der Wohnort des Versicherten. Die oberste Prämienstufe darf nicht mehr als 50 Prozent über

---

350 Man nennt sie in der Privatversicherung Durchschnittsprämien; Näheres bei MAURER, PVR S. 73.
351 Dieser Gedanke wird z.B. in der Berufsunfallversicherung nach UVG stark betont und ist an sich auch in der Zusatzversicherung, für welche das VVG gilt, zulässig; vorn S. 134.
352 So bezahlt z.B. ein erwachsener Versicherter bei der Minimalfranchise in der Stadt Bern ab 1.1.1996 bei der Supra monatlich Fr. 141.60, bei der CSS Fr. 210.-: NZZ vom 17.10.1995 S. 13.
353 Die KK Helvetia verlangt z.B. im Kanton Zürich für 1996 folgende monatliche Prämien: Zürich Stadt Fr. 194.80; Agglomeration Zürich Fr. 152.- und Winterthur Fr. 161.20; NZZ 17.10.1995 S. 13.

der untersten liegen; KVV 91 I. Innerhalb jeder Prämienstufe gelten jedoch Einheitsprämien.

b) Die Versicherer können die Prämien für Versicherungen mit eingeschränkter Wahl des Leistungserbringers abstufen, und zwar vermindern. Diese Versicherungsformen werden hinten in Z. 7 behandelt.

c) Wie im bisherigen Recht hält das KVG am System der individuellen *Kopfprämien* fest, obwohl diese grössere Familien benachteiligen und deshalb unsozial sind. Das KVG kennt also die lohnbezogene Prämie nicht, die für andere Zweige der Sozialversicherung wie AHV/IV und Unfallversicherung nach UVG vorgeschrieben sind.[354] Es mildert jedoch in Abs. 3 von Art. 61 die Nachteile der Kopfprämie. Der Versicherer muss für Versicherte bis zum vollendeten 18. Altersjahr (Kinder) tiefere Prämien festsetzen als für ältere Versicherte (Erwachsene). Er ist überdies berechtigt, dies für Versicherte zu tun, die das 25. Altersjahr noch nicht vollendet haben und in Ausbildung begriffen sind. Massgebend ist das Geburtsjahr. Dadurch werden besonders Familien mit mehreren Kindern finanziell entlastet.[355]

3. Weitere Einzelheiten zu den Prämien

a) Der Versicherer muss gemäss KVV 89 gegenüber jedem Versicherten klar unterscheiden zwischen den Prämien für die Krankenpflegeversicherung, wobei er die Prämie für das Unfallrisiko gesondert anzugeben hat, für die Taggeldversicherung sowie für die Zusatzversicherung und die weiteren Versicherungsarten nach KVG 12 II. Dadurch soll der Versicherte erkennen können, wofür er Prämien bezahlt.

b) Die Prämien sind in der Regel monatlich zu bezahlen; KVV 90.

c) Die Versicherer haben die Prämientarife der Krankenpflegeversicherung und deren Änderungen dem BSV spätestens fünf Monate bevor sie zur Anwendung gelangen zur Genehmigung einzureichen. «Die Tarife dürfen erst angewandt werden, nachdem sie vom BSV genehmigt worden sind»; KVV 92 I. Bis zu diesem Zeitpunkt müssen die Versicherten die alten Prämien bezahlen, gleichgültig, ob sie höher oder tiefer als die neuen sind.

---

354 Die Botschaft zum KVG Z. 241 gibt eine sachliche Begründung für diese Lösung. Wahrscheinlich gaben freilich referendumspolitische Überlegungen den Ausschlag. Die Arbeitgeber müssen in den genannten Zweigen beim System der lohnbezogenen Prämien Beiträge entrichten. In der KV sind sie nicht beitragspflichtig, da sie durch zusätzliche finanzielle Belastungen in ihrer Konkurrenzfähigkeit, besonders in der Exportindustrie, zu stark beeinträchtigt worden wären.

355 Für Versicherte in bescheidenen wirtschaftlichen Verhältnissen werden die Prämien durch Beiträge der öffentlichen Hand verbilligt; hinten S. 150.

4. Prämien der Taggeldversicherung

a) Die freiwillige Taggeldversicherung[356] beruht auf einem Vertrag (vorn S. 108). Die Parteien haben einen gewissen Gestaltungsspielraum. Dieser wird jedoch durch verschiedene gesetzliche Bestimmungen eingeengt. So muss der Versicherer gemäss KVG 13 II lit. a die Grundsätze der Gleichbehandlung und der Gegenseitigkeit beachten (vorn S. 15). Mehrere Vorschriften über die Prämien enthalten die Art. 76 und 77 KVG sowie Art. 108 KVV.

b) Der Versicherer legt die Prämien für seine Versicherten fest. Er hat zu diesem Zweck Prämientarife aufzustellen, die der Genehmigung des BSV bedürfen; KVG 76 I und KVV 108 i.V. m. KVV 92. Für die gleichen Leistungen müssen die gleichen Prämien erhoben werden. Somit ist es unzulässig, für Männer und Frauen verschiedene Prämien zu verlangen oder die Prämien als Prozente vom Lohn festzusetzen (lohnbezogene Prämien).

c) Der Vertrag kann eine Wartefrist vorsehen, indem das Taggeld z.B. erst ab dem 30. Tag nach Ausbruch der Krankheit zu entrichten ist. Der Versicherer hat ihr durch eine entsprechende Reduktion der Prämie Rechnung zu tragen; Abs. 2 von KVG 76.

d) Im Gegensatz zur Krankenpflegeversicherung dürfen die Prämien nach dem Eintrittsalter, nicht aber nach dem wirklichen Alter des Versicherten abgestuft werden; Abs. 3 von KVG 76. Wer schon in jungen Jahren die Versicherung abschliesst, wird stets eine geringere Prämie zu bezahlen haben, als wer dies erst als Betagter tut. Damit soll den jungen Versicherten ein Anreiz gegeben werden, sich für Taggeld zu versichern.

Eine Abstufung nach Regionen ist erlaubt. Die Versicherer müssen jedoch belegen können, dass entsprechende Kostenunterschiede bestehen, da Abs. 4 von KVG 76 den für die Krankenpflegeversicherung aufgestellten, entsprechenden Abs. 2 von KVG 61 als sinngemäss anwendbar erklärt. Es ist fraglich, ob eine solche Unterscheidung für das Taggeld überhaupt sinnvoll ist.

e) Die Versicherer dürfen gemäss KVG 77 in der Kollektivversicherung Prämien vorsehen, die von jenen in der Einzelversicherung abweichen. Die Kollektivversicherung muss jedoch mindestens selbsttragend sein. Wenn sie defizitär ist, dürfen ihr nicht Mittel aus der Einzelversicherung zugeführt werden. Vielmehr ist das Defizit durch Prämienerhöhungen auszugleichen.

5. Nachzahlung und Rückforderung von Prämien

a) Der Versicherer verlangt ausnahmsweise, wegen administrativer Fehler, eine zu kleine Prämie. Das KVG regelt die Frage nicht, ob und innert welcher Frist er den fehlenden Betrag nachfordern darf. Diese Lücke ist durch die analoge Anwendung von Art. 16 III AHVG – oder noch besser durch den ihm weitgehend entsprechenden

---

356 Botschaft zum KVG Z.3 bei Art. 68; vgl. Weiteres vorn S. 107 ff.

Art. 94 I UVG – zu schliessen. Nach UVG 94 I können Prämien, die nicht innert fünf Jahren nach Ablauf des Rechnungsjahres, für das sie geschuldet sind, geltend gemacht werden, nicht mehr eingefordert werden. Sie sind verwirkt. Wenn die Nachforderung aus einer strafbaren Handlung hergeleitet wird, für welche das Strafrecht eine längere Verjährung festsetzt, so ist diese massgebend.

b) Auch der gegenteilige Fall kommt vor: Der Versicherer verlangt – versehentlich – eine zu hohe Prämie. Der Prämienpflichtige kann den «Mehrbetrag» zurückfordern. Da das KVG auch diese Frage nicht regelt, ist Art. 94 II UVG analog anzuwenden: «Der Anspruch auf Rückerstattung zuviel bezahlter Prämien erlischt mit dem Ablauf eines Jahres, nachdem der Prämienpflichtige von seinen zu hohen Zahlungen Kenntnis erhalten hat, spätestens aber fünf Jahre nach Ablauf des Rechnungsjahres, für das die Prämien bezahlt wurden». Es handelt sich um Verwirkungsfristen.[357]

6. Entschädigungen an Dritte[358]

a) In der Krankenpflegeversicherung sind Kollektivverträge zwar nicht verboten, sie bieten aber kaum noch Vorteile: Die Leistungen sind durch das Gesetz abschliessend geregelt und die Einheitsprämien (vorn S. 143) gelten auch für die Kollektivverträge. Diese können höchstens dazu dienen, dem Versicherungsnehmer einzelne Aufgaben zu übertragen, z.B. die Auszahlung der Leistungen und das Inkasso der Prämien für den Versicherer zu besorgen.

b) Wenn ein Arbeitgeber, ein Arbeitgeberverband oder ein Arbeitnehmerverband oder eine Fürsorgebehörde Aufgaben zur Durchführung der KV, z.B. in einem Kollektivvertrag, übernimmt, so muss ihnen der Versicherer dafür eine angemessene Entschädigung ausrichten; KVG 63. Diese Entschädigung darf die Kosten nicht übersteigen, die dem Versicherer aus diesen Aufgaben entstünden, wenn er sie selbst besorgen würde. Die Entschädigung zählt zu den Verwaltungskosten des Versicherers. Sie darf den Versicherten nicht als Prämienermässigung weitergegeben werden; KVV 102.

7. Besondere Versicherungsformen

a) Nach KVG 62 I kann der Versicherer die Prämien für Versicherungen mit *eingeschränkter Wahl des Leistungserbringers* gemäss KVG 41 IV vermindern. Wie auf S. 76 dargelegt wurde, handelt es sich z.B. um die *HMO-Versicherung* oder das *Hausarztmodell*. Die Art. 99 bis 101 KVV regeln Einzelheiten. Solche Versicherungen stehen gemäss KVV 100 sämtlichen Versicherten mit Wohnsitz im Gebiet offen,

---

357 BGE 119 V 298 wendet AHVG 16 II an. UVG 94 ist der Vorzug zu geben, da er die jüngere Bestimmung ist. ATSG 32 III entspricht ihm. MAURER, BSVR S. 405. Analoge Anwendung von UVG 51 f. im Leistungsrecht der KV. – Der Versicherer darf den Versicherten, der seine Prämie nicht bezahlt, grundsätzlich nicht von der Versicherung ausschliessen: vorn S. 41.
358 Botschaft zum KVG Z. 3 bei Art. 55.

in welchem der Versicherer die betreffende Versicherungsform betreibt. Der Wechsel von der ordentlichen Versicherung in eine solche Versicherung ist jederzeit möglich. Hingegen ist der Wechsel in eine andere Versicherungsform, z.B. in die Bonusversicherung, nur auf Beginn eines Kalenderjahres zulässig; Abs. 3 sieht Ausnahmen vor. – KVV 101 bestimmt, wie die Prämien zu berechnen sind. So will Abs. 2 Prämienermässigungen ausschliessen, wenn die Kostenunterschiede auf einem günstigeren Risikobestand beruhen und nicht auf Kostenunterschiede durch die Beschränkung des Wahlrechts zurückzuführen sind. Dies trifft etwa zu, wenn vorwiegend jüngere Personen versichert sind, da sie erfahrungsgemäss weniger oft als ältere Personen krank werden. Mit dieser Bestimmung soll der mit dem Obligatorium der KV nur schwer zu vereinbarenden Risikoselektion vorgebeugt werden.

b) Der Bundesrat kann nach KVG 62 II weitere Versicherungsformen zulassen, mit denen Prämienermässigungen möglich sind. Er erwähnt eine höhere Kostenbeteiligung, als sie KVG 64 vorsieht (hinten S. 148), und ferner eine Versicherung, die Prämienermässigungen erlaubt, wenn der Versicherte während einer bestimmten Zeit keine Leistungen in Anspruch nimmt, also auf Leistungen verzichtet (vorn S. 10 a.E.). Diese *Bonusversicherung* wird in den Art. 96 bis 98 KVV näher geordnet. Sie steht jedem Versicherten offen. Der Beitritt ist nur auf den Beginn eines Kalenderjahres möglich, der Austritt frühestens fünf Jahre nach dem Beitritt; Art. 97. Dadurch wird der Wechsel des Versicherers, der in KVG 7 grosszügig zugelassen wird, stark erschwert. Die Ausgangsprämie muss 10 Prozent höher als in der ordentlichen Versicherung sein. Sie gilt für die Prämienstufe 4.[359] Wenn der Versicherte während des Kalenderjahres keine Leistungen in Anspruch nimmt, so gilt für ihn im folgenden Kalenderjahr die nächsttiefere Prämienstufe 3, bei welcher die Prämie bereits um 15 Prozent der Ausgangsprämie gesenkt wird. Für jedes weitere leistungsfreie Jahr sinkt die Prämie, bis die Stufe 0 erreicht ist, welche die höchstmögliche Reduktion der Ausgangsprämie um 45 Prozent bringt. Wenn der Versicherte während eines Kalenderjahres Leistungen in Anspruch nimmt, so gilt für ihn im folgenden Jahr die nächsthöhere Prämienstufe mit der höheren Prämie.

c) Die besonderen Versicherungsformen sollen kostendämpfend wirken. Sie haben also eines der Hauptziele des KVG im Auge; es wird sich erst in einigen Jahren zeigen, ob sie es erreichen.

IV. Kostenbeteiligung

1. Zwecke

Die Kostenbeteiligung wird in KVG 64 und KVV 103 bis 105 geregelt. Das KVG übernimmt, wenn auch mit einigen Abweichungen, die bisherige Ordnung.[360] Die

---

359 Vgl. zum Prämienstufensystem vorn S. 10 und MAURER, PVR S. 553.
360 Botschaft zum KVG Z. 242 und Z. 3 bei Art. 56; MAURER, BSVR S. 295 und PVR S. 371; RUMO-JUNGO, SZS 1995 S. 329.

Kostenbeteiligung verfolgt verschiedene Zwecke: Sie soll die KV und damit die Prämienzahler finanziell entlasten; indem der Versicherte im Versicherungsfall einen Teil der Kosten selbst trägt, wird sein Kostenbewusstsein und damit auch sein Gefühl für die Selbstverantwortung gestärkt; er wird daran interessiert sein, dass unnötige diagnostische und therapeutische Massnahmen unterbleiben, womit er der surconsommation médicale entgegenwirkt;[361] seine Beteiligung an den Kosten dient als Kostenbremse, die zu den Hauptzielen des Gesetzes gehört.[362]

Die Kostenbeteiligung besteht aus einem festen Jahresbetrag (Franchise) und einem Selbstbehalt von 10 Prozent der die Franchise übersteigenden Kosten; KVG 64 II.

2. Franchise

a) Sie besteht aus einem festen Jahresbetrag von 150 Franken, den der Versicherte von den Behandlungskosten und auch für den Spitalaufenthalt zu übernehmen hat. Massgebend ist das Kalenderjahr; KVV 103. Diese Regelung hat einen Nachteil. Wenn der Versicherte im Dezember wegen Erkrankung den Arzt beizieht und die Behandlung im Januar des folgenden Jahres fortgesetzt werden muss, so hat der Versicherte für den gleichen Krankheitsfall zwei Franchisen, also 300 Franken und zusätzlich den Selbstbehalt zu tragen. Es ist fraglich, ob dies dem wirklichen Sinn des Gesetzes entspricht. Sachlich wäre es nämlich gerechtfertigt, dem Versicherten pro Krankheitsfall nur eine einzige Franchise zu überbinden. Es kann eine Gesetzeslücke angenommen werden, die in diesem Sinn zu schliessen ist.

b) Die Versicherer können anstelle der *Minimalfranchise* von 150 Franken eine Versicherung mit *wählbaren Franchisen* anbieten. Es handelt sich um eine «besondere Versicherungsform», die in KVG 62 II lit. a zugelassen und in KVV 93 bis 95 näher umschrieben wird. Die höheren Franchisen, die der Versicherte wählen kann, betragen für Erwachsene 300, 600, 1200 und 1500 Franken, für Kinder 150, 300 und 375 Franken. Der Versicherer, der diese Versicherungsform betreibt, hat alle diese wählbaren Franchisen anzubieten; KVV 93 I. Wer eine höhere Franchise wählt, hat Anspruch auf eine versicherungstechnisch angemessene Prämienermässigung. KVV 95 II bestimmt die höchstzulässige Reduktion zahlenmässig.

---

361 BGE 109 V 143.
362 Wenn sich der Versicherte seine Auslagen für Selbstbehalt und Franchise durch eine Zusatzversicherung ersetzen lässt, handelt er nicht gesetzwidrig, da das KVG kein entsprechendes Verbot enthält. Zudem bezahlt er eine entsprechende Prämie, treibt also Vorsorge. Die KV wird wenigstens insofern nicht benachteiligt, als sie ihre Vergütungen gemäss der Kostenbeteiligung reduzieren kann, wie wenn keine Zusatzversicherung bestünde. Da eine solche Zusatzversicherung nicht gesetzwidrig ist, darf sie von den Versicherern auch angeboten werden, obschon sie nicht sinnvoll ist. Ein aufsichtsrechtliches Verbot durch das BPV ist zu erwarten. Ob es vom Bundesgericht geschützt würde, scheint angesichts der derzeitigen Tendenz zur Deregulierung und der grossen Vertragsfreiheit, die im VVG herrscht, eher fraglich.

Die Versicherung mit wählbaren Franchisen steht jedem Versicherten offen. Sie kann nur auf Beginn eines Kalenderjahres erfolgen. Der Wechsel zu einer tieferen Franchise, in eine andere Versicherungsform oder zu einem andern Versicherer ist frühestens ein Jahr nach dem Beitritt zur Versicherung mit wählbaren Franchisen, unter Einhaltung einer dreimonatigen Kündigung, auf das Ende eines Kalenderjahres möglich; KVV 94. Somit ist auch der Wechsel des Versicherers, den KVG 7 I je auf das Ende eines Kalender*semesters* zulässt, eingeschränkt.

Die Bonusversicherung darf nicht in Verbindung mit einer wählbaren Franchise angeboten werden; KVV 96 IV; vorn S. 147.

3. Selbstbehalt

Er besteht darin, dass der Versicherte 10 Prozent jener Behandlungskosten zu übernehmen hat, welche die Franchise übersteigen. Dabei wird er nicht nur auf den Kosten der ambulanten Behandlung sondern ebenso auf jenen des Spitalaufenthalts erhoben. Da es sich besonders bei letzteren um grosse Beträge handeln kann, wird der Selbstbehalt in KVV 103 II auf einen jährlichen *Höchstbetrag* begrenzt, der für Erwachsene auf 600 Franken und für Kinder auf die Hälfte, nämlich auf 300 Franken festgesetzt wird.

4. Verschiedene Bestimmungen über Selbstbehalt und Franchise

a) Selbstbehalt und Franchise können Versicherte in bescheidenen wirtschaftlichen Verhältnissen stark belasten. Dies gilt vor allem, wenn z.B. in grösseren Familien innerhalb kurzer Zeit mehrere Krankheitsfälle auftreten. Um diesen Nachteil zu mildern, dürfen die Versicherer bei Kindern gemäss KVG 64 keine Franchise erheben und zudem gilt, wie unter Z. 3 erwähnt wurde, für Kinder nur die Hälfte des Höchstbetrages (300 statt 600 Franken). Wenn mehrere Kinder einer Familie beim gleichen Versicherer versichert sind, «so sind für sie zusammen höchstens die Franchise und der Höchstbetrag des Selbstbehalts für eine erwachsene Person zu entrichten». Schon aus diesem Grunde dürfte es für Familien mit Kindern von Vorteil sein, sich beim gleichen Versicherer zu versichern.

b) Auf den Leistungen bei Mutterschaft (vorn S. 48 und 61) darf der Versicherer keine Kostenbeteiligung erheben; KVG 64 VII.

c) Der Bundesrat wird in Abs. 6 von KVG 64 ermächtigt, für verschiedene Sachverhalte Kostenbeteiligungen vorzusehen, die vom KVG abweichen, z.B. für Dauerbehandlungen sowie für Behandlungen schwerer Krankheiten die Kostenbeteiligung herabzusetzen oder ganz aufzuheben. Er delegiert diese Ermächtigung in KVV 105 an das EDI, welches derzeit (28.3.1996) noch keine entsprechende Verordnung erlassen hat.

5. Beitrag an die Kosten des Spitalaufenthaltes

a) Die Versicherten müssen gemäss KVG 64 V einen «nach der finanziellen Belastung der Familie abgestuften Beitrag an die Kosten des Aufenthalts im Spital» leisten. Dieser Beitrag beruht auf der Überlegung, dass der Versicherte, wenn er nicht erkrankt wäre, für seinen Unterhalt selbst aufzukommen hätte. Mit der Hospitalisation erspart er sich somit Auslagen, weshalb sein Beitrag gerechtfertigt erscheint.[363]

b) KVV 104 I setzt den täglichen Beitrag auf 10 Franken fest.

c) Keinen Beitrag müssen Versicherte entrichten, «welche mit einer oder mehreren Personen, mit denen sie in einer familienrechtlichen Beziehung stehen, in gemeinsamem Haushalt leben». Das Konkubinat fällt nicht unter diese Ausnahme, da es familienrechtlich nicht geregelt ist. Frauen haben für Leistungen bei Mutterschaft ebenfalls keinen Beitrag zu bezahlen (vorn S. 48 und 61).

V. *Prämienverbilligung durch Beiträge der öffentlichen Hand*

1. Die Beiträge des Bundes an die Krankenkassen dienten nach bisherigem Recht vorrangig dazu, die Nachteile zu mildern, welche mit der Freiwilligkeit der KV verbunden waren. Sie galten soziale Lasten ab. Die Krankenkassen waren z.B. verpflichtet, auch Personen mit schlechter Gesundheit zu versichern, wobei sie für bestimmte Krankheiten Vorbehalte für eine Dauer von höchstens fünf Jahren anbringen durften; die Risikoselektion wurde ihnen weitgehend verboten. Die Beiträge des Bundes kamen allen Versicherten, den reichen und den armen, durch eine Verbilligung der Prämien zugute. Sie wurden nach dem «Giesskannenprinzip» ausgerichtet.

2. Mit diesem Prinzip bricht das KVG: Beiträge des Bundes, zu denen nun auch noch Beiträge der Kantone kommen, sollen ausschliesslich «den Versicherten in bescheidenen wirtschaftlichen Verhältnissen Prämienverbilligungen» bringen, also jenen Versicherten, die es am nötigsten haben;[364] KVG 65 I. Sie müssen so festgelegt werden, dass die jährlichen Beiträge von Bund und Kantonen grundsätzlich voll ausbezahlt werden; Abs. 2.[365]

3. Der Bund gewährt seine Beiträge nicht den Versicherern sondern den Kantonen, welche für die Bemessung und Auszahlung zuständig sind. Seine jährlichen Beiträge «werden unter Berücksichtigung der Kostenentwicklung in der obligatorischen Krankenpflegeversicherung und der Finanzlage des Bundes durch einfachen Bundesbeschluss für jeweils vier Jahre festgesetzt; KVG 66 II. Für die ersten vier Jahre

---

363 Eine ähnliche Regelung gilt nach UVG 17 II und 27 II UVV für die Unfallversicherung.
364 Damit folgt das KVG – ähnlich der Gesetzgebung über Ergänzungsleistungen zur AHV/IV – dem Bedürfnis- oder Bedarfsprinzip; MAURER, BSVR S. 177.
365 Mit den Beiträgen von Bund und Kantonen werden die Nachteile abgeschwächt, welche mit dem System der Kopfprämie verbunden sind; vorn S. 144.

nach dem Inkrafttreten des KVG bestimmt sie Art. 106 I KVG selbst. Danach muss der Bund z.B. im ersten Jahr 1'830 Mio. Franken und im vierten Jahr 2'180 Mio. Franken leisten. Abs. 2 legt in Prozenten den *Gesamtbetrag* fest, um den alle Kantone zusammen aus eigenen Mitteln den Bundesbeitrag *mindestens* aufzustocken haben, z.B. im ersten Jahr (= 1996) um 35 Prozent und im vierten Jahr um 50 Prozent. Der Gesamtbetrag der Kantone muss dann weiterhin mindestens der Hälfte des gesamten Bundesbeitrages entsprechen; KVG 66 IV.

4. Der Bundesrat *muss* die Anteile der einzelnen Kantone festsetzen und dabei einerseits die Wohnbevölkerung und anderseits die Finanzkraft der einzelnen Kantone berücksichtigen. Er *kann* überdies die durchschnittlichen Prämien der obligatorischen Krankenpflegeversicherung in den einzelnen Kantonen berücksichtigen. Aus diesen Kriterien können sich erhebliche Unterschiede ergeben. So hat ein finanzschwacher Kanton einen kleineren Beitrag zu leisten als ein finanzstarker mit gleich grosser Wohnbevölkerung.

5. Ein Kanton darf seinen Beitrag um maximal 50 Prozent kürzen und bezieht dann auch nur einen entsprechend reduzierten Bundesbeitrag. Voraussetzung ist, dass die Prämienverbilligung für Versicherte in bescheidenen wirtschaftlichen Verhältnissen trotzdem sichergestellt ist; Abs. 5 von KVG 66. Diese Voraussetzung wird jedenfalls dann erfüllt, wenn die durchschnittlichen Prämien der obligatorischen Krankenpflegeversicherung ziemlich tief sind (vorn S. 143). Von dieser Möglichkeit, nicht den vollen Beitrag des Bundes zu beanspruchen, um dafür die eigenen Beiträge zu kürzen, haben die meisten Deutschschweizer Kantone – jedenfalls für das Jahr 1996 – Gebrauch gemacht.[366]

Die Westschweiz und der Tessin schöpfen den Bundesbeitrag voll aus. In diesen Kantonen sind die Prämien überdurchschnittlich hoch. Man nimmt an, dass etwa 25 bis 33 1/3 Prozent der Bevölkerung in den Genuss verbilligter Prämien kommen.[367]

6. Die Verordnung des Bundesrates über die Beiträge des Bundes zur Prämienverbilligung vom 12.4.1995 (Prämienverbilligungsverordnung) ordnet in elf Artikeln die Einzelheiten. Erwähnt sei lediglich, dass die Kantone dem Bund ihre Erlasse – kantonale Gesetze und Verordnungen –, nach welchen die Beiträge ausgerichtet werden, bekanntgeben müssen, dass der Bund eine Kontrolle darüber ausübt, ob die Beiträge gesetzeskonform verwendet werden (Art. 5 und 8), und dass die Kantone in den Abrechnungen z.B. Angaben bezüglich Anzahl, Geschlecht, Alter, Einkommen und Zusammensetzung der Haushalte der Begünstigten machen müssen. Diese

---

366 Provisorische Zusammenstellung, welche Beiträge die einzelnen Kantone vom Bund beziehen dürften und welche sie tatsächlich beziehen, in der NZZ vom 27.11.1995 S. 15.
367 Vgl. auch die VO über die Erhöhung der Einkommensgrenzen infolge Einführung der Prämienverbilligung im KVG vom 13.9.1995 [SR 831.309]. Mit dieser VO koordiniert der Bundesrat das Ergänzungsleistungsgesetz zur AHV/IV mit dem KVG. Zum Sinn der Einkommensgrenzen im ELG vgl. MAURER, BSVR S. 179 ff.

Angaben ermöglichen übrigens auch eine Statistik, die die Quervergleiche durch alle Kantone zulässt.

7. Die Kantone sind für den Vollzug der Prämienverbilligung zuständig. In ihren Erlassen haben sie die Anspruchsberechtigung[368] sowie das Verfahren für die Ermittlung der Berechtigten, die Festsetzung und die Auszahlung der Beiträge zu bestimmen. Daraus ist eine föderalistisch geprägte, kunterbunte Ordnung entstanden. Einige Kantone geben nur in allgemeiner Form bekannt, z.B. in der Presse, wer anspruchsberechtigt ist und überlassen es den Versicherten, einen Antrag auf Bezahlung der Beiträge zu stellen. Andere Kantone teilen den Begünstigten die Anspruchsberechtigung von Amtes wegen mit. Einzelne Kantone stellen die Berechtigung aufgrund der Steuerunterlagen fest, wobei sie das Einkommen und das Vermögen berücksichtigen, andere Kantone stützen sich auf Daten der AHV-Ausgleichskassen. Einige Kantone besorgen die Auszahlung der Beiträge selbst, andere übertragen diese Aufgabe den Versicherern, den Gemeinden oder den Ausgleichskassen. Die Kantone können bestimmen, ob alle Berechtigten die gleichen Beiträge bekommen oder ob sie die Berechtigten in verschiedene Bedürftigkeitsklassen einteilen, um den Ärmsten höhere und den weniger Armen kleinere Beiträge zu gewähren. Sie würden aber Sinn und Wortlaut von KVG 65 I zuwiderhandeln, wenn sie die verfügbaren Subventionen auf alle oder doch nahezu alle Versicherten verteilen würden, weil so nicht nur Personen in bescheidenen Verhältnissen begünstigt wären.

Man wird wohl erst in einigen Jahren beurteilen können, ob sich dieses System bewährt oder der Korrektur bedarf. Vermutlich werden zumindest in Kantonen, die über die Bezugsberechtigung nur allgemein und nicht individuell informieren und einen Antrag verlangen, ziemlich viele Versicherte, sei es aus Unbeholfenheit, sei es aus Nachlässigkeit, nicht zu ihren Beiträgen kommen.

8a) Das KVG und die Prämienverbilligungsverordnung regeln die Frage nicht, bei welcher Instanz und nach welchem Verfahren sich die Versicherten beschweren können, wenn sie annehmen, dass ihnen der Beitrag zu Unrecht verweigert oder in zu geringer Höhe ausgerichtet wird. Sie enthalten auch keine Bestimmung darüber, innert welchen Fristen nicht geschuldete, aber bezahlte Beiträge zurückgefordert und welche geschuldeten, aber nicht bezahlten Beiträge nachgefordert werden können.[369]

b) Für diese Fragen sind die Erlasse der Kantone massgebend. Neben ihnen gelten jedoch auch die Art. 65 und 66 KVG sowie die Prämienverbilligungsverordnung und die weiteren darin genannten Bundeserlasse. Somit ist teils Bundesrecht und teils

---

368 Der Bundesrat wollte in Art. 58 seines Entwurfs die Anspruchsberechtigung selbst umschreiben. Das Parlament verwies diese Aufgabe jedoch in die Kompetenz der Kantone; Amtl. Bull. (StR) 1992 S. 1333 und 1994 S. 95; (NR) 1993 S. 1883 und 1994 S. 361.

369 Art. 9 der Prämienverbilligungsverordnung, der sich mit der Rückerstattung von zu Unrecht ausbezahlten Beiträgen befasst, bezieht sich nur auf die Beiträge des Bundes an die Kantone und nicht auf die individuellen Beiträge an die Versicherten.

kantonales Recht anwendbar. Seinen Anspruch auf die Verbilligungsbeiträge kann der Versicherte nach jenen Erlassen geltend machen, in welchen die Kantone das Verfahren für Ansprüche auf dem Gebiete ihres Verwaltungsrechts vorsehen. Soweit die Kantone – z.b in ihren Einführungsgesetzen zur KV – spezielle Verfahrensvorschriften für die Verbilligungsbeiträge aufgestellt haben, gehen diese den allgemeinen Verfahrensvorschriften vor. Letztinstanzliche kantonale Entscheide über die Verbilligungsbeiträge sind als Verfügung im Sinne von VwVG 5 zu verstehen, soweit sie sich auf das KVG und die einschlägigen Verordnungen zur KV beziehen, da es sich bei ihnen um öffentliches Recht des Bundes handelt. Sie können durch Verwaltungsgerichtsbeschwerde gemäss OG 128 ff. an das EVG weitergezogen werden. Das EVG dürfte darauf eintreten, da der Anspruch auf Verbilligungsbeiträge das Bestehen eines Versicherungsverhältnisses gemäss KVG 3 ff. voraussetzt und den Begriff der Personen «in bescheidenen wirtschaftlichen Verhältnissen» in KVG 65 I verwendet. Es kann jedoch nur die Verletzung von Bundesrecht, nicht aber die Verletzung kantonalrechtlicher Vollzugsbestimmungen prüfen, soweit diese dem Bundesrecht entsprechen.[370] Mit der Verwaltungsgerichtsbeschwerde kann – ebenfalls beim EVG – eine staatsrechtliche Beschwerde gemäss BV 4 eingereicht werden, mit welcher z.b. die willkürliche Anwendung des kantonalen Rechts gerügt wird.[371]

Bedeutsam bei der Beurteilung wird die bundesrechtliche Leitidee sein, die KVG 65 I ausdrückt, nämlich dass die Kantone den Versicherten «in bescheidenen wirtschaftlichen Verhältnissen» Prämienverbilligungen gewähren müssen. Zu beachten wird auch sein, dass die jährlichen Beiträge des Bundes und der Kantone «voll ausbezahlt werden»; Abs. 2 von KVG 65.

Die Nach- und Rückforderung von Verbilligungsbeiträgen kann von den Kantonen geregelt werden. Fehlt es an entsprechenden Bestimmungen, sollten UVG 94 oder AHV 16 sinngemäss angewendet werden; vorn S. 145.

VI. Risikoausgleich

1. Die Versicherer weisen derzeit Risikostrukturen auf, die stark voneinander abweichen. Bei einigen von ihnen überwiegen die guten Risiken, z.B. viele junge Männer als Versicherte, während andere übermässig viele Betagte und Frauen in ihrem Versichertenbestand haben, die erfahrungsgemäss häufiger krank als junge Männer sind. Versicherer mit überwiegend guten Risiken kommen mit tiefen Prämien aus, die andern müssen hohe Prämien verlangen. Dadurch trat eine Entsolidarisierung zwischen Jungen und Alten sowie zwischen Männern und Frauen ein.

---

370 Das Nebeneinander von eidgenössischem und kantonalem Verwaltungsrecht schafft komplizierte Rechtsfragen. Vgl. dazu besonders BGE 112 V 106 mit einer Übersicht auf die bisherige Rechtsprechung und 101 V 131 sowie GYGI, Bundesverwaltungsrechtspflege S. 91.
371 Vgl. zur Umschreibung der Willkür BGE 110 V 364 E. 3b und MAURER, BSVR S. 30.

2. Gestützt auf einen dringlichen Bundesbeschluss vom 13.12.1991 über befristete Massnahmen gegen die Entsolidarisierung in der Krankenversicherung (SR 832. 112) erliess der Bundesrat am 31.8.1992 die VO IX über die Krankenversicherung betreffend Risikoausgleich unter den Krankenkassen (SR 832.112.1). Danach hatten Krankenkassen mit günstiger Risikostruktur – und daher tiefen Prämien – Beiträge zugunsten von Kassen mit ungünstiger Struktur – und deshalb hohen Prämien – zu bezahlen. Das Konkordat der Schweizerischen Krankenkassen wurde mit der Durchführung beauftragt.

3a) Gemäss Art. 105 KVG wird der Risikoausgleich für die Dauer von zehn Jahren ab Inkrafttreten des Gesetzes, d.h. ab 1.1.1996, weitergeführt. Abs. 1. lautet: «Versicherer, die unter ihren Versicherten weniger Frauen und ältere Personen haben als der Durchschnitt aller Versicherer, müssen der gemeinsamen Einrichtung (Art. 18) zugunsten von Versicherern mit überdurchschnittlich vielen Frauen und älteren Personen Abgaben entrichten, welche die durchschnittlichen Kostenunterschiede zwischen den massgebenden Risikogruppen in vollem Umfang ausgleichen». «Für den Vergleich sind die Strukturen der Bestände innerhalb eines Kantons und jedes Versicherers massgebend»; Abs. 2. «Die gemeinsame Einrichtung (vorn S. 19) führt den Risikoausgleich unter den Versicherern innerhalb der einzelnen Kantone durch»; Abs. 3.

b) Der erwähnte Bundesbeschluss und die Verordnung IX treten auf den 1.1.1996 ausser Kraft. Der Bundesrat hat am 12.4.1995 seine neue Verordnung über den Risikoausgleich in der Krankenversicherung erlassen (SR 832.112.1). Sie überträgt die Durchführung des Risikoausgleichs schon für 1996 auf die gemeinsame Einrichtung (vorn S. 19); Art. 17. Für Streitigkeiten zwischen ihr und einem Versicherer entscheidet sie durch Vefügung gemäss Art. 5 VwVG. Gegen diese Verfügung kann der Versicherer beim EDI Beschwerde nach VwVG 44 ff. erheben; Art. 15. Gegen den Beschwerdeentscheid des EDI ist die Verwaltungsgerichtsbeschwerde an das EVG möglich; OG 128 f.

c) Trotz des bisher durchgeführten Risikoausgleichs bestehen zwischen den Krankenkassen innerhalb der einzelnen Kantone und Regionen noch erhebliche Prämienunterschiede (vorn S. 143). Diese Prämienunterschiede werden auch nach neuem Recht nicht verschwinden, vielleicht sogar noch zunehmen, z.B. wenn einzelne Versicherer schlecht geführt sind. Solche Versicherer müssen wahrscheinlich früher oder später ihren Betrieb einstellen, da zahlreiche Versicherte sie durch Kündigung gemäss KVG 7 auf das Ende eines Kalendersemsters verlassen und zu einem Versicherer mit tieferen Prämien wechseln. Der bisherige Konzentrationsprozess wird wohl weitergehen, bis nach einer gewissen Zeit nur noch wenige Versicherer die KV durchführen (vorn N 21).

F. Verschiedenes

Strafbestimmungen

1. Die Art. 92 bis 95 KVG enthalten Strafbestimmungen. Sie orientieren sich an den Art. 87 und 88 AHVG und Art. 112 bis 115 UVG.[372]

2. Art. 92 KVG umschreibt die *Vergehen*.[373] Wer ein solches begeht, wird mit Gefängnis bis zu sechs Monaten oder mit Busse bestraft, sofern nicht ein mit einer höheren Strafe bedrohtes Verbrechen oder Vergehen des Strafgesetzbuches (StGB) vorliegt. Es handelt sich um folgende Straftatbestände, die unter die Strafdrohung fallen:

a) Eine Person entzieht sich durch unwahre oder unvollständige Angaben oder in anderer Weise der Versicherungspflicht ganz oder teilweise. Diese Bestimmung soll – gleichsam mit schwerer Hand – mithelfen, die obligatorische Krankenpflegeversicherung möglichst lückenlos durchzusetzen (vorn S. 38).

b) Eine Person erwirkt durch unwahre oder unvollständige Angaben oder in anderer Weise für sich oder andere Leistungen nach KVG, die ihr nicht zukommen. Dies ist in erster Linie der Versicherte selbst. Auch Leistungserbringer können den Tatbestand erfüllen, z.B. der Arzt, der den Versicherten in einem Attest als arbeitsunfähig erklärt, um ihm zu einem Taggeld zu verhelfen, obwohl er weiss, dass der Versicherte nicht behindert ist und voll arbeitet (vorn S. 30 a.E). Es kann sich dabei auch um einen eigentlichen Versicherungsbetrug handeln, sodass StGB 148 anwendbar ist.

c) Ein Durchführungsorgan im Sinne des KVG verletzt seine Schweigepflicht (vorn S. 26) oder missbraucht seine Stellung zum Nachteil Dritter, zum eigenen Vorteil oder zum unrechtmässigen Vorteil anderer. Durchführungsorgane sind z.B. die Aufsichtsinstanzen, Versicherer und Leistungserbringer, aber auch kantonale Stellen, welche nach KVG 65 f. Beiträge zur Prämienverbilligung festsetzen.[374] Wenn z.B. ein Beamter vorsätzlich falsche Steuerdaten verwendet, um einem Versicherten einen solchen – nicht geschuldeten – Beitrag zu verschaffen, macht er sich strafbar.

d) Die dargestellten Tatbestände fallen nur dann unter die Strafdrohung von KVG 92, wenn der Täter sie vorsätzlich erfüllt, nicht aber bei Fahrlässigkeit.

---

372 Botschaft zum KVG Z. 3 nach Art. 82. ATSG stellt in Art. 87 nicht bestimmte Tatbestände unter Strafe sondern verweist auf die Strafbestimmungen der einzelnen Sozialversicherungsgesetze. Art. 40 aKVG hatte – als einzige Strafbestimmung – nur die Verletzung der Schweigepflicht zum Gegenstand.

373 Massgebend für die Begriffe des Vergehens und der Übertretung sind die Art. 9 II und 101 StGB.

374 Gemäss Art. 50 VAG wird bestraft, wer ohne die vorgeschriebene Bewilligung das Versicherungsgeschäft betreibt. Es fällt auf, dass KVG 92 keinen ähnlichen Straftatbestand vorsieht für den Fall, dass ein Versicherer ohne Durchführungsbewilligung z.B. die freiwillige Taggeldversicherung nach KVG anbietet und entsprechende Verträge abschliesst. Es handelt sich wahrscheinlich um ein Versehen der Gesetzgebungsorgane.

3. In KVG 93 werden die *Übertretungen* geregelt, welche mit Haft oder Busse bestraft werden, sofern sie vorsätzlich begangen werden. Es sind dies folgende Tatbestände:

a) Versicherte, Versicherer und Leistungserbringer usw. sind nach verschiedenen Bestimmungen zur Auskunft verpflichtet. Sie erteilen eine unwahre Auskunft oder verweigern die Auskunft.

b) Behörden und Versicherer entziehen sich der Pflicht zur Amts- und Verwaltungshilfe gemäss KVG 82 (hinten S. 161).

c) Versicherer usw. widersetzen sich einer von der Aufsichtsbehörde angeordneten Kontrolle oder verunmöglichen diese auf andere Weise.

4. Wenn Widerhandlungen in einem Geschäftsbetrieb, z.B. in der Administration eines Versicherers erfolgen, sind die Art. 6 und 7 des BG über das Verwaltungsstrafrecht anwendbar (SR 313.0; KVG 94).

5. Die Strafverfolgung ist nach KVG 95 Sache der Kantone. Sie kann z.B. durch eine Anzeige der Aufsichtsbehörden (BSV usw.) oder eines Versicherers ausgelöst werden.

G. Verfahren und Rechtspflege[375]

I. Vorbemerkungen

1. Vorschriften über die Rechtspflege in der KV finden sich im KVG, VwVG, OG sowie in kantonalen Gesetzen, z.B. in Gesetzen über die KV. Die heutige Ordnung ist unübersichtlich. Der Rechtsanwender wird zuerst in KVG 80 bis 91 und in KVV 127 bis 130 nachsehen, ob er einschlägige Vorschriften findet, da sie – als die spezielleren Normen – den Vorschriften in anderen Gesetzen vorgehen (lex specialis derogat generali)[376]. Vergeblich wird er freilich im KVG nach Bestimmungen suchen, die sich mit dem Anspruch des Versicherten auf Beiträge zur Prämienverbilligung nach KVG 65 f. befassen (vorne S. 152). Die Versicherten mögen es als tröstlich empfinden: In den wichtigen Bereichen der Versicherungsleistungen und der Prämien können sie ihre Rechte und Pflichten richterlich beurteilen lassen, ohne meistens auf ernsthafte verfahrensrechtliche Schwierigkeiten zu stossen, da die «Problemfälle» hier eher selten anzutreffen sind.

2. Falls das BG über den Allgemeinen Teil des Sozialversicherungsrechts (ATSG) zustande kommt, wird die Vereinheitlichung der heute zersplitterten Vorschriften über die Rechtspflege bedeutsame Fortschritte machen. Es ist jedoch zu erwarten, dass die endgültige Fassung des ATSG vom Entwurf des Ständerates vom 27.9.1990 in mehreren Punkten abweichen wird.

3. Die Versicherer haben das VwVG nicht anzuwenden, da ihre Entscheidungen beim kantonalen Versicherungsgericht oder beim kantonalen Schiedsgericht angefochten werden können; VwVG 3 lit. a. Hingegen müssen die Bundesbehörden das VwVG anwenden, wenn sie zum KVG Verfügungen erlassen, also Bundesrat, EDI, BSV und die Eidg. Rekurskommission für die Spezialitätenliste; Art. 1 II VwVG und 90 KVG. Die kantonalen Versicherungsgerichte und Schiedsgerichte fällen zwar Urteile, da sie gerichtliche Behörden sind. Ihre Urteile gelten jedoch als Verfügungen i.S.v. VwVG 5 sowie OG 128 und 97 I. Sie müssen daher jene Bestimmungen anwenden, die Art. 1 III aufzählt.

---

375 Duc, Ass. soc. S. 777 ff.; Festschrift EVG; Gygi, Bundesverwaltungsrechtspflege; Locher, Grundriss S. 343 ff.; Maurer, BSVR S. 316 ff. und zum UVG S. 417 ff; SVR I S. 428 ff.; UVR S. 595; Ergänzungsband S. 88; Meyer-Blaser, Rechtspflege; Spira, le contentieux S. 127 ff.; Die Rechtspflege in der neuen Krankenversicherung, CHSS Nr. 5/1995; – ATSG Art. 35 ff. – Botschaft zum KVG Z. 3 bei Art. 72 ff.

376 Da sich KVG 80 bis 91 stark an entsprechende Bestimmungen in UVG 96 ff. und 105 ff. anlehnen, können die letzteren Bestimmungen und die zu ihnen vorliegenden Urteile des EVG hilfreiche Anhaltspunkte für das neue Recht geben. Zu beachten ist jedoch, dass einige dieser UVG-Artikel durch die Änderung des OG vom 4.10.1991 (AS 1992 S. 326) modifiziert worden sind. Rumo-Jungo, Unfallversicherung S. 376 ff. berücksichtigt die neuesten Texte.

4. Angesichts des gesetzlichen «Dschungels» im Gebiete der Verfahrensvorschriften zur Sozialversicherung[377] ist es schwierig, diesen Regelungskomplex für die KV dogmatisch befriedigend zu erklären. Der Einfachheit halber übernimmt die folgende kurze Darstellung den Aufbau des KVG, obschon auch er nicht durchwegs einleuchtet. In den Art. 80 bis 84 enthält er unter dem Titel «Verfahren» Bestimmungen verschiedenster Art, die teilweise nur wenig mit dem Verfahren zusammenhängen. Sie haben anscheinend das Administrativverfahren im Auge, welches für die Versicherer gilt, die Entscheidungen über Rechte und Pflichten treffen. Verfahrensbestimmungen finden sich unter dem Titel Rechtspflege auch in den Art. 85 bis 91 KVG. Sie enthalten Vorschriften über Verfahren, Rechtsmittel, Instanzen, Instanzenzug (Rechtsweg) u.a.m.

II. Verfahren

1. Verfügung

a) Die Versicherer entscheiden meistens ohne Erlass einer formellen Verfügung, indem sie dem Versicherten durch einfachen Brief ihren Entscheid mitteilen, z.B. dass sie dem Beitrittsgesuch entsprochen oder nicht entsprochen haben (KVG 4 f.) oder dass das Versicherungsverhältnis wegen Wechsels des Versicherers gemäss KVG 7 geendet habe. Überdies bezahlen sie Rechnungen des Leistungserbringers und versenden Prämienrechnungen. Dies ist das De-facto- (= faktische) Erledigungssystem, das der administrativen Vereinfachung dient.

b) Wenn der Versicherte mit einem Entscheid des Versicherers nicht einverstanden ist, so kann er verlangen, dass der Versicherer innerhalb von 30 Tagen eine schriftliche Verfügung erlässt; KVG 80 I[378]. Er wird den Versicherer, der diese Frist nicht einhält, zunächst einmal mahnen. Wenn er damit nicht zum Ziel kommt, kann er sich beim kantonalen Versicherungsgericht wegen Rechtsverzögerung beschweren.

Das KVG bestimmt nicht, innert welcher Frist der Betroffene erklären muss, dass er mit einem (formlosen) Entscheid des Versicherers nicht einverstanden ist. Das EVG räumt ihm nach bisherigem Recht eine angemessene Überlegungsfrist ein, die von Fall zu Fall zu bestimmen sei[379]. Angemessen scheine ihm eine Überlegungsfrist von 9, 12 und 14 Monaten, nicht aber von zwei und mehr Jahren. Wenn der Betroffene nicht innert der angemessenen Frist schriftlich oder mündlich erklärt, dass er mit einer Entscheidung des Versicherers nicht einverstanden sei, wird angenommen, er habe stillschweigend auf eine schriftliche Verfügung verzichtet[380].

---

377 So MAURER, Streifzüge durch das schweizerische Sozialversicherungsrecht, SJZ 1980 S. 296.
378 Der Versicherer ist nach KVG 16 zur Aufklärung und Beratung verpflichtet. Es ist fraglich, ob der Versicherte einen entsprechenden Rechtsanspruch hat, sodass er eine Verfügung verlangen kann; vgl. vorne bei N 38.
379 BGE 110 V 168 E. 2 b.
380 RKUV 1990 S. 81 E. a.

1. Verfügung

c) Der Versicherer muss die Verfügung begründen und mit einer Rechtsmittelbelehrung versehen. Dieser soll der Versicherte entnehmen können, bei welcher Instanz und innerhalb welcher Frist er sich beschweren darf; KVG 80 II. Ihm soll aus der mangelhaften Eröffnung der Verfügung kein Rechtsnachteil erwachsen. Mangelhaft ist die Eröffnung z.B., wenn die Verfügung keine oder doch keine für den Laien verständliche Begründung oder keine Rechtsmittelbelehrung enthält oder falsch adressiert ist, sodass der Versicherte sie gar nicht erhält[381].

d) Der Versicherer darf den Erlass einer Verfügung nicht von der Erschöpfung eines internen Instanzenzuges abhängig machen. Er darf also nicht in einem Reglement festlegen, dass der Versicherte erst dann eine Verfügung verlangen könne, wenn er sich vorher gegen den Entscheid des Sachbearbeiters oder der Agentur bei einer vorgesetzten Stelle, z.B. bei der Direktion, beschwert habe. Es soll verhindert werden, dass der Versicherte zu viele Instanzen durchlaufen muss, bis er zu seinem Recht kommt. Zudem gibt die in KVG 85 geregelte Einsprache dem Versicherer die Möglichkeit, seinen Entscheid nochmals zu prüfen (hinten S. 163)[382].

e) Art. 80 KVG unterstellt die *Versicherer* der Verfügungspflicht. Er dürfte jedoch auch für die gemeinsame Einrichtung nach KVG 18 gelten, obwohl sie kein Versicherer i.S.v. KVG 11 ist. Die Unterstellung erfolgt aber nur insoweit, als ihre Entscheidungen gegenüber einem Versicherten das Versicherungsverhältnis betreffen, z.B. wenn sie Vergütungen leistet, weil der Versicherer zahlungsunfähig ist. Sie übt dann nämlich die Funktionen eines Versicherers aus.

Die zuständige kantonale Behörde weist Personen, die ihrer Versicherungspflicht nicht rechtzeitig nachkommen, einem Versicherer zu (vorne S. 38 f.). Dann erfüllt sie nicht die Aufgabe eines Versicherers sondern übt eine aufsichtsrechtliche Tätigkeit aus. Das KVG regelt die Frage nicht, bei welcher Instanz und nach welchem Verfahren sich der Betroffene beschweren kann, wenn er mit einem Entscheid nicht einverstanden ist, z.B. wenn er behauptet, er unterstehe gemäss KVV 2 nicht der Versicherungspflicht. Sein Fall beurteilt sich nach dem KVG, also nach Bundesrecht. Die kantonale Behörde untersteht jedoch nicht der Verfügungspflicht nach KVG 80. Auf sie ist das kantonale Verfahrensrecht, einschliesslich des Instanzenzuges, massgebend. Die letzte kantonale Instanz muss zwar keine Verfügung i.S.v. VwVG 5 erlassen, gleichwohl aber die in Art. 1 III VwVG aufgezählten Bestimmungen beachten. Ihr Entscheid kann m.E. mit Verwaltungsgerichtsbeschwerde gemäss OG 128 f. an das EVG weitergezogen werden, da er auf Bundessozialversicherungsrecht beruht[383].

---

381 Die Mängel sind u.U. heilbar: Die Rechtsmittelfrist oder die Begründung wird nachträglich schriftlich mitgeteilt. Die Einsprachefrist nach KVG 85 beginnt erst mit dem Eintreffen der Verfügung zu laufen.
382 Vgl. zur Vollstreckbarkeit einer Verfügung, gegen welche nicht innert Frist Einsprache nach KVG 85 erhoben wird, hinten S. 166.
383 Vgl. BGE 112 V 109 f.

2. Akteneinsicht

a) Das Recht auf Einsicht in die Akten ist Bestandteil des Anspruchs auf rechtliches Gehör, der aus BV 4 (Rechtsgleichheit) abgeleitet wird. Der Versicherte soll also Akten einsehen dürfen, die der Versicherer seiner Entscheidung im einzelnen Fall zugrundelegt.

b) Gemäss KVG 81 stehen die Akten den Beteiligten zur Einsicht offen. «Schützenswerte private Interessen der Versicherten und ihrer Angehörigen sowie überwiegende öffentliche Interessen sind zu wahren». KVV 127 bis 129 ordnen mehrere Einzelheiten.

c) Das Recht auf Akteneinsicht steht dem Versicherten sowie seinem gesetzlichen oder bevollmächtigten Vertreter zu. Angehörige – Ehegatte, Nachkommen usw. – haben nur dann das Recht auf Akteneinsicht, wenn der Versicherte sie dazu bevollmächtigt. Wohl interessieren sie sich in der Regel aus achtbaren Gründen für die Akten. Es kommt aber auch vor, dass sie dies aus Neugierde tun, vielleicht mit dem Gedanken an die kommende Erbschaft, sofern der Versicherte ernstlich krank ist; deshalb möchten sie etwas über die Prognose erfahren. Auch die Bevollmächtigung von Angehörigen soll der Versicherer ernsthaft prüfen. Die Akten dürfen ferner von Sozialversicherungsgerichten und anderen beteiligten Sozialversicherern eingesehen werden. Sie müssen ein schriftliches und begründetes Gesuch einreichen; KVV 129 I.

d) Verwaltungsinterne Akten[384] brauchen die Versicherer nicht zu zeigen, soweit sie nur der internen Meinungsbildung dienen. Dies gilt z.B. für Notizen des Vertrauensarztes. Sobald aber der Versicherer bei seiner Entscheidung auf solche Akten abstellt, muss er sie den Berechtigten zeigen.

Die Akten sind grundsätzlich am Sitz des Versicherers oder bei der regionalen Vertretung, die den Fall behandelt, einzusehen. Sie müssen also den Berechtigten nicht mit der Post zugestellt werden. Die Versicherer dürfen Ausnahmen machen, indem sie z.B. dem bevollmächtigten Anwalt Kopien der Akten in seine Kanzlei senden. Die Sozialversicherungsgerichte haben sogar Anspruch auf die Zustellung der Akten; KVV 129.

Die Akteneinsicht ist grundsätzlich kostenlos; KVV 129 IV.

e) Gemäss KVG 84 ist das BG über den Datenschutz (DSG) vom 19.6.1992, mit Ausnahme der Art. 12 bis 15, auf die KV anwendbar. Es bezweckt den Schutz der Persönlichkeit. Unter den Daten versteht es alle Angaben, die sich auf eine bestimmte oder bestimmbare Person beziehen, und als Datensammlung gilt «jeder Bestand von Personendaten, der so ausgebaut ist, dass die Daten nach betroffenen Personen erschliessbar sind». Dies ist bei Datenbanken von Versicherern meistens der Fall; DSG 3 lit. a. Dem DSG unterstehen Bundesorgane, die Daten sammeln. Als solche gelten auch natürliche und juristische Personen, «soweit sie mit öffentlichen Aufga-

---

[384] BGE 115 V 297 ff. mit Überlegungen zum Recht auf Akteneinsicht und seine Grenzen.

ben des Bundes betraut sind»; DSG 3 lit. h. Diese Voraussetzung trifft auf Versicherer – und die gemeinsame Einrichtung von KVG 18 – zu, welche die soziale KV nach KVG 1 betreiben[385], ob auch auf Leistungserbringer nach KVG 35 – Ärzte, Spitäler usw. –, dürfte noch nicht endgültig geklärt, aber fraglich sein. «Daten über die Gesundheit kann der Inhaber der Datensammlung der betroffenen Person durch einen von ihr bezeichneten Arzt mitteilen lassen»; DSG 8 III. Der Eidg. Datenschutzbeauftragte überwacht die Einhaltung des DSG und muss auch private Personen in Fragen des Datenschutzes beraten; DSG 27 und 28.

Wenn Unklarheiten bestehen, ob in einer Frage das KVG oder das DSG anzuwenden ist, müssen sie durch Auslegung behoben werden[386]. Der Rechtsanwender wird dabei berücksichtigen, dass das KVG sowohl das speziellere als auch das neuere Gesetz ist, weshalb es dem DSG vorgeht. Dies gilt z.B. für Art. 81 KVG, der die Akteneinsicht behandelt, und für das Recht der Versicherten auf Auskunft gemäss KVG 16, obschon KVV 128 bestimmt, dass sich das Auskunftsrecht nach Art. 8 und 9 DSG richtet (vorne S. 16).

3. Amts- und Verwaltungshilfe

a) Die zuständigen Organe, welche die KV durchzuführen haben, benötigen ab und zu Auskünfte und Unterlagen von Behörden, damit sie ihre Aufgabe effizient erfüllen können. Verwaltungs- und Rechtspflegebehörden des Bundes, der Kantone, Bezirke, Kreise und Gemeinden müssen ihnen solche Auskünfte und Unterlagen auf Anfrage kostenlos geben; KVG 82 I. Organe sind vorab die Versicherungsträger. Leistungserbringer nach KVG 35, also Ärzte, Spitäler usw. sind zwar für die KV tätig. Trotzdem ist es fraglich, ob sie als Organe i.S.v. KVG 82 gelten und von den Behörden die Amts- und Verwaltungshilfe beanspruchen können. Wenn sie Auskünfte oder Unterlagen benötigen, sollen sie sich nicht an die Behörden sondern an die zuständigen Krankenversicherer wenden. – Abs. 1 von KVG 82 bestimmt, dass die Amts- und Verwaltungshilfe beansprucht werden kann, «die für die Festsetzung, Änderung oder Rückforderung von Leistungen, für die Verhinderung ungerechtfertigten Leistungsbezuges, für die Festsetzung und den Bezug der Prämien oder für den Rückgriff auf haftpflichtige Dritte notwendig» ist[387]. Die Aufzählung ist nicht abschliessend sondern der Ergänzung fähig.

b) Nach Abs. 2 von KVG 82 und KVV 120 leisten die Krankenversicherer und die übrigen Sozialversicherer einander im Einzelfall Verwaltungshilfe. Darüber wurde bereits vorne auf S. 121 berichtet.

---

385 HUBER in Amtl. Bull. (StR) 1992 S. 1337 bei Art. 76.
386 Es ist damit zu rechnen, dass sich im Verlaufe der Zeit noch schwierige Fragen über die Anwendung des Datenschutzes in der KV – und auch in anderen Sozialversicherungszweigen (IV, Unfallversicherung usw.) – stellen werden.
387 Die Abs. 1 und 2 von KVG 82 wurden von ATSG 40 übernommen. Den Abs. 3 hat das Parlament beigefügt.

c) Die Krankenversicherer sind verpflichtet, den zuständigen Behörden der Kantone auf Anfrage hin Auskünfte und Unterlagen zu geben, soweit sie einerseits für die Ausübung des Rückgriffrechts nach KVG 41 III und andererseits für die Festsetzung der Prämienverbilligung gemäss KVG 65 erforderlich sind. Diese Gebiete wurden vorne S. 75 und S. 150 behandelt.

4. Schweigepflicht

Ihr unterliegen Personen, die an der Durchführung der sozialen KV beteiligt sind; KVG 83. Sie wurde bereits in anderem Zusammenhang dargestellt (vorne S. 26).

5. Fristen

a) Das KVG setzt in verschiedenen Bestimmungen Fristen fest, z.B. in Art. 85 I für die Erhebung von Einsprachen (hinten S. 163) und in Art. 86 I hinsichtlich der Verwaltungsgerichtsbeschwerde an das kantonale Versicherungsgericht.

b) Es fällt auf, dass das KVG keine Bestimmungen über die Fristen enthält. Angesichts seiner Regelungsdichte ist nicht anzunehmen, dass es diese wichtige Frage in die Gesetzgebungskompetenz der Kantone verweisen wollte. Vielmehr enthält es eine Gesetzeslücke[388], die wahrscheinlich auf ein Versehen der Gesetzgebungsorgane zurückzuführen ist. Da sich das KVG im Verfahrensrecht eng an das UVG anlehnt, liegt es nahe, Art. 97 UVG und nicht Art. 20 ff. VwVG analog anzuwenden[389]. Somit müssen Eingaben spätestens am letzten Tage der Frist dem Versicherer eingereicht, in der Regel also der schweizerischen Post oder einer schweizerischen diplomatischen oder konsularischen Vertretung übergeben werden. Gelangt die Eingabe rechtzeitig[390] an einen unzuständigen Versicherer oder eine unzuständige Behörde, so gilt die Frist als gewahrt. Die Wiederherstellung einer Frist kann erteilt werden, wenn der Betroffene unverschuldet – z.B. wegen einer Erkrankung – abgehalten worden ist, innert der Frist zu handeln; das begründete Begehren um Wiederherstellung ist innert zehn Tagen nach Wegfall des Hindernisses einzureichen und die versäumte Frist nachzuholen[391].

---

388 MAURER, BSVR S. 46.
389 Vgl. auch die in den Art. 47 ff. ATSG vorgesehene Regelung.
390 Vgl. zum Erfordernis der Rechtzeitigkeit der Eingabe BGE 119 V 7.
391 Art. 97 KVG schliesst nicht aus, dass die Kantone für das Verfahren vor den kantonalen Versicherungsgerichten ergänzende Bestimmungen über den Stillstand von Fristen erlassen; BGE 116 V 268, 270 ff.

III. Rechtspflege: Verschiedenes

1. Einsprache

a) Gegen Verfügungen, die KVG 80 regelt, «kann innerhalb von 30 Tagen nach der Eröffnung beim Versicherer Einsprache erhoben werden»; KVG 85 I[392]. Dadurch erhält der Versicherer die Möglichkeit, den Fall nochmals zu überprüfen, bevor ein Gericht angerufen wird[393]. Die Einsprache dient der Vermeidung unnötiger Prozesse. Sie stellt eine rechtsmittelmässige Anfechtung der Verfügung[394] und nicht bloss ein Wiedererwägungsgesuch dar (hinten S. 166).

b) Die Einsprache ist nicht an formelle Voraussetzungen geknüpft und kann deshalb sogar mündlich durch persönliche Vorsprache beim Versicherer erhoben werden, womit der Versicherte jedoch Risiken der Beweisführung eingeht. Der Versicherer muss die Einsprache in diesem Fall in einer Aktennotiz festhalten. Sie soll erleichtert und nicht erschwert werden[395].

c) Der Versicherte muss erklären, mit welchem Punkt der Verfügung er nicht einverstanden ist. Er unterliegt dem sog. *Rügeprinzip*. Soweit er die Verfügung nicht beanstandet, kann sie in Rechtskraft erwachsen (hinten S. 166). Diese Regel darf jedoch nur mit grosser Zurückhaltung angewendet werden. Da die soziale KV die ganze Bevölkerung umfasst (vorne S. 34), gibt es zahlreiche Versicherte, die nur eine geringe oder sogar keine Schulbildung haben, ferner Unbeholfene, psychisch Angeschlagene usw. Vor allem bei ihnen kommt KVG 16 erhöhte Bedeutung zu. Die Versicherer sind verpflichtet, die interessierten Personen über ihre Rechte und Pflichten aufzuklären und sie zu beraten (vorne S. 16). Wenn sie bei gehöriger Aufmerksamkeit feststellen können, dass der Versicherte in seiner schriftlichen oder mündlichen Einsprache nicht genügend klar rügt, in welchen Punkten er mit der Verfügung unzufrieden ist, müssen sie ihn befragen. Sie sollen nicht darauf zählen dürfen, dass die Verfügung in Rechtskraft erwächst, soweit sie nicht gerügt wird[396].

d) Der Versicherer muss einen *Einspracheentscheid* treffen und diesen in einer Verfügung im Sinne von Art. 80 KVG festhalten. Er hat ihn zu begründen und mit einer Rechtsmittelbelehrung zu versehen: KVG 85 II. Die Begründung soll so formuliert sein, dass der durchschnittlich gebildete Laie sie verstehen kann. Dazu gehört, dass z.B. medizinische Fachausdrücke kurz erklärt werden.

Wenn der Versicherer – ausnahmsweise – zum Ergebnis kommt, dass die angefochtene Verfügung sachlich unrichtig ist, darf er sie auch zu Ungunsten des

---

392 Ähnlich UVG 105 und ATSG 58. – Kreisschreiben des BSV an die Versicherer vom Dezember 1995 betr. Rechtspflege.
393 MORGER Willy, Das Einspracheverfahren im Leistungsrecht des UVG, SZS 1985 S. 240.
394 BGE 119 V 350 mit verschiedenen Erwägungen zur Einsprache.
395 In diesem Sinn auch BGE 115 V 426 und ferner RKUV 1988 S. 440: Überspitzter Formalismus muss vermieden werden. Hier wird sogar eine Mischform von schriftlicher und mündlicher Einsprache als zulässig erklärt.
396 BGE 119 V 350 umschreibt im Hinblick auf UVG 105 das Rügeprinzip mit einer gewissen Zurückhaltung. Diese scheint für die KV angesichts Art. 16 KVG in noch stärkerem Masse geboten.

Versicherten abändern. Er muss ihn vorher darauf aufmerksam machen und ihm Gelegenheit geben, die Einsprache zurückzuziehen[397], um der drohenden Schlechterstellung zu entgehen. Diese Pflicht lässt sich aus KVG 16 ableiten, wonach der Versicherer den Versicherten über dessen Rechte und Pflichten aufzuklären und zu beraten hat (vorne S. 16).

Mit dem Einspracheentscheid kann die angefochtene Verfügung bestätigt oder in einzelnen Punkten geändert oder ganz aufgehoben und vollständig durch den Einspracheentscheid ersetzt werden[398].

e) Das Einspracheverfahren ist kostenlos. Parteientschädigungen werden nicht ausgerichtet; KVG 85 III. Hingegen hat der unbemittelte Versicherte Anspruch auf eine Verbeiständung (Rechtsanwalt), sofern sein Fall kompliziert und für ihn von erheblicher Bedeutung ist[399]. Dieser Anspruch lässt sich aus BV 4 (Rechtsgleichheit) i.V.m. KVG 13 II lit. a ableiten (vorne S. 15 a.E.).

f) Wie schon in KVG 80 III so bestimmt auch KVG 85 IV, dass der Versicherer «den Erlass eines Einspracheentscheides nicht von der Erschöpfung eines internen Instanzenzuges abhängig machen» darf (vorne S. 159 lit. d). Entsprechende Klauseln fanden sich früher ab und zu in Reglementen von Krankenkassen.

2. Untersuchungsgrundsatz und Beweisrecht

a) Im Sozialversicherungsrecht allgemein und somit auch in der KV gilt der Untersuchungsgrundsatz: Der Versicherer und im Streitfall der Richter hat den für die Entscheidung massgebenden Sachverhalt von Amtes wegen zu ermitteln[400] und dadurch für die Beschaffung der notwendigen Beweisunterlagen zu sorgen[401]. KVG 87 lit. c hält diesen Grundsatz zwar nur für die kantonalen Versicherungsgerichte fest, er gilt jedoch sinngemäss auch für die Versicherer und die Verwaltung, wenn sie Entscheidungen zu treffen haben: «Das Gericht stellt unter Mitwirkung der Parteien die für den Entscheid erheblichen Tatsachen fest; es erhebt die notwendigen Beweise und ist in der Beweiswürdigung frei». Der Versicherte ist jedoch im Rahmen der Zumutbarkeit zur *Mitwirkung*[402] verpflichtet. Wenn es z.B. umstritten ist, ob seine Krankheit wirklich eine teure Operation erfordert oder ob sie ebensogut medikamen-

---

397 BGE 118 V 186.
398 Vgl. BGE 116 V 159.
399 BGE 117 V 408 ff.: An die sachlichen Voraussetzungen (Bedürftigkeit, fehlende Aussichtslosigkeit, erhebliche Tragweite der Sache, Schwierigkeiten der aufgeworfenen Fragen, mangelnde Rechtskenntnisse des Versicherten) ist ein strenger Massstab anzulegen.
400 Überdies hat er nach BGE 115 V 349 die im konkreten Fall anwendbaren gesetzlichen Bestimmungen zu suchen, allenfalls auszulegen und anzuwenden. Dabei hat er sowohl das schweizerische Recht als auch die für die Schweiz verbindlichen völkerrechtlichen Normen, z.B. internationale Konventionen und Sozialversicherungsabkommen, zu beachten.
401 BGE 117 V 282; 119 V 349. ATSG 51 will den Grundsatz ziemlich eingehend regeln.
402 BGE 115 V 142 u.a.m.

tös behandelt werden kann (vgl. zum Effizienzgrundsatz vorne S. 51), muss er sich für eine Begutachtung zur Verfügung stellen.

b) Für Versicherer und Richter gilt der Grundsatz der *freien* Beweiswürdigung: Sie dürfen einen Sachverhalt nur dann als erwiesen annehmen, wenn sie aufgrund der vorhandenen Beweise nach gewissenhafter Prüfung davon überzeugt sind[403]. Sie sind daher auch nicht an die Beweiswürdigung des Strafrichters gebunden, wenn er den gleichen Sachverhalt zu beurteilen hatte[404]. Auf die Schilderungen des Versicherten können sie abstellen, wenn er einen Unfall behauptet und seine Schilderung widerspruchsfrei und glaubwürdig ist, selbst wenn kein Zeuge den Unfall gesehen hat[405]. Versicherer und Richter können auch von einem medizinischen oder anderen Gutachten abweichen, wenn sie von seiner Richtigkeit nicht überzeugt sind und z.B. ein Obergutachten einholen[406].

c) Die Beweise müssen Mindestanforderungen genügen. Ein bestimmter Sachverhalt darf nicht nur *möglich* sein; vielmehr muss er wahrscheinlich sein, damit ein Recht oder eine Pflicht als erwiesen gelten kann. Man spricht vom *Beweisgrad der überwiegenden Wahrscheinlichkeit*[407].

d) Es kommt vor, dass ein Sachverhalt nicht mit überwiegender Wahrscheinlichkeit bewiesen ist sondern nur gerade noch möglich erscheint. Versicherer und Richter müssen dann zuungunsten jener Partei entscheiden, welche aus diesem Sachverhalt Rechte ableitet. Sie trägt die Folgen der Beweislosigkeit[408].

3. Vergleich

Es ist zulässig, dass sich der Versicherer mit dem Versicherten einigt und mit ihm einen aussergerichtlichen Vergleich abschliesst. Dies kann sogar erwünscht sein, wenn streitig oder unklar ist, ob und allenfalls in welchem Umfange eine Vergütungspflicht besteht. Dazu ein Beispiel. Der Versicherte erkrankt im Ausland und lässt sich dort behandeln. Er behauptet, es handle sich um einen Notfall gemäss KVV 36 II (vorne S. 56), während der Versicherer daran zweifelt. Um aufwendige Abklärungen im Ausland und einen Prozess zu vermeiden, einigen sie sich darauf, dass der Versicherer die Hälfte jener Vergütung übernimmt, die er bei Annahme eines Notfalles zu erbringen hätte. Nach der EVG-Praxis muss jedoch der Vergleich in

---

403 BGE 115 V 142 E. 8 b.
404 RKUV 1990 S. 57 E. 2 b.
405 BGE 115 V 143: Bei widersprüchlichen Angaben kommt in der Regel den «Aussagen der ersten Stunde» ein höheres Gewicht zu als späteren Angaben, die der Versicherte z.B. erst nach Kenntnis einer Ablehnungsverfügung des Versicherers macht. RKUV 1988 S. 363.
406 BGE 118 V 290 und 112 V 32.
407 BGE 119 V 338 E. 1, 117 V 263 und 115 V 142 E. 8 b.
408 BGE 116 V 140 f., 115 V 142 E. 8 a und RKUV 1990 S. 50.

einer Verfügung gemäss KVG 80 festgehalten werden, damit der Versicherte sie anfechten kann, sofern er seine Meinung ändert[409].

4. Vollstreckung, Revision und Wiedererwägung

a) Verfügungen und Einspracheentscheide (vorne S. 158 und 163) sind nach KVG 88 I vollstreckbar, wenn: sie nicht mehr durch Rechtsmittel angefochten werden können; das zulässige Rechtsmittel keine aufschiebende Wirkung hat; die einem Rechtsmittel zukommende aufschiebende Wirkung entzogen wird[410]. Wenn sie vollstreckbar sind und auf Geldzahlung oder Sicherheitsleistung lauten, stehen sie vollstreckbaren Urteilen im Sinne von Art. 80 SchKG gleich. Falls z.B. der Versicherte Rechtsvorschlag erhebt, weil der Versicherer gegen ihn die Betreibung auf Bezahlung von Prämien eingeleitet hat, so erhält der Versicherer, gestützt auf seine vollstreckbare Verfügung (definitive) Rechtsöffnung; er kann dann die Betreibung fortsetzen und die Pfändung verlangen[411].

b) Art. 87 KVG umschreibt die Anforderungen, denen die Kantone zu genügen haben, wenn sie in ihren Erlassen das Verfahren regeln, welches für das kantonale Versicherungsgericht gilt. Seine lit. i hat folgenden Wortlaut: «Die Revision von Entscheiden wegen Entdeckung neuer Tatsachen oder Beweismittel oder wegen Einwirkung durch Verbrechen oder Vergehen auf den Entscheid muss gewährleistet sein». Wenn also einer der aufgezählten Gründe gegeben ist, muss das kantonale Versicherungsgericht sein früheres Urteil, das bereits in Rechtskraft erwachsen ist, aufheben und durch ein neues Urteil ersetzen. Man nennt dies die *prozessuale Revision*, die in der Praxis übrigens selten ist. Das EVG hat entschieden, dass auch der Sozialversicherer *verpflichtet* ist, auf seine frühere Verfügung, die bereits rechtskräftig ist, zurückzukommen, wenn neue Tatsachen oder neue Beweise entdeckt werden; sie müssen geeignet sein, zu einer anderen Beurteilung zu führen[412]. Diese Lösung kann *administrative Revision* genannt werden. Sie ist der prozessualen Revision nachgebildet[413] und auch für die Krankenversicherer verbindlich.

c) Gemäss einem allgemeinen Grundsatz des Sozialversicherungsrechts kann der Versicherer seine frühere Verfügung, die formell rechtskräftig ist und nicht Gegenstand materieller richterlicher Beurteilung gebildet hat, in *Wiedererwägung* ziehen, «wenn sie zweifellos unrichtig und ihre Berichtigung von erheblicher Bedeutung ist»[414]. Der Betroffene hat keinen Anspruch auf Wiedererwägung und auch der

---

409 BGE 104 V 165 E. 1 und RKUV 1988 S. 106. ATSG 56bis, in der Fassung der Kommission des NR, sieht eine ähnliche Lösung vor, wobei der Vergleich im ganzen Gebiet der Sozialversicherung zulässig sein soll.
410 Mit KVG 80 wurde Art. 60 ATSG fast wörtlich übernommen.
411 Näheres bei RUMO-JUNGO, Unfallversicherung S. 333 und BGE 119 V 329.
412 BGE 119 V 477 und 115 V 186 E. 2 c.
413 ATSG 59 I übernimmt diese EVG-Praxis.
414 BGE 119 V 181, 477 und 117 V 12 mit Hinweisen; MAURER, BSVR S. 129, 319 und 419.

Richter kann sie dem Versicherer nicht vorschreiben. Die Befugnis liegt also ausschliesslich beim Versicherer[415]. Dazu ein Beispiel. Der Versicherer erklärt gemäss KVV 6 X auf dessen Antrag hin in einer Verfügung als versicherte Person, da er Mitglied einer diplomatischen Mission sei. Der Versicherer hat dabei übersehen, dass X weder der Versicherungspflicht untersteht noch zu den Personen gehört, welche sich auf Antrag in der Schweiz versichern lassen können (vorne S. 36). Er besitzt die Möglichkeit, seine frühere Verfügung aufzuheben und in der neuen Verfügung[416] festzustellen, dass X fortan nicht mehr versichert sei. Die Berichtigung ist sowohl für ihn als auch für X bedeutsam.

IV. Rechtspflege: Beschwerdeinstanzen

1. Kantonales Versicherungsgericht

a) **Allgemeines**

Die Kantone hatten schon nach bisherigem Recht ein Versicherungsgericht als einzige kantonale Instanz zu bezeichnen, das für das ganze Kantonsgebiet zuständig ist. Es handelt sich um ein erstinstanzliches Sozialversicherungsgericht, das nach KVG 86 Streitigkeiten aus der KV und ebenfalls aus der Unfallversicherung nach UVG 106 zu beurteilen hat. Die Kantone können ihm weitere Aufgaben zuweisen, z.B. die Rechtsprechung für die AHV/IV, die Militärversicherung usw. Es besteht ein Trend, wonach die Kantone die Rechtsprechung zu den verschiedenen Sozialversicherungszweigen einem einzigen Gericht, nämlich dem Versicherungsgericht, zuweisen. Dadurch soll die Qualität der Rechtsprechung gefördert werden.

b) **Verfahrensvorschriften für die Kantone**

aa) Die Kantone regeln das Verfahren. Sie müssen dabei den Anforderungen genügen, die Art. 87 KVG in einem Katalog festlegt. Er entspricht weitgehend jenem in AHVG 85 II und III und in UVG 108[417]. Wohl handelt es sich bei ihm in erster Linie um Anweisungen an die Kantone, wie sie ihr Verfahrensrecht zu ordnen haben, damit auf diesem Gebiet in der ganzen Schweiz ein Mindestmass an Einheitlichkeit sichergestellt wird. Die Prozessparteien können aus ihm aber auch Rechte ableiten, z.B. jenes auf einen unentgeltlichen Rechtsbeistand, wenn es die Verhältnisse rechtfertigen (lit. f). Zu den Regeln des Kataloges folgendes[418]:

---

415 Art. 59 ATSG übernimmt die EVG-Praxis zur administrativen Revision und zur Wiedererwägung.
416 Wenn die neue Verfügung einen Sachentscheid trifft, kann sie gerichtlich angefochten werden; vgl. zur Frage der gerichtlichen Anfechtbarkeit BGE 117 V 13 sowie RUMO-JUNGO, Unfallversicherung S. 311.
417 Auch Art. 67 ATSG übernimmt ihn mit geringfügigen Änderungen. – Die Rechtsprechung des EVG zu den Verfahrensvorschriften von AHVG 85 und UVG 108 kann auch zum KVG verwendet werden. Sie sind Bundesrecht, dessen Anwendung vom EVG überprüft werden kann.
418 Weitere Hinweise, besonderes auf EVG-Urteile bei RUMO-JUNGO, Unfallversicherung S. 384 ff.

ad lit. a: «Das Verfahren muss einfach, rasch und für die Parteien kostenlos sein; einer Partei, die sich mutwillig oder leichtsinnig verhält, können jedoch eine Spruchgebühr und die Verfahrenskosten auferlegt werden». Wenn ein Gericht das Verfahren übermässig in die Länge zieht, kann der Rechtsuchende beim EVG Beschwerde wegen Rechtsverzögerung oder Rechtsverweigerung erheben. Eine zu lange Prozessdauer kann verschiedenste Ursachen haben, z.B. Überlastung des Gerichts oder ineffizientes Präsidium oder Verschleppung durch einen gerichtlichen Experten.

Mutwillige oder leichtsinnige Prozessführung liegt etwa vor, wenn eine Partei absichtlich einen unrichtigen Sachverhalt darstellt[419].

ad lit. b: Hier werden die Anforderungen an die Beschwerde genannt. Diese muss ein Rechtsbegehren, eine kurze Darstellung des Sachverhaltes und eine kurze Begründung enthalten. Wenn die Beschwerde den gesetzlichen Anforderungen nicht genügt, setzt das Gericht dem Beschwerdeführer eine angemessene Frist zu Verbesserung an und verbindet damit die Androhung, dass sonst auf die Beschwerde nicht eingetreten werde[420].

ad lit. c: Sie schreibt den Untersuchungsgrundsatz und den Grundsatz der freien Beweiswürdigung vor (vorne S. 164 Z. 2).

ad lit. d: «Das Gericht ist an die Begehren der Parteien nicht gebunden. Es kann eine Verfügung zu Ungunsten des Beschwerdeführers ändern oder diesem mehr zusprechen, als er verlangt hat[421], wobei den Parteien vorher Gelegenheit zur Stellungnahme zu geben ist». Das Gericht sollte den Beschwerdeführer orientieren, wenn es zu seinen Ungunsten entscheiden will und ihm Gelegenheit geben, die Beschwerde zurückzuziehen. Diese Pflicht lässt sich aus dem Grundsatz von Treu und Glauben ableiten (vorne S. 16 lit. cc).

ad lit. e: Rechtfertigen es die Umstände, so werden die Parteien zur Verhandlung vorgeladen[422]. Das Gebot eines raschen Verfahrens kann im Einzelfall gegen mündliche und zugleich öffentliche Verhandlungen sprechen.

ad lit f: Das Recht, sich verbeiständen zu lassen, muss gewährleistet sein. Es wird nicht verletzt, wenn es durch kantonale Bestimmungen auf zugelassene Rechtsanwälte beschränkt wird[423]. Der Versicherte, nicht aber der Versicherer[424], hat das Recht auf einen unentgeltlichen Rechtsbeistand, in der Regel auf einen Rechtsanwalt, «wo die Verhältnisse es rechtfertigen». Letztere Voraussetzung ist gegeben, wenn die Partei bedürftig (d.h. arm) ist, der Prozess nicht zum vorneherein offensichtlich

---

419 BGE 112 V 334. Die Mutwilligkeit wird verneint: RKUV 1989 S. 387 E. 3 b.
420 RKUV 1988 S. 34.
421 Man nennt eine solche Änderung reformatio in peius vel melius; BGE 107 V 246.
422 Art. 6 Z. 1 EMRK stellt das Gebot der Öffentlichkeit auf; vgl. dazu BGE 120 V 8 f. E. 3 d und 119 V 381 E. 4 b: Ohne entsprechenden Antrag einer Partei ist der Richter grundsätzlich nicht verpflichtet, eine öffentliche Verhandlung durchzuführen, zu denen die Parteien selbstverständlich vorgeladen werden müssen. Vgl. dazu neues Grundsatz-U des EVG vom 5.2.1996 (wird in den BGE pbl.).
423 RKUV 1986 S. 332. BGE 119 V 268: Der Beirat nach ZGB 395 kann nur mit Zustimmung des Verbeirateten den Prozess führen, ihn also verbeiständen.
424 RKUV 1990 S. 196.

aussichtslos erscheint und die Verbeiständung durch einen Anwalt notwendig oder doch geboten ist[425], z.B. weil der Prozess kompliziert und für den Betroffenen von erheblicher Bedeutung ist.

ad lit. g: Der obsiegende Beschwerdeführer hat Anspruch auf den Ersatz der Parteikosten, welche vom Gericht festzusetzen sind. Diese werden ohne Rücksicht auf den Streitwert nach der Bedeutung der Streitsache und nach der Schwierigkeit des Prozesses bemessen. Somit soll z.B. der Versicherte, wenn er seinen Prozess gewinnt, nicht dadurch «bestraft» werden, dass er die Rechnung seines Anwaltes aus seiner eigenen Tasche bezahlen muss; die unterliegende Partei soll diese Last tragen, jedoch nur in einem Betrage, den das Gericht festsetzt. Wenn der Beschwerdeführer nur teilweise obsiegt, kann das Gericht seinen Anspruch auf Ersatz der Parteikosten herabsetzen, sodass er einen Teil seiner Anwaltskosten selbst übernehmen muss[426]. Der Anspruch auf Ersatz der Parteikosten steht in der Regel nur dem Versicherten, nicht aber dem Versicherer zu[427]. Das EVG kann frei überprüfen, ob ein solcher Anspruch begründet ist; die *Höhe* des Anspruches kann es jedoch nur korrigieren, wenn sie von der Vorinstanz *willkürlich* festgesetzt wurde[428]. Das Gericht muss die Parteientschädigung auch dann zusprechen, wenn die obsiegende Partei keinen Antrag gestellt hat. Eine gegenteilige kantonale Bestimmung wäre bundesrechtswidrig[429].

ad lit. h: Der Entscheid muss mit einer Begründung und einer Rechtsmittelbelehrung versehen sein. Erforderlich ist eine Begründung, die es dem Betroffenen ermöglicht, den Entscheid sachgerecht anzufechten. Sie darf sich aber auf die wesentlichen Behauptungen und rechtlichen Einwände beschränken[430]. Der Entscheid hat die Namen der Mitglieder des Gerichts aufzuführen und muss schriftlich eröffnet werden.

ad lit. i: «Die Revision von Entscheiden wegen Entdeckung neuer Tatsachen oder Beweismittel oder wegen Einwirkung durch Verbrechen oder Vergehen auf den Entscheid muss gewährleistet sein». Dies ist die prozessuale Revision. Sie wurde bereits vorne S. 166 skizziert.

bb) Das KVG regelt die Frage nicht, ob einer Beschwerde an das kantonale Versicherungsgericht *aufschiebende Wirkung* zukommt. Es weist also eine Lücke auf. Deshalb fragt sich, nach welcher Regel sie zu schliessen sei. Art. 55 VwVG schreibt für jede Beschwerde die aufschiebende Wirkung zu. Somit kann die Beschwerde nicht vollstreckt werden, solange sie nicht formelle Rechtskraft erlangt hat. Wenn

---

425 BGE 100 V 62 E. 3 und 98 V 117.
426 Vgl. dazu jedoch BGE 117 V 406: Ein ziffernmässig bestimmtes Rechtsbegehren wurde nur teilweise gutgeheissen. Trotzdem durfte das Gericht den Anspruch auf Parteientschädigung wegen des bloss teilweisen Obsiegens nicht reduzieren, wenn das Rechtsbegehren den Prozessaufwand nicht beeinflusst hat.
427 RKUV 1990 S. 196.
428 BGE 117 V 405 und 114 V 86.
429 BGE 118 V 139.
430 RKUV 1988 S. 44 E. 2.

sie eine Geldzahlung zum Gegenstand hat, darf ihr im Prozess nicht einmal der Richter die aufschiebende Wirkung entziehen. Diese Lösung ist im Sozialversicherungsrecht unbefriedigend. AHVG 87 II ermächtigt daher die Ausgleichskasse, ihrer Verfügung die aufschiebende Wirkung auch bei Ansprüchen auf Geldleistungen zu entziehen. Dies gilt in gleicher Weise, ob es sich um Versicherungsleistungen oder um Beiträge handelt. Art. 111 UVG geht weniger weit. Einsprachen und Beschwerden kommt für Prämienforderungen und weitere Sachverhalte die aufschiebende Wirkung nur zu, wenn sie ihr in der Verfügung selbst von der Einsprache- oder Beschwerdeinstanz oder vom Gericht verliehen wird. Somit hätten – dies ergibt sich durch Umkehrschluss – Verfügungen betreffend Versicherungsleistungen immer aufschiebende Wirkung. Eine solche Regel kann sich im Bereiche der Versicherungsleistungen in der KV krass unsozial auswirken; z.B. im Streit darüber, ob der Versicherer die Kosten einer schweren Operation zu übernehmen habe, kann es sich um hohe Beträge handeln. Im Prämiensektor könnte es ebenfalls schwerwiegende Folgen haben, wenn die Verfügungen über Prämienforderungen während des Prozesses nicht vollstreckt werden können. Wenn z.B. ein Versicherer Prämienerhöhungen beschliessen muss, da er andernfalls in finanzielle Bedrängnis geraten würde, wäre es für ihn folgenschwer, wenn sich grosse Gruppen von Versicherten – vielleicht sogar organisiert – zum Prozess entschliessen würden. Es dürfte für die KV eine angemessene Lösung sein, wenn Beschwerden grundsätzlich keine aufschiebende Wirkung haben; dem Gericht oder einer anderen Beschwerdeinstanz wäre jedoch die Befugnis einzuräumen, sie zu gewähren. In diesem Sinne kann die erwähnte Gesetzeslücke einigermassen befriedigend geschlossen werden.

c) Zuständigkeit

aa) Gegen Einspracheentscheide (vorne S. 163) kann beim kantonalen Versicherungsgericht V*erwaltungsgerichtsbeschwerde*[431] erhoben werden; KVG 86 I. Sie ist innert 30 Tagen nach der Eröffnung des Einspracheentscheides einzureichen. Das Versicherungsgericht hat über Streitigkeiten der Versicherer unter sich oder mit Versicherten oder mit Dritten zu entscheiden. Streitigkeiten unter den Versicherern können sich z.B. aus KVV 121 ergeben (vorne S. 122). Unter den Dritten sind nicht etwa die Leistungserbringer (Ärzte usw.) zu verstehen, da für ihre Streitigkeiten mit den Versicherern das kantonale Schiedsgericht zuständig ist (hinten S. 171) sondern z.B. der Arbeitgeber für seine Streitigkeit mit dem Versicherer aus einer Kollektivtaggeldversicherung, die er für seine Arbeitnehmer abgeschlossen hat (vorne S. 109, KVG 67 III).

Die Kantone können ihrem Versicherungsgericht weitere Aufgaben übertragen. Zu Denken ist etwa an Beschwerden gegen Entscheide über die Prämienverbilligung nach KVG 65 f. (vorne S. 152).

---

[431] ATSG 63 ff. – Das Wort Verwaltungsgerichtsbeschwerde besagt, dass es sich um eine Beschwerde an ein Gericht und nicht (nur) an eine höhere Verwaltungsstelle handelt.

bb) Wenn der Versicherer entgegen dem Begehren des Versicherten keine Verfügung nach KVG 80 oder keinen Einspracheentscheid gemäss KVG 85 II erlässt, kann der Betroffene ebenfalls Beschwerde beim kantonalen Versicherungsgericht erheben; KVG 86 II. Es handelt sich um eine Beschwerde wegen Rechtsverweigerung oder Rechtsverzögerung (vorne S. 158).

cc) Abs. 3 von Art. 86 KVG bestimmt den *Gerichtsstand*. Zuständig ist das Versicherungsgericht desjenigen Kantons, in dem die versicherte Person oder der Dritte zur Zeit der Beschwerdeerhebung Wohnsitz (vorne N 85, KVV 1 I) oder der Versicherer, gegen den die Beschwerde gerichtet ist, seinen Sitz hat[432]. Wenn der Versicherte oder der Dritte im Ausland wohnt – Grenzgänger usw. –, so ist das Versicherungsgericht desjenigen Kantons zuständig, in dem sich ihr letzter schweizerischer Wohnsitz befand oder in dem ihr letzter schweizerischer Arbeitgeber Wohnsitz hat; lässt sich keiner dieser Orte ermitteln, so ist das Versicherungsgericht desjenigen Kantons zuständig, in dem der Versicherer seinen Sitz hat. Bei Streitigkeiten der Versicherer unter sich ist das Versicherungsgericht desjenigen Kantons zuständig, in dem der beklagte Versicherer seinen Sitz hat.

Die Versicherer dürfen das Recht der Versicherten, Beschwerde bei einem kantonalen Versicherungsgericht zu erheben, nicht von der Erschöpfung eines internen Instanzenzuges abhängig machen (vorne S. 164).

dd) Das kantonale Versicherungsgericht ist nicht zuständig für Streitigkeiten aus Zusatzversicherungen und für Regresse gegen haftpflichtige Dritte. Solche Streitigkeiten sind in der Regel vom Zivilrichter zu entscheiden (vorne S. 132 und S. 126).

2. Kantonales Schiedsgericht[433]

a) **Zuständigkeit**

aa) Das Schiedsgericht entscheidet Streitigkeiten zwischen Versicherern einerseits und den Leistungserbringern (Ärzten, Spitälern usw.) anderseits; KVG 89 I. Es ist auch zuständig, wenn der Versicherte die Vergütung schuldet (vorne S. 77), z.B. falls er die Honorarforderung beanstandet, weil sich der Arzt nicht an den für ihn geltenden Tarif gehalten, sondern ein zusätzliches Honorar verlangt habe (vorne S. 81). Der Versicherer muss den Versicherten in einem solchen Streit auf seine Kosten vertreten, d.h. den Prozess führen; KVG 89 III.

---

432 Darunter ist der Ort zu verstehen, wo sich die Zentralverwaltung und nicht eine Agentur oder Zweigstelle der Krankenkasse befindet: BGE 114 V 48 f. E. b.
433 Art. 89 KVG übernimmt, wenn auch mit einigen Änderungen, die bisherige Regelung von Art. 25 KVG und Art. 57 UVG. Die Rechtsprechung des EVG zu den beiden letzteren Bestimmungen ist weitgehend auch für KVG 89 massgebend. Sie wird von RUMO-JUNGO, Unfallversicherung S. 256 ff. zusammengestellt. Vgl. ferner MAURER, BSVR S. 321 und 425, Unfallversicherungsrecht S. 617 ff. und Ergänzungsband dazu S. 75 und 93. Gemäss ATSG 63 II können die einzelnen Sozialversicherungsgesetze für Streitigkeiten aus besonderen Rechtsverhältnissen Schiedsgericht vorsehen.

bb) Die Streitigkeiten müssen ihren Ursprung im KVG haben. Die Schiedsgerichte beurteilen vorwiegend Honorar- und Tariffragen sowie Rückforderungen der Versicherer wegen Verletzung des Effizienzgrundsatzes (vorne S. 51)[434]. Sie prüfen die richtige Anwendung der Tarife bzw. einer Tarifposition oder einer Klausel im Einzelfall und deren Übereinstimmung mit dem Bundesrecht[435]. Das Schiedsgericht ist aber auch zuständig, wenn ein Versicherer einem Leistungserbringer aus wichtigen Gründen gemäss KVG 59 nicht oder nicht mehr gestatten will, für seine Versicherten im Bereiche der sozialen KV tätig zu sein (vorne S. 105). Andererseits kann eine kantonale Ärztegesellschaft einen Vertrauensarzt eines Versicherers aus wichtigen Gründen ablehnen und darüber das kantonale Schiedsgericht entscheiden lassen; KVG 57 III (vorne S. 100).

cc) Das Schiedsgericht ist nur zuständig, *soweit* die Streitigkeit in der obligatorischen Krankenpflegeversicherung des KVG wurzelt. Dies trifft nicht zu, wenn sie sich aus einer Zusatzversicherung (vorne S. 131) ergibt, da diese nicht dem KVG sondern dem VVG unterliegt, weshalb der Zivilrichter sie zu entscheiden hat, und ebensowenig bei Regressen nach KVG 79; denn solche Ansprüche stützen sich auf das Haftpflichtrecht[436] und nicht auf das KVG (vorne S. 126 a.E.).

dd) Die Bestimmungen über die Zuständigkeit des Schiedsgerichts gehen jenen über das kantonale Versicherungsgericht vor, da sie die spezielleren sind (lex specialis derogat generali)[437]. Es können sich trotzdem Zuständigkeitskonflikte ergeben. Dazu ein Beispiel. Der Versicherte X, der Honorarschuldner nach KVG 42 I ist, lässt sich in der Privatabteilung behandeln. Das Spital teilt ihm nachher mit, diese Behandlung koste Fr. 10'000.–; in der allgemeinen Abteilung hätte er nur Fr. 3'000.– bezahlen müssen, weshalb er dem Spital die Differenz von Fr. 7'000.– schulde; der Versicherer habe dem Spital die Fr. 3'000.– zu bezahlen. X behauptet, nach dem Tarif für die allgemeine Abteilung schulde der Versicherer aber Fr. 5'000.–, sodass er, X, dem Spital nur Fr. 5'000.– statt Fr. 7'000.– bezahlen müsse. Das Spital verlangt vom Schiedsgericht mit Klage die Feststellung, dass X für die Behandlung in der allgemeinen Abteilung nur Fr. 3'000.– nicht Fr. 5'000.– schulden würde. Der Versicherer

---

434 BGE 112 V 310 und 114 V 319 ff. – Die Behörde, welche einen Tarifvertrag zu genehmigen hat – z.B. Kantonsregierung oder Bundesrat nach den Art. 46 IV und 53 KVG, vorne S. 84 –, muss prüfen, ob er mit dem Gesetz im Einklang steht. Schieds- und Versicherungsgerichte sind jedoch nicht an das Ergebnis dieser Prüfung gebunden sondern können die Gesetzmässigkeit des Tarifvertrages im konkreten Einzelfall selbständig beurteilen (vorne N 209).

435 In der Regel entscheidet das Schiedsgericht über Ansprüche im konkreten Fall. In BGE 119 V 325 ff. wird jedoch die Aktiv- und Passivlegitimation eines kantonalen Krankenkassenverbandes und einer Ärztegesellschaft bejaht, obwohl nicht ein Anspruch im konkreten Fall sondern die Frage streitig war, ob eine tariflich vereinbarte Indexklausel in bestimmten Tatbeständen anwendbar sei oder nicht (Feststellungsklage) – BGE 111 V 348 E. 1 c und RKUV 1987 S. 179 E. 3: Verbände können dann Prozesspartei sein, wenn es sich um die Gesetzmässigkeit eines Beschlusses handelt, den sie selbst gefasst haben und der die Ärzte berührt.

436 BGE 114 V 324.

437 BGE 112 V 310 E. 3 b; MAURER, BSVR S. 45.

schliesst sich der Auffassung des Spitals an. X lehnt es daher ab, sich vor Schiedsgericht durch den Versicherer gemäss KVG 89 III vertreten zu lassen, da eine Interessenskollision bestehe. Er verlangt vom Versicherer eine Verfügung gemäss KVG, wonach für die Behandlung in der allgemeinen Abteilung nur Fr. 3'000.– bezahlt würden. X erhebt nach KVG 86 I Einsprache und gegen den Einspracheentscheid Beschwerde beim kantonalen Versicherungsgericht, da für seinen Anspruch gegen den Versicherer dieses und nicht das Schiedsgericht zuständig sei. Sowohl das Schiedsgericht als auch das Versicherungsgericht können nur über Ansprüche aus obligatorischen Krankenpflegeversicherungen, also betreffend die Vergütung in der allgemeinen Abteilung urteilen. Wegen der Interessenkollision darf das Schiedsgericht nicht zulassen, dass der Versicherer X gegen dessen Willen vertritt. X kann den Entscheid des Schiedsgerichtes und jenen des Versicherungsgerichts an das EVG weiterziehen, welches dann zu entscheiden hat, welches Gericht zuständig sei.

ee) Zuständig ist das Schiedsgericht jenes Kantons, dessen Tarif zur Anwendung gelangt, oder desjenigen Kantons, in dem die ständige Einrichtung des Leistungserbringers liegt (örtliche Zuständigkeit); Abs. 2 von KVG 89.

b) Zusammensetzung des Schiedsgerichts

aa) Der Kanton muss das Schiedsgericht bezeichnen, also die Schiedsrichter wählen. «Es setzt sich zusammen aus einer neutralen Person, die den Vorsitz innehat, und aus je einer Vertretung der Versicherer und der betroffenen Leistungserbringer in gleicher Zahl, Abs. 4 von KVG 89.

bb) Angesichts der erwähnten Zusammensetzung muss man sich fragen, ob das Schiedsgericht überhaupt als Gericht gelten kann. Ein solches setzt nämlich voraus, «dass im konkreten Verfahren unvoreingenommene Richter mitwirken, welche die nötige Gewähr für eine unabhängige und unparteiische Beurteilung der Streitsache bieten»[438]. Das EVG verlangte daher, dass jeder Schiedsrichter und auch der Präsident in Ausstand treten müssen, «wenn sie mit einer Partei in einer Weise verbunden sind, welche die Besorgnis der Befangenheit begründet[439]». Nur unter dieser Voraussetzung biete das Schiedsgericht dieselbe Gewähr für Unparteilichkeit wie andere staatliche Gerichte.

cc) Die Kantone sind befugt, die Aufgaben des Schiedsgerichtes dem kantonalen Versicherungsgericht zu übertragen. Dieses muss dann durch je einen Vertreter der Beteiligten ergänzt werden; Abs. 4 Satz 2 von KVG 89.

---

438 Diese Anforderungen lassen sich aus BV 58 – niemand darf seinem verfassungsmässigen Richter entzogen werden – und Art. 6 Z. 1 und Art. 13 EMRK ableiten: BGE 119 V 377. – In den parlamentarischen Beratungen kam ein gewisses Misstrauen gegen die Institution des kantonalen Schiedsgerichts zum Ausdruck: HUBER, Amtl. Bull. (StR) 1992 S. 1338; er wies aber darauf hin, dass das Schiedsgericht doch gute Dienste leisten könne.

439 BGE 115 V 261 und 114 V 295 E. 3 c mit weiteren Erwägungen, wann Befangenheit eines Richters angenommen werden müsse. Wenn z.B. eine Krankenkasse Partei des Prozesses ist, muss der Schiedsrichter in Ausstand treten, sofern er ihr als Organ oder Mitarbeiter angehört. Bei der Beurteilung der Neutralität des einzelnen Schiedsrichters ist ein strenger Massstab anzulegen.

c) **Verfahrensvorschriften**

aa) Der Kanton hat das Verfahren zu regeln. Abs. 5 von KVG 89 schreibt ihm ein einfaches und rasches Verfahren vor. Überdies muss das Schiedsgericht unter Mitwirkung der Parteien die für den Entscheid erheblichen Tatsachen feststellen; und hat die notwendigen Beweise zu erheben und ist in der Beweiswürdigung frei[440]. Es gilt somit der Untersuchungsgrundsatz (vorne S. 164). Die Entscheide müssen begründet und mit einer Rechtsmittelbelehrung versehen werden. Überdies haben sie die Namen der Mitglieder des Gerichts zu vermerken. Sie sind schriftlich zu eröffnen (vorne S. 169)

bb) Art. 89 KVG bestimmt nicht, dass das Verfahren kostenlos sein muss, wer die Prozesskosten zu bezahlen hat und Anspruch auf eine Parteientschädigung besitzt. Die Kantone sind für die Regelung dieser Fragen zuständig[441]. Da die entsprechenden Entscheide auf kantonalem Recht beruhen, können sie nicht durch Verwaltungsgerichtsbeschwerde beim EVG angefochten werden; das EVG darf nur die Verletzung von Bundesrecht prüfen[442]. Hingegen ist eine staatsrechtliche Beschwerde wegen willkürlicher Anwendung des kantonalen Rechts möglich[443].

cc) Obwohl Art. 89 KVG dies nicht vorschreibt, muss das Schiedsgericht einer bedürftigen Partei die unentgeltliche Prozessführung und allenfalls Verbeiständung durch einen Anwalt gewähren. Der Anspruch leitet sich aus Art. 4 BV ab, der den Grundsatz der Rechtsgleichheit festlegt[444].

dd) Art. 25 IV aKVG schrieb zwingend vor, dass der schiedsgerichtlichen Behandlung eines Streitfalles ein Vermittlungsverfahren vorausgehen müsse, «sofern nicht schon eine vertraglich eingesetzte Schlichtungsinstanz geamtet hat». Eine solche Instanz ist die paritätische Vertrauenskommission (PVK), die zwischen den (kantonalen) Verbänden der Ärztegesellschaften und der Krankenkassen vereinbart ist[445]. Art. 89 KVG hat diese Vorschrift nicht übernommen. Trotzdem ist es nicht verboten sondern sogar erwünscht, dass die Schlichtungsstelle weiterhin vertraglich vorgeschrieben wird, da sie dazu dient, Schiedsprozesse zu vermeiden. Auch die Schiedsgerichte selbst sollten eine Vermittlung versuchen, obwohl dies gesetzlich nicht

---

440 Abs. 5 verwendet ähnliche Formulierungen wie KVG 87 lit. a und c für das kantonale Versicherungsgericht (vorne S. 168) und der neue Art. 47 II VAG für die Gerichte, die Zusatzversicherungen zu entscheiden haben (vorne S. 135).
441 In dieser Hinsicht unterscheidet sich Art. 89 völlig von Art. 87 lit. a KVG, der Verfahrensvorschriften für das kantonale Versicherungsgericht enthält (vorne S. 168) – Es handelt sich nicht um eine Gesetzeslücke sondern um ein «qualifiziertes Schweigen» des Bundesgesetzgebers; MAURER, BSVR S. 47.
442 RKUV 1988 S. 418 E. 5.
443 Da die Verwaltungsgerichtsbeschwerde auch die Verletzung der BV durch kantonale Instanzen einschliesst, kann sie in diesem Punkt vom EVG als staatsrechtliche Beschwerde beurteilt werden: BGE 110 V 363 E. 1 c.
444 BGE 114 V 228, RKUV 1987 S. 96 E. 2 b und MAURER, BSVR S. 29 und 131. – Es ist durchaus möglich, dass ein Leistungserbringer – z.B. ein Physiotherapeut oder sogar ein Arzt – bedürftig, also mittellos sein kann.
445 Vgl. z.B. BGE 119 V 309 ff.

vorgeschrieben wird. Hingegen wäre es nicht zulässig, wenn zwischen Versicherern und Leistungserbringern vertraglich vereinbart würde, dass es den Parteien untersagt sei, im Streitfall das Schiedsgericht anzurufen, und dass die ausschliessliche Entscheidungskompetenz der Schlichtungsstelle übertragen werde. Dies würde BV 58 I verletzen, wonach niemand seinem verfassungsmässigen Richter entzogen werden kann[446].

ee) Der Versicherer hat nach KVG 80 nur die Befugnis, gegenüber dem Versicherten, nicht aber gegenüber den Leistungserbringern Verfügungen über Rechte und Pflichten zu erlassen. Er kann z.B. nicht verfügen, der Arzt müsse ihm wegen Überarztung gemäss KVG 56 II Fr. 100'000.– an Vergütungen zurückerstatten (vorne S. 158) oder der Physiotherapeut werde für die Dauer von einem Jahr nach KVG 59 von der KV-Praxis ausgeschlossen (vorne S. 105). Da keine Verfügung vorliegt, kann der Betroffene gegen sie auch nicht Beschwerde einreichen. Vielmehr wird das Schiedsgericht nur auf eine eigentliche Klage hin – ähnlich den Zivilgerichten – das Verfahren einleiten[447].

KVG 89 setzt keine Frist für die Einreichung der Klage fest. Die Kantone können dies tun, da sie eine weitgehende Gesetzgebungskompetenz hinsichtlich des Verfahrens nach KVG 89 besitzen. Wenn auch sie von einer Regelung absehen, muss der Richter eine Frist bestimmen, da es nicht zulässig sein kann, dass solche Klagen auch noch nach Jahrzehnten eingereicht werden, wenn die Beweise vielleicht schon längst nicht mehr vorhanden sind[448].

ff) Der Entscheid des Schiedgerichtes gilt als Verfügung i.S.v. VwVG 5. Er kann mit Verwaltungsgerichtsbeschwerde an das EVG weitergezogen werden. Um Zweifel zu beseitigen, erwähnt KVG 91 dies ausdrücklich.

3. Eidg. Rekurskommission für die Spezialitätenliste

a) Durch Gesetz vom 4.10.1991 wurde das BG über die Organisation der Bundesrechtspflege geändert (OG; AS 1992 S. 288 ff.). Z. 37 änderte auch Art. 12 Abs. VII aKVG ab und bestimmte u.a., dass Verfügungen des BSV hinsichtlich der Spezialitätenliste an die Rekurskommission für die Spezialitätenliste und deren Entscheid durch Verwaltungsgerichtsbeschwerde an das EVG weitergezogen werden können.

b) Der Bundesrat sah in seinem Entwurf zum KVG keine entsprechende Bestimmung vor. Auf Antrag der Kommission des Ständerates wurde der heutige Art. 90 in das KVG eingefügt[449]: «Verfügungen über die Aufnahme in die Spezialitätenliste (Art. 52 I lit. b; vorne S. 91) unterliegen der Beschwerde an die Eidg. Rekurskommission für die Spezialitätenliste»; Abs. 1. «Das Beschwerdeverfahren richtet sich

---

446 Vgl. auch BGE 119 V 377.
447 BGE 114 V 326.
448 BGE 97 V 25 E. 3.
449 Amtl. Bull. (StR) 1992 S. 1338.

nach dem Bundesrechtspflegegesetz»; Abs. 2. Offenbar aus Versehen wurde es unterlassen, die unter lit. a erwähnte Z. 37 im Anhang zum KVG an das KVG anzupassen. Abs. 2 ist insofern unvollständig, als er für das Verfahren das Bundesrechtspflegegesetz, d.h. das OG, vorschreibt. Dieses gilt jedoch nur für die Verwaltungsgerichtsbeschwerde an das EVG. Auf das Verfahren vor der Rekurskommission ist hingegen das VwVG anzuwenden.

Der Bundesrat hat bis anhin noch keine Verordnung erlassen, um Einzelheiten hinsichtlich der Rekurskommission zu regeln. Trotzdem kann der Hersteller mit einer Beschwerde an sie gelangen, wenn das BSV sein Gesuch um Aufnahme eines konfektionierten Arzneimittels in die Spezialitätenliste abweist.

4. Eidg. Versicherungsgericht (EVG)[450]

a) Gesetzliche Grundlagen und Organisation

aa) Bestimmungen über das EVG finden sich vor allem in den Art. 122 bis 135 des BG über die Organisation der Bundesrechtspflege in der Fassung vom 4.10.1991 (OG, SR 173.110). Weitere Bestimmungen enthalten die einzelnen Sozialversicherungsgesetze. Zu erwähnen ist schliesslich das Reglement, welches das EVG über sich selbst erlassen hat (SR 173.111.2).

bb) Das EVG gilt nach OG 122 «als organisatorisch selbständige Sozialversicherungabteilung des Bundesgerichts» mit Sitz in Luzern. Die Abs. 2 bis 4 von OG 127 regeln das Verhältnis zwischen EVG und Bundesgericht; sie sollen der Koordination der beiden Gerichte dienen.

cc) Derzeit besteht das EVG aus je neun vollamtlichen und nebenamtlichen Bundesrichtern; OG 123. Sein Personalbestand umfasst 50 Etatstellen, darunter 29 Gerichtsschreiber und Gerichtssekretäre (Bericht des EVG an die Bundesversammlung für 1994). Die Bundesversammlung wählt die Richter sowie die Präsidenten und Vizepräsidenten. Während das Gesamtgericht über grundsätzliche Rechtsfragen und die erste Kammer (fünf Richter) über Streitigkeiten von grundsätzlicher Bedeutung befinden, entscheiden die zweite und dritte Kammer (je drei Richter) die übrigen Streitfälle, besonders auch jene, welche im summarischen Verfahren nach OG 109 erledigt werden (Abweisung offensichtlich unbegründeter Beschwerden).

b) Zuständigkeit

aa) Nach Art.128 OG beurteilt das EVG letztinstanzlich Verwaltungsgerichtsbeschwerden (VGB) gegen Verfügungen im Sinne von OG 97, 98 lit. b – h und 98 a «auf dem Gebiete der Sozialversicherung». Art. 98 lit. b – h nennt in einem Katalog die Stellen, deren Verfügungen mit VGB angefochten werden können, z.B. die Departemente des Bundesrates sowie die eidg. Rekurs- und Schiedskommissionen. Art. 91 KVG hält seinerseits fest, dass gegen Entscheide der kantonalen Versiche-

---

450 Literatur vorne S. 157 N 375.

rungsgerichte, Schiedsgerichte, der Eidg. Rekurskommission für die Spezialitätenliste (und der gemeinsamen Einrichtung nach KVG 18 II) VGB geführt werden kann (vorne S. 167, 171, 175, 19).

bb) Die VGB ist auch zulässig gegen Verfügungen des EDI, soweit nicht der Weiterzug an den Bundesrat vorgesehen ist (OG 128 i.V.m. OG 97 und 98; hinten S. 178). Sie dürfte z.b. zulässig sein gegen einen Beschwerdeentscheid, den das EDI nach Art. 15 II VO über den Risikoausgleich gefällt hat (vorne S. 154)[451].

cc) Die VGB kommt m.E. zudem in Frage, wenn die letzte kantonale Instanz einen Entscheid über die Gewährung oder Verweigerung einer Prämienverbilligung nach KVG 65 getroffen hat (vorne S. 153). Hingegen ist sie ausgeschlossen, soweit es sich um Zusatzversicherungen und weitere Versicherungsarten nach KVG 12 II und III handelt, da über sie der Zivilrichter und letztinstanzlich das Bundesgericht in Lausanne entscheidet (vorne S. 135 ff.).

dd) Nach OG 129 I lit. b ist die VGB unzulässig gegen Verfügungen über Tarife. KVG 90 und 91 erklären sie dagegen als zulässig, soweit es sich um die Aufnahme in die *Spezialitätenliste* handelt. Das KVG schweigt sich darüber aus, ob die Analysenliste und die Arzneimittelliste, welche das EDI gemäss KVG 52 I a, KVV 60 ff. und KLV 28 ff. zu erlassen hat, Tarife sind, die nicht durch VGB beim EVG angefochten werden können. Wenn diese Listen als Ganzes oder einzelne ihrer Bestimmungen als solche angefochten werden – man nennt dies die *abstrakte Normenkontrolle* – dürfte die VGB an das EVG unzulässig, hingegen die Beschwerde nach VwVG 72 an den Bundesrat zulässig sein. Die VGB an das EVG kann jedoch dann erhoben werden, wenn in einem konkreten Einzelfall behauptet wird, eine Tarifbestimmung sei gesetzeswidrig[452]; dies ist die *konkrete Normenkontrolle*[453].

ee) Die VGB ist auch gegen bestimmte *Beschwerdeentscheide* des EDI zulässig. Dies trifft z.B. zu, wenn das EDI eine Beschwerde gegen eine konkrete aufsichtsrechtliche Verfügung des BSV gegenüber einem Versicherer zu überprüfen hat (vorne S. 22). Hingegen darf die VGB gegen *generelle* aufsichtsrechtliche Weisungen des BSV nicht erhoben werden, da ihnen der Charakter einer Verfügung nach VwVG 5 fehlt.

ff) Auch das BSV kann neben den Versicherten und Versicherern Entscheide der kantonalen Versicherungsgerichte und Schiedsgerichte durch VGB an das EVG weiterziehen; (vorne S. 21).

---

451 Vgl. dazu BGE 120 V 457.
452 Vgl. BGE 120 V 457, der sich auch mit dem schwer fassbaren Begriff des Tarifes auseinandersetzt; 119 V 317 ff. zur Tarifstreitigkeit.
453 Zur Unterscheidung von abstrakter und konkreter Normenkontrolle vorne S. 9 f. und MAURER, BSVR S. 242.

c) Verfahrensvorschriften

Dazu nur wenige Hinweise:

aa) Die Frist für die Einreichung der VGB beträgt 30 Tage, bei Zwischenverfügungen, z.B. über die Verweigerung eines unentgeltlichen Rechtsbeistandes, 10 Tage. Sie läuft ab Eröffnung des Entscheides; OG 106.

bb) Soweit sich sein Urteil auf die Bewilligung oder Verweigerung von Versicherungsleistungen bezieht, darf das EVG den Parteien keine Verfahrenskosten auferlegen: OG 134. Für die übrigen Fälle gilt die Regel, dass die unterliegende Partei die Kosten zu tragen hat; OG 156. Art. 159 OG ordnet die Parteientschädigung: Die unterliegende Partei wird in der Regel verpflichtet, der obsiegenden Partei alle durch den Rechtsstreit verursachten notwendigen Kosten, besonders die Anwaltskosten, zu ersetzen[454].

Den obsiegenden Behörden, z.B. dem BSV und dem EDI, darf in der Regel keine Parteientschädigung zugesprochen werden, auch den Versicherern nicht, da sie mit öffentlichrechtlichen Aufgaben betraut sind; OG 159 II[455].

cc) Das EVG hat einer bedürftigen Partei, deren Rechtsbegehren nicht aussichtslos erscheint, die unentgeltliche Rechtspflege zu gewähren und ihr nötigenfalls einen Anwalt beizugeben; OG 152.

d) Kognitionsbefugnis

aa) Das EVG ist grundsätzlich an die tatbeständlichen Feststellungen der Vorinstanz gebunden. Es kann aber prüfen, ob die Vorinstanzen «den Sachverhalt nicht offensichtlich unrichtig, unvollständig oder unter Verletzung wesentlicher Verfahrensvorschriften festgestellt haben»; OG 105 II[456].

bb) Eine wichtige Ausnahme macht Art. 132 OG: Soweit es sich bei der angefochtenen Verfügung um die Bewilligung oder Verweigerung von Versicherungsleistungen handelt, besitzt das EVG eine erweiterte Kognitionsbefugnis; es kann sowohl den Sachverhalt als auch die *Unangemessenheit* der vorinstanzlichen Verfügung frei überprüfen[457]. Zudem kann es über die Begehren der Parteien zu deren Gunsten oder auch Ungunsten hinausgehen (vorne S. 168).

5. Bundesrat

a) Die Kantonsregierungen müssen bei mehreren Sachverhalten entscheiden, z.B. Tarifverträge beurteilen und allenfalls genehmigen. Art. 53 KVG zählt die entsprechenden Bestimmungen auf. Gegen Beschlüsse der Kantonsregierungen kann Be-

---

454 Dazu gehören auch die notwendigen Expertisenkosten, sofern sich die obsiegende Partei auf ein privates Gutachten stützt: BGE 115 V 62. Wenn die Partei nicht durch einen Anwalt vertreten ist, kann ihr nur unter bestimmten Voraussetzungen eine Parteientschädigung zugesprochen werden: RKUV 1988 S. 127.
455 BGE 112 V 49 E. 3.
456 BGE 100 V 203 f.: Die Sachverhaltsfeststellung muss eindeutig und augenfällig unzutreffend sein.
457 BGE 118 V 278.

schwerde an den Bundesrat erhoben werden. Er hat das VwVG anzuwenden; VwVG 72 ff. (vorne S. 157).

b) Die Beschwerde an den Bundesrat ist auch zulässig gegen gewisse Verfügungen seiner Departemente; VwVG 72 I. Es handelt sich zur Hauptsache um Entscheide, in denen das EDI Beschwerden gegen Verfügungen des BSV über Prämientarife und ebenfalls Beschwerden gegen generelle Weisungen des BSV an die Krankenversicherer erledigt; KVV 92. Solche Entscheide können gemäss OG 129 I nicht mit VGB an das EVG weitergezogen werden (vorne S. 177). Sie gelten als nicht oder schwer justiziabel[458].

---

458 BGE 120 V 457.

Sachregister

Die Zahlen verweisen auf die Seiten bzw. nach N auf die Fussnoten. Wenn sie kursiv gedruckt sind, werden die Stichworte am angegebenen Ort etwas ausführlicher behandelt.
Die Umlaute ä, ö und ü werden in alphabetischer Reihenfolge als ae, oe und ue eingeordnet.

Häufiger verwendete Abkürzungen:

AHV(G)	Alters- und Hinterlassenenversicherung (BG)
BG	Bundesgesetz
IV(G)	Invalidenversicherung (BG)
KK	Krankenkassen
KV	Krankenversicherung
KVG	Krankenversicherungsgesetz (neues)
N	Note, Fussnote
s.(d.)	siehe (daselbst)
UV(G)	Unfallversicherung (BG)
Vers.	Versicherer und Versicherung

Vgl. im übrigen das Abkürzungsverzeichnis auf S. XVII.

Absichtliche Herbeiführung des Versicherungsfalles *106*, *128*, 130
Adäquanzgrundsatz 29
ärztliche Behandlung s. Heilbehandlung
Akteneinsicht 160 f.
– verwaltungsinterne Akten 103, 160
Aktiengesellschaft, KK als 7
Akupunktur 58
akzessorisches richterliches Prüfungsrecht s. Normenkontrolle
allgemeine Abteilung s. Spital
allgemeine Rechtsgrundsätze s. Rechtsgrundsätze
Allgemeinerkrankung 50, 62
Alternativmedizin N 141
ambulante Behandlung 73, *89*, 95
Amtsgewalt s. hoheitliche Gewalt
Amt- und Verwaltungshilfe *161*
– Leistungserbringer 161
Analysen 46, 67
Analysenliste 62, *90 f.*, 95
analytische Methode, als Beweis bei Rückforderung 97
Anerkennung der KK s. Krankenkassen
Anzeigepflichtverletzung *108*
Apotheker *64 f.*
– Selbstdispensation der Ärzte *64*, 98
– Zulassung zur KV *64 f.*
Arbeitgeber 40, 109, *146*, 170
Arbeitnehmer, ins Ausland entsandte *41 f.*, *56*, 133
Arbeitslosenversicherung und Taggeld *115*
Arbeitsunfähigkeit 30
Arzneimittel 46
Arzneimittelkommission 25, N 219
Arzneimittelliste 62, *91*, 95
Arzt *64*
– als Arbeitnehmer 64
– frei praktizierender *64*, 76
– Rechtsverhältnisse *76*
– Selbstdispensation *64 f.*
– wichtige Gründe für den Ausschluss aus der KV-Praxis *105*
– Zulassung zur KV *64*
– – Ausstand von der KV *82*
Arztwahl, freie 10, *73*, *75 f.* s. auch Wahl
Aufenthaltsbewilligung 35

Aufklärungspflicht der Leistungserbringer bei fehlendem Versicherungsschutz *58f.*
Aufklärungspflicht der Versicherer, s. Beratungspflicht
aufschiebende Wirkung einer Verfügung 166, *169 f.*
Aufsicht über die Versicherer *21 ff.*
– nach KVG N 13, 19, *21 ff.*
– nach VAG N 13, *132*
Aufsichtsdaten 24
Ausgabenumlageverfahren *139*, 142
Auskunftspflicht von Amtsstellen 26, 161
Ausland, s. auch Grenzgänger
– Entbindung im A. 56
– ins A. entsandte Arbeitnehmer *41 f.*, *56*, 133
– Leistungen der KV im Ausland *55 f.*
– – aus medizinischen Gründen 55
– Notfälle im A. *56*
– Versicherungsschutz im A. *133 f.*
– Zusatzversicherung 56, *133*
Auslegung
– von Gesetzen *50 f.*
– DSG und KVG *161*
aussergewöhnliche Gefahren *32 f.* s. auch Wagnis
Ausstand des Leistungserbringers von der KV 82
Autonomie der KK 9

Badekuren 46
Bedarfsprinzip N 364
Behandlung, ärztliche, s. Heilbehandlung
Behandlungsbedürftigkeit 30, N 69, 76 f.
Beitritt zur KV *35 f.*, *38 f.*
– verspäteter *39*, 41
Beratungspflicht der Versicherer *16 f.*, N 378, *163*
Beratungsstelle für Unfallverhütung N 45
Berufsgeheimnis 27, 155
Betriebs-KK 14, 37, N 105
Beweisrecht *165*
– «Aussagen der ersten Stunde» *N 405*
– Beweisgrad der überwiegenden Wahrscheinlichkeit *165*
– Beweiswürdigung, freie, *165*
– Folgen der Beweislosigkeit *165*
Bewilligung *6* N 8, N 13, *19*

Sachregister

– Durchführungsbewilligung für die KV *6*, N 9, 12, 37
– gemäss VAG N 13, 12
Billigkassen 1
Bluttransfusion, fehlerhafte N 79
Bonusversicherung *10*, *117*, *147*
– unzulässige Verbindung mit wählbarer Franchise 149
Brustkrebs N 128, 62, s. auch Mammaamputation
Bund, s. auch Kantone
– Kompetenzen auf dem Gebiet der KV 67
Bundesamt für Privatversicherungswesen N 13, 12, *132*
Bundesamt für Sozialversicherung 8, *21 f.*, *132*
Bundesbeitrag s. Subvention
Bundesgericht (Lausanne), 18, 23 f., s. auch Versicherungsgericht, Eidg.
Bundesrat
– als Beschwerdeinstanz *92*, *178 f.*
– «Einfrieren der Tarife» *95*

Chemotherapie 46, 50
Chiropraktoren *65*
Cochlea-Implantat (Gehörhilfe) *62*, 105, 119

Datenbank 160
Datenschutz 24, *160 f.*
– Auslegungsfragen 161
Datenschutzbeauftragter 161
Datenträger 24
Deckungsquote in Spitalverträgen 88
De-facto-Erledigungssystem 158
Delegation s. Gesetzesdelegation
Diagnose 45
– Mitteilung durch den Arzt *77 f.*, N 196, *102 f.*
diplomatische ausländische Mission
– Versicherung 36, 43
Durchführungsbewilligung s. Bewilligung

Effizienzgrundsatz 45, *51 ff.*, 58, 67, 74, 76
– Ausschluss von Leistungserbringern aus der KV wegen Verletzung des E. *105 f.*
– Kontrolle durch den Vertrauensarzt *96 ff.*, *100 ff.*

– E. gilt für alle Leistungserbringer *53*
– periodische Überprüfung der Leistungen *53*
– Schadenminderungspflicht 52
– Spitäler 69, *87 f.*, *89 f.*
– surconsommation médicale 148
– Überarztung 53
– umstrittene und in Abklärung befindliche Heilanwendung 53
– Wirksamkeit der Leistungen *52*, 96
– Wirkungsanalyse *25*, N 138
– wissenschaftliche Kontrolle 52
– Zweckmässigkeit *51*
Eingliederung 47
Einheitsprämie 2, 4, *143*, s. auch Prämien
Einnahmen in der KV 139
Einsprache gegen Verfügungen *163 f.*
– Rügeprinzip 163
– überspitzter Formalismus N 395
– Zweck 163
Einspracheentscheid *163 f.*
– Abänderung zu Ungunsten des Versicherten 163
– Verbeiständung, unentgeltliche N 399
Einzeltaggeldversicherung s. Taggeldversicherung
Einzelleistungstarif s. Tarifverträge
Endoprothesen 46, 62
Entschädigung an Dritte *146*
Entsolidarisierung in der KV *1 f.*, *153 f.*
Ergänzungsversicherung s. Komplementärversicherung
Ergotherapeuten *65*, 67
Ersatzkasse nach UVG N 44
Extraleistungen, s. auch Honorarforderung, 82

Fachausdrücke, medizinische 163
Fachkommissionen *54*
– Arzneimittelkommission 25, N 219
– Leistungskommission 25, *57*
Fahrlässigkeit s. grobe Fahrlässigkeit
Finanzierung der KV, s. auch Ausgaben, Einnahmen, Finanzierungsverfahren, Prämien, Prämienverbilligung, Reserven, Verwaltungskosten
– finanzielles Gleichgewicht der Versicherer *139*

- Rechnungslegung des Versicherers *141*
- Revision des Versicherers *142*

Förderung der Gesundheit, Institution *20 f.*, N 46, N 116

Fokalinfektion 50

Franchise, s. auch Kostenbeteiligung, Selbstbehalt, *148 f.*
- wählbare 148
- – unzulässige Verbindung mit Bonusversicherung 149
- wegbedingbar durch Zusatzversicherung? *N 362*

freie Wahl des Leistungserbringers s. Wahl

freiwillige KV 36, 107

freiwillige Leistungen 55

Freizügigkeit s. Wechsel des Versicherers

Fristen *162 f.*
- für Klage vor Schiedsgericht 175
- Gesetzeslücke 162
- Stillstand der F. N 391
- um eine Verfügung zu verlangen *159*
- – zu erlassen *158*
- Wiederherstellung einer Frist 162

Fusion N 21

Gebietsgrundsatz *41 f.*, *55 f.*

Gebiets-KK 11, N 84, 37

Geburtsgebrechen 29, *48*, *91 f.*

Gegenseitigkeit, Grundsatz in der KV 15

Geisteskrankheit (Psychosen) 29

Geldleistungen N 252

Gemeinde-KK 37

gemeinsame Einrichtung (KVG 18) 11, *19 f.*, 154

Generika 91

Genossenschaft, KK als G. 7, *16*

Gerichtsstand 171, 173

Gesamtgläubiger bei Regressen 130

Gesetzesauslegung s. Auslegung

Gesetzesdelegation *N 140*, *129*
- Subdelegation 57

Gesetzeslücken *18*, 33, 42, N 160, 108, 128, 162, 174

Gesetzmässigkeit, s. Rechtsgrundsätze

Gesundheit 29
- Förderung der G., Institution *20 f.*, N 46, N 116

Gesundheitsschädigung (und -schaden) 29

- drohende 29

Gewinnausschüttungsverbot für KK 16

Giesskannenprinzip 3, *150*

Gleichbehandlungsgebot s. Rechtsgrundsätze

Globalbudget *93 ff.*
- als «Notbremse» *94*
- prospektives *80*

Grenzgänger 40, 42, *56*, N 187
- als Versicherte *35*

grobe Fahrlässigkeit
- Herbeiführung des Versicherungsfalls *106*
- Regress gegen Haftpflichtige 130

Grundsatz der
- Gegenseitigkeit
- Gesetzmässigkeit
- Gleichbehandlung (Rechtsgleichheit)
- und von Treu und Glauben
  s. Rechtsgrundsätze

Grundversicherung 2, 93

Gutachten 17, *165*

gynäkologische Untersuchungen 61

Hängegleiter, Wagnis? N 77

Haftungsprivileg *131*

Hausarzt-Modell *76*, 146

Hausfrau und -mann
- Wert der verhinderten Arbeitsleistung *124*

Haushalthilfe s. Hauskrankenpflege

Hauskrankenpflege *46*, *60 f.*, 66
- Abrechnung mit der KV N 195
- Anordnung durch den Arzt 66
- Haushalthilfe N 157, N 169
- keine Vergütung der KV für Verpflegung N 169
- Pflegemassnahmen *60 f.*
- Spitex 60, 66

Hebammen 65

Heilanstalten s. Spital

Heilanwendungen s. Heilbehandlung

Heilbäder *71 f.*
- ausländische *N 184*

Heilbehandlung (= Therapie) s. auch Effizienzgrundsatz, Spital
- ambulante Behandlung 73
- apparative Medizin 45

- bedingte Übernahme durch die KV *54*, *58*
- Behandlungsplan 45
- fehlerhafte H. N 79, 34
- Physio- und Ergotherapie *60*, 65 ff.
- Psychotherapie N *130*, *59 f.*, 65 f., *96*
- - delegierbare P. N *166*
- stationäre und teilstationäre s. Spital
- von Ausländern 36
- umstrittene und in Abklärung begriffene H. *53. f.*
- Zweck der H. N 108
- Zweckmässigkeit und Wirksamkeit der H. s. Effizienzgrundsatz

Helvetia KK 12
Heroinabhängigkeit N 156
Herzschrittmacher 46, 98
Herztransplantation 105
Hirntumor 29, 105
HMO-Praxen 3, 10 f., 12, *64*, *76*, *81* 83, *146 f.*
hoheitliche Gewalt 6, 19, 83, N 260, 136
Honorarforderung der Leistungserbringer
- bei fehlendem Versicherungsschutz *58 f.*
- widerrechtliche *58 f.*, 81, *96 ff.*
- Zusatzrechnungen, erlaubte und unerlaubte, *81 f.*, *89*, N 314
- - für Extraleistungen *82*
Honorarschuldner *76 f.*
- Rückforderung vom Leistungserbringer *96 f.*, *101*
- Tiers garant und payant *77*, *97*
- und Regress gegen Haftpflichtige 126
- Versicherer als H. 77
- Versicherter als H. 77, 126
- Verwirkung 97, N 357
«Hotelkosten» (Kosten für Verpflegung und Unterkunft)
- Hauskrankenpflege N 169
- Pflegeheime *70*, *89*
- Spital *46*

Impfungen 48, 61
Indikation, medizinische 89
Instanzenzug, interner bei KK 164, 171
Institution zur Förderung der Gesundheit, s. auch Prävention, *20 f.*, N 46, N 116
internationale Abkommen *107*

internationale Organisationen
- versicherungspflichtige Personen *36*, 43
Intimsphäre s. Persönlichkeitsschutz

Kantone, Aufgaben und Kompetenzen, 5, 38, 67, 84 ff., *90*, 92, 152 f., 156, 161, 167 f., *171 f.*, 178
Kapitalanlagen der Versicherer *140 f.*
kantonale Krankenkassenverbände 79
Karenzjahr für Ärzte N 162
Karies 50, s. auch zahnärztliche Behandlung
Kartellkommission 21, *23*, 26, N 207
kasseninterne Bestimmungen s. Krankenkassen
Kauapparat, Erkrankungen 50, 61
Kausalzusammenhang 29
Körperschädigung, unfallähnliche *31*
Kollektivverträge 109, N *263*, 146
- Ausscheiden aus K. 112
- Entschädigung an Dritte 146
kombinierte Versicherung *132*, *136*
Kommissionen der KV 54
Komplementärmedizin 25
Komplementärversicherung 32, 39, *132*, 136
Kongruenzgrundsatz *127*,N 308
Konkordat Schweiz. Krankenkassen *25*
Konkubine, 150
Konsumentenschutzorganisation 79, 92
Konkurrenz *13*, 83
Kontrahierungszwang 110, 137
Kontrastmittel, Verwechslung als Unfall N 79
Kontrolluntersuchungen s. Mutterschaft
Konzentrationsprozess in der KV N 21, 143, 154
Koordinationsbestimmungen 34, *118 ff.*
- Vorleistungspflicht s. d.
Kopfprämie, s. auch Prämien, 3, *144*, N 365
Kostenbeteiligung in der KV, s. auch Franchise und Selbstbehalt, 3, 10, N 203, N 216, 117, 130, *147 ff.*
- Höchstbetrag bei Kindern und Familien *149*
- Keine K. bei Mutterschaft *149*
Kostenexplosion und Kostendämpfung 3, N 126, 63, 78, *93 ff.*

- im Gesundheitswesen *93*
- Kontrolle durch den Vertrauensarzt *96*, 101
- Kostenanalyse der Leistungen *98*
Kostenvergütungsprinzip *44*, N 107, *N 252*
Krankenkassen, s. auch Krankenversicherung, Privatversicherung, Versicherer
- Anerkennung N 10, 9, 11
- – Entzug der Bewilligung 18
- Arten 11
- Aufklärung und Beratung durch KK *16 f.*, N 378, *163*
- Aufsicht s. d.
- Autonomie der KK 9
- Betriebs-KK 14, 37, N 105
- Durchführungsbewilligung s. Bewilligung
- Erwerbszweck *7, 16*
- Gebiets-KK 11, N 84, 37
- Geschäftsführung 14
- geschlossene und offene KK 11
- Gewinnausschüttungsverbot *16*
- Hausarztmodell s. d.
- HMO-Modell s. d.
- kasseninterne Bestimmungen (Statuten usw.) *9, 41 f., 116*
- keine Haftung der Versicherten *16*
- Konzentrationsprozess s. d.
- öffentliche und private KK *11*
- PPO-Modell s. d.
- Prämienerhöhungen 37
- Rechtsform 7
- – Recht der Persönlichkeit *7*
- Rückversicherung *8*, 11, *25*
- Statistik *24*
- Verbände *25 f.*
- Vertrauensarzt s. d.
- Vorleistungspflicht der KK *118 ff.*, 121
- zentralisierte und örtliche (regionale) KK *11*
- Zusatzversicherungen s. d.
Krankenpflege zu Hause, s. Hauskrankenpflege
Krankenschwester und -pfleger *65 f.*
Krankentransport s. Transportkosten
Krankenversicherer s. Krankenkassen, Privatversicherer, Versicherer
Krankenversicherung, s. Einzelstichworte

- Abgrenzung gegen die UV *31*
- Aufsicht über die KV *21 ff.*
- Ausgaben der KV 78, *139*
- Ausschluss von Versicherten aus der KV *41*
- Beitritt zur KV 35, *38 f.*, 41
- – verspäteter *39*, 41
- Entsolidarisierung *1 f., 153 f.*
- Finanzierung der KV *139 ff.* s. d.
- freiwillige KV *36*, 43
- gegenseitige Meldepflicht der Versicherer *121 f.*
- Geschichte der KV 1
- Kompetenzen des Bundes und der Kantone 4, *67*
- obligatorische KV 3, 34, *38 f.*
- öffentliches Recht s. d.
- Organisation der KV, s. Krankenkassen, *6 ff.*
- private KV 6, 12
- soziale KV *16*, 136
- Weiterversicherung N 90, 41
- Zweck der KV 3
Krankenversicherungsgesetz (KVG) s. Einzelstichworte
- Grundversicherung 2, 93
- Obligatorium 3, 34, *38 f.*
- öffentliches Recht, Verwaltungsrecht *4*, 131
- Rechtsnatur und Zweck 3
- soziale KV *16*
- Volksabstimmung N 2
- Zusatzversicherung s. d.
Kranken- und Unfallversicherungsgesetz (aKUVG, aKVG)
- Geschichte 1 f.
- Subventionsgesetz 1
- Volksabstimmung 1
Krankenpflege zu Hause s. Hauskrankenpflege
Krankentransport 47, 71
Krankheit
- Begriff *28 ff.*, N 72
- fehlerhafte Behandlung *33 f.*
Krankheitsfall s. Versicherungsfall
Krankheitswert einer gesundheitlichen Störung *30*, 62
Krebsbehandlung N 149

Kürzung von Leistungen wegen Verschuldens *128*

Laboratorien *67 f.*
Lebertransplantation N 154
Legalitätsprinzip s. Rechtsgrundsätze
Leistungserbringer s. auch Einzelstichworte Arzt, Spital usw.
– Amts- und Verwaltungshilfe 161
– Ausschluss von der KV N 247, *101, 105 f.*
– – wichtige Gründe *105*
– Ausstand von der KV *82*
– Bedürfnisnachweis? N 233
– Datenschutz *160 f.*
– Gebot der Effizienz, s. d., *51 ff.*
– Honorarforderung s. d.
– Honorarschuldner s. d.
– Mitteilung der Diagnose durch Ärzte *77 f.*, 102
– Qualitätssicherung *103 ff.*
– Rechnungsstellung 77
– Rechtsverhältnisse 58, *63*, *76 f.*
– Rückgriff gegen Haftpflichtige? *128*
– Schweigepflicht 26 f., 78, *155*
– Tarife s. Tarifverträge
– Tarifausschluss *104*
– Vergünstigung für Patientenzuweisung *98 f.*
– Wahl des Leistungserbringers 3, *72 ff., 75 f.*
– – Beschränkung der Wahlfreiheit 75 f., 146 f.
– Zulassung der L. *63 ff.*
– Zusatzrechnungen s. Honorarforderung
Leistungskatalog 44 ff.
Leistungskommission 25, *57*
Leistungsrecht *44 f.*, 53 ff.
– Ausschluss freiwilliger Leistungen 55
– Leistungsverordnung (KLV)57 ff.
– – Anhang 1 57 ff.
– – Anhang 2 62
– Pflichtleistungen 55, *82*
– Verzicht auf Leistungen *117*
– Zusatzrechnungen s. Honorarforderung
Lex Forrer 1
lex specialis derogat generali *172*
Liechtenstein, Fürstentum N 30

Liste der Mittel und Gegestände *91*, s. auch Mittel und Gegenstände
Listenprinzip 45, 63, 91
– Begriff *51*
Logopädie *60*, 65
Luftkuren, keine Pflichtleistung 46

Magnetische Kernresonanz (MRI) 45
Mammaamputation N 128
– Mammakarzinom 61
– Mammographie 61 61
– Rekonstruktion N 128, 62
Medizinalrecht N 158
medizinische Fehler *33 f.*
medizinische Grundversorgung, s. auch Prävention, 1, 35, 42, *82*, *96*
– Notstand *82*
Meldepflicht der Versicherer, gegenseitige *121 f.*
Mengenausweitung durch Leistungserbringer *N 223, 105*
Methadonbehandlung *N 131*, 59
Militärversicherung 36
– Vorleistungspflicht, s. d., *119*
Mittel und Gegenstände für Untersuchung und Behandlung 46, *62*
– Abgabestellen 68
– Liste 91
Mitwirkungspflicht des Versicherten 164
Mundhygiene, s. auch zahnärztliche Behandlung 50
Mutterschaft *34*, *48f.*, *61*
– Abbruch der Schwangerschaft 34, *49*
– Amniozentese 61
– besondere Leistungen *49 f.*, *61*
– Entbindung im Spital, zu Hause und im Ausland 49, *56*
– Fehl- und Frühgeburten *34*, 49
– Kardiotokographie 61
– Kontrolluntersuchungen 49, 61
– Risikoschwangerschaft 61
– Schwangerschaftskrankheiten 48 f.
– Stillberatung, Stillgeld 49, 61
– Taggeld *115*
– Ultraschalluntersuchungen 61
– Wartefrist 49
Mutterschaftsversicherung *34*

Nachschusspflicht bei Genossenschaften? 16
Nachzahlung
- Leistungen N 357
- Prämien *145 f.*
- Prämienverbilligung 152
- Verwirkung *146*
Neurosen, s. auch Psychotherapie, 29
Nichtberufsunfall *32*
Normenkontrolle
- abstrakte und konkrete 9 f., *177*
- bei Gesetzesdelegation N 140
Notfall
- bei Erkrankung im Ausland 56, *133*, 165
- Transportkosten 71
- Wahl des Leistungserbringers 74
Notstand bei fehlender medizinischer Versorgung 82
numerus clausus für Leistungserbringer? N 233

Obligatorium der Krankenpflegeversicherung 3, 34, *38*
- Durchsetzung durch die Kantone *38 f.*
Odontologie, s. auch zahnärztliche Behandlung, *49*
öffentliches Recht
- kantonales 76
- KVG 4, 131
- Tarifverträge *83*
- Versicherungsverhältnis 4, *108*
- Verträge N 260
Onkologie (Krebskrankheiten) N 149
Operation, Zumutbarkeit *52 f.*
Organisation der Krankenpflege und Hilfe zu Hause s. Hauskrankenpflege
Organisation der KV, s. Einzelstichworte, 6 ff.
Organtransplantation *105*

Paritätische Vertrauenskommission *174*
Parodontose 50, 61
Parteientschädigung
- Einspracheverfahren 164
- Versicherungsgericht, kantonales *169*
- Versicherungsgericht, Eidg. 178
«Patiententourismus» 74
Patientenvereinigungen 79, 92

Pauschaltarif s. Tarifverträge
Persönlichkeitsschutz des Versicherten 78, *107*, *160*
- Intimsphäre 26, *103*, *160*
Pflegeheim N 109, *70 f.*
- Abgrenzung gegen Spital *70 f.*, *89*
- «Hotelkosten» 70, *89*
- Pflegemassnahmen 70
- Rechnungsstellung N 195
- Tarifverträge s. d., *89 f.*
Pflegemassnahmen *46*, *70*
Phenylketonurie 92
Physiotherapeuten
- Zulassung zur KV *65 f.*
Physiotherapie *60*
Polypragmasie (Überarztung) 53, 97, N 236
Positivliste *54*
PPO-Modell *76*, 81, 83
Prämien *143 ff.*
- Abstufungen, zulässige *143 f.*
- – bei eingeschränkter Wahl der Leistungserbringer 144, *146 f.*
- – keine A. nach Einkommensverhältnissen N 200
- Durchschnittsprämien N 350
- Einheitsprämie 2, 4, *143*
- Kopfprämie 3, *144*, N 365
- lohnbezogene P. *3*
- Nachzahlung und Rückforderung von P. *145 f.*
- – Verwirkung *146*
- Prämienverbilligung s. d. *150 ff.*
- risikogerechte P. 4, 143
- Taggeldversicherung *145*
- Wechsel des Versicherers wegen Prämienerhöhung 37
Prämientarife 22, N 200, *144*
- Genehmigung durch das BSV *144*
Prämienverbilligung durch die öffentliche Hand 3, N 355, *150 ff.*
- Beiträge von Bund und Kantonen *151*
- Rechtspflege 152, 170, *177*
- Rückforderung und Nachzahlung von Verbilligungsbeiträgen 152
- Versicherte in bescheidenen wirtschaftlichen Verhältnissen 150 f., 153
- Verwaltungshilfe der Versicherer 162

– Zuständigkeit der Kantone und des Bundes *150 f.*
Prämienverhältnis 4
Prämienzuschlag 39
Prävention, medizinische (Verhütung von Krankheiten), s. auch Förderung der Gesundheit, 3, 21, 29, 44, *47 f.*, N 126, *61*
Prioritäten- oder Rangordnung in der Sozialversicherung 118, 124
Preise s. Tarif
Preisüberwacher 21, *23 f.*, 84, 87
Privatabteilung s. Spital
Privatassekuranz s. Privatversicherer
Privatpatient 47, 81
Privatversicherer (Versicherungsgesellschaften) s. auch Versicherer
– Aufsicht *12*, 132
– ausländische 15
– Bewilligung und Durchführungsbewilligung 6
– hoheitliche Gewalt 6
– Versicherungsverträge *12 f.*
– – Hinfall bei Inkrafttreten des KVG *137*
– – verbotener Abschluss *13*, *18*
– Zulassung zur KV 2, 6
– Zusatzversicherungen *131 ff.*
Prothesen 46, 62
psychiatrische Institution N 155
psychische Störungen
– Geisteskrankheit (Psychosen) 29
– Neurosen 29
– Psychosomatik 29
Psychologen N 166
Psychotherapeuten
– keine Zulassung der nichtärztlichen P. 65
Psychotherapie N 130, *59 f.*, 65, *96*
– delegierbare *N 166*

Qualitätssicherung der Leistungen *103 f.*, 105
– wissenschaftliche Kontrolle 104
Querschnittslähmung 119
Quotenvorrecht des Geschädigten *N 309*

Rang- oder Prioritätenordnung in der Sozialversicherung 118, 124
Rechnungslegung des Versicherers *141*
Rechnungstellung des Leistungserbringers *77 f.*
Recht der Persönlichkeit der KK 7
Rechtsbeistand, unentgeltlicher s. Verbeiständung
Rechtsform der KK 7
Rechtsgleichheit s. Rechtsgrundsätze
Rechtsgrundsätze, allgemeine N 35, *19*, *138*
– Gegenseitigkeit *15*
– Gesetzmässigkeit (Legalität) 16, N 311
– Rechtsgleichheit (Gleichbehandlungsgebot) 15, N *311*
– Treu und Glauben (Vertrauensschutz) *10*, 17, 82, 85, 168
– Verhältnismässigkeit 16, 22, *N 94 f.*, 59, *116*
Rechtsöffnung 166
Rechtspflege *157 ff.*
– Akteneinsicht 103, *160 f.*
– aufschiebende Wirkung einer Verfügung 166
– Beweisrecht s. d.
– Bundesgericht (Lausanne) s. d.
– Bundesrat s. d.
– Einsprache s. d.
– Entscheid zu Ungunsten des Versicherten 163, *168*
– Normenkontrolle, abstrakte und konkrete 9 f., *N 140*, *177*
– Organisationsgesetz (OG)
– – Revision von 1991 N 376
– Parteientschädigung 164, *169*, 178
– Rechtsmittelbelehrung 159, 163
– Rechtsverzögerung und -verweigerung 158, 171
– reformatio in peius vel melius 163, N 421
– Revision, prozessuale *166*, *169*
– Rügeprinzip bei Einsprachen *163*
– Schiedsgericht kantonales s. d.
– staatsrechtliche Beschwerde 153, 174, *N 443*
– überspitzter Formalismus N 395
– unentgeltliche Prozessführung *168*, 174, 178
– Verbeiständung, unentgeltliche *164*, 167, 174, 178
– Verfahrensvorschriften *158 ff.*
– Verfügung s. d.

- Vergleich N 143, *165 f.*
- Verletzung von Bundesrecht *153*, 159
- Versicherungsgericht, kantonales und Eidg. s. d.
- Verwaltungsverfahrensgesetz (VwVG)
- – Anwendungsbereich 157
- widersprüchliche Urteile N 338
- Zusatzversicherung s. d.
- Zwangszuweisung an einen Versicherer 159

Rechtsverhältnis
- Leistungserbringer 58, 63, *76 f.*
- Versicherungs- und Prämienverhältnis 4, 42

«Réglementation» zwischen Pharmaindustrie, Apothekern usw. N 242

Regress gegen Haftpflichtige, s. auch Rückgriff, 118, *125 ff.*
- Direkt- oder Restanspruch *125*
- Kongruenzgrundsatz *127*, N 308
- mehrere Regressberechtigte *130 f.*
- Quotenvorrecht des Geschädigten N 309
- Regress- und Haftungsprivileg *131*
- von Leistungserbringern gegen Haftpflichtige? *128 f.*
- Vorrecht des Geschädigten 126
- Zeitpunkt des Forderungsüberganges 126
- Zuständigkeit des Zivilrichters 126

Regressabkommen 130
Rehabilitation, medizinische 44, 46
Rehabilitationsklinik 68
Rekurskommission EVD 24, 157, *175*
Reserven des Versicherers *140 f.*
Rettungskosten 47, *71 f.*
Revision des Versicherers *142*
- Revision von Entscheidungen *166*, *168*

Rezeptur N 221
Richter
- Befangenheit 173
- verfassungsmässiger N 438, *175*

richterliches Prüfungsrecht von Verordnungen, s. Normenkontrolle
Risiko, s. auch Einzelstichworte Krankheit, Unfall usw.
- versichertes und nichtversichertes *28 ff.*

Risikoausgleich *1 f.*, 19, 76, *153 f.*
- Durchführung durch die gemeinsame Einrichtung 154

- Entsolidarisierung *1 f.*, *153 f.*
risikogerechte Prämie, Prinzip 4, *143*
Risikoschwangerschaft 61
Risikoselektion *1 f.*, 76, *110*, 113, *134 f.*
Risikostruktur 2, *153 f.*
Rückfälle 42, 111
Rückforderung
- Honorare *96 f.*
- – Beweismethoden 97
- Leistungen *N 357*
- Prämien *145 f.*
- Verbilligungsbeiträge *152*
- Verwirkung der Rückforderung 97, *146*, N 239

Rückgriff, s. auch Regress
- der KV gegen den Unfallversicherer 34
- des Leistungserbringers gegen Haftpflichtige? *128 f.*
- des Wohnkantons gegen Haftpflichtige 75, *128*

Rückstellungen des Versicherers 9, *140 f.*
Rückversicherung 8, *25*
Rügeprinzip bei Einsprachen *163*

Sachleistungen des Versicherers N 252
Sachleistungsprinzip N 107, *N 252*
Saldoquittung *136*
Schadenminderungspflicht *52*
Schiedsgericht, kantonales, s. auch Rechtspflege, *171 ff.*
- Ablehnung von Vertrauensärzten *101*
- Ausschluss von Leistungserbringern *105 f.*
- Befangenheit eines Schiedsrichters *173*
- einfaches und rasches Verfahren *174*
- Fristen 175
- Gerichtsstand 173
- Klage, nicht Beschwerde 175
- kostenloses Verfahren? *174*
- unentgeltliche Verbeiständung *174*
- Untersuchungsgrundsatz und freie Beweiswürdigung *174*
- Verfahrensvorschriften für die Kantone *174 f.*
- Vermittlungsverfahren *174*
- widersprüchliche Urteile N 338
- Zusammensetzung *173*
- Zuständigkeit *171*

– – Konflikt 172
– – Regress und Zusatzversicherung? 172
Schizophrenie 29
Schwangerschaft s. Mutterschaft
Schwankungsreserve *140*
Schweigepflicht *26 f.*, 78
– Ausnahmen 27
– Bestrafung wegen Verletzung *155*
second-hand opinion 99, N 244
Selbstbehalt *149 f.*
Selbstdispensation der Ärzte *64 f.*, *98 f.*
Selbstverantwortung des Versicherten 3, 30
Sicherheitsfonds nach BVG N 44
Sicherheitsreserve der Versicherer *140*
Solidarität in der KV 3, 10, 76
Sozialversicherungsabkommen 41, N 103
Spätfolgen 42
– Rückfälle 42, 111
Spezialitätenliste *62 f.*, *91*
Spital *68 ff.*
– Abgrenzung gegen Pflegeheim *89*
– allgemeine Abteilung *46 f.*, *N 114*, *81*, 89, 172
– ambulante Behandlung N 178, 89
– ausserkantonale Patienten 73, *86*, 88, *128*
– Behandlung *46*, s. auch Heilbehandlung
– Beitrag des Versicherten an Spitalaufenthalt *150*
– – Wegfall bei Mutterschaft 150
– Belegarztsystem 68
– Betriebsvergleiche *89*
– Chefarztsystem 68
– Fachkommission zur Prüfung der Arbeitsabläufe *N 177*
– Fachpersonal *69*
– «Hotelkosten» (Verpflegung und Unterkunft) *46*
– Kostenstellenrechnung *89*
– Planung für bedarfsgerechte Spitalversorgung *69*, *75*
– Privatabteilung 32, 47, *81*
– Privatspitäler *88*
– Rechtsverhältnisse *76 f.*
– Rückgriff des Wohnkantons gegen Haftpflichtige 75, *128*
– Spitalaufnahmevertrag 76
– Spitalbehandlungsbedürftigkeit *71*, N 181, *89*

– Spitalliste *69 f.*, N 188, 74
– Spitex 2, 60, *66*
– stationäre Behandlung *70*, *73*, 89
– – teilstationäre Behandlung *70*, *73*, 89
– Tarifverträge s. d.
– Tarifschutz, s. d. *81*
– Typen von Sp. 68, 88
– Wahl des Spitals *73 f.*, N 189, 75, *146 f.*
– – Rückgriff des Wohnkantons 75
– Zusatzrechnung s. Honorarforderung
staatsrechtliche Beschwerde 153, N 371, 174, *N 443*
Statistik über KK *24*
statistische Vergleichsmethode
– bei Rückforderung von Honoraren 97
Sterbegeld der KK 8
Steuerfreiheit der Versicherer *17*, 20
Stiftung, KK als St. 7
Stillberatung, Stillgeld 49, 61
Strafbestimmungen *155*
– Vergehen 155
– Versicherungsbetrug 155
– Übertretungen 156
Strahlentherapie 50
Subdelegation *57*
Subsidiärversicherung N 75, s. auch Komplementärversicherung
Subvention von Bund und Kanton, s. auch Prämienverbilligung, 3, *150 ff.*
Subventionsgesetz 1, 4
surconsommation médicale 148

Tätigkeitsgebiet der KK, örtliches *11*
Taggeld
– Anspruch *114*
– Bezugsdauer 114
– Kürzung wegen
– – grober Fahrlässigkeit und Vorsatz 128
– – Überentschädigung 124
– Mutterschaft 115
– Zweck *107*
Taggeldversicherung *107 ff.*
– Arbeitslosenversicherung *115*
– Ausschluss aus der T. *110*
– Beitritt *108 f.*
– Deckung *114*
– Einzeltaggeldversicherung 14, 109, 113
– Ende *109 ff.*, *N 270*

- Freiwilligkeit 2, 44, *107*
- Freizügigkeit, beschränkte *111 f.*
- gemäss VVG *134*
- Kollektivversicherung 109, *112 f.*, 146
- Leistungen *113 f.*
- Obligatorium *107 f.*
- Prämien 145
- Umlageverfahren *142*
- Versicherungsnehmer 109
- Versicherungsvorbehalte *111*
- Wahl des Versicherers 109

Tarif
- Begriff 78
- Regress bei unterschiedlichen T. 120 f., *128 f.*, 177

Tarifausschluss N 202, *104*
Tarifschutz *72 f.*, N 188, *81*
- fehlender T. 82, *86*

Tarifverträge *78 ff.*
- Abstufung nach Einkommen? N 200
- Ärzteverbände 87
- allgemeine Abteilung s. Spital
- Anhörungsrecht von Patientenvereinigungen und Konsumentenschutzorganisationen 79
- behördliche Genehmigung 79, *84 f.*, 95, N 434
- Beitrittsrecht der Versicherer 80
- Beschwerde an den Bundesrat 85, *92 f.*, *178*
- «Einfrieren» der Tarife *95*
- Einzelleistungstarif N 141, *80*, 86, 88
- Exklusivitäts- und Meistbegünstigungsklauseln *84*
- Fehlen eines T. *85 f.*
- gesamtschweizerischer T. 83, *90*
- Globalbudget 80, *93 f.*
- «Hotelkosten» s. d.
- Kantonsregierung
- - Interessenkollision *90*
- Kartellkommission N 207
- Konkurrenzverbotsklausel *84*
- Koordination mit andern Tarifordnungen 79
- Kündigung des T. 83, *86*
- Nichtigkeit von Bestimmungen des T. *84 f.*
- nivellement vers le plus haut 80

- Pauschaltarif 80, *88*, N 217
- - Fall-, Tages-, Versichertenpauschale 80
- Pflegeheim-T. *89 f.*
- Preisüberwacher 23, 84, 86 f.
- Rahmentarif (= Reservetarif) 87
- Rechtsnatur der T. *N 199*, 83
- richterliche Überprüfung des T. N 209
- «Richtertarif» *86*
- Sicherung der Qualität, T-Klausel *104*
- Sonder-T. *83*
- Spitaltarifverträge *87 f.*
- - Deckungsquote *88*, 93
- - Mischverträge 88
- - Typen von T. *87*
- - Struktur der T. *79 f.*, 86
- Taxpunkte 80
- Taxpunktwert 80
- Verbandszwang unzulässig 83 f.
- Versicherungsgericht, Eidg., Zuständigkeit *177*
- vertragsloser Zustand *85 f.*
- Vertragsparteien 79, *82 f.*
- vorzeitige Anwendung von T. *85*
- Wirtschaftlichkeit der Leistungen, Tarifklausel N 198, *99*
- Wirtschaftlichkeit und Billigkeit, Prüfung durch den Bundesrat 92
- Zeittarif N 141, *80*, N 217
- Zweck der T. 79

teilstationäre Krankenpflege *70*, *73*, 89
Territorialitätsprinzip 41 f., 55 f.
Therapie s. Heilbehandlung
Tiers garant 77, 97
Tiers payant 77, 97
Transplantationschirurgie 58
Transport- und Rettungskosten 47, *71 f.*
Transsexualismus N 69
Treu und Glauben, s. Rechtsgrundsätze

Ueberarztung (Polypragmasie), s. auch Effizienzgrundsatz, 53, *97 f.*, *N 236*
Überentschädigung *122 ff.*
- Begriff *N 291*, *122*
- Berechnung 124
- Kongruenzgrundsatz 124, N 308
- Kürzung des Taggeldes *124*
- Taggeld und Ü 114
- Verbot der Ü. N 293

– – kein allgemeiner Rechtsgrundsatz
  N 299
– – Zulässigkeit bei Leistungen ausserhalb
  der Sozialversicherung 122 f.
– – Vor- und Nachteil 123
überspitzter Formalismus N 395
Umlageverfahren in der KV 139, 142
Unfall 31 ff.
– Begriff 31 f.
– Beweis 165
– – «Aussagen der ersten Stunde» N 405
– Deckung durch die KV 31 ff., 39, 48
– Privatversicherung 31
– Unfallmeldung 110 f.
– Versicherungsausschlüsse 32 f.
unfallähnliche Körperschädigungen 31
Unfallversicherung gemäss UVG 8, 31 f.
– Abgrenzung gegen die KV 31
– Arbeitslosenversicherung 40
– freiwillige UV 40
– Ruhen der Deckung 39 f.
– Sistierung 40
– Vorleistungspflicht, s. d. 118
– Zusatzversicherung N 323 s. d.
Untersuchungsgrundsatz 164 f., N 400
– Rechtsanwendung durch den Richter
  N 400

Verbände der KK 25 f.
Verbeiständung, unentgeltliche 164, 167,
  174, 178
Vereine, KK als V 7
Verfahren s. Rechtspflege
Verfügung 35, 158 f.
– aufschiebende Wirkung 166, 169 f.
– Einsprache gegen die V. 163 f., s. d.
– Frist V. zu erlassen und zu verlangen 158
– Revision, administrative und prozessuale
  166
– verfügungspflichtige Instanzen 159
– Vollstreckung der V. 166
– Wiedererwägung von V. 166 f.
Vergleich N 143, 165 f.
Vergünstigung für Patientenzuweisung 98 f.
Verhütung von Krankheiten, s. Prävention
Verjährung s. Verwirkung
Versicherer, s. auch Krankenkassen, Privatversicherer

– Aufklärungs- und Beratungspflicht 16 f.,
  N 378, 163
– ausländische 15
– Bewilligung s. d.
– – Entzug der Durchführungsbewilligung
  s. Bewilligung
– Meldepflicht, gegenseitige 121
– Steuerfreiheit 17, 20
– Wahl und Wechsel des V. (Freizügigkeit) 37, 154
– Zulassung zur KV 6 ff.
versicherte und nichtversicherte Personen
  34 ff.
– ins Ausland entsandte Arbeitnehmer
  41 f., 56, 133
Versicherungsausschluss 32 f.
Versicherungsarten 8, 10, 13 f., 132
Versicherungsbetrug 155
Versicherungseinrichtungen, private, s. Privatversicherer
Versicherungsfall 13, N 56
– absichtliche und grobfahrlässige Herbeiführung 106
– Anmeldung 116
– Kündigung? 135
– Verletzung der Anzeigepflicht 116
Versicherungsformen 10, 14, 146 ff.
Versicherungsgesellschaften s. Privatversicherer
Versicherungsgewinne s. Überentschädigung
Versicherungsgericht, Eidg. 176 ff.
– Kognitionsbefugnis 178
– – erweiterte bei Versicherungsleistungen
  178
– Organisation 176
– Parteientschädigung 178
– staatrechtliche Beschwerde 153
– Verbeiständung, unentgeltliche 178
– Verfahrensvorschriften 178
– Verletzung von Bundesrecht 153
– Zuständigkeit 176 f.
– – Beiträge zur Prämienverbilligung 153,
  177
– – Risikoausgleich 177
– – Zusatzversicherung 132, 136
Versicherungsgericht, kantonales 167 ff.

- aufschiebende Wirkung der Verfügung 166, *169 f.*
- Beschwerde, Anforderungen an die B. *168*
- einfaches, rasches und kostenloses Verfahren *168*
-- mutwillige Prozessführung 168
- Gebot der öffentlichen Verhandlung *168*, N 422
- Gerichtsstand 171
- keine Bindung an die Begehren der Parteien 168
- Parteientschädigung, s. d., *169*
- Rechtsverweigerung und Rechtsverzögerung 171
- Revision von Urteilen *169*
- Untersuchungsgrundsatz *164*, 168
- Verbeiständung, unentgeltliche 167
- Verfahrensvorschriften für die Kantone *167 f.*
- Zuständigkeit *170*

Versicherungsleistungen s. Einzelstichworte Leistungsrecht, Leistungserbringer usw. *44 ff.*

Versicherungslücke 38

Versicherungspflicht *35 f.*, *38 f.*, 41
- Ausländer *35*
- Ausnahmen *36*

Versicherungsschutz 36, *42*

Versicherungsverhältnis
- Begriff *83*
- Ende *37 f.*, *41 f.*
- Entstehung und Beginn *34 f.*, 38, *40 ff.*
- öffentliches Recht 4
- Weiterversicherung N 90, *41*

Versicherungsverträge *12 f.*
- Hinfall bei Inkrafttreten des KVG *137*
- verbotener Abschluss 18

Versicherungsvorbehalte s. Vorbehalte

Versorgung, s. medizinische Grundversorgung

Verträge s. Tarifverträge

Vertragsfreiheit 83
- bei Zusatzversicherung *133*

vertragsloser Zustand *85 f.*

Vertrauensarzt der KK 3, *78*, *100 ff.*
- Anforderungsprofil *100*
- Aufgaben

-- Beratungs- und Kontrollfunktion *101 f.*
- Begutachtung 103
- Herausgabe medizinischer Akten *103*, 160
- Kontrolle der Wirtschaftlichkeit *96*
- Präventivkontrolle *101*, *104*
- rechtliche Stellung *102*
- Zulassung und Ablehnung *100*, 172

Vertrauensprinzip s. Rechtsgrundsätze (Treu und Glauben)

Verwaltungskosten der Versicherer 22, 83, *139*

Verwaltungsrecht, KVG als V. 4

Verwirkung *97*, *146*
- Verjährung N 239

Verzicht auf Versicherungsleistungen *117*

Visana KK N 21

Volksabstimmung über KVG und aKUVG 1, N 2

Vorbehalt des Gesetzes (Grundsatz der Gesetzmässigkeit) N 311

Vorbehalte
- in der Krankenpflegeversicherung N 84
- in der Taggeldversicherung 111
- in der Zusatzversicherung *135*

Vorleistungspflicht der Sozialversicherer
- Rang- und Prioritätenordnung *118 f.*
- Rückerstattungsanspruch *119 f.*
-- Verwirkung (s. d.) *121*
- unterschiedliche Tarife *120 f.*

Vorsatz s. Absicht
- Vorsorgeuntersuchung s. Prävention, medizinische

Wagnis *32 f.*

Wahl, freie, s. auch Wechsel
- Beschränkung der Wahlfreiheit *75 f.*, *146 f.*
- des Leistungserbringers 3, *72 ff.*
-- des Arztes 10, *73*
-- des Spitals *73 f.*
--- ausserkantonale Spitäler *73*, N 189
--- Rückgriff des Wohnsitzkantons 75, *128*
- des Versicherers *37*
-- bei Zwangszuweisung *39*

Wechsel des Versicherers (Freizügigkeit) 37, *154*

– wegen Prämienerhöhung 37
Weiterversicherung N 90, 41
Wettbewerb in der KV s. Konkurrenz
Wiedererwägung einer Verfügung *163 f.*
Wiederherstellungschirurgie N 69
Willkür, s. auch staatsrechtliche Beschwerde, N 371
Willensmangel *108*
Wirksamkeit der Leistungen, s. auch Effizienzgrundsatz 96
– Kontrolle durch den Vertrauensarzt 96
Wirkungsanalyse *25*, N 138
Wirtschaftlichkeit der Leistungen, s. auch Effizienzgrundsatz *96 ff.*
– Begriff 96
– Kontrolle durch den Vertrauensarzt *96*
– Massnahmen zur Sicherstellung der W. N 198
wissenschaftliche Prüfung von Heilanwendungen *N 129*
Wohnkanton
– Rückgriff gegen Haftpflichtige 128
Wohnsitz *35*, *N 186*
– im Ausland 43, N 103

Zahnarzt *64*
zahnärztliche Behandlung *49 f.*, *61 f.*
– Karies 50
– Kauapparat 50, 61
– Parodontose 61
– Zahngranulom 50, 61
– Zahnhygiene *49*
Zahnheilkunde (Odontologie) *49*
Zahnpflegeversicherung *50*
Zeittarif N 141, *80*, N 217
Zumutbarkeit, Grundsatz 17, 52
Zusatzrechnung s. Honorarforderung
Zusatzversicherung 8, 42, *N 142*, *131 ff.*
– Aufsicht über die Versicherer 13, *132*
– Ausland 56, *133*
– Besitzstandsgarantie nach KVG 102 II *137*
– Bewilligung 13, *132*
– Grundversicherung, Leistungen bei Z. 172
– Inhalte der Z. *133 f.*
– kombinierte Z. *132*, *136*
– Komplementärversicherung 132

– Kündigung im Versicherungsfall 135, 137
– Privatabteilung im Spital 32, 47, *81*, *133*
– Privatpatienten 47, 81, 133
– Rechtsgrundsätze, allgemeine *138*
– Regress gegen Haftpflichtige 130, 171
– risikogerechte Prämie 4
– Risikoselektion, s. d., *134 f.*
– Sozialversicherung? *136*, 138
– Steuerbefreiung, keine *17*
– Taggeldversicherung als Z. *134*
– Überentschädigung zulässig 122 f. s. d.
– Verfahrensrecht bei Streitigkeiten N 29, *135 f.*, 171 f.
– – getrennte Rechtswege 136
– widersprüchliche Urteile N 338
– Versicherungsvertragsgesetz (VVG) anwendbar 2, *131*
– Wegbedingung der Kostenbeteiligung des Versicherten durch Z.? N 362
– Zusatzrechnung s. Honorarforderung
– Zweck der Z. 132
Zuschüsse der öffentlichen Hand an die KV 3, *150 f.*
Zwangszuweisung zur KV *39*, *159*

Gesetzesregister

(Vgl. das Abkürzungs- und das Rechtsquellenverzeichnis vorn S. XVII und S. XXI)

Die römischen Zahlen bei den Artikeln bezeichnen die Absätze. Die arabischen Zahlen verweisen auf die Seiten bzw. bei N auf die Fussnoten. Kursiv gedruckte arabische Zahlen verweisen auf Stellen, in denen der Artikel etwas eingehender behandelt wird.

Überblick

I. **Bundesverfassung (BV)**

II. **BG über die KV (KVG)**

III. **Verordnungen über die KV**
 1. Inkraftsetzungsverordnung
 2. Risikoausgleichsverordnung
 3. Prämienverbilligungsverordnung
 4. Hauptverordnung (KVV)
 5. Krankenpflege-Leistungsverordnung (KLV)

IV. **aKUVG (aKVG)**
 Bundesbeschluss über befristete Massnahmen gegen die Entsolidarisierung in der KV vom 13.12.1991

V. **Rechtspflege**
 1. Verwaltungsverfahrensgesetz (VwVG)
 2. Bundesrechtspflegegesetz (OG)
 3. Rekurskommission EVD

VI. **Erlasse zu andern Zweigen der Sozialversicherung**
 1. AHVG/AHVV
    a) AHVG
    b) AHVV
 2. IVG/IVV
    a) IVG
    b) IVV
 3. BVG
 4. UVG/UVV
    a) UVG
    b) UVV

VII. **Erlasse zur Privatversicherung**
 1. Versicherungsaufsichtsgesetz (VAG)
 2. Versicherungsvertragsgesetz (VVG)

VIII. **Erlasse zu verschiedenen Rechtsgebieten**
 1. Zivilgesetzbuch (ZGB)
 2. Obligationenrecht (OR)

3. BG über Schuldbetreibung und Konkurs (SchKG)
4. Strafgesetzbuch (StGB)
5. Datenschutzgesetz (DSG)
6. Kartellgesetz (KG)
7. Preisüberwachungsgesetz (PüG)
8. BG über die direkte Bundessteuer vom 14.12.1990
9. BG über Aufenthalt und Niederlassung der Ausländer (ANAG) vom 26.3.1931
10. Asylgesetz vom 5.10.1979.

IX. Internationales Recht
Europäische Konvention zum Schutze der Menschenrechte und der Grundfreiheiten (EMRK) vom 4.11.1950

X. Entwurf zum BG über den Allgemeinen Teil des Sozialversicherungsrechts (ATSG)

I. Bundesverfassung (BV)

Art. 4	153, 160, 164, N 174
I	16
Art. 34bis	*1*, *4*
Art. 34^quinquies	34
Art. 58	N 438
I	175
Art. 113	
III	N 140

II. BG über die KV (KVG)

Allgemeines:	*1*
Art. 1	*16*, 161
I	131
II	28, *31 f.*, *33 f.*, 39, *48*, 50, 75, 106, 114, 116, 121, 130 f., 134
Art. 2	*31*, 119
I	*28 ff.*
II	*31*
III	*34*
Art. 3	153
I	18, *35*, *38*, *40*
II	36
III	36, 40 f.
Art. 4	*37*, 158
Art. 5	
I	40
II	39
Art. 6	18, 27, 67
I	38
II	39
Art. 7	18, *37 f.*, 109, 143, 147, 154, 158
I	39, 111
II	37
IV	37 f.
V	38
Art. 8	*39*, N 92, 114
I	39
II	40
Art. 10	
I	38, 40
Art. 11	6, 12, *110 f.*, 159
Art. 12	N 10, 7, N 14, *135*
I	N 8, 7, 16
II	6, 8, N 13, *10*, *13 f.*, N 29, *16*, N 35, 17, 21, 132, 144, 177
III	N 29, *130 f.*, 132, 177
IV	*8*
Art. 13	6, N 9, N 10, N 21, *13*
II	*14 f.*, N 30, 16, 111, 113, 129, *138 f.*, 141, 145, 164
III	18
Art. 15	*16*
Art. 16	N 13, *16*, N 37, N 378, *163*, N 396, *164*
Art. 17	*17 f.*
Art. 18	11, *19 f.*, 154, *159*
II	177
Art. 19	*20 f.*
Art. 20	21
Art. 21	20 f., 26, 132
II	21
III	N 13, 21
V	22
Art. 22	
I	22
II	22
Art. 23	24
II	24
Art. 24	*44*, 50
Art. 25	*44 ff.*, 47
II	*44 ff.*, 54, 62, *70*
Art. 26	20, 29, 47 f., 54, *61*
Art. 27	*28 f.*, 48
Art. 28	*31*, *39*, *48*, *106*
Art. 29	55
I	*48 f.*
II	*49*, 54
Art. 30	*34*
Art. 31	54, *61 f.*
I	*50*
Art. 32	*45*, *49*, *51 ff.*, 59, N 166, 71, 74, 82, N 208, 87, 89 f., 96, 101
I	*51 ff.*, *66 f.*
II	*53*
Art. 33	*45*, 53
I	54, *70*
II	54, 71
III	53
IV	*25*
Art. 34	
I	42, *45*, 51, *55 f.*

II	55	I	*93 f.*
Art. 35	161	II	N 214
I	*63 f.*	III	*71, 89.*
II	*63 f.*, 68, 71	IV	89
Art. 36		Art. 50	89, *103 f.*
I	*64*, N 161, 100	Art. 51	*93 f.*
III	*64*	Art. 52	57, *90 f.*, 95
Art. 37		I	*90 f.*, 175, 177
I	*64*	II	*91 f.*, N 224
III	*98*	Art. 53	69, 85, 86, 90, 92, N 434
Art. 39	*68 f.*, N 174, N 178	I	92
I	*70*, N 188, *75, 87 f.*	III	92
II	*70*	Art. 54	*93 f.*, N 231
III	*90*	I	*94*
Art. 40	*71*	II	*94 f.*
Art. 41	67, *72 ff.*, *86*, 105	Art. 55	93, *95*, N 232
I	*73*	II	95
II	*74 f.*	Art. 56	N 127, N 137, N 208, 90, *96 f.*, *98 f.*, N 247, 101, 103, 105
III	*75*, 88, *128*, 162		
IV	*10, 75*, 146	I	96, 99
Art. 42		II	*96*, 175
I	*77*, 172	III	*98 f.*
II	*77*	IV	*98 f.*
IV	*77*	V	N 177, N 198, *99*, N 244
V	*78*	Art. 57	*100 ff., 103*
Art. 43	*78 ff., 86*	I	100
I	N 141, *78 f.*	II	100
II	*80 f., 103 f.*	III	*100*, N 247, *102*, 172
III	80, *93*	IV	*101*
IV	79, 87	V	*101 f.*
V	*80*	VI	*102*
VI	79, 87	VII	102, *103*
VII	79	VIII	103
Art. 44		Art. 58	*104 f.*
I	81 ff.	I	104
II	N 151, *82*	II	104
Art. 45	*82*	III	*101*, 104
Art. 46	*82 ff.*, 130	Art. 59	82, 101, 105, 172
II	80, *83*, 85, 87	II	175
III	*83 f.*, N 207	Art. 60	141
IV	84, *86 f.*, 90, *92*, 95, 129	I	*139 f.*, N 348
V	*83, 86*, 90	II	*139*
Art. 47	24, *85 f.*, 92, 94	III	141
Art. 48	92	Art. 61	15, 23, *143 f.*
I	*87*	I	143
III	*87*	II	143, 145
IV	*87*	III	*144*
Art. 49	*87 ff., 90*	IV	22

Art. 62	10, 14, N 263, 141	II	118, *130 f.*
I	*75 f.*, *146*	III	*126*, *129*
II	10, *147 f.*	Art. 80	19, *37*, N 155, *83*, *102*, 105, 111, *136*, *158 ff.*, 163, *175*
Art. 63	146		
Art. 64	N 203, 85, N 216, 117, 130, *147 ff.*	I	*158*
		II	*159*
II	148	III	164
V	N 109, *150*	Art. 81	*160 f.*
VI	149	Art. 82	26, 156, *161 f.*, N 387
VII	149	Art. 83	*26 f.*, *78*, 122, 162
Art. 65	5, *150 f.*, 155, 157, 162, 170, 177	Art. 84	160
		Art. 85	*159*, N 381 f., *163 f.*
I	150, *152 f.*	I	162 f.
II	150, *153*	II	163, 171
Art. 66	*150 f.*	IV	164
II	22, 150	Art. 86	102, 111, 167
IV	151	I	162, 170, 173 f.
V	*151*	II	171
Art. 67	5, 134	III	171
I	*108*	Art. 87	N 29, 135, 166 ff., 168 ff., N 440
III	*109*, 170		
Art. 68		Art. 88	
II	14, N 105	I	*166*
Art. 69	*111*	Art. 89	98, 101, 103, *105*, N 433, *174 f.*, N 441, 175
I	*111*		
II	111	I	171
III	111	II	173
Art. 70	*112*	III	*97*, 171, 173
Art. 71		IV	*173*
I	112	V	*174*
II	*113*	Art. 90	91, 157, *175 f.*, 177
Art. 72	112	Art. 91	*175 f.*, 177
I	*33*, *114*	Art. 92	N 41, 39, *78*, 105, *155*
III	115	Art. 93	*156*
V	114, 124	Art. 95	156
Art. 73	*115*	Art. 97	N 391
Art. 74	*34*	Art. 98	
I	115	II	14, N 105
Art. 76	145	Art. 101	
II	145	II	*70*
III	145	III	101
IV	145	Art. 102	
Art. 77	145	II	N 12, N 142, N 322, *137 ff.*
Art. 78		Art. 104	79
I	*118*	III	90
II	118, N 293, *122*, N 296	Art. 105	*19*, *154*
Art. 79	75, 125 ff., 128, 172	Art. 106	
I	118, 123, *125 ff.*, *129*	I	151

III. Verordnungen über die KV

1. VO über die Inkraftsetzung und Einführung des KVG vom 12.4.1995 (Inkraftsetzungsverordnung)

Art. 2	
I	N 176
Art. 3.	N 15
III	116
IV	7
Art. 7	
II	N 48

2. VO über den Risikoausgleich in der KV (Risikoausgleichsverordnung) vom 12.4.1995

Allgemeines:	*154 f.*
Art. 15	154
Art. 17	154

3. VO über die Beiträge des Bundes zur Prämienverbilligung in der KV (Prämienverbilligungsverordnung) vom 12.4.1995

Allgemeines:	*151 f.*
Art. 5	151
Art. 8	151
Art. 9	N 369

4. VO über die KV (Hauptverordnung; KVV) vom 27.6.1995

Art. 1	
I	*35*, N 186, 171
II	*35*
Art. 2	36, 43, 159
Art. 3	*35*, 42, 56
Art. 4	*41 f.*, 56
Art. 5	36
Art. 6	36, 167
Art. 7	36, *40*
Art. 8	*39,*
Art. 9	
IV	41, N 95
Art. 10	38
Art. 11	
II	40
Art. 12	N 9, N 10, 7, 13
I	7
II	6, N 10, *9*
III	*9*
V	*9*
Art. 13	132
Art. 14	8, 132
Art. 15	13
I	*6*
Art. 18	140
Art. 19	*19 f.*
Art. 23	
II	21
Art. 24	21
II	132
Art. 25	21 f.
Art. 27	22
Art. 28	24
Art. 32	25, N 138
Art. 33	46, 47, 54
Art. 35	48
Art. 36	42, *56*, *133 f.*
I	55
II	56, 71, *74*, 165
III	56
IV	56, N 330
Art. 37	42, *N 146*, N 187
Art. 38	64
Art. 39	
I	*64*
Art. 40	*64*
Art. 41	*64*
Art. 44	65
Art. 45	65
Art. 46	*60*, *65 f.*, N 166, N 183
Art. 47	67, N 183
Art. 50	65
Art. 51	*46, 66 f.*
Art. 52	*67*
Art. 53	*67*
Art. 54	*67*
Art. 56	*71*
Art. 57	*71 f.*
I	72
II	72
Art. 58	72
II	72
Art. 59	*77 f.*
Art. 60	177

Art. 62	68
Art. 65	
VI	91
Art. 66	
I	91
Art. 67	
I	91
Art. 77	66, N 198, *104*
Art. 78	*139 f.*, 142
Art. 79	140, 142
Art. 80	*141*
Art. 82	141
Art. 83	N 348
Art. 84	141
Art. 85	142
Art. 86	*142*
Art. 87	*142*
Art. 88	142
Art. 89	15, 144
Art. 90	144
Art. 91	
I	144
Art. 92	145, 179
I	23, *144*
Art. 93	10, 14, 148
Art. 94	149
Art. 95	
II	148
Art. 96	10
IV	149
Art. 97	147
Art. 100	146
Art. 101	10, *101*
Art. 102	146
Art. 103	*148 f.*
Art. 104	
I	150
Art. 105	149
Art. 107	142
Art. 108	145
Art. 109	*113*
Art. 110	*118 f.*, 124
Art. 111	*116 f.*
Art. 112	*119*
II	119
Art. 113	119
Art. 115	*120*
Art. 116	
I	120
II	*120*
Art. 117	34, *121 f.*
I	121
II	121
III	121
Art. 118	
I	121
II	121
Art. 119	121
Art. 120	121, 161
Art. 121	170
I	*122*
II	*122*
Art. 122	118, *124 ff.*
II	N 308
Art. 123	128
I	*126 f.*
II	128
III	127
Art. 124	
II	*127*, N 308
Art. 125	*130*, N 315
Art. 126	*128 f.*, N 311, *130*
Art. 127	27
Art. 128	161
Art. 129	*160*
Art. 130	*26 f.*, 122
Art. 133	25

5. *VO des EDI über Leistungen in der obligatorischen Krankenpflegeversicherung (Krankenpflege-Leistungsverordnung, KLV) vom 19.9.1995*

Allgemeines:	*57 ff.*
Art. 1	54, 57, N 163
Art. 2	*59*
Art. 3	*59*, 96
Art. 4	*46*
Art. 5	*60*, N 168
Art. 6	N 168
Art. 7	N 110, *60*, N 169, N 171, *71*
Art. 9	N 195, N 217
Art. 10	*60*
Art. 11	*60*
Art. 12	48, *61*, N 223
Art. 13	49, 61
Art. 14	*61*

Art. 15	*49*, 61
Art. 16	61, N 165
Art. 17	50, *61 f.*
Art. 18	62
Art. 20	68
II	46
III	62
Art. 24	62
Art. 25	*46 f.*
Art. 26	*71*, N 182
Art. 28	N 220, *177*
Art. 30	N 132, *62 f.*
Art. 34	
I	63
Art. 35	91
I	63
Art. 36	53
Art. 37	63
Art. 39	N 162
Art. 40	N 164
Art. 42	N 173

Anhang 1 zur KLV

Allgemeines:	N 125, 53, N 141, 62
Z. 1	46, N 128, *57 ff.*, 104
Z. 2	*57 f.*, 101, 105
Z. 7	105, 119
Z. 8	N 131, 59 f., N 156
Z. 9	105

Anhang 2 zur KLV

Allgemeines:	N 111, *91*

IV. aKUVG (aKVG)

Allgemeines:	*1 f.*
Art. 1	9
Art. 5	N 271
Art. 12	175
Art. 12bis	N 279
Art. 12quater	N 120
Art. 23	N 129
Art. 24	*105 f.*
Art. 26	*123*, N 300
Art. 28	N 36
Art. 29	7

III	16
Art. 40	N 372
Art. 61	N 329
Art. 87	N 441

Bundesbeschluss über befristete Massnahmen gegen die Entsolidarisierung in der KV vom 13.12.1991

Allgemeines:	*1 f.*, 154

V. Rechtspflege

1. Verwaltungsverfahrensgesetz (VwVG)

Allgemeines:	13, 92, 176
Art. 1	
II	157
III	159
Art. 5	153, 157, 159, 175, 177
Art. 20	162
Art. 42	22
Art. 44	154
Art. 48	92
Art. 55	169
Art. 72	177, 179

2. Bundesrechtspflegegesetz (OG)

Allgemeines:	N 376, *175 f.*
Art. 97	177
I	157
Art. 98	177
Art. 105	178
Art. 106	178
Art. 109	176
Art. 122	*176*
Art. 123	176
Art. 127	176
Art. 128	14, 22, 153, 157, 159, *176 f.*
Art. 129	*177 ff.*
Art. 132	178
Art. 134	178
Art. 152	177
Art. 156	178
Art. 159	178

3. Rekurskommission EVD

Allgemeines: 24, *175 f.*

VI. Erlasse zu andern Zweigen der Sozialversicherung

1. AHVG / AHVV

a) AHVG

Art. 1	
II	N 86
Art. 16	N 357, 153
III	145
Art. 47	*97*, N 235

b) AHVV

Art. 48ter	N 306
Art. 85	167, N 417
Art. 87	170

2. IVG / IVV

a) IVG

Art. 8	92
Art. 12	N 113
Art. 13	*48*, 92
Art. 46	N 434

b) IVV

Art. 2	
II	*119*

3. BVG

Art. 56	N 44

4. UVG / UVV

a) UVG

Allgemeines:	2
Art. 1	
II	N 86
Art. 2	N 96
Art. 4	40
Art. 6	
II	*31*
III	*29*, N 80

Art. 9	119
II	119
Art. 10	106
III	N 147
Art. 13	N 115
Art. 37	*106 f.*
Art. 38	*106 f.*
Art. 39	*32*
Art. 41	N 306 f.
Art. 42	
II	N 310
Art. 44	*N 319*
Art. 45	116
Art. 51	N 357
Art. 52	*97*
Art. 55	N 249
Art. 57	N 433
Art. 68	N 39
Art. 72	N 44
Art. 85	N 45
Art. 94	*146*, 153
Art. 96	N 376
Art. 97	162
Art. 102	N 55
Art. 105	N 376, N 392, N 396
Art. 106	167
Art. 108	167, N 417
Art. 111	170

b) UVV

Art. 2	N 86
Art. 3	N 86
Art. 4	N 96
Art. 7	
I	40
Art. 9	
I	N 71
II	*31*
Art. 11	42
Art. 13	39, *120*, 131
Art. 17	N 147
Art. 49	*32*
Art. 50	*32*
Art. 52	N 315
Art. 65	*117 f.*
Art. 72	N 37
Art. 128	119

Anhang zur UVV

Allgemeines: 51

VII. Erlasse zur Privatversicherung

1. Versicherungsaufsichtsgesetz (VAG)

Allgemeines:	6
Art. 4	N 8
I	N 13
Art. 5	N 13
Art. 7	N 8, 7, N 10, 12
Art. 39	13, N 40
Art. 47	*135 f.*, 138
II	14, 133, 135, N 440
III	14, 133, 135
Art. 50	12 f., N 41, N 374

2. Versicherungsvertragsgesetz (VVG)

Allgemeines:	2
Art. 20	N 334
Art. 21	N 334
Art. 28	135
Art. 42	*135*, 137
I	N 270
Art. 72	*130*
Art. 100	
I	*108*
Art. 101	*12*
II	13

VIII. Erlasse zu verschiedenen Rechtsgebieten

1. Zivilgesetzbuch (ZGB)

Art. 23	35, *N 85*, N 186
Art. 55	18
Art. 60	7
Art. 80	7

2. Obligationenrecht (OR)

Art. 20	58, *81 f.*, 85
Art. 51	130
Art. 55	18
Art. 58	131
Art. 324a	*109*, 123
Art. 394	76
Art. 620	
III	7
Art. 828	7
Art. 869	16
Art. 871	16

3. BG über Schuldbetreibung und Konkurs (SchKG)

Art. 80	*166*

4. Strafgesetzbuch (StGB)

Art. 9	155
Art. 101	155
Art. 120	*49*
Art. 148	105, 155
Art. 321	27

5. Datenschutzgesetz (DSG)

Allgemeines:	*160 f.*
Art. 3	160
Art. 8	161 f.
Art. 9	161 f.
Art. 27	161
Art. 28	161

6. Kartellgesetz (KG)

Allgemeines:	*23*, 26
Art. 1	*23*
Art. 29	*23*

7. Preisüberwachungsgesetz (PüG)

Allgemeines:	23
Art. 6	23
Art. 9	24
Art. 14	84, *86 f.*

8. BG über die direkte Bundessteuer vom 14.12.1990

Allgemeines:	27

9. *BG über Aufenthalt und Niederlassung der Ausländer (ANAG) vom 26.3.1931*

Art. 14   35

10. *Asylgesetz vom 5.10.1979*

Art. 13   35

IX. Internationales Recht

Europarat (Strassburg):

Europäische Konvention zum Schutze der Menschenrechte und der Grundfreiheiten (EMRK)

Art. 6   N 422, N 438
Art. 13   N 438

X. Entwurf zum BG über den Allgemeinen Teil des Sozialversicherungsrechts (ATSG)

Allgemeines:	*157*
Art. 1	N 252
Art. 3	N 62
Art. 6	N 81, N 276
Art. 27	N 255
I	N 250
Art. 30	N 288, *118*
Art. 32	N 357
Art. 35	*16*
Art. 40	N 387
Art. 47	N 389
Art. 51	N 401
Art. 56bis	N 409
Art. 59	
I	N 414 f.
Art. 60	N 410
Art. 63	N 431, N 433
Art. 67	N 417
Art. 69	N 290
Art. 76	N 298
Art. 79	N 306
Art. 80	N 310
Art. 87	N 372
Art. 88	N 39

Das Recht in Theorie und Praxis
Théorie et pratique du droit

Bisher erschienen:
Déjà paru:

ARZT, GUNTHER
- Einführung in die Rechtswissenschaft, 1987, 170 S.

AUER, ANDREAS
- La juridiction constitutionelle en Suisse, 1983, 317 S.
- Die schweizerische Verfassungsgerichtsbarkeit, 1984, 330 S.

BELLANGER, FRANÇOIS / LEBET, SUZANNE / OBERSON, XAVIER
- Le droit administratif en pratique, 2. Aufl.1994, 448 S.

BUCHER, ANDREAS
- Natürliche Personen und Persönlichkeitsschutz, 2. Aufl. 1995, 238 S.
- Le nouvel arbitrage international en Suisse,1988, 203 S.
- Die neue internationale Schiedsgerichtsbarkeit in der Schweiz, 1989, 222 S.
- Droit international privé suisse, Tome II, 1992, 366 S.
- Droit international privé suisse, Tome I\2, 1995, 296 S.
- Personnes physiques et protection de la personnalité, 3e éd. 1995, 242 S.

CARONI, PIO
- "Privatrecht": Eine sozialhistorische Einführung, 1988, 195 S.

DUMOULIN, JEAN-FRANÇOIS / FROSSARD, GABRIEL
- Les sources du droit, la documentation juridique et l'informatique documentaire. Introduction aux sources documentaires du droit suisse. 1992, 390 S.

HABSCHEID, WALTHER J.
- Schweizerisches Zivilprozess- und Gerichtsorganisationsrecht. Ein Lehrbuch seiner Grundlagen. 2. Aufl. 1990, 661 S.

HAUSER, ROBERT
- Kurzlehrbuch des schweizerischen Strafprozessrechts, 2. Aufl. 1984, 344 S. (Neuauflage in Vorbereitung)

HEINI, ANTON
- Das Schweizerische Vereinsrecht, 1988, 117 S.

JÄGGI, PETER / DRUEY, JEAN NICOLAS / VON GREYERZ, CHRISTOPH
- Wertpapierrecht – unter besonderer Berücksichtigung von Wechsel und Check, 1985, 378 S.

KÄLIN, WALTER
- Grundriss des Asylverfahrens, 1990, 388 S.

KNAPP, BLAISE
- Précis de droit administratif, 4e édition 1991, 792 S.
- Grundlagen des Verwaltungsrechts, Bd. I und II, dt. Übersetzung der 4. Auflage des "Précis de droit administratif", 1992/93, 870 S.
- Cours de droit administratif, 1994, 352 S.
- Lehrgang zum Verwaltungsrecht, 1994, 352 S. (dt. Übersetzung)

MARTI, HANS
- Die Wirschaftsfreiheit der schweizerischen Bundesverfassung, 1976, 214 S.

MAURER, ALFRED
- Bundessozialversicherungsrecht, 1994, 520 S.

MÜLLER, JÖRG PAUL
- Soziale Grundrechte in der Verfassung?, 2. Aufl. 1981, 314 S.

SALADIN, PETER
- Das Verwaltungsverfahrensrecht des Bundes, 1979, 240 S.

SCHLUEP, WALTER R.
- Innominalverträge, 1979, 217 S.

SIMONIUS, PASCAL / SUTTER, THOMAS
Schweizerisches Immobiliarsachenrecht
- Band I: Grundlagen, Grundbuch und Grundeigentum, 1995, 664 S.
- Band II: Die beschränkten dinglichen Rechte, 1990, 331 S.

TROLLER, ALOIS
- Grundriss einer selbstverständlichen juristischen Methode und Rechtsphilosophie, 1975, 185 S.
- Précis du droit de la propriété immatérielle, 1978, 211 S.

TROLLER, PATRICK
- Kurzlehrbuch des Immaterialgüterrechts, 3. Aufl. 1982, 232 S.

VISCHER, FRANK
- Der Arbeitsvertrag, 2. Aufl. 1994, 366 S.

VISCHER, FRANK / VON PLANTA, ANDREAS
- Internationales Privatrecht, 2. Aufl. 1982, 232 S.